国家出版基金项目
NATIONAL PUBLICATION FOUNDATION

《尚書》學文獻集成·朝鮮卷

錢宗武 主編

19

鳳凰出版社

第十九册目録

洪範羽翼

《尚書》學文獻集成·朝鮮卷　第十九册

洪範羽翼

禹汝楙　著
馬士遠　整理

卷之十四

歌

『人聲曰歌。歌，柯也。以聲有上下，如草木有柯葉。《方言》：「歌，聲如柯也。」』《釋名》。歌者，樂之聲也。蔡邕《月令章句》。

《書·舜典》：『歌永言。』朱子曰：『既形於言，則必有長短之節，故曰歌永言。』《大禹謨》：『九叙惟歌。勸之以九歌。』《益稷》：『帝庸作歌。曰：「敕天之命，惟時惟哉。」乃歌曰：「股肱喜哉！元首起哉！百工熙哉！」皋陶乃賡載歌曰：「元首明哉！股肱良哉！庶事康哉！」又歌曰：「元首叢脞哉！股肱惰哉！萬事墮哉！」』《五子之歌》：『五子咸怨，述大禹之戒，以作歌。其一曰：「皇祖有訓，民可近，不可下。民惟邦本，本固邦寧。予視天下愚夫愚婦，一能勝予。一人三失，怨豈在明？不見是圖。予臨兆民，凜乎若朽索之馭六馬。爲人上者，奈何不敬？」其二曰：「訓有之：内作色荒，外作禽荒。酣酒嗜音，峻宇雕墻。有一於此，未或不亡。」其三曰：「惟彼陶唐，有此冀方。今失厥道，亂其紀綱，乃底滅亡。」其四曰：「明明我祖，萬邦之君。有典有則，貽厥子孫。關石和鈞，王府則有。荒墜厥緒，覆宗絶祀！」其五曰：「嗚呼！曷歸？予懷之悲。萬姓仇予，予將疇依？鬱陶乎予心，顔厚有忸怩。不慎厥德，雖悔可追？」」『酣歌于室，時謂巫風。』《伊訓》。

《詩》：『其嘯也歌。』《江有汜》。『獨寐寤歌。』《考盤》。『心之憂矣，我歌且謡。』《園有桃》合曲曰歌，徒歌曰謡。『夫也不良，歌以訊之。』《墓門有棘》。『豈弟君子，來游來歌，以矢其音。矢詩不多，維以遂歌。』《卷阿》猶《書》所謂『賡載歌』也。

《論》：『子與人歌而善，必使反之，而後和之。』氣象從容，誠意懇至，而謙遜審密，不掩人善又如此。『子之武城，聞絃歌之聲。』子游禮樂爲教，邑人絃歌。『孺悲欲見孔子，孔子辭以疾。將命者出户，取瑟而歌，使之聞之。』『楚狂接輿歌而過孔子曰：「鳳兮鳳兮！何德之衰？往者不可諫，來者猶可追。已而已而！今之從政者殆而！」』

《孟》：『有《孺子歌》曰：「滄浪之水清兮，可以濯我纓。滄浪之水濁兮，可以濯我足。」孔子曰：「小子聽之，清斯濯纓，濁斯濯足矣，自取之也。」』陳氏曰：『此孔子所以爲耳順也。』

《樂記》：『子贛問師乙而問焉，曰：「賜聞聲歌，各有宜也，如賜者，宜何歌也？」師乙曰：「乙賤工也，何足以問所宜？請誦其所聞，而吾子自執焉。寬而靜，柔而正者，宜歌頌。廣大而静，疏達而信者，宜歌大雅。恭儉而好禮者，宜歌小雅。正直而静，廉而謙者，宜歌風。肆直而慈愛者，宜歌商。温良而能斷者，宜歌齊。夫歌者，直己而陳德也，動己而天地應焉，四時和焉，星辰理焉，萬物育焉。故商者，五帝之遺聲也，商人識志之，故謂之商。齊者，三代之遺聲也，齊人識之，故謂之齊。明乎商之音者，臨事而屢斷。明乎齊之音者，見利而讓。臨事而屢斷，勇也；見利而讓，義也。有勇有義，非歌孰能保此？故歌者上如抗，下如墜，曲如折，止如槀，枯木。倨中矩，句中鈎，倨微曲勿甚曲。纍纍乎端正如貫珠。故歌之爲言也，長言之也。悦之，故言之，言之不足，故長言之。長言之不足，故嗟嘆之。嗟嘆之不足，故不知手之舞之、足之蹈之也。」

太昊之歌，葛天之歌，帝嚳之歌。太昊作荒樂，歌扶徠。葛天其作樂也，三人操牛尾，投足以歌八闋。帝嚳命咸黑典樂，爲聲歌。

伏羲之歌，神農之歌，黄帝之歌。『教民田漁，時則有網罟之歌。教民食穀，時則有豐年之歌。始垂衣裳，時則有龍衮之頌。』夏侯玄《辨樂論》。

帝堯之歌，成湯之歌。堯命夔效山林溪谷之音以作歌。湯命伊尹作爲《大護》，歌《晨露》。《吕覽》。

九代咏歌，志合文財。黄歌斷竹，質之至也；唐歌《在昔》，則廣于黄世。虞歌《卿雲》，文于唐時；夏歌《雕墻〔一〕》，縟于虞代；商周篇作，麗于夏年。《雕龍》。『聽葛天氏之歌』，相如賦。『奏九歌以舞詔』屈原辭。

帝俊之歌，夏后之歌。『帝俊有子八人，是始爲歌舞。』《山海經》。夏后開上三嬪，得《九辨》與《九歌》，此天穆之野，高二千仞，開焉得《九歌》。上。《楚辭》：『啓《九辨》與《九歌》。』

陽陵白露，朝日魚麗。白水、白雲、江南、陽春、淮南、駕辨、采菱。漾水、陽阿。下里巴人。

唐歌：《南風》《卿雲》《晨露》。漢歌：《大風》《芝房》《白麟》《朱雁》《天馬》《房中》。唐歌：《樅陽》《瓠子》《玄雲》《步雲》。《南風歌》：『南風之薰兮，可以解吾民之愠兮；南風之時兮，可以阜吾民之財兮。』《卿雲歌》：『卿雲爛兮，禮漫漫兮，日月光華，旦復旦兮！』《大風歌》：『大風起兮雲飛揚，威加海内兮歸故鄉，安得猛士兮守四方。』

堯歌，舜歌。『堯郊天祭地，神在座上，有響，誨堯曰：「水方至宫，命子救之。」堯乃作歌。』《古今樂録》。『八九十老人，擊壤而歌，曰：「日出而作，日入而息，鑿井而飲，耕田而食。帝力于我何有哉！」』《世紀》。聞兒童謡曰：立我蒸民，莫匪爾極。不識不知，順帝之則。

〔一〕今按：疑爲『墻』。

舜將禪禹，八伯稽首曰：『明明上天，爛然星辰。日月光華，弘宇一人。』帝乃再歌曰：『日月有常，星辰有行。四時順經，百姓允誠。於予論樂，亂天之靈。』《尚書大傳》。紂使師延作『朝歌』《外紀》。謳歌者不謳歌堯之子而謳歌舜，謳歌者不謳歌益而謳歌啓。孟。淳于髡曰：王豹處於淇而河西善謳，綿駒處於高唐而齊右善歌。謳，聲有曲折也。歌，長言也。

叩角歌，踏踏歌。甯戚歌曰：『南山粲兮白石爛，生不逢堯與舜禪。短布單衣才至骭，黄昏飼牛到夜半。長夜曼曼何時旦？牛兮牛兮努力食，大豆細草在汝側。吾當與汝相齊國。』屈原賦：『甯戚之謳歌兮，齊桓聞而該輔。』『踏踏歌，藍采華，世□〔一〕能幾何？紅顔一春樹，流年一擲梭。古人渾渾去不返，今人紛紛來更多。朝騎鸞鳳到碧落，暮見桑田生白波。』李白詩：『忽聞岸上踏歌聲。』

乞人之歌，薛談之歌。《淮南子》：『申吉一聞乞人之歌而悲，出而視之，其母也。艾陵之戰也，夫差曰：「夷聲陽，句吴其庶乎！」同是聲而取信焉異，有諸情也。故心哀而歌不樂，心樂而歌不哀。夫子曰：「絃則是也，其聲非也。閔子騫喪畢，援琴而彈，其聲切切而哀。文者，所以接物也，情繫於中而欲發外者也。以文滅情，則失情；以情滅文，則失文。

〔一〕今按：疑爲『界』。

文情理通，則鳳凰極矣。言至，德之懷遠也。」』

韓娥秦青薛談之謳，侯同曼聲之歌，憤於志，積於内，盈而發音，則莫不比於律而和於人心。何則？中有本主以定清濁，不受於外而自爲儀表也。上。

南音，北音。塗山女令其妾往，候禹女作歌，始作南音。有娀女，帝令燕遺二卵，北飛不返。二女作歌，始作北音。東音，北音。夏孔甲田于萯山，取民子爲子長，爲斧斬斫其足，孔甲爲破斧之歌，始爲東音。周昭王將征荆，抎于漢中，殷但甲旋宅西河，猶思，故處，始爲北音。《吕覽》。

『塗山歌于候人，始爲南音。有娀謡乎飛燕，始爲北聲。夏甲嘆于東陽，東音以發。殷螯思於西河，西音以興。音聲推移，亦不一概。』《雕龍》。夏甲作破斧之歌，始爲東音；殷辛作靡靡之音，始爲北聲。

鄭衛之俗好淫，故有《溱洧》、《桑中》之曲；楚越之俗好勇，則有赴湯蹈火之歌。各咏其所好，歌其所欲。《劉子》。

金闉之歌，鬱尻之辭。『商紂無道，比干知極諫必死，作秣馬金闉之歌。』《洞曆記》。紂出西伯，紂謂宜生，譖岐侯□〔一〕，長鼻決耳也。文王在羑里時，演八卦以爲六十四，作鬱厄之辭。據於石，困於蒺藜，乃申憤以作歌，章曰：『殷道溷溷，浸濁煩兮，丹紫相合，不別分兮。迷亂聲色，信讒言兮，閽閽之虎，使我蹇兮。幽閉牢獄，誰其言兮，無辜桎梏，誰所宣兮。遘我四人，皆憂動兮，得此珍玩，且解大患兮。倉遑迄命，遺後昆兮，作此象變，兆在昌兮。欽承祖命，天不喪兮，遂臨下土，在聖明兮，討暴除亂，誅逆王兮。』《古今樂録》。

瑶池謡，黄澤歌。王母謡曰：『白雲在天，山陵自出。道里悠遠，山川間之。將子無死，尚能復來。』天子答曰：『予歸東土，和治諸夏。萬民平均，吾顧見汝。比及三年，將復而野。』《穆天子傳》。遊于黄澤，宿于曲洛，使宫樂謡曰：『黄之池，其馬歕沙；黄之澤，其馬歕玉。』上。

丘陵歌，大道歌。哀公使以幣如衛迎夫子，而卒不能賞天子，作丘陵歌，曰：『登彼丘陵，峛崺其坂。仁道在邇，求之若遠。遂迷不復，自嬰屯蹇。喟然回慮，題彼太山。鬱崔其高，梁甫迴連。枳棘充路，陟之無緣。將伐無柯，患兹蔓延。惟以永嘆，涕霣潺湲。』《孔叢子》。楚王使使金幣聘夫子，乃歌曰：『大道隱兮禮爲基，賢人竄兮，將待時。天下如一欲何之。』上。

〔一〕今按：疑爲『者』。

獲麟歌，河激歌。獲麟歌曰：『唐虞世兮麟鳳遊，今非其時來何求？麟兮麟兮我心憂。』趙簡子南擊楚，津吏醉卧，不能渡。召欲殺之，女娟持楫而前曰：『昔父聞君東渡不測之水，恐風波之起，禱九江山淮之神，不勝巫祝杯酒，沉醉至此。妾願鄙軀易父之死。』簡子將渡，楫少一人，娟願備員。中流，奏河激之歌曰：『昇彼河兮西觀，清水揚波兮杳冥，禱求福兮醉不醒，誅將加兮妾心驚。蛟龍助兮王將歸，叫未掉兮行勿疑。』簡子大悦，立爲夫人。《列女傳》。

遏雲歌，擁楫歌。薛譚學謳於秦青，未窮青之旨。一日，辭歸。青餞於郊，抗節悲歌，聲震林木，響遏行雲。譚謝求返，不敢言歸。秦青謂友曰：『韓娥東之齊，遺粮過雍門，鬻歌假食而去，餘響繞梁，三日不絶。』韓娥曼聲哀哭，一里老幼歡喜抃舞，故雍門人至今善歌哭，效娥之遺聲也。《博物志》。鄂君乘青翰之舟，越人擁楫而歌曰：『今夕何夕兮搴洲中流，今日何日兮得與王子同舟。山有樹木兮木有枝，心悦君兮君不知。』於是鄂君舉綉被而覆之。《説苑》。

鼓琴歌，長城歌。楚靈王遊大陵，夢見處女鼓琴而歌詩曰：『美人熒熒兮，顧若苕之榮。命乎命乎，曾無我嬴！』吴廣因夫人而内其女娃嬴，孟姚也。孟姚有寵，是爲惠后。〔一〕《史》。秦築長城，民歌曰：『生男慎勿舉，生女哺用脯。不見長城下，尸骸相支柱。』《物理論》。上靈曲，紫芝歌。戚夫人侍兒賈佩蘭，説在宫内時，十月十五日共入靈女廟，以黍樂神，歌上靈之曲，赤鳳凰來。上。四皓入藍田山而作歌曰：『莫莫高山，深谷逶迤。曄曄紫芝，可以療飢。唐虞世遠，吾將何歸。駟馬高蓋，其憂甚大。富貴之畏人，不如貧賤之肆志。』

教兒歌，倚瑟歌。孝惠所教歌兒百二十人。《漢書》行至霸陵，慎夫人從。夫人鼓瑟，上倚瑟而歌。上。

射蛟作歌，度曲被歌。武帝至潯陽，射蛟江中，作盛唐摐陽之歌。上。元帝自度曲被歌。注：聲終，更授其次，曰《度曲》。『《度曲》未終，雲起雪飛。』

祭遵雅歌，宋酺獻歌。祭遵爲歌，皆用儒術，對酒設樂，雅歌投壺。《後漢書》。宋酺明帝時爲益州刺史，移書蜀郡，喻以聖德。重譯來朝，歌詩三章，酺獻之。《東觀漢記》。

抗音而歌，應聲而歌。劉贊初爲將，臨敵，先被髮叫天。因抗音而歌，左右應之，乃進

〔一〕今按：據今本《史記》，此爲戰國趙武靈王事，言楚靈王，誤也。

戰。《吴書》。晋中書令王珉提白團扇，與嫂婢謝芳姿情好甚篤，嫂捶撻婢，王聞而止。芳姿善歌，嫂令歌一曲，當赦之，應聲歌云：『白團扇，辛苦五流連，是郎眼所見。』珉問何遺，芳姿即改云：『白團扇，憔悴非昔容，羞與郎相見。』後人因歌。《古今樂録》。《文獻通考》：婢好歌，珉好扇，故云『團扇復團扇，特許自遮面。憔悴無復理，羞與郎相見。一雌與一雄，雙飛入紫宫。』苻堅滅，慕容冲姊河清公主，年十四，寵冠後庭。冲年十二，又幸之。長安歌之曰：『一雌與一雄，雙飛入紫宫。』王猛切諫，乃出冲卒，爲堅賊。崔演春秋。會稽夏統，上巳日入洛市樂。《晋書》。遂作慕歌，歌河女之章；作小海，唱太尉，賈充曰：『聽慕歌之聲，仿佛見大禹之容。聞河女之音，不覺涕泗交流。聆小海之唱，謂子胥屈手立吾左右矣。』桓温問曰：『絲不如竹，竹不如肉，何謂也？』嘉答曰：『漸近自然。』一座咨嗟。』《别傳》。『聲振林薄，響遏行雲。』憑乘縣有歌父山，傳云：老父不娶，善於謳歌。年八十餘，命將終。鄉里六七人輿上穴中，鄰人舞歸，老父歌送，聲振林薄，響遏行雲。乃作絃歌，泉涌迴流。臨城縣南二十里，有蓋山，登百步許，有舒姑泉。傳云：有徐氏女，未適人，與其父折其薪於此，女坐泉處，牽挽不動。遽告家，比還，惟見清泉湛然。母云：女好音樂。乃作絃歌，泉涌迴流。臨川聶包，花上盈盈。『臨川聶包，死數年。忽詣沈道襲作歌，每歌輒作花上盈盈云：「但聞行當歸，不聞死復生。」』《異苑》。

魏晋之世，孫氏善歌舊曲，宋識善擊節唱和。陳左善清歌，列和善吹笛。郝索善彈箏，朱生善琵琶。《晋志》。花萼樓之歌，勤政樓之歌。『禄山犯順，乘遽以聞。議欲遷幸，置酒花萼樓，命作樂。有進水調歌者，曰：「山川滿目泪沾衣，富貴榮華得幾時。不見只今汾水上，唯有年年秋雁飛。」上問：「誰爲此詞？」曰：「李嶠上。」曰：「真才子也。」遂不終飲而去。』《明皇雜録》。『明皇自蜀回，夜闌登勤政樓。南望，烟月滿目，因歌曰：「庭前琪樹已堪攀，塞北征人尚未還。」蓋盧思道之詩也。後乘月登樓，即命歌《梁州》，即貴妃所製。上親御玉笛爲之倚笛。』上。

勤政之歌，舟中之唱。開元，内人許子和入宫，因名永新，『喉轉一聲，響轉九陌』。一日大酺于勤政樓，永新撩鬢舉袂，直奏曼聲。喜者聞之氣勇，愁者聞之腸絶。魚陽之亂，六宫星散，永新爲一士所得。韋青避地廣陵，月夜憑闌。聞舟中唱水調者，曰：『此永新歌也。』登舟，省之，相與對泣。士人卒，遂落風塵。臨終謂其母曰：『阿母錢樹子倒矣。』《樂府雜録》。

念奴，永新。帝謂妃子曰：『此女妖麗，囀聲歌喉，則聲出於朝霞之上。』《天寶遺事》。帝謂左右曰：『此女歌直千金。』上。

紅紅，李衮。大曆中，歌于衢路丐食，過將軍韋青，即納爲姬。青出云有女弟子，即令隔屏風歌之，樂工大驚。尋達上聽，召入宜春院。宫中號『紀曲娘子』，尋爲才人。後韋青卒，紅紅一痛而絶，上嘉嘆，贈昭儀。《樂府雜録》。李衮善歌江外，名動京師。崔昭入朝，密載而至。紿言表弟，被衣而出，滿坐皆笑。少頃，命酒，昭曰：『請表弟歌。』座中又笑，及喉轉一發，樂人大驚，曰：『是李八娘也。』乃羅拜之。《國史補》。

嘉榮之歌，何戡之歌。元和中，國樂有米嘉榮、何戡，近有陳不歉。不歉子意奴，劉禹錫與米嘉榮詩：『三朝供奉米嘉榮，能變新聲作舊聲。于今後輩輕前輩，好染髭鬚事後生。』又自貶所歸京，聞何戡歌曰：『二十年來別帝京，重聞天樂不勝情。舊人惟有何戡在，更請慇懃唱渭城。』《盧氏雜説》。

贊皇一品集云：『豈謂擊壤，餘音謬入帝堯之聽。巴渝末曲，猥蒙漢祖之知。』

子路歌，孔子和。簡子將殺陽虎，孔子似之，帶甲以圍孔子舍。子路愠怒，奮戟將反，孔子曰：『詩書之不習，禮樂之不講，是丘之罪也。若吾非陽虎而以我爲陽虎，則非丘之罪也，命也。我歌子和若。』子路歌，孔子和之，三終而圍罷。

贈歌人樊川：『斷時輕切玉，收處遠繅烟。孤直緪雲定，光明滴水圓。謳謡人撲地，高歌一曲泪。共祝中興主，高歌唱太平。一聲仙妓唱，千里暮江痕。』又『玉裂歌聲斷』。杜《元日示宗武》：『不見江東弟，高歌泪數行。』《奉簡嚴使君》：『長歌意無極，好爲老夫聽』《南征》：『百年歌自苦，未見有知音。』《戲贈》：『狂歌託聖朝。』《征夫》：『城市不聞歌。』《寄高適》：『崆峒足凱歌。』《贈花卿》必善謳者：『錦城絲管日紛紛，半入江風半入雲。此曲祇应天上有，人間能得幾回聞。』『竹枝歌未好，畫舸且遲迴。』𠮟□阿。『座中薛華善醉歌，歌辭自作風格老。』《楊氏歌》：『佳人絶代歌，猗立發皓齒。滿堂慘不樂，響下清虛裏。玉杯久寂寞，金管迷宫徵。勿云聽者疲，愚智心盡死。古來傑出士，豈獨一知己。吾聞昔秦青，傾側天下耳。』天下之人，傾耳而聽，則非但一知己而已。『浩歌緑水曲，清絶聽者愁。』郭給事。

『情動於中而形於言，言之不足，故嗟嘆之；嗟嘆之不足，故咏歌之；咏歌之不足，故不知手之舞之，足之蹈之。』《毛詩序》。『聲比於琴瑟曰歌，徒歌曰謡，亦謂之咢。《爾雅》：「有章曲曰歌，無章曲曰謡。」』《韓詩外傳》：齊歌曰謳，楚歌曰艶，吴歌曰歈，淫聲曰哇。又有清歌、高歌，安歌、緩歌，長歌、浩歌，雅歌、酣歌，怨歌、勞歌，振旅而歌曰凱，歌堂上奏樂而歌曰登歌，亦曰升歌。梁元帝纂謡。吴越錢鏐游衣錦軍，作《還鄉歌》，曰：『三節還鄉掛錦衣，父老遠來相追隨，吴楚一王駟馬歸。』

音樂

《周禮・春官》：『大宗伯之職……以地産作陽德，以和樂防之。』《周禮・大司樂》：『大札、大凶、大灾、大臣死，凡國之大憂，令弛縣。』

《書・舜典》：『帝曰：「夔，命汝典樂，聲依永，律和聲。八音克諧，無相奪倫，神人以和。」』《益稷》：『帝曰：「予欲聞六律五聲八音，在治忽，以出納五言，汝聽。」夔曰：「戛擊鳴球，搏拊琴、瑟，以咏。」祖考來格，虞賓在位，群后德讓。下管鼗鼓，合止柷敔，笙鏞以間。鳥獸蹌蹌，《簫韶》九成，鳳凰來儀。』蔡沈曰：『來歌者來舞而有容儀也。瓠巴鼓瑟而游魚出，聽伯牙鼓琴而六馬仰秣。聲之致和召物見於傳者多矣！』

《詩》：『樂既和奏，樂具入奏。』《賓之初筵》《楚茨》。

《易・預》：『象曰：雷出地奮，豫；先王以作樂崇德，殷薦之上帝，以配祖考。』

《論語》：『子曰：「人而不仁，如樂何？」子語魯太師樂，曰：「樂其可知也。始作，翕如也；縱之，純如也，皦如也，繹如也，以成。」子曰：「成於樂。」』朱子曰：『樂有五聲十二律，更唱迭和，以爲歌舞八音之節，可以養人之性情，而蕩滌其邪穢，消融其查滓。故學者之終，所以至於義精仁熟而自和順於道德者，必於此而得之，是學之成也。』『顔淵問爲邦，子曰：「樂則《韶舞》，放鄭聲，鄭聲淫。」子曰：「樂云樂云，鐘鼓云乎哉？」齊人歸女樂，季桓子受之，三日不朝，孔子行。子曰：「師摯之始，關雎之亂，洋洋乎盈耳哉！」太師摯適齊，子曰：「吾自衛反魯，然後樂正，雅頌各得其所。」』

《孟子》：『莊暴見孟子，曰：「暴見於王，王語暴以好樂，暴未有以對也。」曰：「好樂何如？」孟子曰：「王之好樂甚，則齊國其庶幾乎。」他日，見於王，曰：「王嘗語莊子以好樂，有諸？」王變乎色曰：「寡人非能好先王之樂也，直好世俗之樂耳。」曰：「王之好樂甚，則齊其庶幾乎。今之樂由古之樂也。」曰：「可得聞與？」曰：「獨樂樂，與人樂樂，孰樂？」曰：「不若與人。」曰：「與少樂樂，與衆樂樂，孰樂？」曰：「不若與衆。」「臣請爲王言樂。今王鼓樂於此，百姓聞王鐘鼓之聲、管籥之音，舉疾首蹙頞而相告曰：「吾王之好鼓樂，夫何使我至於此極也？父子不相見，兄弟妻子離散。」此無他，不與民同樂也。今王鼓樂於此，百姓聞王鐘鼓之聲、管籥之音，舉欣欣然有喜色而相告曰：「吾王庶幾無疾病與，何以能鼓樂也？」此無他，與民同樂也。今王與百姓同樂，則王矣。』『景公説，召太師曰：「爲我作君臣相説之樂！」蓋《徵招》《角招》是也。』『孔子之謂集大成。集大成也者，金聲而玉振之也。金聲也者，始條理也；玉振之也者，終條理也。始條理者，智之事也；終條理者，聖之事也。』『高子曰：「禹之聲，尚文王之聲。」孟子曰：「何以言之？」曰：「以追蠡。」曰：「是奚足哉？城門之軌，兩馬之力與？」』

《論語》：『子在齊聞《韶》。學之，三月不知肉味。曰：「不圖爲樂之至於斯也。」』

《禮記・樂記》：『凡音之起，由人心生也。人心之動，物使之然也。感於物而動，故形於聲。聲相應故生變，變成方，謂之音。□五成方成曲調也比音而樂나之，及干戚、羽旄，謂之樂。比合其音播之。《樂記》：『樂者，音之所由生也。其本在人心之感於物也。是故其哀心感者，其聲噍以殺；其樂나心感者，其聲嘽以緩；其喜心感者，其聲發以散；其怒心感者，其聲粗以厲；其敬心感者，其聲直以廉；其愛心感者，其聲和以柔。六者，非性也，感於物而後動。凡音者，生人心者也。情動於中，故形於聲。聲成文，謂之音，是故治世之音安以樂，其政和；亂世之音怨以怒，其政乖；亡國之音哀以思，其民困。聲音之道，與政通矣。』長樂，陳氏曰：『《書》曰：八音，在治忽。《國語》曰：「政象樂。」』

『宫爲君，商爲臣，角爲民，徵爲事，羽爲物。五者不亂，則無怗懘之音矣。怗懘者，敝敗也。宫亂則荒，其君驕；商亂則陂，其臣壞；角亂則憂，其民怨；徵亂則哀，其事勤；羽亂則危，其財匱。五者皆亂，迭相陵，謂之慢，如此則國之滅亡無日矣。鄭衛之音，亂世之音也，比於慢矣。桑間濮上之音，亡國之音也，其政散，其民流，誣上行私而不可止也。凡音者，生於人心者也。樂者，通倫理者也。是故知聲而不知音者，禽獸是也；知音而不知樂者，衆庶是也。唯君子爲能知樂。是故審聲以知音，審音以知樂，審樂以知政，而治道備矣。是故不知聲者，不可與言音；不知音者，不可與言樂。知樂則幾於禮矣，禮樂皆得，謂之有德。德者，得也。是故樂之隆，非極音也。大樂與天地同和。故鐘鼓管磬羽籥干戚，樂之器也。屈伸俯仰綴兆舒疾，樂之文也。綴舞者，行位相連綴也。兆位，外之營兆也。樂者，天地之和也。和，故百物皆化。論倫無患，樂之情也；欣喜歡愛，樂之官也。論者，雅頌之辭。倫者，律呂之音。流而不息，合同而化，而樂興焉。春作夏長仁也，仁近於樂，聖人作樂以應天。大章，章之也。咸池，備矣。韶，繼也，夏大也。殷周之樂，備矣。』疏曰：『堯樂謂之大章者，言堯德章明於天下也。黃帝樂名咸池，言德皆施被於天下，無不周編是爲備具矣。韶繼也者，言舜之道德繼紹於堯也。禹樂名夏者，言能光大堯舜之德也。湯之大濩，武之大武，尽矣，言於人事尽極矣。』

『先王之爲樂也，以法治也。樂也者，聖人之所樂낙也。夫民有血氣心知之性，而無哀樂喜怒之常。應感起物而動，然後心術形焉。是故志微噍殺之音作，而民思憂；嘽諧慢易繁文簡節之音作，而民康樂；粗厲猛奮廣賁之音作，而民剛毅；廉直勁正莊誠之音作，而民肅敬；寬裕肉好順成和動之音作，而民慈愛；流僻邪散狄成滌濫之音作，而民淫亂。

是故先王本之情性，稽之度數，制之禮義，合生氣之和，道五常之行，使之陽而不散，陰而不密，剛氣不怒，柔氣不懾，四暢交於中而發作於外，皆安其位而不相奪也。然後立之學等，廣其節奏，省其文采，以繩德厚。律小大之稱，比終始之序，以象事行；使親疏貴賤長幼男女之理，皆形見於樂。故曰「樂觀其深矣」。』

『凡奸聲感人而逆氣應之，逆氣成象而亂生焉；正聲感人而順氣應之，順氣成象而治生焉。是故君子反情以和其志，比類以成其行，奸聲亂色不留聰明，淫樂慝禮不接心術。惰慢邪僻之氣，不設於身體，使耳目鼻口心知百體，皆由順正，以行其義。然後發以成音，而文以琴瑟，動以干戚，飾以羽旄，從以簫管。奮至德之光，動四氣之和，以著萬物之理。是故清明象天，廣大象地，終始象四時，周旋象風雨。五色成文而不亂，八風從律而不奸，百度得數而有常。小大相成，終始相生，倡和清濁，代相爲經。故樂行而倫清，耳目聰明，血氣和平，移風易俗，天下皆寧。故曰：「樂者，樂也。」君子樂得其道，小人樂得其欲。以道制欲，則樂而不亂；以欲忘道，則惑而不樂。是故君子反情以和其意，廣樂以成其教。樂行而民鄉方，可以觀德矣。德者，性之端也。樂者，德之華也。金石絲竹，樂之器也。詩，言其志也；歌，咏其聲也；舞，動其容也。三者本於心，然後樂器從之。是故情深而文明，氣盛而化神，和順積中而英華發外，惟樂不可以爲僞。樂者，心之動也。聲者，樂之象也。文采節奏，聲之飾也。君子動其本，樂其象，然後治其飾。是故先鼓以警戒，三步以見方，再始以著往，復亂以飭歸，奮疾而不拔，極幽而不隱。獨樂其志，不厭其道，備舉其道，不私其欲。是故情見而義立，樂終而德尊，君子以好善，小人以聽過。故曰生民之道，樂爲大焉。樂者，非謂黃鐘大呂弦歌干揚也，樂之末節也，故童者舞之。』

『魏文侯問於子夏曰：「吾端冕而聽古樂，則唯恐臥；聽鄭衛之音，則不知倦。敢問古樂之如彼，何也？新樂之如此，何也？」子夏對曰：「今夫古樂，進旅退旅，旅，衆也，或進或退，衆皆齊一。和正以廣，弦匏笙簧，會守拊鼓，始奏以文，復亂以武，治亂以相，訊疾以雅，君子於是語，於是道古，修身及家，平均天下。此古樂之發也。今夫新樂，進俯退俯，奸聲以濫，溺而不止。及優侏儒，獶雜子女也，不知父子。樂終不可以語，不可以道，此新樂之發也。」』俳優，雜戲，侏儒，短小之人，如獮猴之狀，雜於男子婦人之中，不知父子尊卑之等。『今君之所問者樂也，所好者音也，夫樂者與音相近而不同。文侯曰：「敢問何如？」子夏對曰：「夫古樂者，天地順而四時當，民有德而五穀昌，疾疫不作而無妖祥，此之謂大當。然後聖人爲父子君臣，以爲紀綱，紀綱既正，天下大定；天下大定，然後正六律、和五聲、絃歌詩頌，此之謂德音。德音之謂樂。《詩》云：「莫其德音，其德克明。克明克類，克長克君。王此大邦，克順克比。比于文王，其德靡悔。既受帝祉，施于孫子。」此之謂也。今君之所好者，其溺音乎？溺心之乎？」文侯曰：「敢聞溺音，何從出也？」子夏對曰：「鄭音好濫淫志，宋音燕女溺志，泛濫之義，泛及非己之色。晏安之義，耽娛樂而不反。衛音趨數煩志，齊音傲僻驕志，迫促疾速，倨肆偏邪，此四者皆淫於色而害於德，是以祭祀弗用也。」《詩》云：「肅雍和鳴，先祖是聽。」肅，肅敬也。雍，雍和也。夫敬以和，何事不行。」然後聖人作爲鞉、鼓、椌、揭、壎、篪柷敔，比六者德音之音也。然後鐘磬竽瑟以和之，干戚旄狄以舞之，此所以祭先王之廟也，此所以獻酢酳酬也，所以官序貴賤各得其宜也，所以示後世有尊卑長幼之序也。』

『賓牟賈侍坐於孔子，孔子與之言及樂，曰：「夫《武》之備戒之已久，何也？」對曰：「病不得其衆也。」大武之樂，先擊鼓備戒已久，乃始作舞，憂病不得士衆之心。先鳴鼓以戒衆，久乃出戰。今欲象此，故令舞者久而後出。「咏歎之，淫液之，何也？」對曰：「恐不逮事也。」恐諸侯後至，不及逮事。「發揚蹈厲之已蚤，何也？」對曰：「及時事也。」初舞時，手足發揚，蹈地而猛厲。「武坐致右憲左，何也？」對曰：「非《武》坐也。」憲，讀爲軒輊之軒。右膝至地，而左足仰。舞法無坐。「聲淫及商，何也？」對曰：「非《武》音也。」子曰：「若非《武》音，則何音也？」對曰：「有司失其傳也。若非有司失其傳，則武王之志荒矣。」子曰：「唯！丘之聞萇弘，亦若吾子之言是也。」賓牟賈起，免席而請曰：「夫《武》之備戒之已久，則既聞命矣，敢聞遲之遲而又久，何也？」子曰：

「居！吾語汝。夫樂者，象成者也；總干而山立，武王之事也；發揚蹈厲，太公之志也。《武》亂皆坐，周、召之治也。亂樂之卒章，周召文德之治。且夫《武》，始而北出，再成而滅商，三成而南，四成而南國始强，五成而分，周公左，召公右，六成復綴，以崇天子。綴，謂南頭之初位。夾振之而駟伐，盛威於中國也。二人夾舞者，而振鐸以爲節，則舞者以戈矛四次擊刺，象伐紂也。分夾而進，事蚤濟也。久立於綴，以待諸侯之至也。』

『君子曰：禮樂不可斯須去身。致樂以治心，則易直慈良之心油然生矣。易直慈良之心生則樂，樂則安，安則久，久則天，天則神。天則不言而信，神則不怒而威，致樂以治心者也。夫樂者，樂也，人情之所不能免也。樂必發於聲音，形於動靜，人之道也。聲音動靜，性術之變，盡於此矣。故人不能無樂，樂不能無形，形而不爲道，不能無亂。先王耻其亂，故制雅頌之聲以道之，使其聲足樂而不流，使其文足論而不息，使其曲、直、繁、瘠、廉、肉、節奏足以感動人之善心而已矣，不使放心邪氣得接焉，是先王立樂之道也。是故樂在宗廟之中，君臣上下同聽之，則莫不和敬；在族長鄉里之中，長幼同聽之，則莫不和順；在閨門之内，父子兄弟同聽之，則莫不和親。故樂者，審一以定和，比物以飾節。節奏合以成文，所以和合父子君臣，附親萬民也，是先王立樂之方也。故聽其雅頌之聲，志意得廣焉；執其干戚，習其俯仰屈伸，容貌得莊焉；行其綴兆，要其節奏，行列得正焉，進退得齊焉。故樂者，天地之命，中和之紀，人情之所不能免也。』

《禮運》：『孔子曰：「合之以仁而不安之以樂，猶穫而不食也。」』《孟子》曰：『樂之實，樂斯二者。樂則生矣，生則惡可已也。惡可已，則不知足之蹈之，手之舞之。』

吴札之觀，魏繹之辭。《左・襄廿九》：『吴公子札來聘，請觀於周樂，使工爲之歌《周南》《召南》，曰：「美哉！始基之矣，猶未也，然勤而不怨矣。」爲之歌《邶》《鄘》《衛》，曰：「美哉！淵乎，憂而不困者也。」爲之歌《王》，曰：「美哉！思而不懼，其周之東乎？」爲之歌《鄭》，曰：「美哉！其細已甚，民不堪也，是其先亡乎！」爲之歌齊，曰：「美哉！泱泱乎！大風也哉！表東海者，其太公乎？」爲之歌《豳》，曰：「美哉！蕩乎！樂而不淫，其周公之東乎？」爲之歌《秦》，曰：「此之謂夏聲，夫能夏則大，大之至也，其周之舊乎？」爲之歌《魏》，曰：「美哉！渢渢乎！大而婉，險而易行，以德輔此，則明主也。」爲之歌《唐》，曰：「思深哉！其有陶唐氏之遺民乎？不然，何憂之遠也？」爲之歌《陳》，曰：「國無主，其能久乎？自《鄶》以下無譏焉。」爲之歌《小雅》，曰：「美哉！思而不貳，怨而不言，其周德之衰乎？猶有先王之遺民焉。」爲之歌《大雅》，曰：「廣哉！熙熙乎！曲而有直體，其文王之德乎？」爲之歌《頌》，曰：「至矣哉！直而不倨，曲而不屈，邇而不逼，遠而不攜，遷而不淫，復而不厭，哀而不愁，樂而不荒，用而不匱，廣而不宣，施而不費，取而不貪，處而不底，行而不流，五聲和，八風平，節有度，守有序，盛德之所同也。」見舞《象箾》、《南籥》者，曰：「美哉，猶有憾！」見舞《大武》者，曰：「美哉！動而不德，非禹，其誰能修之？」文王見舞《韶箾》者，曰：「德至矣哉！大矣！如天之無不幬也，如地之無不載也，雖甚盛德，其蔑以加於此矣。觀止矣，若有他樂，吾不敢請之。」』杜預注：『季札賢明才博，在吴雖已涉見此樂歌之文，然未聞中國雅聲，故請作周樂，欲聽其聲。然後以聲參時政，知其興衰也。聞《秦》謂之夏聲，聞《頌》曰五聲和，八風平，皆論聲以參政也。』襄十一，晋侯以樂之半賜魏絳，魏絳辭，曰『夫樂以安德』云云。魏絳於是乎有金石之樂，禮也。昭公元年，子産曰：『先王之樂，所以節百事也，故有五聲，遲速本末以相及，中聲以降，五降之後，不容彈矣。於是乎有煩手淫聲，慆堙心耳，乃忘平和，君子弗德也。君子之近琴瑟，以儀節也，非以慆心也。』

葛天之樂，小昊之樂。『其作樂也，三人操牛尾，投足以歌八闋：一曰載民，二曰玄鳥，三曰遂草木，四曰奮五穀，五曰謹天常，六曰達帝功，七曰依地德，八曰總萬物之極。』《吕覽》少昊立建鼓，以通山川之風；□□［制］浮磬，以作大淵之樂，以諧人神，和上下，是□□□〔一〕。

〔一〕 今按：疑爲『曰九淵』。

五韺，六英。顓頊作承雲之樂，爲圭水之曲。作五氣六英之樂，調陰陽，享上帝。帝嚳命咸黑□樂，帝堯命曰九韶之樂。漢章帝曰：昔堯作大章，一夔足矣。山谷詩曰：賞音一夔足謂此。

帝舜，夏禹。以樂教天下，重黎舉夔以爲樂正。命延益八絃爲二十五絃之琴，夔修《九招》、《六列》、《六英》，以明帝德。於是正六律，和五聲，以通八風，而天下大服。重黎欲益求人，舜曰：『樂天下之精，得失之節，夔能和之一而足矣。』禹興九韶之樂，致異物鳳凰來翔，彈五絃之琴，歌《南風》之詩，禹作樂曰《大夏》，夏，大也，言能大堯舜之德也。湯作樂曰《大濩》，濩，護也，言湯之寬仁，能救護生民也。武王樂曰《大武》，周公樂曰《勺勺》，先王之道。見上。

六代之樂。《雲門》，黄帝樂也；《咸池》，堯樂也。德如雲出。堯能禪舜，德無不施。《大磬》，舜樂也；《大夏》，禹樂也。德能紹堯，德能大中國。《大濩》，湯樂也；《大武》，武王樂也。德能使得其所，德能成武功。

八荒之禮樂。揚子：『或問：「八荒之禮，禮也，樂也，孰是？」曰：「殷正之以中國。」或曰：「孰爲中國？」曰：「五政、五常之所加，七賦、五穀、桑麻之所養，中於天地者爲中國。過此而往，人也哉？」聖人之治天下，礙諸以禮樂，無則禽，異則貉。吾見諸子之小禮樂也，不見聖人之小禮樂也。』孔子曰：『至樂無聲而天下之民和，至極之樂無聲音，而天下自和。』《家語》。

漢哀帝之罷樂，晋安帝之治樂。性不好音，罷樂府官，非鄭衛之樂者，别屬地官，罷省過半。義熙元年，尚書音樂未備，言於劉裕，請治之。裕曰：『今日不暇給且性所不解。』仲文曰：『好之自解。』裕曰：『正以解則好之，故不習耳。』

獻太樂于秦，嘆太樂不備。義熙三年，南燕遣使獻太樂伎于秦。秦遣其母妻還之。《書法》：先書獻樂伎惡秦也，若燕主則可與權矣。五年，超正旦朝會，嘆大樂不備，議略晋人以補伎。遣兵寇宿預縣，大掠而去，簡男女二千五百，付太樂教之。

宋定音樂，魏定雅樂。昇明二年，宋定音樂。王僧虔奏民造新聲，煩淫無極，宜命有司悉加補綴。太和十一，魏定雅樂，凡非雅者，除之。置樂官，命中書監高閭參定。

詔造樂器，詔定雅樂。魏永平二年，詔太常卿劉芳造樂器。四年元會，始用新舞。隋禮樂志，有文舞、武舞。文舞曰《治康》，武舞曰《覬安》。開皇九年，詔定雅樂，牛弘奏：『今得陳梁舊樂，請加修葺，以備雅樂。』行新樂，泣新樂。十四年，行新樂，乃禁民間所造繁聲。萬寶常聞新樂，泫然泣曰：『淫厲而哀天下，不久盡矣。』寶常竟餓死。且死，悉取其書焚之，曰：『用此何爲？』

無愁曲，後庭花。齊主緯好自彈琵琶，爲《無愁曲》，民間謂之『無愁天子』。陳後主曲，皆美妃嬪容色，玉樹及庭花，臨春樂。放散樂，造新聲。隋開皇元年，隋放散樂，禁雜戲。大業元年，帝多製艷篇，令樂正白明達，造新聲音，極哀怨。諸翻來庭，陳百戲于庭，執絲竹者萬八千人。以散樂配太常，皆置博士，弟子樂工至三萬餘人。

武德九年之定樂，貞觀二年之奏樂。武德九年，詔太常少卿祖孝孫定雅樂。貞觀二年，祖孝孫奏唐雅樂，上曰：『禮樂者，聖人緣物以設教，治之隆替，豈由於此？』杜淹曰：『齊之將亡，作《伴侣曲》；陳之將亡，作《玉樹後庭花》，其聲哀思，聞者悲泣，豈可謂治不在樂乎？』上曰：『悲喜在心，非由樂也。將亡之政，民必愁苦，故聞樂而悲耳。今三曲俱存，爲公奏之，公豈悲乎？』魏徵曰：『樂在人和，不在聲音也。』《書法》：前書命孝孫定雅樂，此其稱唐雅樂，何孝孫所奏，雖不替古，亦足以爲一代之樂矣。喜其足以爲唐雅樂，而亦惜其止於爲唐雅樂也，故特書唐。

王珪請勿使祖孝孫教宫人，曹確請勿以李可及爲將軍。上使孝孫教宫人樂，不稱旨者，責之。王珪、温彦博諫曰：『孝孫雅士，今乃使之教宫人，又從而譴之。臣竊以爲不可。』懿宗咸通八年，以李可及爲將軍。上好音樂，樂工五百人。可及善爲新聲，以爲將軍，曹確諫曰：『太宗定文武官六百餘員，謂房玄齡曰：「朕以待天下賢士，工商雜類，不可處也。」太和中，文宗欲以樂工爲王府率，拾遺杜洵直諫，即改授光州長史，乞别除可及官。』不從。

張延珪請勿自教樂工，鞮屨氏掌樂與其聲歌。開元二年，置左右教坊，舊制雅俗之樂，皆隸太常。上以太常禮樂之司，不應典倡優雜伎，乃更置左右教坊，以教俗樂。又選樂工宫女數百人，自教之，謂之皇帝梨園弟子。禮部侍郎張延珪、酸棗尉上袁楚容，皆上疏戒上雖不用，咸嘉賞之。胡氏曰：『玄宗不以太常典倡優可也，乃更置坊院，盛選工女而自教之，則是以天子而典倡優而可乎。』《書法》：直書其事，其爲初政之累多矣，教坊之名始此。《周禮》：『韎師掌教韎樂，鞮屨氏掌四夷之樂與其聲歌。』

嘉樂不野合，舞師題旌夏。《左定公十年》：『公會諸侯于祝其，齊侯將享公。孔丘曰：「犧象不出門，嘉樂不野合。」』《襄公十年》：『威逼陽乃與宋公，宋公享晉侯於楚丘，請以《桑林》。荀罃辭，荀偃曰：「魯有禘樂，賓祭用之。宋以《桑林》享君，不亦可乎？」舞，師題以旌夏，晉□侯懼而退入于房。去旌，卒享而還。題，識也。旌，夏大旌也。』

黄帝命大容作《咸池》之樂，商辛使師延歌北鄙之音。德尚池水固遍周人，夏至，奏之以祭地祇。紂使師延作朝歌、北鄙之音、北里之舞、靡靡之樂。

杜詩：『琴烏曲怨憤，庭鶴舞摧頽。』《烏夜啼》，臨川王義慶造。師曠鼓琴，玄鶴銜珠舞。『軒轅休製律，虞舜罷彈琴。尚錯雄鳴管，猶傷半死心。今風疾足見律管，錯而不和今風疾又見琴心。傷而多怨』《風疾舟中書懷》。『伶官詩必誦，夔樂典猶稽。』《淮南子》：『胡王淫女樂之娱而亡上地。』《家語》：桓子受女樂之舞而不聽政。孔子相魯，齊人患其將霸，欲敗其政，乃選好女子八十人，衣以文飾而舞容璣，及文馬四十，以遺魯君。季桓子受女樂，君臣淫荒三日不聽國政。郊又不致膰俎，孔子遂行。揚子曰：『孔子之道不可小與？曰：「小則敗聖，如何？」曰：「若是則何爲去乎？」曰：「由群婢之故也，雉噫者。歌嘆聲』群婢女樂，孔子歌曰：『彼婦之口，可以出走；彼婦之謁，可以死敗。優哉優哉，聊以卒歲。』

唐主善音律，從謙弑存勖。唐主存勖幼善音律，自傅粉黛，與優共戲於庭。優名謂之『李天下』，嘗自呼曰：『李天下，□□□〔一〕。』優人敬新磨，批其頰。伶人郭從謙弑其主存勖，鷹坊人善友，斂樂器覆尸焚之。

命王朴，定大樂。周顯德六年，命王朴作律准，定大樂。朴疏曰：『禮以檢形，樂以治

〔一〕今按：疑爲『李天下』。

心，形順於外，心和於内。然而天下不治未之有也。蓋樂生於人心而聲成於物，物聲既成，復能感人之心。』《書法》：自元《魏書》陳仲孺奏律准，至是幾四百年矣。於是復見定樂之法，先定律准，故綱目謹書之。以樂工嚴勖爲蓬州刺史，後唐同光四年，復以故蜀樂工復以爲蓬州刺史。唐主問勖曰：『汝何以得刺史？』對曰：『以歌使之，歌而善之，許復故任。』《書法》書：故蜀樂工，書□以無改於舊之舞也。發明：自古以亂繼亂，未有若是之甚者，擲樂器於地，西向慟哭。天寶十五載，禄山取長安樂工犀象詣洛陽，宴群臣於凝碧池，盛奏衆樂，梨園弟子往往戲欷泣下。樂工雷海清不勝悲憤，擲樂器於地，西向慟哭。禄山怒，支解之。

《周禮·地官》：『大司徒之職，以樂禮教和，則民不乖，以六樂防萬民之情而教之和。』

音律

《荀九家》：『坎爲律。』《淮南子》：『音者，宫立而五音形矣。』

『厚脣、弇口、出目、短耳、大胸、耀後、大體、短脰，若是者謂之贏屬。恒有力而不能走，其聲大而宏，有力而不能走，則於任重宜；大聲而宏，則於鍾宜。若是者以爲鍾虡。是故擊其所懸而由其虡鳴。』

《書・舜典》：『律和聲。』《益稷》：『帝曰：「予欲聞六律五聲八音。」』『八音克諧，無相奪倫。』《周禮》：『太師掌六律，以合陰陽之聲。』陽聲：黄鐘、大簇、姑洗、蕤賓、夷則、無射；陰聲：大吕、應鐘、南吕、函鐘、小吕、夾鐘。皆文之以五聲：宮、商、角、徵、羽，皆播之以八音：金、石、土、革、絲、木、匏、竹，教六詩：曰風、曰賦、曰比、曰興、曰雅、曰頌。以六德爲之本，以六律爲之音，知仁聖義忠和。《周禮・典同》：掌六律、六同之和，以合天地四方陰陽之聲，以爲樂器。凡樂器以十有二律爲之數度，以十有二聲爲之齊量。《孟子》曰：『師曠之聰，不以六律不能定五音。聖人既竭耳力焉，繼之以六律正五音，不可勝用也。』

《前漢・律曆志》：『十二律，黄帝之所作也。伶倫　帝使伶倫自大夏之西、昆侖之陰，大夏，西域之国。昆侖，山名。取竹之解谷，生其竅厚均者，斷兩節間而吹之，以爲黄鐘之宮，制十二筩以聽鳳之鳴。其雄鳴爲六，雌鳴亦六。比黄鐘之宮而皆可以生之，是爲律本。律十有二，陽六爲律，陰六爲吕。律以統氣類物，一曰黄鐘，二曰大蔟，三曰姑洗，四曰蕤賓，五曰夷則，六曰無射。吕以旅陽宣氣，一曰林鐘，二曰南吕，三曰應鐘，四曰大吕，五曰夾鐘，六曰仲吕。』《外紀》：『黄帝命伶倫造律吕。』胡一桂曰：『律以黄鐘之宮，聲發於自然，爲十二律之本，度量衡之所由出。三者合律，然後措之。天下田可分，禄可均，禮可制，樂可作，故律也者，萬事根本也。』命隸首作算數，律度量衡由是而成。鋭喙，决吻，數目，顧간脰，小體，騫腹。

若是者謂之羽屬。恒無力而輕，其聲清陽而遠聞。則無力而輕，則於任輕宜，其聲清陽而遠聞。於磬宜。若是者以爲磬虡，故擊其所懸而由其虡鳴。小首而短，摶身而鴻，若是者謂之鱗屬。以爲筍。凡攫閷𢧵援簭𢧵之類，必深則其爪，出其目，作其鱗之而深其爪。

揚子：『或問：「交五聲、十二律，或雅或鄭，何也？」曰：「中正則雅，多哇則鄭。」「請問本。」曰：「黄鐘以生之，中正以平之，確乎鄭、衛不能入也。」』

黄帝，虞舜。黄帝命榮援鑄十二鐘，協月筩以和五音，立天時，正人位。舜夔修九招、六列、六英，以明帝德，於是正六律，和五聲，以通八風，而天下大服。《周禮·大司樂》：『以六律六同五聲八音六舞大合樂，以致鬼神祇，以和邦國，以諧萬民，以安賓客，以悦遠人，以作動物。乃分樂而序之，以祭、以享、以祀。乃奏黄鐘歌、大吕、舞雲門，以祀天神；乃奏大蔟，歌應鐘，舞咸池，以祭地祇；乃奏姑洗，歌南吕，舞大磬，以祀四望；乃奏蕤賓，歌函鍾一名林鍾。舞大夏，以祭山川；乃奏夷則，歌小吕，一名仲吕。舞大濩，以享先妣；乃奏無射，歌夾鐘，舞大武，以享先祖。凡六樂者，一變而致羽物及山澤之祇，再變而致贏物及山林之祇，三變而致鱗物及丘陵之祇，四變而致毛物及墳衍之祇，五變而致介物及土祇，六變而致象物及天神。』

七音，四始。鄭譯曰：『宫商角徵羽，加變宫、變徵，是爲七音。』又曰：『周有七音之律，《漢・律曆志》，天地人及四時，謂之四始。黄鐘爲天始，林鐘爲地始，大蔟爲人始，是謂三始。姑洗爲春，蕤賓爲夏，南吕爲秋，應鐘爲冬，是謂四時。四時三始。』

作其鱗之而，則於視必撥爾而怒，苟撥爾而怒，則於任重宜。且其匪色必似鳴矣，謂筍虡之獸。

神龜二年之律准，顯德六年之律准。陳仲孺奏：律准法不行，請依京房立准以調八音。尚書蕭寶寅奏：仲孺學不師受，輕欲制作事還寢。准之狀如瑟，長丈而十三絃。《書法》：書不行何？惜之也。顯德六年，作律准，定大樂。《書法》：見樂。

《舜典》：『歲二月，東巡狩，同律度量衡。』《淮南子》：『今萬人調鐘，不能比之律，誠得智者一人而足矣。』五聲、六律、十二管旋，相爲宫也。律，法也，又云述也。吕，助也，言助陽宣氣也。五色成之而不亂者，聲之和也；八風從律而不奸者，律之和也。君子之於樂也，小大精粗皆有數，故天之中數五而因之以爲五聲，地之中數六而因之爲六律。至於樂之始，則有柷而柷之數，其方二尺四寸，此三八之數也。至於樂之終，則有敔而敔之數，其鉏鋙二十七，此三九之數也。九勝八陽，勝陰也；十勝九陰，勝陽也。《周禮・梓人》：『爲筍虡』，樂器所縣，横曰筍，樹曰虡。贏者、羽者、鱗者，以爲筍虡。貴野，聲也。爪不深，目不出，鱗之而不作，則必穨爾如委矣。苟穨爾如委，則加任焉，則必如將廢措，其匪色必似不鳴矣。

律諸家言律法同異。 黄履翁

論律法之善者，莫如司馬遷；論律法之失者，莫如司馬遷。遷以律之一龠而推日分，此非善律。以律之九寸而得甲子者，不能也。遷之黄鐘九寸，蓋以九分爲寸，以十分爲寸，約之得八寸十分一，而乃謂之七分，其失一也。遷之鐘分丑三之下有二，其實位生之法而妄論餘分，其失二也。善乎！沈存中之説曰：『《漢志》言數，乃「律呂長短，立成法耳見。」』其數浩博，乃曰『陰陽合德，化生萬物』，是猶得弊檮帛忤指爲防鳳脛骨而立脛廟也。嗚呼！指爲脛廟而尊敬之，猶可言也。妄爲可否而置議焉，豈若聞其所不知者乎？求聲以律，造律以黍，此古今不易之論也。世之議者，何其紛如也？

蓋有正聲、有子聲、有五聲、有七聲。如遷、如固、如京房、如沈重，皆用正聲也；如康成、如鄭譯、如孝孫，皆兼用子聲也。遷之著書，固之作志，康成之釋禮，皆用五聲焉。房之六十律，重又廣之爲三百六十律；譯與孝孫之八十四調，而廣之爲百四十四律，皆用七聲焉。此聲之不同，所以致辨也。

至於纍黍之法，地有肥磽不同也，年有豐耗不同也，此黍之所以爲難定也。皇祐四年，范鎮云：『此秬黍爲非，是一也。』於是有用粟者，有用禾抄者，有以蠶絲者，有以馬尾者，又有用人指者，此纍黍之法既廢，所以致辨也。范鎮云：『此律之爲非，是二也。』

國朝景祐中，李照損鐘磬之十六而爲十二，馮元駁之元之議不勝，於是正聲、五聲用焉。景祐二年元豐中，劉几合四清聲而爲十六，楊傑贊之，几之議得行，於是子聲、七聲復用焉。元豐三年　然照之樂，欲減和峴之製，而鑄工私減，不之知几號爲洞曉音律，而其所製或雜鄭聲。是其聲未始有定也。李照以秬黍，胡安以横黍，房庶以一稃二米之黍，而阮逸又以量，楊傑又以八聲，漢魏又以聖人三指。甚至景仁鎮，君實莫逆之交也，而鐘律之辨終其身，莫之定，是其法未始有定也。

然則，如之何？曰律術雖難辨，而律本尚可言也。嘗觀遷之序律書，不言律而言兵，不言兵之用而言兵之偃。其論文帝事，浩漫宏博，若不相類者。徐而考之，則知文帝之時，偃兵息民，緩和通使，而民氣歡洽，陰陽洽和，天地之氣亦隨以正，此誠造律之本也。因天地之正氣，以定一代之正律。律其有不正者乎？古人謂天地之氣合以生風，風氣正而十二律定，正爲此耳。《前律曆志》。歐陽公之論皇祐樂，曰：一代之制，鼎新大備，蓋由先和民心，後正律呂而然也。嗚呼，其知之矣！

鐘鼓

『鐘之爲言動也，陰氣用事，萬物動成，鐘爲器，用金聲也。鏄者，時之聲也，節度之所生也。有節度則萬物昌，無節度則萬物亡。』《白虎通》。

《周禮》：『鳧氏爲鐘，兩欒謂之銑。鐘口兩角。銑間謂之于，于上謂之鼓，鼓上謂之鉦，鉦上謂之舞，舞上謂之甬，甬上謂之衡，二者鐘柄鐘縣謂之旋，旋蟲謂之幹，鐘帶謂之篆，篆間謂之枚，枚謂之景，于上之攠謂之隧。十分其銑，去二以爲鉦。以其鉦爲之銑間，去二分以爲之鼓間，以其鼓間去二分以爲舞廣，以其鉦之長爲之甬長。以其甬長爲之圍，參分其圍，去一以爲衡圍，參分其甬長，二在上，一在下，以設其旋。薄厚之所震動，清濁之所由出，侈弇之所由興，有說。

鐘已厚則石，已薄則播，侈則柞，弇則鬱，長甬則震。是故大鐘十分其鼓間，以其一爲之厚；小鐘十分其鉦間，以其一爲之厚。鐘大而短，則其聲疾而短聞；鐘小而長，則其聲舒而遠聞。爲遂，六分其厚，以其一爲之深而圜之。』厚鐘原深窒之。

『八音之列數者，金爲長；金聲之動物者，鐘爲大。凡金爲樂器有六，皆鐘之類也。曰鐘、曰鎛、曰錞、曰鐲、曰鐃、曰鐸，鎛如鐘而大；錞，錞于也，圓如錐頭，所謂金錞和鼓也；鐲，鉦也，形如小鍾，鐃如鈴而無舌，軍行爲鼓節，有柄而執之；鐸如大鈴。』《樂録》。

九夏，五鐘。《周禮》：『鐘師掌金奏，凡樂事，以鐘鼓奏九夏：《王夏》《納夏》《疏夏》《章夏》《昭夏》《齊夏》《族夏》《祴夏》《驁夏》。』『黄帝作五聲，以正五鐘：一曰青鐘大音、二曰赤鐘重心、三曰黄鐘洗光、四曰景鐘昧其明、五曰黑鐘隱其常，五聲既調，然後作五行。』《管子》。

黄帝之工，炎帝之孫。黄帝工人垂所造。《宋志》。炎帝之孫鼓延始爲鐘。《山海經》。伶倫之鑄，浮金之鐘。黄帝命伶倫與榮將鑄十二鐘以和五音，以施英韶，命之曰咸池。《吕覽》。顓頊居位，乃揖四方之靈，群后執珪以禮百辟。受文德者，錫以鐘磬；受武德者，錫以干戈。有浮金之鐘，沉明之磬。《拾遺記》。

高辛氏之擊鐘，夏后氏之擊鐘。高辛氏使鼓人拊鞞、擊鐘，鳳凰鼓翼而舞。《册府元龜》禹之治天下也，以五聲聽，曰教寡人以義者擊鐘。《鬻子》。

鄭之賂晋，秦之賂晋。《襄公十年》：鄭賂晋以歌鐘二律及其鎛磬女樂二八。《襄十六》：秦人賂晋侯歌鐘二肆。注：肆，列也。

周景王之鑄，齊景公之鑄。《昭廿一》：天王將鑄無射。伶州鳩曰：「王其以心疾死乎？夫音，樂之與也。而鐘，音之器也。天子省風以作樂，小者不窕細，大者不摦橫。今鐘和矣，王心不堪，其能久乎？」《左》景王廿三年，將鑄無射而爲之大林，單穆公曰：『不可。』王不聽，問律於伶州鳩，對曰：『古之神巫鼓中聲，量之以制，度律均鐘，百官軌儀，平之以六，成之於十二，天之道也。細鈞有鐘無鎛，昭其大也；大鈞有鎛無鐘，鳴其細也。』王鑄大鐘。二十四年，鐘成。《國語》。齊景公族聚鑄大鐘，撞之於庭，下郊雉皆鳴。《淮南子》。磬師曰：『磬師掌擊編鐘。』鐘師曰：『鐘師掌金奏。』《春官》。

金爲鐘，樂用鐘。『君子鑠金爲鐘，四時九乳，是以撞鐘以知君鐘，調則君道得。宋均注：九乳，法九州。黄鐘生一，一生萬物，故君子鑠金爲鐘。』樂□〔一〕圖徵　聖王承天，定爵禄。人者，不過於能，尊卑有位，位有物，物有宜，功成者賞，功敗者罰，故樂用鐘。宋均注　不過，謂量能授爵也。有罪，鳴鐘以攻之也。上。

李調侍鼓鐘，方朔對鳴鐘。智悼子未葬。平公飲酒，師曠、李調侍鼓鐘。杜蕢自外來聞鐘聲，曰：『安在？』曰：『在寢。』杜蕢入寢，歷階而升，酌曰：『曠飲斯。』又酌曰：『調飲斯。』又酌，堂上北面坐飲之。降趨而出，平公曰：『寡人亦有過焉，酌而飲寡人。』杜蕢洗而

〔一〕今按：疑爲『葉』。

揚觶。至于今，既畢獻，斯揚觶，謂之『杜舉』。《禮記·檀弓》。孝武皇帝，未央宫殿前鐘無故自鳴，三日三夜不止，詔問東方朔，朔曰：『臣聞銅者，山之子，山者，銅之母，以陰陽氣類言之，子母相感，山恐有崩。弛者，故鐘先鳴。』居三日，南郡太守上書，言山崩，賜帛二十匹。《别傳》。

漢殿下之鳴，吴湖上之震。漢順帝時，殿下鐘鳴，問英，對曰：『蜀岷山崩，山於銅爲母，母崩子鳴，非聖朝灾。』後蜀果上山崩。《樊英别傳》。吴山有唐鐘，本唐澄清觀舊物。紹興間，金聲震于太湖，澄清觀迎之，鐘凌波而上，一引入于舟内。丙辰九月二十四日戊午，常州澄清觀女冠王玉仙所造。河東薛泚爲之銘，曰：『上德願而鑄洪鐘，仙聖佑而人天從。霜朝聞子窈窕，月夜聽而雍容。蓮花生而腰净，頂銜饒于盤龍。響上徹于天外，聲下徹于九重。庶長空於鬼獄，魔屏迹而潛蹤。』《杭州志》。

撞黄鐘之鐘，撞蕤賓之鐘。『天子將出撞黄鐘之鐘，右五鐘皆應；入則撞蕤賓之鐘，左五鐘皆應。』《韓詩外傳》。《詩》：『鼓鐘將將，淮水湯湯。淑人君子，懷允不忘。鼓鐘喈喈，淮水湝湝。鼓鐘伐鼛（大鼓）淮有三洲。鼓鐘欽欽，鼓瑟鼓琴。』王氏曰：『幽王鼓鐘淮水之上，爲流連之樂，久而忘反。聞者憂傷，而思古之君子不能忘也。』

鼓鐘于宫白，聲聞于外華。於倫鼓鐘，於樂辟雍。

貪賂而亡，聞聲而去。《淮南子》：『仇由，貪大鐘之賂而亡其國。』《襄廿九年》：『吴公子札自衛如晉，將宿於戚，聞鐘聲焉，孫文子邑曰：「異哉！吾聞之也：辨而不德，必加於戮。夫子獲罪於君以在此，惧猶不足，而又何樂？」遂去之。文子聞之，終身不聽琴瑟。』

郤師銘鐘，每食擊鐘。魏顆郤秦師勛銘鼎鐘《晉語》。崔駰銘：昆吾之冶，勒景襄之鐘。《後漢》。昭五，宋左師向師，每食擊鐘。

破九龍之鐘，毁十龍之鐘。闔廬伐楚，破九龍之鐘。注：楚爲九龍之簴，以垂鐘也。《泰族訓》。子胥伐楚，毁十龍之鐘。賈子

飲酒擊鐘，除道納鐘。鄭伯有嗜酒，爲窟室而夜飲，酒擊鐘焉，朝至未已。《襄卅》。智伯將伐仇由，而道難不通，乃鑄大鍾遺仇由之君，方車二軌。仇由之君除道將納之。赤章曼枝曰：『不可納也。』仇由之君遂納之。赤章曼枝因斷轂而驅。至齊七月，而仇由亡。《韓非子》。

齊景爲大鐘，魯莊鑄大鐘。景公爲大鐘，將縣之。仲尼、伯常騫、晏子曰：『鐘將毁。』撞之，果毁。仲尼問之，晏子對曰：『鐘大不以禮，故曰將毁。』仲尼曰：『鐘大懸下，其氣不得，上薄，故曰將毁。』伯常騫曰：『今日庚申，雷日也，陰莫勝於雷，故曰將毁。』《晏子春秋》。莊公鑄大鐘，曹翽入見，曰：『今國偏小而鐘大。』慎子。

鄭簡公之鐘，晋平公之鐘。鄭簡公謂子産曰：『飲酒之不樂，鐘鼓之不鳴，寡人之任也。國家之不義，朝廷之不理，子之任也。』子産理政，城門不閉，國無盜賊，道無飢人，孔子曰：『若鄭簡公之好樂也，雖抱鐘而朝可也。』《尸子》。晋平公鑄爲鐘，師曠曰：『不調至於師涓，而果知鐘之不調也。』《吕氏春秋》。

子路之答趙襄，杜襲之對曹操。子路答趙襄子曰：『建天下之鳴鐘，撞之以莛，豈能發其音聲哉？』《説苑》。杜襲對曹操曰：『千鈞之弩不爲鼷鼠發機，萬石之鐘不以莛撞起音。』《三國志》。

伯牙操鐘，秦昭和鐘。《王褒頌》：『伯牙操遞鐘。』晋灼曰：『二十四鐘各有節奏，擊之不常，故曰遞。』秘閣有秦昭和鐘，形制瑰譎，得之豳雍間，其銘首曰：『不顯朕皇，且十有三公。』『建千石之鐘，立萬石之簴。』《説苑》。始皇造簴高三丈鐘，小者千石。《初學記》。

沃高廟四鐘，高廟十枚。高廟四鐘，皆秦時廟鐘也。高廟鐘十枚，各受千石，聲聞百里。《漢舊儀》。『高帝撞大鐘，擊鳴鼓，奏《咸池》，揚于戚。』《淮南子》。

高帝平陵，宣帝杜陵。西者平陵鐘也，東者杜陵鐘也。發鯨魚，莖和鐘。《東都賦》。『洪鐘萬鈞，猛簴趪趪。』《西京賦》。『華鐘扤其高懸，悍獸仡以麗陳。』《景福殿賦》。

魏殿前之鳴，晋宫中之撞。魏時殿前鐘鳴，張華曰蜀銅山鳴。《異苑》。晋人有銅澡盤，無故自鳴。張茂先曰：『此器與洛陽宮鐘聲相諧，宮中撞鐘，故鳴也。』《樂纂》。

會稽之鐘，洛陽之鐘。元帝初，鎮建康，令郭璞筮之，遇咸之井。璞曰：『東北郡縣有武名者，當出鐸以著受名之符。』建興二年，晉陵武進縣人於田中得銅鐸五枚，帝爲晉王，使璞筮之，遇《豫》之《睽》，璞曰：『會稽當出鐘，以告成功，上有勒銘，應在人家井泥中得之。』《王述傳》。　洛陽殿前大鐘六枚，父老云：欲移此鐘，聚百數長絙挽之，鐘聲振地，莫敢復祀。《述征記》。

石勒之聞，張永之答。石勒耕，輒聞鐘鐸之音，翼伽曰：『作勞耳鳴，無不祥也。』勒在平原賣與茌平人師驩家爲奴，有老父曰：『君魚龍髮際，上四塗已上，當爲貴人主。』每耕又聞鼓角之聲。《十六國春秋》。　張永曉音律，太極殿前鐘聲嘶，宋孝武以問，永答鐘有銅滓，鑿而去之，聲遂清越。《南史》。

文收之調，嗣真之掘。唐太宗時，大樂有古鐘十二，近代用其七，餘有五，俗號『啞鐘』，莫能通者。文收吹律調之聲，皆響徹。《舊唐書》。　高宗時，太常缺黃鐘，不能成。李嗣真逢一車，有鐸聲，嗣真曰：『宮聲也。』振於空地，若有應者。掘之得鐘，衆樂遂和。《李嗣真傳》。

皂閣山之掘，大同樓之鳴。孫知諒，開元中內殿修齊，奉詔投龍于吉州。江側有異氣，皂閣山掘得銅鐘一枚，鐘下得玉象三身。《南部新書》。　天寶十載六月乙亥，中書奏大同殿前鐘樓上鐘自鳴，請宣示中外，占曰『廣雄爲亂』。《五行志》。

涔陽之鐘，聖鐘之鐘。宣宗時，涔陽耕者得古鐘，收叩之，曰：『此姑洗角也。』既劘拭，有刻在兩欒，果然。《楊收傳》。黎川聖鐘山有鐘聲，聞其聲而形不見，南詔犯境，鐘則預鳴。天寶太和，咸通乾符之載，群蠻來寇，皆有徵也。《黎川圖經》。

閩江巨鐘，慈寺神鐘。閩城法炯者，聞江内有巨鐘。昔有人往廣州，募鑄信鼓，巨艦至此，值風沉溺，每月望日，潮至水退，蒲牢乃出，可容一人。大曆中，炯欲出此鐘，先於開光寺設大會，齊誦咒，令一小僧詣龍宫乞鐘於人世，小僧見海神曰：『我惜以鎮海，别與小珠三顆爲信。』當時小僧有如夢覺，珠在手焉。吴興武康太慈寺，唐大曆中，僧神晤欲鑄鐘，忽聞空中聲撤數十里。及鐘成，聲聞果如其遠。自躍入水，求之不得，寺有神鐘記。縣令韓章撰。

吉州巨鐘，祈陽大鐘。吉州龍魚觀有巨鐘，上有文曰：『晋元康年鑄鐘。』頂有一竅，古老相傳，則天時，聲震長安。有詔鑿之，其竅是也。天祐年中，一夜失鐘所在，至朝如故。蒲牢有血痕，并蒸竹者，江□〔一〕水草也。居人聞江水風浪之聲，漁者見江心紅旗流下，始

〔一〕今按：疑爲『南』。

知蒲牢□〔一〕傷江龍也。《玉堂閑話》祈陽縣白鶴觀有鐘，重數百斤，唐末一夕，雷雨忽至，鐘吼□入江。

木蘭院之鐘，君山寺之鐘。段文昌木蘭寺，僧厭苦之，飯後繫鐘，詩曰：『上堂已了各西東，慚愧闍梨飯後鐘。』二紀鎮州，碧紗籠之矣。續云：三十年來塵拂面，如今始得碧紗籠。《摭言》：七寶鐘，七寶鑄，高六尺，廣二尺。孟杲爲馬希範壽，希範賜君山寺。宋建炎，金人焚之。

武德殿之鐘，盧國宮之鐘。光化三年冬，武德殿前鐘聲忽嘶嗄。南蠻婆賄伽盧國王宮，設金銀二鐘，寇至，焚香擊之，以占吉凶。

《禮記·樂記》：『鐘聲鏗，鏗以立號，號以立横，横以立武。君子聽鐘聲，則思武臣，鏗然有聲，號令之象。號令欲其威嚴，横則盛氣充滿。令以氣壯，立武之道，故君子聽之而思武臣。』杜牧詩：『周鐘既窈揤。』

《風俗通》曰：『鼓者，郭也，春分之音。鼓，萬物皆鼓甲而出，故謂之鼓。』《易》曰：『鼓之以雷霆。』《世本》曰：『夷作鼓。』又曰：『巫咸作鼓。』劉熙曰：『鼓，動也，冬至之音，萬物

〔一〕今按：疑爲『鬥』。

含陽氣而動。』荀《九家易》：『震爲鼓。』《五經要義》：『鼓所以撿樂，爲群音之長也。』《禮記・樂記》：『鼓鼙之聲讙，讙以立動，動以進衆。君子聽鼓鼙之聲，則思將帥之臣。』讙，讙囂也，其聲喧雜，使人心動。君子之聽音，非聽其鏗鏘而已也，彼亦有所合之也。合之，契合於心也。《禮書》曰：『鼓，其聲象雷，其大象天，其樂象君，故凡鼓瑟、鼓琴、鼓鐘、鼓簧、鼓缶，皆謂之鼓，以五音非鼓不節也。』荀卿曰：『鐘象天，鼓象地。』

土鼓，蕢鼓。『土鼓、蕢桴、葦籥，伊耆氏之樂也。』《明堂位》注：伊耆，古天子有天下之號。《禮運》注：『築土爲鼓，以土塊爲桴，桴擊鼓之物。』『黄帝殺夔一足獸，以其皮爲鼓，撅以雷首之骨，而聲聞五百里。』《帝王世紀》。『帝伐蚩尤，玄女爲帝製夔牛鼓八十面，一震五百里，連震三千八百里。』《黄帝内傳》。

建鼓，鞞鼓。建鼓者，謂少昊氏作大鼓爲召樂之節。《樂書》。高辛氏使鼓人拊鞞鼓，擊鐘磬，鳳凰鼓翼而舞。《瑞志》。

鼙鼓，建鼓。『堯舜禹湯武伐鼙而食，奏《雍》而撤，已飯而祭，可謂至貴矣。然戰戰慄慄，日慎一日。』注：鼙鼓，王者之食樂也。侍云鼓鐘伐鼓《雍》。已食之樂也。《淮南子》。禹立建鼓，於而備訊矣。《管子》。禹有立鼓之訊。《水經》。

堯立敢諫之鼓，舜有敢諫之鼓。《淮南子》。《漢・劉輔傳》：『昭有虞之聽。師古曰：

「舜有敢諫之鼓，故言有敢諫之。」』

昕鼓警衆，靈鼓警衆。天子觀學，大昕鼓以警衆也。《文王世子》。天子讀書于黎丘，奏廣樂而遺其靈鼓。又天子靈鼓以警衆。《穆天子傳》。

密須之鼓，姑洗之鐘。衛子魚曰：成王分唐叔密須之鼓，姑洗之鐘，命以康誥而封於夏墟。《定四》。晋荀跞如周，王曰：『叔父唐叔，成王之母弟也，密須之鼓，文所以大搜也。』《昭公十五年》。

執鼓而立，援枹而鼓。桓公使鮑叔爲宰，辭曰：『管夷吾執桴鼓立於軍門，使百姓加勇焉，不若也。』《齊語》。齊晋戰于安革，郤克傷於市，流血及屨，未絶鼓音，曰：『余病矣！』張侯曰：『師之耳目在於旗鼓，若之何其以病敗君之大事也？』《左傳・成公二年》：『左并轡，右援枹而鼓。』

鳳翔之鼓，鶴飛之鼓。石鼓文在鳳翔天興縣，石形如鼓，其數有十，蓋紀周宣畋獵之事，即史籀之迹也。唐貞觀中，吏部侍郎蘇勉紀其事云：『虞、褚、歐陽共稱古妙，雖歲之訛缺，遺迹尚可觀。』《郡縣志》。吴王夫差移於建康之宫南門，有雙鶴從鼓中而飛，上入雲中。《吴録》。

楚之警鼓，魏之戒鼓。楚厲王有警爲鼓，以與百姓爲戒。飲酒醉，過而擊之也，民大驚。使人止曰：『吾醉與左右戲而擊之也。』民皆罷。居數月，有警，擊鼓而民不赴，乃更令明號，而民信之。《韓非子》。元魏置大鼓于白樓之上，晨昏伐以千椎，爲城里諸門啓閉之候，謂之戒晨鼓也。《水經注》。

自奔之鼓，自鳴之鼓。始興郡山陽縣，有豫章木，名爲聖木。秦時伐此木爲鼓，忽自奔逸，北至桂陽。《荆州記》。息于臨武，遂之始興，因名聖鼓城，今在臨武。《始興記》。蘇峻在歷陽，外營鼓自鳴，手自破之，曰：『我鄉土時有此，則城空矣。』俄而作亂，此聽不聰之罰也。

玉鼓，布鼓。《春秋孔演圖》：『有人命金興於豐，擊玉鼓，駕六龙。』《春秋緯》。亦有『玉鼓』。王尊曰：『無擊布鼓，過雷門。』師古曰：『雷門，會稽城門也。有大鼓，越擊此鼓，聲聞洛陽。』《漢書》。

葉縣鼓，漁陽摻。王喬爲葉令，每當朝葉門下，鼓不擊自鳴。明帝迎取，置都亭下，略無聲焉。《後漢書》。禰衡被魏武謫爲鼓吏，徐鍇曰：『若漁陽摻者，音七鑒反，三撾鼓也。』禰衡作漁陽摻撾，古歌云：邊城晏起漁陽摻，黄塵昭起白日暗。

白鵠山之鼓，天水郡之鼓。白鵠山上有石鼓，元嘉中，居人祀山神，乃椎此鼓，聞數十里，如金石之響。相傳云此山有鵠，飛入會稽郡雷門鼓中，打鼓聲洛陽聞之。後孫恩亂兵，擊破，中有二鶴冲天而去，自是不復鳴。後人名爲潛鶴鼓。《六朝事迹》。姚泓，永始元年，天水郡石鼓鳴，聞數百里，野雉皆雊。《後秦記》。

瑞安縣之鼓，夏架山之鼓。紹興二年，温州瑞安縣感應侯鼓自鳴。《通考》。吳興夏架山有石鼓鳴，則三吳有兵。安帝隆安中大鳴，後有孫恩之亂。《晉志》。

祠山之鼓，蓬山之鼓。城東祠山有石鼓，將有寇難則鳴，所以預警備也。《齊地記》。蓬山有石人石鼓，齊世將亂，石人打鼓，聞數十里。《述征記》。

浮山兩石鼓，洞庭兩石鼓。浮山兩石鼓，扣之清越，所謂神鉦也。《羅浮山記》。洞庭兩石鼓，扣之清越，所謂神鉦也。晉孝武樂章曰：『神鉦一震，九域同來。』《郡國志》。

天鼓山之石鼓，武安縣之石鼓。冀縣天鼓山有石如鼓，河鼓星摇動則石鼓鳴，鳴則秦上有殃。《酉陽雜俎》。磁州武安縣南有鼓山，上有二石如鼓，鳴則兵起。齊末此鼓鳴，而齊爲周所并；隋末又鼓鳴，而唐代隋以興，故一名神鉦。《山川記》。庾信賦曰『地則石鼓鳴山』，謂此。

新進士之候，張道士之言。新進士放榜後，翌日排建福門，候謁宰相，詩曰：『華陽觀裏鐘聲起，建福門前鼓動時。』即其事也。《南部新書》。張薦明爲道士，高祖召見，延入内殿，薦明曰：『陛下聞鼓乎？其聲一而已。五音十二律，鼓無一焉，然和之者鼓也。』《五代史》。

書面高爽之喻，聞聲裴俠之瘳。孫抃爲延陵縣令，高爽詣之，抃了無故人懷。爽書鼓面云：身有八尺圍，腹内無寸腸，面皮如許厚，被打未遽腸。《南史》。後周裴俠爲中大夫，疾沉。頓聞鼓，驚起曰：『可向府耶？』遂瘳。晋公護曰：『因鼓聲疾遂愈，天祐其勤也。』《史》。

羯鼓催□〔一〕，鼙鼓動地。唐玄宗『漁陽羯鼓動地來』。《論》：『鼓方叔入於河，播鼗武入於漢。』《左》：『張侯曰：「師之耳目，在于旗鼓。」』《莊公十年》：『曹劌曰：「夫戰，勇氣也。一鼓作氣，再而衰，三而竭。彼竭我盈，故克之。」』《周禮·鼓人》：『教爲鼓而辨其聲用，以雷鼓鼓神祀，以靈鼓鼓社祭，以路鼓鼓鬼享，以鼖鼓鼓軍事，以鼛鼓鼓役事，以晋鼓鼓金奏。以金錞和鼓，以金鐲節鼓，以金鐃止鼓，以金鐸通鼓。凡軍旅夜鼓鼜，軍動則鼓其衆，田役亦如之。救日月，則詔王鼓，大喪，則詔太僕鼓。』

《周禮》：『韗人爲皋陶鼓，木長六尺有六寸，左右端廣六寸，中尺，厚三寸，穹者三之一，上三正。鼓長八尺，鼓四尺，中圍加三之一，謂之鼖。鼓爲皋鼓，長尋有四尺，鼓四尺，倨句磬折。凡冒鼓，必以啓蟄之日，良鼓瑕如積環。鼓大而短，則其聲疾而短聞；鼓小而長，則其聲舒而遠聞。』

〔一〕今按：疑爲『花』。

《周禮》：『小師掌教鼓、鼗、柷、敔、塤、簫、管、絃、歌。大祭祀，登歌擊拊，下管擊應鼓。大饗，亦如之。大喪，與廞。』《周禮》：『籥章掌土鼓、豳籥，中春晝，擊土鼓，吹《豳詩》以逆暑，中秋迎寒，亦如之。凡國祈年于田祖，吹豳雅，擊土鼓，以樂田畯。國祭蜡，則吹豳頌，擊土鼓，以息老物。』天神之類，皆以雷鼓樂；地祇之類，皆以靈鼓志；人鬼之類，皆以路鼓。

萍鄉邑長之鼓，交趾刺史之鼓。宋范賞過金陵，張忠定公爲守，問曰：『天使沿路來還，見好官員否？』曰：『昨過萍鄉邑長張希顔者，好官員也。』更鼓分明，必有美政也。』後周敞爲交趾刺史，伐龍山木以爲鼓。以下分鼓洽桂林，上分鼓洽交趾，擊一鼓，則二鼓皆鳴。《輿地志》

鼓妖立碎，街鼓不鳴。范仲淹一日携子純仁訪民家，有鼓爲妖，坐未幾，鼓自風滚至庭不已。民舍股慄，仲淹徐謂純仁曰：『此鼓久不擊，見好客至，故自來庭以尋槌耳。』令純仁削槌副之，其鼓立碎。貞元十三年六月丙寅，天晦，街鼓不鳴。

建鼓，嚴鼓。『建鼓，一名□〔一〕鼓，所以召集號令，爲開閉之時。』《何並傳》。元帝建昭之

〔一〕今按：疑爲『植』。

間，留好音樂，置鼙鼓殿下。上隤銅丸以擿鼓，聲中嚴鼓之節。撞洪鐘，伐靈鼓。旁震八鄙，軿蓋隱訇。若疾霆轉雷而擊迅風也。《東京賦》。

伐登聞鼓，撾聞鼓。秦始五年六月，西平人麴路，伐登聞鼓，言多妖謗。《晉記》。劉谿等執黃幡，撾聞鼓上言。衛瓘淬。

磬鐸

林氏曰：徐州既貢玉磬又貢石磬，豫州又貢磬錯，則知當時樂記磬最爲重，豈非以其聲角而在清濁小大之間，最難得其和者哉？『磬者，夷則之氣也，象萬物之成也。其聲磬，故曰磬。有貴賤焉，有親疏焉，有長幼焉，朝廷之禮，貴不讓賤，所以有尊卑也；鄉黨之禮，長不讓幼，所以明有年也；宗廟之禮，親不讓疏，所以明有親也。此三者行，然後王道得，然後萬物成，天下示用磬也。』《白虎通》。

顓頊之磬，帝堯之磬。顓頊居位，奇祥總集，有浮金之鐘，沉明之磬。以羽毛拂之，則聲振百里，石浮於水，一如萍藻，取以爲磬，不加磨琢。《拾遺記》。堯命夔擊石拊石，以象上帝，玉磬之音，以致舞獸。《呂覽》。

伶倫作磬，無句作磬。黄帝使伶倫造磬。《義纂》。無句作磬，世本堯臣。《周禮》：『視瞭，掌凡樂事，播鼗、擊頌磬、笙磬。』《禮記・樂記》：『石聲磬，磬以立辨，辨以致死。君子聽聲，則思死封疆之臣。』『夔語舜云：「磬有大小，予擊大石磬，拊小石磬，則感百獸相率而舞。」』《大司樂疏》。

魯以玉磬告糴，齊以玉磬與地。《魯語》：『魯饑，臧文仲以鬯圭與玉磬與齊告糴。』『晋師從齊師，入自丘輿，擊馬陘，齊侯使賓媚人以紀甗、玉磬與地。』《左・成二》。舊説磬，讀爲罄，謂其聲音罄。然所以爲辨別之意，非明辨於義，而剛介如石者不能決。

拊舊陰之磬，掛懸黎之磬。『西王母侍女成花君拊舊陰之磬。』《漢武内傳》。『武帝起騰光臺，以望四遠，於臺上撞碧玉之鐘，掛懸黎之磬，吹霜條之篪，唱來雲依日之曲。』《洞冥記》。

懸輕玉之磬，得水濱之磬。『漢武起招仙閣，其上懸浮金輕玉之磬，浮金者，色如金，自浮于水上。輕玉者，其質貞明而輕上。浮瀛，即瀛洲也，上有青石可爲磬。磬者，長一丈，輕若鴻毛，因輕而名。』《拾遺記》。成帝時，犍爲郡於水濱得石磬十六枚，識者以爲善祥。劉向説宜興辟雍，説庠序。上。隆雅頌之音，以風化于天下。

璆磬，玉鳴。師古曰：『璆，美玉名，以爲磬也。』晋灼曰：『玉鳴，玉聲也。』《郊祀歌》：『璆磬金鼓，靈其有喜，展詩應律鋗玉鳴。』

建武年之擊磬，永康年之鳴石。建武十九年，辟爲博士，車駕幸太學，會諸博士論難，又詔諸生雅吹擊磬。《桓榮傳》。永康元年，襄陽郡上鳴石，似玉色青，撞之，聲聞七八里。《山海經》。

開皇之獲，總章之得。隋文帝開皇十四年，翟梟獲玉磬十四，垂之於庭，素衣神人來擊之。《洽聞記》。總章中，潤州得玉磬十二以獻，張率吏文收叩其一曰：『是晋某歲所造也。是歲潤月，造磬者法月數，當有十三，今缺其一，宜於黃鐘東九尺掘之，必得焉。』求之如言。《國史纂異》。讌樂，張文收所造也，樂用玉磬一架，登歌磬以玉爲之。《大樂令壁記》。

鍾子期之聞磬，魯恭王之聞磬鐘。子期夜聞擊鼓者而悲，召而問之，答：『臣之父殺人，臣之母爲公家爲酒，臣之身爲公家擊磬，是故悲也。』鍾子期曰：『悲夫，悲夫！心非臂也，臂非椎、非石也。悲存于心而木石應之，故君子誠乎此而論乎彼，感乎己而發乎人，豈必强説乎哉？』《吕覽》。『魯恭王好治宫室，壞孔子舊宅以廣其宫，聞鐘磬琴瑟之音，遂不復壞。』《漢書》。

賀循造磬，謝尚制磬。晋太常賀循奏置登歌簾虡，采玉造小磬。謝尚爲鎮西將軍，制石磬以備大樂。江左鐘石之樂，自尚始也。《樂志》。

庠序用磬，太常藏磬。范甯守豫章，大設庠序，遣人往交州採石磬以供學用。本。楊妃善擊磬，明皇令取藍田緑玉琢之，備極精巧。幸蜀還，乃送太常藏之。《開元傳信記》。□將〔一〕爲一，□〔二〕爲二，□〔三〕爲三，叄分其股博。去一以爲鼓博，叄分其鼓博。以其一爲之厚，已上則摩其旁，已下則摩其端。大。

《周禮》：『磬氏爲磬，倨句一矩有半。』

『磬聲一振，鬼神畢聞。』《廣異記》。八音以石爲君，故《詩》言依我磬聲，三代之樂，皆准於磬。高下難齊，故協之以磬。

曹紹夔之擊磬，李建勳之擊磬。洛陽有僧，房中磬輒自鳴，僧惧而成疾。紹夔問疾，俄擊齊磬，齊磬復作聲。紹夔出，錯鑢磬數起而去，其聲遂絶。紹夔云：『磬與鐘律合，擊彼此應。』僧大喜，其疾亦愈。《國史異纂》。江南李建勳，嘗蓄一玉磬，尺餘，以沉香節鏤析擊之，聲極清越。客有談及猥俗之語者，急起擊玉磬數聲，曰：『聊代清耳。』名曰『泗濱友』。《澄懷録》。

少華之山，其陰多磬；馬危之山，其陽多磬。適陰陽之和者，泗濱浮磬而已。《陳氏樂

〔一〕今按：疑爲『其博』。
〔二〕今按：疑爲『股』。
〔三〕今按：疑爲『鼓』。

書》。景祐二年，李照錬白石以爲磬，範中金以作鐘。天寶中，廢泗濱磬，用華原石。天寶中，廢泗濱磬，代華原石，致禄山之禍。《陳氏樂書》。《書》：『夔曰：「戛擊鳴球。鳴球，玉磬名。」夔又曰：「於！予擊石拊石，百獸率舞。」』《益稷》。徐州厥貢，泗濱浮磬。浮磬，石露水濱，若浮於水然。豫州厥貢，錫貢磬錯。治磬之錯　梁州厥貢璆磬。璆，玉磬，磬而磬也。《禹貢》。

子擊磬於衛，擊磬襄入於海。子擊磬於衛，有荷蕢而過孔氏之門者，曰：『有心哉，擊磬乎？』既而曰：『鄙哉，硜硜乎！石聲。莫己知也，斯己而已矣。』子曰：『果哉，末之難矣。』擊磬襄入於海。《詩》：『笙磬同音。磬管將將。鼓鐘。鞉磬柷圉，既備乃奏。』有瞽。『依我磬聲』『磬音藏葉鳥。』杜牧。

少昊制浮磬，梁有銅磬。通山川之風，作大淵之樂，以諧人神、和上下，是曰九淵。銅磬即今之方響也，以鐵爲之，代磬。《唐禮樂志》：方響體似應石，梁始爲之者也。《周禮》：『磬師掌教擊磬。』

《淮南子》：『禹之聲，懸鐘鼓磬鐸。諭寡人以事者振鐸，語寡人以憂者擊磬。』

以木鐸殉路，以夫子爲鐸。《書》：『每歲孟春，遒人以木鐸殉于路。』《論》：『天將以夫子爲木鐸。』木鐸，金口木舌，施政教時所振以警衆者也。鐸，鐸大鈴。軍法司馬執鐸，號令之限度。金鐸，金舌；木鐸，金口，木舌。文事，振木鐸；武事，振金鐸。

琴瑟

琴五絃或七絃，瑟二十五絃，樂之小者也。《白虎通》：『琴，禁也。以禁止淫邪，正人心也。』《文選·賦》：『庖羲作琴，神農制瑟。』『庖羲作瑟。』《世本》。庖羲作瑟。瑟，潔也，使人精潔於心，淳一於行。作二十五絃之瑟，以制昏因之禮。《通曆》。琴欲高張，瑟欲下聲。《物理論》。《書》：『夔曰：「搏拊琴瑟。」』瓠巴鼓瑟而游魚出聽，伯牙鼓琴而六馬仰抹。

太昊之琴，女媧之瑟。斫桐爲琴，繩絲爲絃。絃二十有七，以通神明之德，命之曰離徽，以合天地之和。絙桑爲三十六絃之瑟，以修身理性，反其天真，而樂音自是興焉。《外紀》。女媧用五十絃之瑟於澤丘，以郊天侑神，聽之極備，乃破爲二十五絃，以抑其情而樂乃和治。

朱襄之瑟，大舜之琴。恒風振蕩，朱襄命士達作五絃之瑟，以來陰氣、定群生，而天下治。舜彈五絃之琴，歌《南風》之詩，而天下治。其詩曰：『南風之薰兮，可以解吾民之愠兮；南風之時兮，可以阜吾民之財兮。』《孟子》：『舜在牀琴。鼓琴，若固有之。』舜以樂教天下，重黎舉夔，以爲樂正。命延益八絃爲二十五絃之琴，夔修九招、六列、六英以明帝德，於是正六律，和五聲，以通八風，而天下大服。《詩》：『琴瑟友之。爰伐琴瑟。琴瑟在御，莫不静好。何不日鼓瑟，且以喜樂。既見君子，並坐鼓瑟。我有嘉賓，鼓瑟鼓琴。』《論語》：『子曰：「由之瑟，奚爲於丘之門。」點，爾何如？」鼓瑟希，鏗爾，舍瑟而作。孺悲欲見孔子，孔子辭以疾，將命者出户，取瑟而歌。』《家語》：『子路鼓瑟，有北鄙殺伐之聲，子曰：「甚矣，由之不才也。先王奏中聲以爲節，流入於南，不歸於北。夫南者，生育之鄉；北者，殺伐之域。故君子之音，温柔居中，以養生育之氣，憂愁之戚不加于心。暴厲之動不存于體，乃所謂治安之風。小人之音則不然，伉麗微末，以象殺伐之氣。中和之感，不載於心；温和之動，不存于體。乃所以爲亂之風。昔舜彈五絃之琴，造《南風》之詩，其興也勃焉；紂好爲北鄙之聲，其廢也忽焉。夫舜起布衣，積德含和，而終以帝。紂爲天子，荒淫暴亂，而終以亡。今也匹夫之徒，曾無意于先王之制，而習亡國之聲，豈能保其六七尺之體哉？」』

孔子鼓瑟，鄒忌鼓琴。孔子鼓瑟，曾子覺側門而聽，曾子曰：『嗟乎！夫子瑟聲殆有貪狼之志，邪僻之行，何其不仁趨利之心？』子曰：『嗟！夫參，天下賢人也，其習知音矣。鄉者丘鼓瑟，有鼠出游，狸見於壁，循梁微行，丘以瑟淫其音。參以丘爲貪狼邪僻，不亦宜乎！』《韓詩外傳》。鄒忌以鼓琴，見齊宣王，曰：『夫琴所以象政也。』遂爲王言琴之象政狀。王大悦，以爲相。《新序》。《白虎通》：『瑟者，閉也，所以懲忿窒，欲正人之德也。』蔡邕《月令》：『前其柱則清，後其柱則濁。』『人君冬至日，瑟用槐木，長八尺一寸。夏至日，瑟用桑木，長五尺七寸。』易卦。夫瑟，二十五絃，僕人鼓之則爲灾，賢者鼓之，欲樂則樂，欲悲則悲。《尸子》。《禮圖》：『雅瑟，長一尺一寸，二十三絃，廣一尺八寸，其常用者，十九絃。頌瑟，長七尺二寸，廣一尺八寸，二十五絃盡用之。』

洪鐘駭聽，寶瑟清骨。唐相國李公記。《樂記》：『絲聲哀，哀以立廉，廉以立志。君子聽琴瑟之聲，則思志義之臣。』孔子曰：『美哉璠璵！遠而望之，焕若也；近而視之，瑟若也。』齊宣王問匡倩曰：『儒者鼓瑟乎？』曰：『不也，夫瑟以小絃爲大聲，以大絃爲小聲，是大小易序，貴賤易位，儒者以爲害義，故不鼓也。』《韓非子》。趙王遣使之楚，方鼓瑟而遣之、誡之，曰：『必如吾言。』使者曰：『王之鼓瑟，未嘗悲若此也。』王曰：『宮商固方調矣。』使者曰：『何不書其柱耶？』王曰：『天有燥濕，絃有緩急，宮商移徙不可知，是以不書。』使者曰：『明君之使人也，任位以事，不制以辭，遭吉則賀之、凶則吊之。今楚趙相去千有餘里，吉凶憂患不可預知，猶柱之不可書也。』《樂記》：清廟之瑟，朱絃而疏越，一唱而三嘆。質素之器，非要妙之音也。

李商隱《錦瑟》詩：『錦瑟無端五十絃，一絃一柱思華年。』《古今樂志》：『錦瑟之爲志也，其絃五十，其柱如之，其聲適、怨、清、和。』『莊生曉夢迷胡蝶，適也。望帝春心託杜鵑。怨也。滄海月明珠有泪，清也。藍田日暖玉生烟。和也。此情可待成追憶，只是當時已惘然。』《許彦周詩話》云：李商隱《錦瑟》詩云云，詩人能彈此四曲，詩中四句，蓋象四曲也。李白詩：『趙瑟初停鳳凰柱，蜀琴欲奏鴛鴦絃。』杜詩《琴臺》：『茂陵多病後，尚愛卓文君。酒肆人間世，琴臺日暮雲。野花留寶靨，蔓草見羅裙。歸鳳求凰意，寥寥不復聞。』『堂横單父琴。』『宓子彈琴邑宰日。』

《琴賦》，嵇康。馬季長善笛，故有《笛賦》，嵇叔夜善琴，故有《琴賦》：『惟椅梧之所生兮，託峻岳之崇岡。於是遁世之士，榮期綺季之疇。榮啓期帶索鼓琴而歌。情舒放而遠覽，接軒轅之遺音。慕老童於騩隅，欽泰容□帝樂師。之高吟。顧兹□〔一〕而興慮，思假物而託心。乃斫孫枝，准量所在。至人攄思，制爲雅琴。乃使離子督墨，匠石運斤，夔襄薦法，班倕騁神。鎪會裛厠，郢密調均。鎪會裛厠皆用斧斫琴。華繪雕琢，布藻垂文。錯以犀象，藉以翠緑。絃以□〔二〕客之絲，徽以鍾山之玉。爰有龍鳳之象，古人之形。伯牙揮手，鍾斯聽聲。華容灼爍，發采揚明。何其麗也。伶倫比律，田連操張。進御君子，新聲憀亮。何其偉也？爾乃

〔一〕今按：疑爲『桐』。
〔二〕今按：疑爲『園』。

理正聲，奏妙曲，揚白雪，發清角。狀若崇山，又象流波。浩兮湯湯，鬱兮峩峩。初涉淥水，中奏清徵。雅昶唐堯，終詠微子。或英聲發越，采采粲粲。或間〔一〕聲錯糅，狀若詭赴。嚶若離鵾鳴清池，翼若游鴻翔層崖。遠而望之，若鸞鳳和鳴倚雲中；近而察之，若衆葩敷榮曜春風。若廣陵止息東武太山。飛龍鹿鳴，鵾鷄游絃。下逮謡俗，蔡氏五曲。王昭楚妃，千里別鶴。亂曰：愔愔琴德，不可測兮；體清心遠，邈難極兮；良質美手，又今世兮；紛綸翕響，冠衆藝兮；識音者希，誰能珍兮；能盡雅琴，惟至人兮！』

穆王静瑟。穆王東巡，王母來奏環天之和樂。列以重霄之寳器，器有圓山静瑟。有大林疾風震地，林木不動，以其木爲琴瑟，故曰『静瑟』。《拾遺記》。

笙簧

『笙，生也，象地貫地而生，以匏爲之，其中空以受簧。』《釋名》。『簧，笙中金葉，吹笙則鼓動之，以出聲者也。』《書》：『笙鏞以間。』《詩》：『笙磬同音。既見君子，並坐鼓簧。鼓瑟

〔一〕今按：『問』，《文選注》中作『間』。

吹笙。吹笙鼓簧。』

女媧作笙，王母吹笙。女媧命臣隨作笙簧，以一天下之音。娀陵制都良管，以一天下之音。西王母吟，吹笙鼓簧，中心翔翔。世民之子，惟天之望。《穆天子傳》。王母命侍女董雙成吹雲和之笙。《漢武内傳》。

『大簇之氣，正月之音。笙之言施也，牙也，萬物始施而牙。笙者，大簇之氣也，象萬物之生也，故曰笙。有七政之節焉，有六合之和焉，天下樂之，故謂之笙。』《白虎通》『笙者，正月之音，物生故謂之笙。有十三簧，象鳳之聲』。《説文》。

女媧之笙，臣隨之笙。《禮》曰：『女媧之笙簧。簧，笙中之簧也。』曹植《女媧贊》：造簧作笙。《隋音樂志》：笙、竽，並女媧之所作。《世本》曰：隨作笙竽，臣隨女媧臣。

和八風，隨時好。舜在位，王母獻白玉環，廣九州爲十二。復獻白玉之琯，以和八風。故章帝時，零陵文學奚景于舜祠下，得笙白玉之琯。古者玉琯似玉，夫以玉作音，故神人以和，鳳凰來儀也。《説文》。商容觀舞，墨子吹笙。『墨子非樂，而於樂有是也。』《尸子》。墨子儉主回而非樂者，往必藉玉衣錦吹笙，非苟違性隨時好也。《劉子隨時》。『墨子見荆王，衣荆吹笙。』《吕氏春秋》。

聽笙竽之聲，吹叢霄之笙。竹聲濫，濫以立會，會以聚衆，君子聽笙竽簫管之聲，則思畜聚之臣。《樂記》。謝元卿遇仙，吹叢霄之笙。《續仙傳》。

奕秋聽笙而敗，王彧聽笙而舞。奕秋，通國之善奕者也。當奕之，思有吹笙過者，乍而聽之，則奕敗矣。非奕道暴深，情有暫闇，笙滑之也。《劉子・專學》。謝孺子吹笙，王彧起舞，嘆曰：『今日真使人飄飄有伊洛間氣。』《南史》。

習吹通氣，法生導氣。季秋之月上丁，入學習吹，所以通氣也。管簫笙竽壎箎，皆以吹鳴者也。蔡邕《月令章句》邯鄲綽曰：『夫笙者，法萬物始生，導達陰陽之氣，故有長短。黄鐘之始，象法鳳凰。』

交趾人之笙，武夷君之笙。『交趾人多取無柄之瓠爲笙，安十三簧，吹之，音律清響。』《嶺表録異》。武夷君命朱小娥運居巢，即大笙也。《周禮》：『笙師掌教吹竽、笙、塤、籥、簫、箎、篴、管、春牘、應、雅以教祴樂。』《械夏之樂》。

笳竽

『笳者，胡人卷蘆葉吹之以作樂也，故云胡笳。』竽，笙類也。列管匏中，施簧管端，官管在中央三十六簧。《急就篇注》。

立春之氣，五音之長。大者曰竽，小者曰和。竽管三十六，宫在位。和十三管，宫居中。《唐樂志》。竽也者，五聲之長者也，故竽先則鍾瑟皆隨，竽唱則衆色皆和。今大奸則俗之民唱，俗之民作則小盗必和，故服文采，帶利劍，厭飲食，而資貨有餘者，是之謂盗竽矣。《韓非子》。

濫竽，好竽。齊宣使人吹竽，必三百人。南郭處士請爲王吹竽，宣王説之，廩食以數百人。宣王死，湣王立，好一聽之，處士逃。一日，韓昭侯曰：『吹竽者，衆吾無以知其善者。』田嚴對曰：『一一而聽之。』古詩曰『吹竽久混真』謂此。齊王好竽，有求仕於齊者，往立王之門，三年不得入，客罵之曰：『王好竽而子鼓瑟，雖工，如王不好何？』是所謂工於瑟，而不工於求齊也。韓。

商丘子之吹竽，成少伯之吹竽。商丘子晋好牧原吹竽，年七十不娶婦而老。《列仙傳》成少伯三吹竽，見安昌侯張千夏鼓琴，謂曰：『音不通千曲以上，不足以爲之音。』《桓譚新論》。

吹竽有以知法度，竽音調，則度教得見。《樂府圖》。

胡笳互動，李陵書。聽胡笳而泪下。庾信賦。笳吟細柳營，笳鼓凝皇情。清笳去宫闕，愁思胡笳夕，嘹唳吟笳發。汴州城聞關山曲。武元衡。『何處金笳月裏悲，悠悠过客最先知。單于城上關山曲，今日中原總解吹。』杜摯《歌賦序》：『伯陽避亂入我，懷土遂達斯樂。』音先車駕：《鹵簿儀注》。『往吹小箛，發吹大箛。箛，即笳也。又漢舊箏笛録其有曲，不記所本末。』

張博望之一曲，李延年之十曲。張博望入西域，惟得《摩訶兜勒》一曲。李延年作胡曲，更造新聲。《二十八解》以爲武樂，有《出塞》《入塞》《楊柳》等十曲。春月胡殿感笳之音。蔡琰先適河中衛仲道，歸寧父家。漢末大亂，爲胡所獲，在左賢王部中，春月登胡殿感笳之音，作詩曰：『胡笳動兮过馬鳴，孤雁歸兮聲嚶嚶。』《文姬别傳》。

劉正喬之吹笳，劉越石之奏笳。劉疇，字正喬。避亂塢壁，賈胡欲害之，疇拔笳吹之，爲《出塞》、《入塞》之聲，以動遊客之思。於是群胡垂泪而去。《晋書》。劉琨，字越石。爲胡騎所圍，乘月登樓清嘯，賊皆凄然。中夜吹奏胡笳，賊皆流涕。向曉又吹，賊並奔走。《世説》。

笛

笛，七孔，長一尺四寸。笛者，滌也，蕩滌邪穢，納之雅正也。漢武時，丘仲作笛。《樂纂》曰：『横笛，小篪也。』

唐之七星管，古之長笛也，其狀如箎而長，其數盈尋而七竅。劉係所作也，顧况《七星歌》：『龍吟四澤欲興雨，鳳引九雛警宿鳥。』《通考》。《梁朝歌》曰：『快馬不須鞭，拗折楊柳枝。下馬吹横笛，愁殺路傍兒。』

君山三笛，咸陽玉笛。賈客吕筠卿泊舟君山側，命酒吹笛數曲。忽一老父拏舟而來，袖出三笛，其一大如合拱，次如常，次如細筆管。吕請老父一吹，曰：『大者，齊天之樂，不可吹；次對洞府諸仙合樂而吹；小者，是老身與朋儕可樂者，試爲吹之。』吹三聲，波濤沆瀁，魚龍跳噴；五聲六聲，君山鳥獸叫噪，月色昏昧，舟人大恐，一吹乃止。《異記》。高祖初入咸陽宫，有玉笛長二尺三寸，二十六孔。吹之，則見車馬山林，隱轔相次，吹息亦不復見。名曰『昭華之琯』。《西京》。

蔡邕柯亭之笛，向秀舊廬之笛。『蔡邕宿於柯亭之館，以竹爲椽。邕仰而眄之曰：「良竹也。」取以爲笛，奇聲獨絶，歷代傳之。』伏滔《長笛賦》序。駱賓王啓賞其聲，柯亭無永枯之竹。向秀《思舊賦序》：『少與嵇康、吕安居止接止，各昭事見法，經其舊廬。鄰人有吹笛者，發聲寥亮，感音而嘆之，故作賦云。』

列和善吹笛，傅子。宋褘善吹笛《世説》。列和曰：『每合樂時，隨歌者清濁聲。濁者用三尺二笛，因名曰「此三尺二調聲」；清者用二尺九笛，因名曰「此二尺九調」。』《晋書》。宋褘緑珠姊子，有國色，善吹笛。後在晋明帝宫，帝疾患危毒。群臣進諫，請出宋禕，帝曰：『卿諸人誰與得者？』衆人無言。阮遥集爲吏部尚書，對曰：『願以賜臣即與之。』

盧坦奈何同列，阿紀終身不言。唐盧坦爲鄭滑判官，有善笛者，大將請節度爲重職。坦曰：『奈何與吹笛少年同列耶？』謝仁祖妾阿紀，有國色，善吹笛。仁祖死，阿紀不嫁。郗曇設詐爲妾，阿紀終身不與曇言。《幽明録》。

郭長生之歌，桓叔度之弄。永嘉中，太山民巢氏居在晋陵，家婢採薪，一人追隨，不久人見，與婢宴飲吹笛而歌，歌云：閑夜寂寂清，長笛亮且鳴。若欲知我者，姓郭字長生。上。桓伊，字叔夏，善音樂，有蔡邕柯亭笛，嘗吹之。王徽之赴京，泊舟清溪側，伊不相識，於岸上過，徽之曰：『聞君善吹笛，試爲我一奏。』便下車，踞胡林，爲作聲調之弄，便上車去，不交一言。

得老鷄，得赤玉。代郡有一亭，有怪不可詣。忽有諸生行歌止息，鬼吹五孔笛，一手不得攝笛。諸生笑謂：『汝止有一手，那得遍笛？』鬼云：『謂我少指耶？』乃數十指出，□□[二]斫之，得一老雄鷄，從者并鷄雛耳。《幽明録》。『凉州人發凉王張駿墓，得赤玉簫、紫

〔二〕今按：《四庫全書》本《记纂淵海》記載：『乃數十指出，諸生拔劍砍之，得一老雄鷄，從者並鷄雛。』

玉笛。』《三十六國春秋》。

聞宫中雜翻，聞里人吹笛。安公子始煬帝幸江都時，有樂工於笛中吹。其父病廢于卧内，聞之乃問其子，曰：『何得此曲？』曰：『宫中新翻也。』父歔欷，謂其子曰：『宫曰君，商曰臣。宫聲往而不返，大駕東巡，必不還矣。汝可託疾，勿去也。』《樂府雜録》。段安作漢中王瑀爲太卿，早起朝，聞永興里人吹笛，問是太常樂人否，曰：『然。』後因閲樂而唤之，『何得某日卧吹笛耶？』《傳説》。

紫玉笛，紫雲迴。『妃子竊吹寧王紫玉笛，張祜詩：「梨花静院無人處，閑把寧王玉笛吹。因此忤旨，放出。」《外傳》。玄宗夜夢遊月宫，諸仙娱以紫雲回樂，以玉笛尋，盡得矣。《開元傳信記》。

笛裂不終，曲罷相視。李謩，開元中吹笛爲第一，至越州舉進士者十人，同邀于湖上吹笛。有獨孤丈者移舟湖心，李生捧筆一發，水木森然，獨孤生乃無一言。又静思作一曲，更如妙絶。李生更有一笛，拂拭以進，獨孤曰：『此都不堪取，執者粗通耳。』乃换之，曰：『此至入破，必裂，吝惜否？』李謝不敢，遂吹，聲發入雲。至十三疊，示謬誤之處，及入破，笛遂裂，不復終曲，李生再拜。《逸史》。明皇居南内，夜闌，登政樓，憑闌南望，烟月滿目。貴妃侍者紅桃在焉，親御玉笛爲之倚曲。曲罷相視，無不掩泣。《外傳》。

李謨吹笛，李謨吹笛。開元中，李謨吹笛，獨步當時。越州刺史皇甫政月夜泛鑑湖，命謩吹笛，爲之盡妙。有一老父泛舟，聽之回奏一聲，湖波摇動，笛遂中裂，探懷中笛以畢其曲。復視之，有三龍翔舟而聽。老人曲終，以笛付謨，謨吹不能聲，老夫失所在。《樂府雜録》。李舟得烟竹，截爲笛，堅如鐵石，以遺李謨。謨吹笛天下第一，月夜泛江，與同舟人吹，寥亮逸發。有客於岸，呼舟請載，既至，請笛而吹，甚爲精妙。山石可裂，及入破，應指粉碎，不知所之，疑其蛟龍也。《國史補》。

雲封觀笛，王疇定樂。許雲封，樂工之工笛者。貞元初，韋應物自蘭臺郎爲和州牧，頗不得志。輕舟東下，夜泊舟中，與語久之，韋曰：『我有乳母子，受笛李供奉，藝成身死，舊吹之笛李君所賜也。』囊出舊笛，雲封跪，悲切撫而觀之曰：『信是佳笛，但非外祖所吹者。』乃謂曰：『發揚一聲，出入九曲。古之至音者，一疊十二節，一節十二敲，今之名樂也。至如《落梅》流韵，感金谷之遊人；《折柳》傳情，悲玉關之戍客。』一疊未盡，劃然中裂。《甘澤謡》。宋嘉祐中，王疇欲定大樂，嘗取成都房庶玳瑁古笛，以校金石。《通考》。

波息，龍獻。新羅神文王時，東海小山浮來，有一竿竹，命以作笛。吹此笛則兵退、病愈、旱雨、雨晴、風定、波平，號萬波息。孝昭王加號『萬萬波波息笛』。《朝鮮志》。又有玉笛，長尺有九寸，其聲清亮，云東海龍所獻。

孫處秀之犯調，雲朝霞之變聲。玄宗時，樂人孫處秀善吹笛，好作犯調。因有犯調，犯調即今之所尚也。《樂纂》。文宗時，雲朝霞以善吹笛進，上爲新聲雅樂，朝霞能承意變聲。《唐書》。太原姚康成寢，後見三人賦詩，其人長細而黄，□□□面多瘡孔，詩曰：『當時得意氣填心，一曲君前直萬金。今日不如庭下竹，風來猶得學龍吟。』候曉視之，乃見破竹一管。《靈怪集》。

□……□□雜俎

《長笛賦》馬融季長：『惟籦籠之奇生兮，于終南之陰崖。於是放臣逐客，訪胥伯奇，棄妻離子，哀姜孝已。跛幾根，跛蔑縷。挑截本末，規摹□［擭］矩。夔襄比律，子野協吕。十二畢具，黄鐘爲主。定名曰「笛以觀賢士」。』觀夫繁會叢雜，何其富也。紛葩爛熳，誠可喜也；波散廣衍，實可異也。掌距劫遻，又足世也。掌，柱也。劫，脅也。遻，腦也。爾乃狀似流水，又象飛鴻。泛濫溥漠，浩浩洋洋。故論記其義，協比其象。彷徨縱肆，老聃之概也；温直優毅，孔孟之術也。激浪清厲，隨光之發也；牢刺拂疾，諸賁之氣也。節解句斷，管商之制也；條決繽紛，申韓之察也。繁縟絡繹，范蔡之説也；漻櫟銚懂，晰龍之惠也。唯笛，因其天姿，不變其材，伐而吹之，其聲如此。蓋亦簡易之義，賢人之業也。況笛生乎大漢，而學者不識，辭曰近世雙笛，從羌起。羌人伐竹，未及已；龍鳴水中，不識已。截竹吹之，聲相似；剜其上孔，通洞之。裁以當簻，鞭。便易持；易京君明，識音律。故本四孔加以一，君明所加孔後出，是謂商聲五音畢。』

趙嘏詩：『長笛一聲人倚樓。』山谷詩：『赤壁風月笛。』樊川寄珉笛與友文舍人。調高銀字聲還側，物比柯亭韵校奇。寄與玉人天上去，桓將軍兒不教吹。杜：『吹笛秋山風月清，誰家巧作斷吻聲。風飄律吕相和切，月傍關山幾處鳴。胡騎中宵堪北走，武陵一曲想南征。故園楊柳今摇落，何得愁中却盡生。』劉琨，馬援。樂府有《武溪深詞》。杜：『處處鄰家笛，誰家樓上笛。』

箏

箏，瑟類也。本十二絃，今則十三。《急就篇注》。《通典》曰：『箏，秦聲也。』傅玄《箏賦序》：『代以蒙恬所造。今觀其器，上崇似天，下平似地，中空准六合，絃柱擬十二月，設之則四象在，鼓之則五音發，斯乃仁智之器。豈亡國之臣所能開思運巧哉？』《集韵》云：『秦俗薄惡，有父子争瑟者，各入其半，故當時名爲箏。』古以竹爲之。『武夷君命謝英妃撫長離，印〔一〕箏也。』《諸山記》。

呂布之鼓，郝素之彈。呂布詣袁紹，紹欲殺之，遣三十六兵被鎧迎布。使着帳过卧，布使于帳中鼓箏，諸兵卧，布出帳去，兵不覺也。《英雄記》。郝素善彈箏，雖伯牙妙手，吴姬奇聲，何以加之？《傅子》。

撫箏而歌，以箏而歌。謝安爲其婿王國賓所讒，一日，武帝召桓伊宴飲，安侍坐，命伊撫箏。伊撫而歌曰：『爲君既不易，爲臣良獨難。忠信事不顯，乃有見疑患。周旦佐文武，金縢功不刊。推心輔王政，二叔反流言。聲節何慷慨，俯仰吁可觀。』安泣下沾襟，越席將其鬚曰：『使君於此不凡。』帝有愧色。桓野王善解音，晋孝武宴西堂，樂闋酒闌。將詔野王箏歌，野王辭以須笛，詔其奴碩，賜姓曰張，□□□〔二〕將軍。張碩意氣激揚，吹破三曲，末取猪脚笛，然後乃理調成曲。

賜以銀箏，不聽彈箏。何承天素好弈棋，又善彈箏，文帝〔三〕賜以局子，□……□〔四〕箏。

〔一〕今按：此字误，似當作『即』。
〔二〕今按：疑爲『加四品』。
〔三〕今按：疑爲『太祖』。
〔四〕今按：疑爲『又賜銀裝』。

幼承天奉表陳謝，帝答云：『局子之賜，安知必非張武之金耶？』《南史》。梁張稷，瑰弟也。幼有孝性，所生母無寵，疾終毁瘠過人，州里謂之淳孝。長兄瑋善彈箏，稷以劉氏先執此伎，聞瑋爲清調，便悲感頓絶，遂終身不聽。上。

聞箏嗚咽，作箏得近。元魏孫紹兄善彈箏，早卒。紹後聞箏聲，涕泗嗚咽，捨之而去，世以此尚之。《本傳》。薛瓊□，開元宫中第一箏手，崔懷寶贈瓊詩：『平生無所願，願作樂中箏。得近玉人纖手指，砑羅裙上放嬌聲。』

引刀斬指，題詩寄意。樊彦深妻魏氏，淮陰人。彦深卒，值徐敬業之亂，爲賊所獲。賊知素解絲竹，逼令彈箏，魏曰：『夫亡，未能自盡，今而見逼管絃，豈非禍從手發耶？』引刀斬指。賊欲妻之，以必死自固被殺。《舊唐》。高駢移鎮蜀口，以南詔侵暴，築羅城四十里，朝廷雖加恩賞。亦疑其跋扈，一日聞奏樂聲，知有改移，乃題風箏寄意曰：『夜静絃聲響碧空，宫商信任往來風。依俙似曲纔堪聽，又被風吹别調中。』旬日報到，移鎮渚宫。項斯詩：『將敲碧落新齊磬，却進昭陽舊賜箏。』

箜篌

『箜篌，師延所作，靡靡之樂。後出桑間濮上之地，師濟爲晋平公鼓焉。鄭衛分其地而有之，遂號鄭衛之音，爲淫樂。』劉熙《釋名》。箜篌，一名坎篌。漢武帝祠太一后土，令樂人侯調，依琴作坎篌，言其坎坎應節也，篌以姓冠章也。封禪，作空侯。

月華之彈，陸女之善。魏高陽王雍美人徐月華，能卧彈箜篌，爲出塞之聲。後爲將軍原士康側室，徐鼓箜篌而歌。《伽藍記》。有李生者，其舅姓盧，有道術。别久忽相遇，求得一妓，善箜篌。上有朱字云：『雲中辨江樹，天際識歸舟。』盧曰：『此人名家，莫要作昏因否。』李莫則而退。後娶陸長源女，乃見于盧家者，問何能，曰：『善箜篌。』示之，朱字宛然，李生具説，女亦曰：『夢至一處，亦記見生。』《逸史》。

謂狐爲狸，以瑟爲篌。鄭人謂狐爲狸，以瑟爲箜篌，此非徒不知狐與瑟，乃不知狸與箜篌也。《桓譚新論》。

箜篌引，箜篌彈。箜篌引者，韓鮮津卒，霍里子高妻麗玉所作也。子高晨起刺船，有一白首狂夫披髮提壺，亂流而渡，其妻隨而止之。不及，墮河溺死，妻乃援箜篌，作『公無渡河』之曲，曰：『公無渡河，公竟渡河。墮河而死，當奈公何？』曲終投河而死。子高以語麗玉，麗玉傷之，乃引箜篌而寓其聲，麗玉以其曲傳鄰女麗容，名曰《箜篌引》。孔衍《琴操》。永和中，陳綏有妾，姓虞，能彈箜篌。神思歡悦，令妾絃歌，歌聲焦細，三年别去。《甄異》。

神見兖州，女至清溪。永嘉中，神見兖州，自號樊道基，嫗號成夫人。好音樂，能彈箜篌，聞人歌絃，輒起舞。趙文韶，住清溪，月夜唱，烏栖飛。忽有青衣曰：『王家娘子傳語。』須臾，女子至。文韶乃歌，取箜篌彈之，令婢歌《繁霜》，自解裙帶縛箜篌，歌曰：『日暮風吹，葉落依俙。丹心寸意，愁君不知。』窮夕引去，明日至清溪廟中，女姑神像即夜所見者。樂工云：天竺伎有鳳首箜篌。

簫管

簫，編小竹管爲之，管如笛而小。《説文》曰：『簫，如篪，十二月之音。昔女媧氏命娀陵氏制都良之管，以一天下之音。又命聖氏爲班管，合日月星辰名曰光樂。至于帝嚳，命吹苓展管。《咸墨通考》。肉管伶倫曲，簫語清廟章。樊川。

《周禮》：『瞽矇掌播鼗、柷、敔、塤、簫、管、絃、歌。掌九德六詩之歌，以役大師。』

《詩》：『既備乃奏，簫管備舉。嘒嘒管聲，既和且平。』《書》：『下管鼗鼓。』《洞簫賦》，王褒。洞條暢而罕節兮，標敷紛以扶疏。幸得謚爲洞簫兮，蒙聖王之渥恩。於是班匠施巧，夔襄准法。洞通簫肅，其管相通，其聲肅肅，故曰洞簫。『原夫簫幹之所生兮，于江南之丘墟。帶以象牙，掍其混合。其巨音則周流泛濫，並包吐含，若慈父之畜子也。其妙聲則清靜厭瘱，예深邃。順序卑迭，若孝子之事父也。其武聲則若雷霆輘輷，佚豫以沸渭。其仁聲則若飄風紛披，容與而施惠。爲悲聲則莫不愴然累欷，撆涕抆泪；奏歡娛則莫不憚漫衍凱，阿那腲腇。亂曰。狀若捷武，超騰逾曳，迅漂巧兮。又似流波，泡溲泛，趨巇道兮。頹唐遂往，長辭遠逝，漂不還兮。賴蒙聖化，從容中道，樂不淫兮。』

李白詩：『簫聲咽，秦娥夢斷秦樓月。』東坡賦：『客有吹洞簫者，倚歌而和之，其聲烏烏然，如怨如慕，如泣如訴，餘音嫋嫋，不絕如縷。舞幽壑之潛蛟，泣孤舟之嫠婦。』

籥

籥，躍也，氣躍而出也。

古者取升地之行以爲籥，春分之音，萬物振躍而出也。然三漏之籥，所以通中聲先王之樂也。七漏之籥，所以備二變世俗之樂也。

《孟子》：『百姓聞王管籥之音，舉疾首蹙頞而相告曰：「吾王之好鼓樂，夫何使我至於此極也？」百姓聞王管籥之音，舉欣欣然有喜色，而相告曰：「吾王庶幾無疾病與，何以能鼓樂也？」』

壎篪樂器，土曰壎，竹曰篪

《選賦》：暴辛爲篪。周平時，諸侯燒土爲壎，大如鷄卵。《洞冥記》：『吹霜條之篪。』《詩》：『伯氏吹壎，仲氏吹篪。天之牖民，如壎如篪。』《周官》之於壎，教於小師，播於瞽矇，吹於笙師。以壎爲德見於禮，如壎如篪見於詩。則壎之爲器，立秋之音也。

《爾雅》：『大壎謂之器，以其六孔交鳴而喧譁也。』譙周曰：『暴公善壎。』《世本》曰：『暴公作壎，蓋壎之作，其來尚矣，謂之善壎可也。謂之作壎，未敢信矣。』

《東觀漢記》：『明帝幸舊宅，奏《鹿鳴》，用壎篪和之。』杜《贈簫使君》：『壎篪鳴自合。』

樊川《寄内兄崔員外》：『壎篪實弟兄。』

琵琶

琵琶法三才，象四時。《風俗通》云，琵琶，近代樂家作，不知所起，長三尺五寸，法天地人五行，四絃象四時。《釋》：『名琵琶。本胡中馬上所奏，推手前曰琵，引手却曰琶，因以爲名。』

《樂録》云：琵琶本出於絃鞉。而杜摯以爲秦之末世，苦於長城之役，百姓絃鞉而鼓之。《事始》云，或云碎葉國所獻。貞觀中，裴洛兒彈琵琶，始廢拔用手，今所謂搊琵琶是也。唐國子博士段安節《琵琶録》。

烏孫馬上之樂，明君馬上之樂。漢送烏孫公主嫁昆彌，念其行道思慕，使知音者，載琴、箏、筑、箜篌之屬，作馬上之樂。傅玄《琵琶傳序》：『昔公主嫁烏孫，令□□〔一〕馬上作樂，以慰其道路之思。其送明君，亦必爾也。《石崇明君辭》。

謂昭君之怨，承前人之誤。昭君初適匈奴，在路愁怨，遂爲馬上彈琵琶以寄其恨，至今

〔一〕今按：疑爲『琵琶』。

傳之，謂之昭君怨。《圖經》。漢送公主于馬上作樂，李倫製辭，意昭君亦爾；未嘗謂昭君自彈也。《圖經》即以《昭君怨》實之，今人畫《明妃出塞圖》，作馬上愁容，自彈琵琶。賦辭多即以爲昭君實事，蓋承前人之誤耳。

楚遊之隨，楊度之行。楚遊乞宿衛，拜駙馬都尉。楚無學，好遨遊琵琶箏笛，每行□〔一〕隨。《三輔録》。赤烏三年，楊度至餘姚。夜行，有一年少，持琵琶，求寄載，鼓琵琶作數十曲，曲畢，吐舌，擘目，以怖度而去。復見一老父寄載，自云姓王名戒，謂曰：『鬼工鼓琵琶，甚哀。』戒曰：『我能鼓。』即是向鬼，擘眼吐舌，度怖幾死。《録異傳》。

善彈琵琶，孔輝善彈琵琶，吴歸命恒使爲樂。《文士傳》。君性好音，能操琴及琵琶以自散。《孫放别傳》。朱生善彈琵琶，雖伯牙之妙，無以加之。《傅子》。石季倫善彈琵琶。《晋書》。阮咸善彈琵琶，苟彧雅音律，自以遠不及也。《七賢傳》。謝鎮西據胡床，彈琵琶，作大道曲。《語林》。

彈琵琶，鼓琵琶。司空桓豁在荆州，有參軍五月五日剪鸜鵒舌，教學語。參軍善彈琵琶，鸜鵒每立聽移時。《幽明録》。『桓宣武外甥，恒在坐鼓琵琶，宣武醉後，指琵琶曰：「名士

〔一〕今按：疑爲『自』。

固亦操斯器。」』《語林》。

彈琵琶，索琵琶。謝仁祖企脚北窗下彈琵琶。《世説》。承相曰：『堅石挈脚抗琵琶。』堅石，尚小名也。《語林》。南平國岳，在姑熟，有鬼附之，輒先索琵琶，隨彈而言事有驗，或云老鼠所作，名曰靈使。《異苑》。

范曄善琵琶，德願持琵琶。宋范曄善琵琶，文帝欲聞之，屢諷以微旨，僞爲不曉。《南史》。終不肯爲帝彈，帝嘗飲宴，謂曄曰：朕與歌，卿可彈。上歌則彈，歌畢亦止。庾仲文爲吏部尚書，好貨，先與劉德願殊惡，德願自持琵琶，甚精麗。遺之，便復款然。《宋書》。

李謙善彈，褚淵善彈。永嘉中，李謙素善彈琵琶。元嘉初，往廣州，夜集坐倦悉寢。謙獨揮彈未輟，便聞窗外有唱佳聲。謙怪語曰：『何不進耶？』對曰：『遺生以久，無宜于笑。』始悟是鬼。《異苑》。齊褚淵善彈琵琶，武帝在東宫宴，賜之金鏤柄銀柱琵琶。《南史》。高帝宴群臣，使各效伎。褚淵琵琶，王僧虔琴，沈文季歌，張敬兒舞。王敬則拍張，王儉誦相對禪。

後堂之會，東山之宴。齊豫章王嶷，北宅後堂集會。沈文季、褚淵酒闌，淵取樂器，爲《明君怨》。文季下堂大唱，沈文季不能伎兒主。齊文宣所幸薛嬪，意與高祖私通，無故斬首，藏之於懷。於東山宴，出頭投於□〔一〕上，支解其尸，弄其髀爲琵琶。《北史》。

往而不返，聞而自彈。隋樂人王令言，大業末，煬帝將幸江都。令言之子彈胡琵琶，作翻調《安公子曲》。令言卧室中，驚起，曰變變〔二〕，謂其子曰：『此曲宫中，往而不返。』帝竟被弑于江都。《北史》。唐上皇聞擒頡利，置酒凌烟閣，上皇自彈琵琶，上起爲壽，公卿迭起爲壽。《史》。

唐令則之奏，二女子之舞。李綱仕隋，爲太子洗馬，太子勇宴宫臣。左庶子唐令則奏琵琶，又歌《武媚娘曲》，綱曰：『令則官調護，乃自比倡優。進淫聲，惑視聽，誠如上聞之，豈不爲殿下累乎？』吐谷渾党項寇邊，敕柴紹討之。虜據高射紹軍，紹安坐，遣人彈胡琵琶。□〔三〕二女子舞，虜休射而觀，紹從後擊之，大潰。《唐書》。

秦漢子，欝輪花。隋有琵琶圓體，修頸而小，號曰『秦漢子』，出於胡中。《樂志》。王維妙爲琵琶，爲岐王所眷重，維方應舉，求庇岐王。岐王令維服鮮衣，賫琵琶，同至公主之第，令奏新曲，聲調哀切，滿坐動容，公主曰：『此曲何名？』維報曰：『號「欝輪花」。』岐王因薦之

〔一〕今按：疑爲『柈』。
〔二〕今按：《北史》。作『變隩變隩』。
〔三〕今按：疑爲『使』。

曰：『此生欲得解頭，承貴主論託張九皋矣。』公主則召試官至第，遣宫婢傳教，遂升解頭，一舉登第。

琵琶至大官，琵琶置别榻。武德中，白明遠竹，伯夷皆以彈琵琶至大官。《琵琶録》。羯胡犯京，上欲遷幸，登花蕚樓，置酒四顧，命進玉環。玉環者，睿宗所御琵琶也。異時，上長樂宫中，嘗置别榻，至是命樂工賀懷知取調之，又命禪定僧段師彈之。

羅黑黑之彈，白秀精之進。太宗時，西國進一胡，善彈琵琶，絃拔倍粗。上不欲番人勝中國，乃置酒高會，使黑黑聽之，一遍而得，謂胡人曰：『此曲吾宫人能之。』取大琵琶遂於帷下，令黑黑彈之，不遺一字。胡人謂是宫女，驚嘆辭去。西國聞之，降者數十國。《僉載》。開元中，中官白秀精自蜀使回，得琵琶以獻。其槽邏皆紗檀爲之，温潤如玉，光耀可鑑。有金縷紅文，影成雙鳳。楊妃每抱是琵琶，奏於梨園，音韵凄清。《鐔賓録》。絃乃末訶彌羅国所貢，緑水蠶絲也，光麗如貫珠。《楊妃外傳》。

琵聲多，琶聲少。漢中王瑀聞康崑崙奏琵琶，曰：『琵聲多，琶聲少，是未可彈五十四絃大絃也。』樂家自下逆鼓曰琵，自上順鼓曰琶。《唐書》。

皮絃，筋絃。開元中，段師能彈琵琶，用皮絃。賀懷智破撥彈之，不能成聲。《酉陽》。賀懷智以食爲槽，鵾鷄筋作絃，用鐵撥彈之。《樂府雜録》。

指一琵，指一笙。宋沇者，宋璟之孫也，工音律之學。德宗令與樂工訂樂，衆工笑之，沇忿怒作色曰：『奏曲其間有不可者。』上驚問之，即指一琵琶云：『此人大逆殘忍，不宜在至尊前。』又指一笙云：『此人神魂已遊墟墓，不可更留供倖。』琵琶者，爲同輩告訐，六七年前，其父自縊，即令按按鞫，遂伏其罪。笙者，乃憂恐不食而卒。』後樂工見沇，不敢仰視。《羯鼓録》。

進琵琶於内，躍方響於岸。韋應物爲蘇州刺史，有屬官因建中之亂，得國工康崑崙琴瑟琵琶，至是送官，表進入内。《國史補》。貞元中，曹綱善運撥，聲如風，而不事舊絃。裴興奴善於攏，然其撥稍軟，時人云：曹綱有左手，裴興奴有右手。武宗朝樂吏廉郊師於曹綱，精妙入神，嘗謂儕流曰：『教授人亦多矣，未嘗有此性靈弟子也。』嘗因清夜携樂器於平泉别墅，臨池，彈蕤賓調，池荷間有聲，意其魚躍也。復彈蕤賓，池中擲物躍上岸，乃一片方響蕤賓鐵，蓋以聲律諧和相應故也。《樂府雜録》。

崑崙第一手，女郎聲如雷。貞元中，康崑崙，琵琶第一手。兩市祈雨鬥樂，崑崙登東街綵樓，彈一曲，街西豪俠亦於綵樓上出一女郎，抱樂器云：『我亦彈是曲。』及下撥，聲如雷，節妙入神。崑崙驚愕，女郎更衣出，乃僧善本也。俗名段。翌日，德宗召入，教授崑崙。段師曰：『本領何雜，兼帶邪聲。』崑崙驚曰：『段師神人也，因初學藝時，女巫處授一品絃調。』段師奏曰：『且遣崑崙不近樂記十餘年，候忘本態，然後可教。』詔許之，後果盡段師之藝。《琵琶録》。

王沂之寤，鄭丞之善。王沂，平生不解絃管。忽朝睡至夜乃寤，索琵琶成數曲，一名《雀啅蛇》、一名《胡王調》、一名《胡瓜苑》，人不識聞，聽者流泪。其妹學之須臾，總不成曲。《僉載》。文宗朝，鄭中丞善於胡琴，内庫有琵琶，號大小忽雷。《樂府雜録》。

繞殿雷，除夜宴。馮吉道之子能彈琵琶，以皮爲絃。世宗嘗令彈於御前，號其琵琶曰『繞殿雷』也。道每加譴責，吉攻之愈精，道嘆曰：『百工之可藝而身賤，理使然也，此子不過大常少卿耳。』其後果終於此。《五代史》。吴越錢鏐，嘗除夜宴，命子孫鼓琴，一再行，遽止之曰：『人將以我爲長夜之飲也。』《九國志》。

資蔭子弟，琵琶絲竹。宋太祖曰：『資蔭子弟，在家但能彈琵琶、弄絲竹，豈能治民？』於是未許親民。《三朝政録》。

樂譜琵琶曲，有轉關六么取其聲調閑婉，有諫索梁州謂其音節閑繁。蔡寬夫《詩話》。平和之人聽箏、笛、琵琶，則形躁而志越；聞琴瑟之音，則體静而心閑。夫琵琶、箏、笛，聞促聲高，故使人聲躁而志越。嵇康《無聲哀樂論》。中虚外實，天地象也；盤員柄直，陰陽數也，柱有十二配也。《傅玄賦》。盤員含靈，太極形也；三才片合，兩儀也；分柱分位，歲數成也；

奮窗華表，日月星也。《成公綏賦》。

雜樂器

方響，缶。梁有銅磬，即今之方響也，以鐵爲之，以代鐘磬，和凝有響鐵之歌。《通考》。唐文宗時，有宫娥沈阿翹，本吴元濟之伎，進吴元濟所與一白玉方響，光明潔冷，可照數十步。以犀爲槌，以雲檀香爲架，制度精妙，希世之寶也。《杜陽編》。缶，立秋之音也。古者盎謂之缶，堯時有擊壤而歌者，鄭以糜輅冥缶而鼓之。是以盈缶見于比，用缶見于坎，鼓缶而歌見于離，坎其擊缶見于詩。澠池之會，秦王擊缶。徐幹曰：『聽黄鐘之音，知擊缶之細。』先儒謂：始于西戎疏矣。《通考》。

南蠻市之易，李員室之得。南蠻國與諸蠻市，以琉璃罌相易。《孔帖》。李員居長安，一夕忽聞室隅有歌曰：『色分藍葉青，聲比磬中鳴。七月七日，吾當示汝之形。』其日大雨，垣壞，得一缶徑尺餘。叩之，其韵極長，滌去塵蘚，字若小篆，乃崔子玉座右銘。《宣室志》。

角，八絃。角，書記所不載，或云羌胡以驚中國馬。黄帝會群臣于太山，作清角之音，似兩鳳雙鳴，二龍齊吟，丹蛇繞首，雄虹帶天。《樂録》云：『蚩尤率魍魎與黄帝戰于涿鹿之野，黄帝乃命吹角爲龍吟，以禦之。』《晋志》説者云：『蚩尤率魑魅與黄帝戰于涿鹿，帝乃命，始吹角爲龍吟以禦之。』魏武北征烏丸，越沙漠，而軍士思歸，於是改爲中鳴，而尤更悲矣。李搔，字德沈，聡敏有才藝，嘗採諸聲，别造一器，號曰『八紘』。《北史》。

梵貝，貝蠡之大者，南蠻吹以節樂。今之梵樂，用貝以和銅鈸。釋氏所謂法螺，赤土國吹螺以迎隋使是也。梁武之樂，有童子伎倚歌梵貝。唐貞元中，螺國王子獻樂器，凡一十二笛，皆演釋氏經，唄吹蠡擊鼓，或鼓且舞。纓絡四垂，珠璣粲發。周流萬變，爛然萬觀。林邑，擊鼓以警衆，吹蠡以即戎。

舞

百獸之舞，兩階之舞。夔曰：『於予擊石拊石，百獸率舞。』舞干羽于兩階，七旬有苗格。《書》。

恒舞于宫，胤舞在房。恒舞于宫，時謂巫風。胤之舞衣，在西房。胤國所製舞衣。

方將萬舞，公庭萬舞。《詩・簡兮》。值其鷺羽。值其鷺翿。婆娑其下。市也婆娑。《東門之枌》。蹲蹲舞我，伐木。舞則選兮。猗嗟。屢舞僊僊，屢舞傞傞。屢舞僛僛，萬舞有奕。以籥不僭，籥舞笙鼓。振振鷺，鷺于下。鼓咽咽，醉言舞，振振鷺，鷺于飛，鼓咽咽，醉言歸。《樂記·賓牟》：『賈曰：「敢問遲之遲而又久之，何也？」子曰：「夫樂者，象聲者也。總干而山立，武王之事也。發揚蹈厲，太公之志也。武亂皆坐，周召之治也。」』《周禮·舞師》：『掌教兵舞，帥而舞山川之祭祀；教帗舞，帥而舞社稷之祭祀；教羽舞，帥而舞四方之祭祀；教皇舞，帥而舞旱暵之事。凡野舞，則皆教之；凡小祭祀，則不興舞。』《周禮·樂師》：『掌國學之政，以教國子小舞。凡舞有帗舞，有羽舞，有皇舞，有旄舞，有干舞，有人舞。』《周禮·旄人》：『掌教舞散樂，舞夷樂。凡四方之以舞仕者屬焉，凡祭祀、賓客、舞其燕樂。』《周禮·籥師》：『掌教國子舞羽、吹籥，祭祀則鼓羽籥之舞，賓客饗，則亦如之。』

《禮記·樂記》：『其治民勞者，舞行綴遠；其治民逸者，舞行綴短。故觀其舞知其德。應氏曰：勤於治民則德盛而樂隆，故舞列遠而長；怠於治民則德薄而樂殺，故舞列近而短。』《論》：『孔子謂季氏：「八佾舞於庭，是可忍也，孰不可忍也？」顔淵問爲邦，子曰：「樂則韶舞。」』《左·隱公五年》：『考仲子之宮將萬焉，公問羽數於衆仲，對曰：「天子用八，諸侯用六，大夫四，士二。夫舞所以節八音而行八風，故自八以下。」公從之。於是初獻六羽，始用六佾也。』《莊公廿八年》：『楚令尹子文欲蠱文夫人，爲館於其宮側而振萬焉，夫人泣曰：「先君以是舞也，習戎備也。」』《昭公十五年》：『二月癸酉，禘。叔弓涖事，籥入而卒，去樂，卒事，禮也。』

劍舞，槊舞。鴻門會項莊劍舞，項伯曰：『公莫舞，言莫害，漢王也。』魏丁壯者斬截，嬰兒貫槊上盤舞。

陽阿舞，掌上舞。《淮南子》：『足蹀陽阿之舞。』趙飛燕體輕，能爲掌上舞。本。晋羊侃妾張浄琬，圍腰一尺六寸，能爲掌上舞。《史》。

商羊舞，鸜鵒舞。天將大雨，商羊舞。王導補、謝尚爲椽，能作鸜鵒舞，俯仰有中。《晉傳》。

回波舞，聞鷄舞。崔日用酒酣，爲迴波舞，求爲學士。中宗即詔爲文館學士。《史》。祖逖聞鷄起舞。

巴渝舞，五行舞。巴中有渝水，賨民鋭。喜舞，使樂人習之，故名五行舞。《三巴記》。高祖廟奏武德文始五行之舞。武德者，象天下樂己行舞以除禮也。文始者，本舜韶舞也，高祖更名曰文始，示不相襲也。《漢書》。

白符舞，白紵舞。江右初有拂舞，舊云拂舞吴舞，捨其歌，非吴辭也。楊泓《拂舞序》曰：『自江南見白符舞，乃是吴人患孫皓虐政也。』白符舞，吴孫皓時所作。《初學記》。白紵舞，宜是吴舞也。晋徘徊歌曰：『交交白緒，節節爲雙。』吴音呼緒爲紵，疑白緒即白紵也。《古今樂府》。

世寧舞，去筆舞。陸遜破曹休，上與群僚大會，酒酣，命遜舞，解所着白鼲子表賜之。《吴書》。太康中，天下爲晋世寧之舞，其舞抑手，以執杯盤而反覆之。反覆，至危也。杯盤，酒器也。《搜神器》。永明中，舞人冠幘並簪筆，武帝曰：『筆笏蓋以記事受言，舞不受言，何事簪筆？豈有服朝衣而足綦讌？』於是去筆。《齊書》。

八風舞，胡旋舞。帝與群臣宴飲，祝欽明自言能八風舞。摇頭晥目，左右顧眄，帝大笑。吏部侍郎盧藏用嘆曰：『是舉五經掃地矣。』《唐本傳》。明皇御勤政樓，大張聲樂。教坊有王大娘，善戴百尺竿，上於木山，狀瀛洲方丈，仍令小兒持鋒節，出入其間，而舞不輟時。《雜樂》。安禄山晚益肥，腹緩及膝，作胡旋舞帝前，疾如風。

崇子舞，公莫舞。開成末，有樂人胡崇子善舞，其腰支不異女郎。《明皇雜録》。古人相呼曰：『公伯語莊云：「公莫害漢王，今之用巾，蓋象項王衣袖之遺也。」』見上。

盤舞。漢世盤舞，晋世如之。以杯盤舞，詩云：『丹㡉含九秋，妍迹凌七盤。』陸士衡言舞用盤七枚也。梁魏有舞盤伎。《唐樂志》。『興七盤其迭奏，觀輕捷之袖翻。』卞蘭《許昌宫賦》。鮑照詩：『七盤起長袖。』南郡賦：『怨西荆之折盤。』張衡《舞賦》：『歷七盤而縱頭。』王粲

《七釋》：『七盤陳於廣庭。』顔延之：遞間關於盤舞。杜詩：玄鶴舞□頽，舞罷錦纏頭。以賞歌舞者。師曠鼓琴，玄鶴銜珠舞。

舞草，出雅州，獨莖三葉，葉如决明。一葉在莖端，兩葉居莖半，相對。人或觸之，抵掌謳歌，動葉如舞。又雅州出虞美人草，有爲《虞美人曲》，則應推而舞，他曲則否。《益州草木記》。

《舞賦》：『玉曰：「臣聞歌以永言，舞以盡意，是以論其詩不如聽其聲，聽其聲不如察其形。《激楚》《結風》《陽阿》之舞皆曲，材人之窮觀，天下之至妙。噫！可以進乎？」王曰：「其如《鄭》何？」玉曰：「小大殊用，《鄭》《雅》異宜，弛張之度，聖哲所施。是以樂記干戚之容，雅美蹲蹲之舞。」贊舞操，陶唐氏見上。奏均曲，伯牙作激徵之音。形態和，神意協。其始興也，若俯若仰，若來若往，雍容惆悵，不可爲象。其少進也，若翾若行，若竦若順，兀動赴度，指顧應聲。在山峩峩，在水湯湯，與志遷化，容不虛生。氣若浮雲，志如秋霜。體如游龍，袖如素蜺。』傅毅。樂者，舞之容也，天子省風以作樂。『佾，列也。八人每佾，每服冕而執戚，有俯仰張翕之容，行綴長短之制，所以受命而歌王者之功也。人之動而有節者，莫若舞，所以因陽氣而達物也。』蔡邕《月令獨斷》。王朗表曰：『凡音樂以舞爲主，自黄帝《雲門》至周《大武》，皆太廟舞。樂，名也。樂，所以樂君之德；舞，所以象君之功。』魏名臣奏。

陶唐氏之爲舞，燕昭王之獻舞。『昔陶唐氏之始，陰多滯伏而湛積，水道壅塞不行，其原民氣欝閼而滯着，筋骨瑟縮而不達，故作爲舞以宣導之。』《吕覽》。燕昭王即位二年，廣延國來獻善舞者二名，一名旋波，一名提謨。王登重霞之臺，乃召二人在側，舞容冶妖麗，靡若翔鸞。其舞曲一名《縈塵》，言體輕與塵霧相亂也；次曰《集羽》，言婉轉若羽毛之從風也；末曰《旋迴》，言支體緬曼，若入懷袖也。

范昭之舞，定王之舞。晋將攻齊，使范昭往觀。景公觴之，晏子曰：『撤尊，更之。』范昭佯醉不悦，而起舞，謂太師曰：『能爲我調成周之樂乎？吾爲子舞之。』太師曰：『冥臣不習。』范昭趨而出，公問晏子，晏子曰：『昭非不知禮也，欲慚吾君臣。』公問太師，太師曰：『成周之樂，天子之樂也。范昭人臣而舞之，臣故不爲。』昭歸報晋平公，曰：『齊未可伐也，臣欲試其君，而晏子撤之；臣欲犯其禮，而太師知之。』《吕覽》。景帝時，諸王來朝，有詔更前稱壽歌舞，定沙定王發，但張袖小舉手，左右笑其拙。上怪問之，對曰：『臣國小地狹，不足迴旋。』帝乃以武陵、零陵、桂陽屬焉。李白詩：長沙不足舞。

長卿起舞，蔡邕不舞。平恩侯許伯入第，少府檀長卿起舞，爲沐猴與狗鬥，司隸盍寬饒，劾長卿以而沐猴舞。失禮，不敬許伯焉。謝良久乃解。《漢史》。蔡邕坐上章徒过，及歸，五原太守王智餞之。酒酣，智起舞，屬邕，邕不敢報，智銜之。智者中常侍王甫之弟也，密告邕，怨于囚放，謗訕朝。邕慮卒不免禍，乃亡命江海，遠迹吴會。《後漢書》。

丈人之舞，景帝之舞。滎陽人，姓何，忘其名。荆州辟爲别駕，不就，隱遁養志。忽有一人，長一丈，單衣角巾，擧其兩手竝舞而來。語何云：『君嘗見韶舞否？此是韶舞。』且舞且去，尋逐徑向山，山有穴，纔容人。即入穴，何亦隨，見有良田數十頃，何遂墾作，以爲世業。『景帝制詔：蓋聞歌者所以發德，舞者所以明德。高廟始奏《文始》《五行》之舞。』《史》。

七德舞，九功舞。貞觀七年春，宴玄武門，奏《七德》《九功》舞。徵欲上偃武修文，見《七德舞》，輒俯首不視。《七德舞》者，秦王破陣曲也。見《九功舞》，則諦觀之。注《七德舞》：太宗爲秦王時破劉武周之樂，取禁暴，戢兵保大定功，安民和衆，豐財之義也。《九功舞》：唐功成慶善之樂，取《書》『九功惟叙』之義也。

禮

禮，服也。飾身。禮，體也。得其事體。揚子：『問「禮如何屬火」？曰：「以其光明。」』朱子。禮，通也，所以事神致祔。《易・乾》：『《文言》曰：君子嘉會，足以合禮。傳得會通之嘉，乃合於禮也。』《履序卦》：『物畜，然後有禮，故受之以履。《象》曰：上天下澤，「履」；

君子以辨上下，定民志。』《繫辭》：『《履》，德之基也。《履》以和行。』禮，履也，所以事神致福也。『《謙》以制禮，禮卑法地。禮言恭。』《大壯》：『雷在天上，大壯；君子以非禮不履。』

《書》：『帝曰：「咨！四岳，有能典朕三禮？」帝曰：「咨！伯，汝作秩宗。夙夜惟寅，直哉惟清。」』『至于岱宗，修五禮。三禮：祀天神、享人鬼、祭地祇之禮也。五禮：吉、凶、軍、賓、嘉也。《舜典》。天秩有禮，自我五禮、五庸哉。《皋陶謨》。』《仲虺之誥》：『以禮制心，殖有禮。』《太甲》曰：『縱敗禮。』《說命》曰：『禮煩則亂。』《微子之命》曰：『修其禮物。』禮，典禮。物，文物。《金縢》曰：『我國家禮亦宜之。』『周公曰：「王肇稱殷禮。」王若曰：「公惇宗將禮。」王曰：「未定于宗禮。功宗之禮。」』《洛誥》。

《周官》：『宗伯掌邦禮，治神人，和上下。』《詩》：『禮則然矣。式禮莫愆。以洽百禮，百禮既至。率履不越。相鼠有體，人而無禮。人而無禮，胡不遄死。』韓愈聯句：『禮鼠拱爲立。』《論》：『有子曰：「禮之用，和爲貴。」朱子曰：「禮者，天理之節文，人事之儀則也。」有子曰：「恭近於禮，遠耻辱也。」子曰：「未若富，而好禮者也。」子曰：「齊之以禮，有耻且格。」孟武伯問孝，子曰：「生，事之以禮；死，葬之以禮，祭之以禮。」子張問十世可知也，子曰：「殷因於夏禮，所損益，可知也；周因於殷禮，所損益可知也。」林放問禮之本，子曰：「大哉問！禮，與其奢也，寧儉；喪，與其易也，寧戚。」子曰：「人而不仁，如禮何？」子曰：

「繪事後素。」子夏曰：「禮後乎？」朱子曰：「禮必以忠信爲質，猶繪事必以粉素爲先。」子曰：「夏禮，吾能言之，杞不足徵也；殷禮，吾能言之，宋不足徵也。」子入太廟，每事問，或曰：「孰謂鄹人之知禮乎？入太廟，每事問。」子聞之，曰：「是禮也。」尹氏曰：「禮者，敬而已矣。雖知亦問，謹之至也，其爲敬莫大於此。謂之不知禮者，豈足以知孔子哉？」子貢欲去告朔之餼羊，子曰：「爾愛其羊，我愛其禮。」子曰：「事君盡禮，人以爲諂也。」子曰：「君事臣以禮。」或曰：「然則管仲知禮乎？」子曰：「管氏而知禮，孰不知禮？」子所雅言，詩書執禮，皆雅言也。陳司敗問：「昭公知禮乎？」孔子曰：「知禮。」孔子退，揖巫馬期而進之，曰：「君取於吴，爲同姓，謂之吴孟子。君而知禮，孰不知禮？」子曰：「恭而無禮則勞，慎而無禮則葸。畏，惧貌。勇而無禮則亂，直而無禮則絞。急切也。」子曰：「立於禮。」朱子曰：禮以恭敬辭遜爲本，而有節文度數之詳，可以固人肌膚之會，筋骸之束。故學者之中，所以卓然自立而不爲事物之所摇奪者，必於此而得之。子曰：「麻冕，禮。今也純，儉，吾從衆。拜下，禮也；今拜乎上，泰也。雖違衆，吾從下。」顔淵問仁，子曰：「克己復禮爲仁。一日克己復禮，天下歸仁焉。」顔淵曰：「請問其目。」子曰：「非禮勿視，非禮勿聽，非禮勿言，非禮勿動。」子曰：「上好禮則民易使也。」謝氏曰：『禮達而分定，故民易使。』子曰：「君子禮以行之。」子曰：「動之不以禮，未善也。」伯魚曰：「學禮乎？」對曰：「未也。不學禮，無以立。」鯉退而學禮。朱子曰：『品節詳明而德性堅定，故能立。』子曰：「不知禮，無以立也。」朱子曰：「不知禮，則耳目無所加，手足無所措。」』

《中》：『斯禮也，達乎諸侯大夫。宗廟之禮，所以序昭穆也。郊社之禮，所以事上帝也。宗廟之禮，所以事乎其先也。明乎郊社之禮、禘嘗之義，治國其如視諸掌乎。親親之殺，尊賢之等，禮所生也。齊明盛服，非禮不動，所以修身也。優優大哉！禮儀三百。君子道問學、崇禮，朱子曰：『崇禮，此是道問學。』非天子不議禮。禮，親疏貴賤相接之體也。

《禮記》：『禮也者，猶體也。』子曰：『吾說夏禮，杞不足徵也；吾學殷禮，有宋存焉；吾學周禮，今用之。吾從周。』子貢曰：『見其禮而知其政。』《孟》：『辭讓之心，禮之端也；恭敬之心，禮也。無禮無義，人役也。任人曰：「禮與食，孰重？」屋廬子曰：「禮重。」「色與禮，孰重？」曰：「禮重。」曰：「以禮食，則飢而死；不以禮食，則得食，必以禮乎？親迎，則不得妻；不親迎，則得妻，必以禮乎？」』孟子曰：『取食之重者與禮之輕者而比之，奚翅食重？取色之重者與禮之輕者而比之，奚翅色重？孔子爲魯司寇，燔肉不至，不脱冕而行。不知者以爲爲肉也，其知者以爲無禮也。立天下之正位，禮也。無禮義則上下亂。孔子進以禮。其接也以禮，斯孔子受之矣。禮，門也，惟君子出入是門也。用之以禮，財不可勝用也。禮之於賓主也，命也，有性焉，君子不謂命也。動容周旋中禮者，德之至也。上無禮，賊民興，喪無日矣。禮人不答，反其敬。淳于髡：「男女不親授受，禮與？」孟子曰：「禮也。男女授受不親，禮也。嫂溺，援之以手者，權也。禮之實，節文斯二者是也。斯二者，指事親從兄而言。非禮之禮，大人不爲。』孟子曰：『我欲行禮，君子以禮存心，有禮者敬人。君子必自反也，必無禮也。自反而有禮矣，非禮無行也。』

《家語》：『因天下之爵以尊之，此之謂「至禮不讓而天下治」。哀公曰：「大禮何如？」子曰：「民之所以生者，禮爲大。非禮則無以節事天地之神，非禮則無以卞君臣上下、長幼之位焉，非禮則無以别男女、父子、兄弟、婚姻、親族疏數之交焉，是故君子此爲之尊敬，尊敬其禮。然後以其所能教順百姓。」』子貢問禮，子曰：『敬而不中禮謂之野，恭而不中禮謂之給，捷給。勇而不中禮謂之逆，夫禮所以制中也。』子游問禮，子曰：『郊社之禮，所以仁鬼神也；禘嘗之禮，所以仁昭穆也；饋奠之禮，所以仁死喪也；食饗之禮，所以仁賓客也。是故居家有禮，故長幼辨；閨門有禮，故三族和；朝廷有禮，故官爵序；田獵有禮，故戎事閑；軍旅有禮，故武功成。』子張問禮，子曰：『治國而無禮，譬猶瞽之無相，倀倀乎何所之？譬猶終夜有求於幽室之中，非燭何以見？故無禮則手足無所措，耳目無所加，進退揖讓無所制。』

《禮記・曲禮》：『在朝言禮，問禮，對以禮。』《禮運》：『言偃復問曰：「如此乎禮之急也？」孔子曰：「夫禮，先王以承天之道，以治人之情，故失之者死，得之者生。是故夫禮，必本於天，殽效。於地，列於鬼神，達於喪、祭、射、御、冠、昏、朝、聘。故聖人以禮示之，故天下國家可得而正也。夫禮之初，始諸飲食，其燔黍擘豚，污尊而抔飲，蕢桴而土鼓，猶若可以致其敬於鬼神。是故禮者，君之大柄也。所以别嫌明微、儐鬼神、考制度、别仁義，所以治政安君也。故禮行於郊，而百神受職焉；禮行於社，而百貨可極焉；禮行於祖廟，而孝慈服焉；禮行於五祀，而正法則焉。故自郊社、祖廟、山川、五祀，義之修而禮之藏也。府也。是故夫禮，本於太一。極大曰太，未分曰一，太極爲一函三之理也。分而爲天地，轉而爲陰陽，變而爲四時，列而爲鬼神。其降曰命，其官主於天也。夫禮，必本於天，動而之地，列而之事，變而從時，協於分藝。其居人也曰義，其行之以貨力、辭讓、飲食、冠昏、喪祭、射御、朝聘。故禮義也者，人之大端也。所以講信修睦而固人肌膚之會、筋骸之束也，所以養生送死、事鬼神之大端也，所以達天道、順人情之大竇也。故唯聖人爲知禮之不可以已也，故壞國、喪家、亡人必先去其禮。故禮之於人也，猶酒之有蘖也。君子以厚，小人以薄，厚於禮，薄於禮。故禮也者，義之客也。故治國不以禮，猶無耜而耕也。爲禮不本於義，猶耕而弗種也。」

《禮器》：『禮器，是故大備。大備，盛德也。禮釋回，增美質，措則正，施則行。其在人也，如竹箭之有筠也，如松柏之有心也。筠飾於外，心固於內。二者居天下之大端矣，故貫四時而不改柯易葉，故君子有禮，則外諧而內無怨，故物無不懷仁，鬼神饗德。先王之立禮也，有本有文。忠信，禮之本也；義理，禮之文也。無本不立，無文不行。禮也者，合於天時，設於地財，順於鬼神，合於人心。理萬物者也，是故天時有生也，地理有宜也，人官有能也，物曲有利也。助祭之官，閏能而任，物之委曲，各有所利。故天不生，地不養，君子不以爲禮，鬼神弗饗也。居山以魚鼈爲禮，居澤以鹿豕爲禮，君子謂之不知禮。故必舉其定國之數，以爲禮之大經、禮之大倫，以地廣狹，禮之薄厚，與年之上下，是故年雖大殺，衆不匡懼，則上之制禮也節矣。是故君子之行禮也，不可不慎也。衆之紀也，紀散而衆亂。禮也者，猶體也，體不備，君子謂之不成人。設之不當，猶不備也。禮有大有小，有顯有微，大者不可損，小者不可益，顯者不可掩，微者不可大也。故經禮三百，曲禮三千，其致一也。未有入室而不由户者，未有入室而不由户者，豈有行禮而不由敬乎？君子之於禮也，有所竭情盡慎，致其敬而誠若，有美而文而誠若。君子之於禮也，有直而行也，哭踊無節。有曲而殺也，父在爲母期。有經而等也，無貴賤三年。有順而討也，降殺以兩。有芟而播也，取上施下。有推而進也，二王子用王禮。有放而文也，尊罍刻畫。有放而不致也，殺於天子，不敢極致。有順而摭也。君大夫士一節。三代之禮一也，民共由之，或素或青，夏造殷因，周坐尸，詔侑無方，詔者，告尸以威儀之節。侑者，勸尸爲飲食之進。其禮亦然，其道一也。君子曰：『禮之近人情者，非其至者也。』與人情所欲者相近。是故君子之於禮也，非作而致其情也，此有由始也。作，如作，聰明之作。過，意爲之也。是故七介以相見也，不然則已慤。三辭三讓而至，不然則已蹙。禮也者，反本脩古，不忘其初者也。是故先王之制禮也，必有主也。主，反本修古。君子曰：無節於内者，觀物不之察矣；欲察物而不由禮，弗之得矣。故作事不以禮，弗之敬矣；出言不以禮，弗之信矣。故曰禮也者，物之致也。是故昔先王之制禮也，因其財物而致其義焉爾。君子曰：甘受和，白受采。忠信之人，可以學禮；苟無忠信之人，則禮不虚道行。是以得其人之爲貴也。孔子曰：誦詩三百，不足以一獻；一獻之禮，不足以大饗；大饗之禮，不足以大旅；大旅具矣，不足以饗帝，毋輕儀禮。』

《經解》：『禮之於正國也，猶衡之於輕重也，繩墨之於曲直也，規矩之於方圓也。故衡誠懸，不可欺以輕重，繩墨誠陳，不可欺以曲直，規矩誠設，不可欺以方圓。君子審禮，不可誣以奸詐。孔子曰：安上治民，莫善於禮。故朝覲之禮，所以明君臣之義也；聘問之禮，所以使諸侯相尊敬也；喪祭之禮，所以明臣子之恩也；鄉飲酒之禮，所以明長幼之序也；昏因之禮，所以明男女之别也。夫禮，禁亂之所由生，猶坊止水之所自來也。故以舊坊爲無所用而壞之者，必有水敗；以舊禮爲無所用而去之者，必有亂患。故昏因之禮廢，則夫婦之道苦，而淫僻之罪多矣；鄉飲酒之禮廢，則長幼之序失，而争鬥之獄繁矣；喪祭之禮廢，則臣子之恩薄，而倍死忘生者衆矣；聘覲之禮廢，則君臣之位失、諸侯之行惡，而倍畔侵陵之敗起矣。故禮之教化也微，其止邪也於未形。使人日遷善遠罪而不自知也，是以先王隆之也。哀公問，孔子曰：『民之所由生，禮爲大。非禮，無以别事天地之神也；非禮，無以辨君臣上下長幼之位也；非禮，無以别男女父子兄弟之親、昏因疏數之交也。』

《坊記》：『子云：「夫禮者，所以章疑别微，以爲民坊者也。故貴賤有等，衣服有别，朝廷有位，則民有所讓。」』

《左傳》：『管仲曰：子父不奸之謂禮。』叔向曰：昔先王行之以禮。曹伯之豎曰：禮以行義。子太叔曰：無傲禮。吴公子札謂子産，曰：「子爲政，慎之以禮。」君子曰：「君子動則思禮。」昭公廿六，公曰齊景：「吾今而後，知禮之可以爲國也。」對曰：晏子。「禮之可以爲國也久矣，與天地並。」公曰：「善哉！寡人今而後聞此禮之上也。」』《襄公廿一》：『叔向曰：「會朝禮之經也，禮政之本也，政身之守也。禮以會朝而定，政須禮而行。」』《昭公五年》：『女叔齊曰：「禮所以守其國、行其政令，無失其民者也。」』《昭公廿年》：『鄭游吉曰：「禮也者，小事大，大字小之謂。」』《昭公廿五年》：『子太叔曰：「聞諸？」子産曰：「夫禮，天之經也，地之義也，民之行也。」簡子曰：「甚哉，禮之大也！」對曰：「禮上下之紀，天地之經緯也，民之所以生也，是以先王尚之。」孟僖子曰：「禮，人之幹也，無禮無以立。」』《隱公十一年》：『君子謂：「禮，經國家，定社稷，序民人，利後嗣者也。」』《襄公卅年》：『子皮曰：「禮，國之幹也。」』《襄公卅一年》：『北宮文子曰：「鄭有禮，其數世之福也。禮之於政，如熱之有濯也。」』《昭公三年》：『君子曰：「禮其人之急也乎！伯石之汰也，一爲禮於晉，猶荷其禄，况以禮終始乎。」叔孫通曰：「五帝異樂，三王不同禮。禮者，因時世人情，爲之節文者也。」魯兩生曰：「禮樂所由起，積德百年而後可興也。通與百餘人，爲綿蕝野外習之。」』初秦擇尊君抑臣者存之，及通制禮，皆襲秦，故設綿索，爲習隸處，植地爲尊卑之次。司馬公曰：禮之爲用，大矣！用之於身，則動静有法而百行備焉；用之於家，則尊卑有别而九族睦焉；用之於鄉，則長幼有倫而俗化美焉；用之於國，則君臣有叙而政教成焉；用之於天下，則諸侯賓服而紀綱正焉。豈直几席之上、户庭之間得之而不亂哉？夫以高祖之明達，誠得大儒而佐之。與之以禮爲天下，其功烈豈若是而止哉！惜夫，叔孫生之器小也，徒竊禮之糠粃以諧俗取寵，遂使先王之禮淪没不振，以迄于今，豈不痛甚矣哉！仲尼有言：『禮失而求諸野。』顏師古曰：『言都邑失禮，則於野外求之，亦將有所獲。』

曹褒漢禮，魏徵唐禮。孝章元和三年，詔侍中定漢禮，博士曹褒請著漢禮。班固以爲宜，廣集諸儒共議得失，帝曰：『會禮之家，名爲聚訟，互生疑貳，筆不得下。昔堯作太章，一夔足矣。』乃拜褒侍中，授以叔孫通《漢儀》十二篇，曰：『今宜依禮條正，使可施行。』曹褒奏所撰制度，《書法》：制度何，前所詔定禮也。然則，曷爲不以禮書之？不成之爲禮也。雜以讖記，是可以爲禮乎？是故不成之爲禮，則曹褒前書家禮，而後書所撰制度，苟成之爲禮，則張説前書修禮，而後書開元禮成。唐貞觀十一，行新禮。房玄齡、魏徵所定。魏崔浩曰：『老聃習禮，仲尼所師。』王幼學集覽，孔子師老聃之言，始於莊子，莊子師老子，故其著書獨推老子。漢儒輯《禮記》，承其言曰：『聞諸老聃。』司馬遷《老子傳》，復增『老子訓孔子言語』。孔鮒作《家語》，著孔子事實，因據以爲證。莊子書多駕空寓言，時去孔子未遠，知天下崇其學，故託時所最重者，尊其師，庶幾聃之道益隆，此莊子抑孔尊老之迹也。老子曰：『禮者，忠信之簿，亂之首也。』豈有以禮訓孔子，而勖其徒則異是耶？

梁之王禮，隋之王禮。《周禮·大宗伯》：『五禮之目，三十有六。吉禮十二，凶禮五：禋、柴、槱、血、貍、疈、肆、饋、祠、禴、嘗、烝，喪、荒、吊、禬、恤。賓禮八，軍禮五，嘉禮六：朝、宗、覲、遇、會、同、問、視，師、均、田、役、封，飲食、昏冠、賓射、饗宴、脤膰、賀慶。』有開皇四年，頒《五禮》，禮部尚書牛弘所修也。

大統六年之制禮，顯慶二年之行禮。魏大統六年，制禮樂。《書法》：長安草創，泰宇文念及此書予之也。顯慶二年，蕭楚林等以爲凶事非臣子所宜言，楚国恤篇。發明禮之所重者，父子君臣之分，夫婦男女之别，閨門内外之防而已。高宗妻父之妾武氏，淫穢宫闈，三綱已紊而乃詔行新禮。又以許李，損益其間，謬可知矣。敬宗義府。直筆書之，蓋譏之也。

儀鳳年之禮，開元年之禮。儀鳳二年，廢顯慶新禮。以新禮多不師古，其《五禮》並依《周禮》，自是禮官每大禮臨時撰定。開元十四年，命張説修《五禮》。二十年，開元禮成。禮説與諸學士刊定，説薨，蕭嵩繼之，請依上元敕，父在，爲母齊衰三年。定公十年，晋人遂殺涉佗，君子曰：『此之謂棄禮必不鈞，必見殺，不得與人等。』《詩》曰：『人而無禮，胡不遄死。』昭公七年，孟僖子病，不能相禮。文公十五年，季文子曰：『齊侯其不免乎，己則無禮執王使。而討於有罪者，曰「汝何故行禮」。禮以順之，天之道也，己則反天，而又以討人，難以免矣。』林堯叟曰：『國之有禮，如木之有根本。』

禮以齊家，爲禮之本。黄履翁至論。四官各垂法，而禮獨不著於象魏；四官各有司，而禮獨名於宗伯。禮之爲用，大矣哉！《周禮》：天官太宰，垂治象之法于象魏；地官司徒，垂教象之法于象魏；夏官司馬，垂教象之法于象魏；秋官司寇，垂刑象之法于象魏。蓋藏於人心之微，而不在於耳目觀瞻之頃；開於天地之大，而非付於有司職掌之末。嘗觀《周禮》一書，經制大備。冠昏祭祀秩秩乎其文，吉凶軍兵繩繩乎其典。上而朝廷宗廟，粲然有儀以相接；而閭里鄉井，歡然有恩以相友。雖然，有『關雎麟趾』之意，可以行周官之法，知三代致治之意，可以講周官之務。大抵自其身，刑於家，閨門肅肅，無以異於宗廟之間，衽席雍雍，無以異於朝廷之上。内外有章，宫庭有度，此禮之行於一家也。自其家，推之國，君臣相正，官師相睹，官府俱爲一體，上下合爲一心，此禮之行於一國也。誠以内治之不謹，則禮法之不嚴；家道之不謹，則經制之不立。嗚呼！魯用周禮，識者以其爲未可動；秦未能用周禮，詩人謂無以固其國。韓宣子曰：『魯秉周禮，未可動也。』《詩》：『蒹葭，刺襄公也，未能用周禮，將無以固其國焉。』禮之爲用，大矣哉。

漢唐之言禮，德矣！諸將擊柱何等威儀，《叔孫通傳》。倖臣戲殿何等氣像，《鄧通傳》。是朝禮未肅也。既祀宗廟，又祀便殿，既祭邦國，又祭園陵，是廟禮未專也。《韋玄成傳》。后蒼所紀，徒顯學校之闕，《后蒼傳》。曹褒所定，又雜讖緯之書。《本傳》。習《儀禮》者，徒善爲頌；徐生。讀《曲禮》者，指爲拘曲。《王成傳》。彼視禮爲何物哉？皇后亞獻不免瀆神，文昌祠先備用音樂，高宗封于社首。《本紀》。段文昌享先廟，何有乎吉禮？玄齡大臣至令奪服，《房玄齡傳》。茂宗尚在，亦使借吉，《張茂宗傳》。何有乎凶禮？以言其軍禮，則玄宗講武廬山，三閲之餘，郭元振遽奏禮止；以言其賓禮，則代宗故事宴曲工，至使教坊倡優雜侍。雖御事風憲之司而亦與？所謂貞觀禮書，太宗時。開元禮卷，玄宗時。禮閣新儀，元和末韋公肅。曲臺新禮，王光威。彼安知禮之本哉？漢自俎上杯羹之語一聞，而父子之禮缺矣，自僞遊雲夢之事一起，而君臣之禮缺矣，呂后之横不能制，而夫婦之禮缺矣。故一傳而有房闥專政之患，《呂后記》。再傳而有夫人並坐之醜，《袁盎傳》。又再傳而有外戚弄權之漸。唐自貞觀有內慚之德，而閨門之禮紊矣；太宗。顯慶多中決之政，而朝廷之禮紊矣，高宗。垂拱有殲篡之奸，而宗族之禮紊矣。故一傳而有斜封墨敕之濫，中宗時，安樂公主。再傳而有漁陽召亂之釁，玄宗時，禄山反。又再傳而有閹宦擅政之禍。嗚呼！漢祖起自亭長，新與推埋，屠狗之徒，搏取而僅得之。唐之源流，又出於夷狄之類，是宜君臣父子之大綱、仁義禮樂之正統，視之爲王闊而不暇論也。

惘我國朝，藝祖肇造，以道立極，以禮御世。兄弟相傳而天下服其孝悌，太祖。父子相遜而天下服其孝慈。高宗。天作之配，則如高曹、向孟有安邦安國之功，而無險陂私謁之行；社稷之臣，則如杜富、韓範有同心體國之忠，而無殉私忘功之患。程伊川謂：自三代後，本朝超越古今者五事，而推原其由，蓋以忠孝廉耻爲之紀綱之效。呂微仲謂：自三代後，本朝百三十年無事，而推原其由，亦以事親治內之法之驗。是故郊祀廢典也而行於建隆，藉田曠儀也而行於端拱，明堂亦希闊之舉也而行於皇祐。朝會有禮，以十五條彈其失儀；婚因有禮，以五禮存其名數，此開寶《通禮》、劉温叟三十卷。慶曆《禮儀》、三十六卷。《禮閣新編》、天聖。《太常新禮》，慶曆。可與《太平六典》相表裏也。噫！繼周百世，指益可知，禮儀威儀，待人而行。

《周禮》：『乃立春官宗伯，使帥其屬而掌邦禮。太宗伯之職，以嘉禮親萬民，以飲食之禮親宗族兄弟，以昏冠之禮親成男女，以賓射之禮親故舊朋友，以饗宴之禮親四方之賓客，以脤膰之禮親兄弟之國，以賀慶之禮親異姓之國。小宗伯之職，掌五禮之禁令。』『水淵深廣則龍魚生之，山林茂盛則禽獸歸之，禮義修明則君子懷之，故禮及身而行修，禮及國而政明。』《韓詩外傳》。《傳》曰：『在天者莫明乎日月，在地者莫明於水火，在人者莫明乎禮義。日月不高則所照不遠，水火不積則光炎不博，禮義不加乎國則功名不白。人之命在天，國之命在禮。』上。《莊公十八年》：『虢公、晉侯朝，王皆賜玉五瑴、馬三匹，非禮也。不以禮假人。』侯與公同。《莊公廿三年》：『曹劌曰：「夫禮，所以敕正民也。」』《僖公卅三》：『臧文仲曰：「國子爲政，齊猶有禮，服於有禮，社稷之固也。」』《昭公四年》：『楚子合諸侯于申，椒舉曰：「諸侯無歸，禮以爲歸。今君始得諸侯，其慎禮矣。」王使問禮於左師與子産，左師獻公合諸侯之禮六，子産獻伯、子、男會公之禮六。』《哀公七年》：『吴來徵百牢，子服景伯曰：「周之王也，制禮，上物不過十二，今棄周禮，而必曰百牢。」吴人不聽。』荀爽曰：『聖人建天地之中而謂之禮。禮者，所以興福祥之來，止禍亂之源也。』杜詩：『服禮求毫髮，於禮無纖毫違背。禮寬心有適。待以寬禮。禮樂攻吾短，黄卷真如律。詩、書以禮法繩人。』『禮者，治辯之極也，强國之本也，王公由之，所以一天下也，不由之，所以隕社稷也。』《韓詩外傳》。《仲尼燕居》：不能詩，於禮謬，不能樂，於禮素，薄於德，於禮虛。《周禮·春官》：『大宗伯之職，以天産作陰德，以中禮防之。』

禮樂

《周禮·春官》：『大宗伯之職，以天産作陰德，以中禮防之；以地産作陽德，以和樂防之。以禮樂合天地之化、百物之産，以事鬼神，以諧萬民，以致百物。』《論》：『子曰：「先進於禮樂，野人也；後進於禮樂，君子也。」公西華曰：如其禮樂，以俟君子。禮樂不興，則刑罰不中。文之以禮樂節禮樂。天下有道，則禮樂征伐自天子出；天下無道，則禮樂征伐自諸侯出。人而不仁，如禮何？人而不仁，如樂何？禮云禮云，玉帛云乎哉！樂云樂云，鐘鼓云乎哉！三年不爲禮，禮必壞；三年不爲樂，樂必崩。』《孟》：『見其禮而知其政，聞其樂而知其德。』《中》：『行其禮，奏其樂，雖有其位，苟無其德，不敢作禮樂焉。雖有其德，苟無其位，不敢作禮樂焉。』

《樂記》：禮以道其志，樂以和其聲。禮樂皆得，謂之有德。德者，得也，是故樂之隆，非極音也，飨饗之禮，非致味也。清廟之瑟，朱絃而疏越，壹唱而三嘆，有遺音者矣；大饗之禮，尚玄酒而俎腥魚，大羹不和，有遺味者矣。是故先王之制禮樂也，非以極口腹耳目之欲也，將以教民平好恶而及人道之正也。是故先王之制禮樂，人爲之節；衰麻哭泣，所以節喪記也；鐘鼓干戚，所以和安樂也。禮節民心，樂和民聲。樂者爲同，禮者爲異。和以統同，序以平異，同則相親，異則相敬。樂勝則流，禮勝則離。合情飾貌者，禮樂之事也。樂由中出，禮自外作。樂由中出，故静，禮自外作，故文。劉氏曰：『欣喜歡愛之和出於中，進退周旋之序著於外，和則情意安舒，故静，序則威儀交錯，故文。』大樂必易，大禮必簡。樂至則無怨，禮至則不争。揖讓而治天下者，禮樂之謂也。大樂與天地同和，大節與天地同節，和故百物不失，節故祀天祭地。禮者，殊事合敬者也；樂者，異文合愛者也。故鐘鼓管磬羽籥干戚，樂之器也；屈伸俯仰綴兆舒疾，樂之文也。簠簋俎豆制度文章，禮之器也；升降上下，周旋裼襲，禮之文也。故知禮樂之情者能作，識禮樂之文者能述。作者之謂聖，述者之謂明。明聖者，述作之謂也。樂者，天地之和也；禮者，天地之序也。和故百物皆化，序故群物皆别。樂由天作，禮以地制，過制則亂，過作則暴。明於天地，然後能興禮樂也。論倫無患，樂之情也；欣喜歡愛，樂之官也。中正無邪，禮之質也；莊敬恭順，禮之制也。注：論者，雅頌之辭；倫者，律吕之音。若夫禮樂之施於金石，越於聲音，用於宗廟社稷，事乎山川鬼神，則此所與民同也。王者功成作樂，治定制禮。其功大者，其樂備；其治編者，其禮具。干戚之舞，非備樂也；孰烹而祀，非達禮也。五帝殊時，不相沿樂，三王異世，不相襲禮。樂極則憂，禮粗則偏。及夫敦樂而無憂，禮備而不偏者，其唯大聖乎！天高地下萬物散殊，而禮制行矣；流而不息、合同而化，而興樂焉。樂者敦和，率神而從天；禮者辨宜，居鬼而從地。故聖人作樂以應天，制禮以配地，禮樂明備，天地官矣。各得其職，及夫禮樂極乎天而蟠乎地，行乎陰陽而通乎鬼神，窮高極遠而測深厚。樂著太始，禮居成物。著不息者，天也；著不動者，地也；一動一静者，天地之間也。故聖人曰：禮樂云。樂者，所以象德也。禮者，所以綴止。淫也。是故淫樂慝禮，君子不接心術。樂也者，施也；禮也者，報也。樂，樂其所自生；禮反其所自始。樂章德，禮報情，反始也。樂也者，情之不可變者也；禮也者，理之不可易者也。樂統同，禮辨異，禮樂之説，管乎人情矣。窮本知變，樂之情也；著誠去僞，禮之經也。禮樂履天地之情，達神明之德，降興上下之神，疑是精粗之體，領父子君臣之節，是故大人舉禮樂，則天地將爲昭焉。君子曰：禮樂不可斯須去身。故樂也者，動於内者也；禮也者，動於外者也。故曰：致禮樂之道，舉而錯之，天下無難矣。樂也者，動於内者也；禮也者，動於外者也。故禮主其減，樂主其盈。禮減而進以進爲文，樂盈而反以反爲文。禮減而不進則銷，樂盈而不反則放，故禮有報而樂有反，禮得其報則樂禮之報，樂得其反則安樂之反，其義一也。

《仲尼燕居》：子曰：「禮也者，理也；樂也者，節也。君子無理不動，無節不作。」子貢越席而對曰：「敢問夔其窮與？」窮，不通也。子曰：「古之人與？印底。古人人也。達於禮而不達於樂，謂之素；達於樂而不達於禮，謂之偏。夫夔達於樂而不達於禮，是以傳於此名也，古之人也。」長樂陳氏曰：「觀夔教胄子，以直寬閒簡之德，達之以温柔，戒之以無虐無傲，則以樂禮教和亦不過如此，子貢以爲窮惡，可哉？」子曰：「師，爾以爲必鋪几筵，升降酌獻酬酢，然後謂之禮乎？爾以爲必行綴兆，興羽籥，作鐘鼓，然後謂之樂乎？言而履之，禮也；行而樂之，樂也。《周禮》：『大司徒之職，以五禮防萬民之僞而教之中，以六樂防萬民之情而教之和。大宗伯之職，以禮樂合天地之化。』

唐太宗曰：『禮樂者，聖人緣情以設教，治之隆替，豈由於此？』司馬公曰：『禮者，聖人之所履也；樂者，聖人之所樂也。聖人履中正而樂和平，又思與四海共之，百世傳之，於是乎作禮樂焉。夫禮樂，有本有文。中和者，本也；容聲者，末也。二者不可偏廢。先王守禮樂之本，未嘗須臾去其心；行禮樂之久，未嘗須臾遠於身。興於閨門，及於朝廷，被於鄉遂比鄰，達於□□〔一〕，流於四海，自祭祀軍旅至於飲食起居，未嘗不在禮樂之中。數百年，然後治化固侯，鳳凰來儀也。苟無其本徒有其末，一日行之而百日舍之，則雖韶、夏、護、武之音，亦不能有以化一夫矣。况齊、陳淫昏之主，亡國之音，暫奏於庭，烏能變一世之哀樂乎？而太宗遽云治之隆替□□〔二〕禮樂，何其發言之易而果於非聖人易也。見弓之張兮，弛而不失良兮，或曰：何謂也？曰：撤之而已矣，弓良在□格，食在禮樂。

禮部

『聖人師拱鼠制禮。』文子。『禮□撰爲立。』韓。《詩》：『相鼠有體，人而無禮。』《周禮・地官》：大司徒職，以五禮防萬民之僞而教之中。

〔一〕今按：疑爲『諸侯』。
〔二〕今按：疑爲『由於』。

尚書

漢成帝置尚書五人，其四曰□□[一]，主外國夷狄事。光武分六曹，吏部曹兼掌齊祀事，然則庚狄齊祀，皆今禮部職也。魏尚書有祠部；晋有祠部尚書，掌廟祧之禮。後周有春官卿，又有禮部，後爲宗伯。隋置禮部尚書，龍朔司禮太常伯，光宅，春官尚書。宋朝：曰祠部，禮典、醫政、道釋、祠廟；曰主客，藩國朝貢，國信禮物；膳部，牲酒、膳羞、宴飲、給賜。以凶禮哀患灾，以喪禮哀死亡，以荒禮哀凶札，以吊禮哀禍灾，以禬禮哀圍敗，以恤禮哀寇亂，以賓禮親邦國。

容臺，春曹。商容，商家禮樂之官，知禮容，所以禮署稱容臺。春曹尚書。

禮樂之司，文武兼資。裴行儉，唐高宗拜禮部兼將軍。一曰禮部，二曰祠部，三曰膳部，四曰主客。入宫决事，秩禮大僚，薛稷以翊贊功，入宫决事。李絳，禮部制宗伯秩禮，是爲大僚。

〔一〕今按：疑爲『客曹』。

讜言之報，筮鼎之祥。建成譖太宗、高宗，將貶，陳叔達諫止太宗，拜尚書曰：公有讜言，故以相答。李綱仕隋，官不進筮之得罪，終唐尚書。

典三禮，管二曹。《書》：『有能典朕三禮？』魏孝文留宋弁兼祠部，攝兵事。掌神祇之禮，祀邦国之神。《周禮·太宗伯》：『以禋祀祀昊天上帝，以實柴祀日月星辰，以槱燎祀司中、司命、風師、雨師，以血祭祭社稷、五祀、五岳，以貍沉祭山林、川澤，以疈辜祭四方百物，以肆獻祼享先王，以饋食享先王，以祠春享先王，以禴夏享先王，以嘗秋享先王，以蒸冬享先王。』宋宗伯之任，春官古卿。

五王配享，豈非得罪於中宗，二人配享，休言得罪於哲宗。薛稷云云。

却西蕃貢馬，論高麗市書。元祐，西蕃貢馬，蘇軾爲宗伯，判其狀云：朝廷方却走馬，以糞汗血，何用？高麗請買書籍，蘇軾言：漢東平王求諸子《太史公書》，猶不許，今可許乎？《自叙》：韓八座事業如拆□〔一〕綫，無一□□〔二〕。韓昭多能不精，李臺蝦云云。《精語》。

典朕三禮，大舜委於伯夷；分職六卿，成王任於彤伯。祀地郊天之典，舉其□□〔三〕，

〔一〕今按：疑爲『襪』。
〔二〕今按：疑爲『條長』。
〔三〕今按：疑爲『宏綱』。

朝日夕月之儀，撮其機要。□……□貞觀初杜詩，□……□尚書踐臺斗。王珪。惟□□□□之司□□□，非道德祠章之望，不任此官。咨伯典三禮暫□率屬之能，郊公弼一人即拜臺輔之命。上以超虞庭秩宗之遷，下以移漢世奉常之陋。和上下而法神人，經国象而宗社稷，乃知文昌八座之策勛，實爲泰階六符之張本。春官六十立之，長以維專，典禮三千，待其人而後舉。武德間，有謙言：忠無不報。貞觀初，踐台斗理有必然。

侍郎

侍郎，隋置。禮部侍郎。龍伯司禮少常伯掌策試貢舉、齊郎國子等事。寬信好士，唐柳璟。長於裁鑑。唐韋陟。不何權近，唐王凝。重於宰相。唐韋純曰：『侍郎重於宰相。』典郊祀白。之禮，獻賢能之書。非以直清公正不足以處之，稱秩無祀春官舊職，舉秀興廉，國朝兼領；非文儒鑑裁不在此也。一時，二榮。賀知章從太常少卿遷禮部侍郎兼學士，一日並謝謁宰臣，源侍中曰：『一時加二榮，二者孰爲美？』燕公曰：『侍郎衣冠華選，自非履歷清要，望實具美者，無以居之。然終是具員之吏，又非往賢所慕，學士懷先王之道，爲搢紳軌儀。藴楊馬之詞，彩兼游夏之文學，二美之中，此爲愈也。』

父子同貳南省，兄弟五爲禮部。唐崔氏兄弟六人，郃、郾、鄲，禮部五，吏部再，居光德里。構便齊，宣宗曰：『一門孝友，可爲士族法。』因題曰『德星堂』。後京兆民即其里爲德星社。宋進樂章，洪适言時政。劉延，天德初，條十餘事，重名器，輕賦斂，戢干戈，節賜予，選人才，惜民力，監成憲持盈守成。正士不宜去，老成不沽激。張守辭不拜侍郎，上命吕頤浩云云。吕廉問正士不宜去，往時□□□多。

抗秦檜，慰魏公。曾開抗秦檜和議，出知婺州。上慰張魏公曰：『朕欲一飛冲天，而無羽翼，當專任用。』終是□員之吏□……□。典禮以和神人，考文以第俊秀。貳宗伯之掌禮，典諸侯之貢士。『南宫吾故人，白馬金盤陀。鞍上飾。雄筆映千華，見賢心靡他。』杜。賈逵爲禮部侍郎，常乘白馬，比賈至。『禮闈春榜動長安，九陌人人走馬看。一日聲名遍天下，滿城桃李屬春官。』劉禹錫寄王侍郎放榜。鄭谷：『望郎到處却風生。』小常伯，亞春官。詞苑疏榮，儀曹進貳，申命二卿，典司三禮。禮樂自天子出，備殫獻納之忠；左右與正人居，密罄論思之益。益新綿蕝之儀，亟應行麻之識。淮王使掌邦禮，方新周典之修；咨伯汝作秩宗，遂正虞庭之命。丹青一代之文，明白百王之禮。

郎中

郎中，魏、晋、宋、齊、梁、陳、後魏、北齊，有儀曹郎，掌吉凶。禮制。皆禮部郎中之職。龍朔司禮大夫。

南宫舍人，春官下大夫。清通峭鯁。軍孔休源，號孔獨誦，詳練故事。李翺面斥李逢吉。

小儀，大儀。杜牧求小儀，不遂。劉杳委大儀。解朝儀，孔休源。舉儀制、辨名數。六典。

真儀曹，孔遏。號獨誦。見上。宋名表郎瑞錦窠。元豐謂印之名表郎，印曰『瑞錦窠印』。《退朝録》。

郎選甚高，士林高選。大微之星，宗伯之屬。郎位甚近，禮爲司清。參訂禮文，兼職㦃奏。名表一出，□□□□。汪大猶。論明堂，言海賣。合祭。王居正、李燾言：降典未備。請廟祫，不加尊號。劉敞。請卻□……□甘露圖□……□。

員外

清廟之器，名德之首。歸□珪，子澮舉止秀峙，當時士夫以流品相尚，推名德者爲之首。文章稱首，文章卓偉。柳子厚。秩清選妙。儀曹之任實藉文樸，郎吏之選，必資時秀。牋奏之文，俎豆之儀。著爲典常，傳爲口實。惟此禮部公，寒泉甃舊井。坡也。議此久羸瓶，召還及修級。山谷。鄭谷寄趙郎中：小儀澄澹轉中儀。王元之百日内須知制誥，須知百日掌絲綸。玆南宫舍人之□，實北門學士之階。東壁裏青藜之炬，已騰耀於文星；東宫號瑞錦之窠，更分輝於郎宿。屬列春官，則爲下大夫之職；印司禮部，則有名表郎之稱。掌絲綸於百日，當繼唐人之詩；記㠦幪於萬間，願廣杜厦之芘。杜詩：清秋便寓直，列宿頓輝光。美沈之爲郎官。

知貢舉

唐初貢舉□……□主之者□□帝以貢□……□爲舉人詆訶□……□於禮部以侍郎主之禮□……□與□……□

卷之十五

五思三

言曰從

蔡沈曰：『從者，順也。』《論語》：『子曰：「法語之言，能無從乎？改之爲貴。巽與之言，能無悦乎？繹之爲貴。悦而不繹，從而不改，吾末如之何也已矣。」』唐德宗曰：『盧杞小心，朕所言無不從。』真德秀曰：『言無不從者，奸臣鈎其君之餌也。人君樂其餌之甘，而忘其鈎之害，則必亡而已矣。』舜，聞一善言，好察邇言。『聞一善言，若决江河。』《孟》。其大智也與，好問而好察邇言。《中》。禹好善言，聞善言則拜。嘉言罔攸伏，拜昌言曰：『俞！』大禹謨。

敷納以言，汝亦昌言。有言逆于汝心，必求諸道；有言遜于汝志，必求諸非道。乃不良于言，予罔聞于行。言以道接。《旅》。衣德言。《康》。

將行其言也。諫行言聽。《孟》。止輦受言，詔除妖言。漢文帝。管仲樂聞譏諫之言，唐太〔宗〕褒賞激切之言。詔開言路，詔求直言。後唐潞王清泰二年，《書法》：録善也。晋天福三年，《書法》：書喜之也。真德秀曰：『忠言至論，往往逆人主之心，然揆之理而得，則雖忤意而當從；奸言邪説，往往順人主之志，然揆之理而悖，則雖合志而當察。』

立言

揚子：『或問：「大聲。」曰：「非雷非霆，隱隱㧊㧊，久而愈盈，尸諸聖。尸，主也。」聖人之言傳無窮。捈中心之所欲，捈，引也。通諸人之嚍嚍者，莫如言。嚍嚍，憤憤也。言，心聲也。聖人矢口而成言，言可聞而不可殫。矢，放也。』《左傳·襄公廿四》：穆叔如晋，范宣子曰：『古人有言，曰「死而不朽」，何謂也？』穆叔曰：『魯有先大夫曰臧文仲，既没，其言立，其是之謂乎！立，謂不廢絶。豹聞之，太上有立德，其次有立功，其次有立言，雖久不廢，此之謂不朽。史佚、周任、臧文仲立言以垂世教。』《東坡韓文公碑》：『一言而爲天下法。』《淮南子》：『萇弘、師曠先知禍福，言無遺策，而不可與衆同職也。』揚子：『聖人之言似水火，或問「水火」，曰：「水，測之而益深，窮之而益遠；火，用之而彌明，宿之而彌壯。」』

堯言布天下，《法言》象《論語》。老子五千言，蘇子一萬言。垂言，成言。《孟序》：垂憲言。《左》：向戍從子木成言於楚。窮經盡格言，綸綍涣王言。玩味古人言，此言如不信。

堯之一言，舜之三言。『允執厥中』者，堯之所以授舜也。『人心惟危，道心惟微，惟精惟一，允執厥中』者，舜之所以授禹也。堯之一言，至矣、盡矣。而舜復益之以三言者，則所以明夫堯之一言，必如是而後可庶幾也。

進言

士之道路，《新序》。士傳言。《左傳》。楚莊王曰：言路者，士之道路也。趙良曰：『千人之諾諾，不如一士之諤諤。請終日正言而無誅，可乎？臣知今日言之於前，明日伏誅於後，然苟可以少有補於秦而死，臣不敢避也。』范睢。谷永曰：『王天下有國家者，患在上有危亡之事，而危亡之言，上不得聞。如使危亡之言輒上聞，則商周不易世而迭興矣。』張良曰：

『忠言逆耳利於行，毒藥苦口利於病。』諫大夫鮑宣上書曰：哀帝。『今人有七亡：水旱爲灾一也，重賞賦税二也，貪吏取受三也，豪强蠶食四也，苛吏徭役五也，部落鼓鳴六也，盗賊劫略七也。又有七死：酷吏毆殺一也，治獄深刻二也，冤陷無辜三也，盗賊横發四也，怨讎相殘五也，歲惡飢餓六也，時氣疾疫七也。民有七亡而無一得，欲望國安，誠難；民有七死而無一生，欲亡刑錯，誠難。』《書法》：辭語剴切，可謂無愧其職矣。

蔡邕曰：『國之將興，至言數聞，内知己政，外見民情。當使抱忠之臣，展其狂直。』胡氏曰：『善乎！子房之能納説也。不先事而强聒，不後事而失幾。不問則不言，言則必當其可，故能聽之易而用之不難也。』胡氏曰：『新城三老，啓漢高以君臣之大義；壺關三老，悟孝武以父子之至情。湖三老，辨王尊被劾之非辜，正朝廷刑辟之失當，皆因事有補，不苟然也。』口陳肝膽，自以底裹蘊。上露。竇融。今日之事，明目張膽。亮《表》。

開元四年，始制郎、御史、起居、遺、補，不擬舊制。六百以下官，皆委尚書，奏擬是歲，始更簡。《書法》：良法也，故特書始。

嗣聖十九年，帝在東宫，武邑人蘇安行復上疏曰十八年上疏：『臣聞天下者，神堯文武之天下也。當今太子追回，年德俱盛，陛下貪其寶位而忘母子深恩，將以何顔見唐家之宗廟哉？太后亦不之罪。』大曆八年，召郇謨入見。晋州男子郇謨，以麻辮髮，持竹筐葦席，哭於東市。人問其故，對曰：『願獻三十字，一字爲事，若言無所取，請以席裹尸，貯筐中，棄於野。』京兆以聞，上召見，賜新衣館於客省，言團者請罷諸州團練使也，言監者請罷諸道監軍使也。《書法》：郇謨獻言何？郇謨此舉，近於行怪，帝召見之，可謂能盡下情矣。書召郇謨入見，美召之者也。

晋武太康三年，祀南郊。問校尉劉毅曰：『朕可方漢何帝？』對曰：『桓、靈。』帝曰：『何至於此？』對曰：『桓、靈賣官，錢入官庫，陛下賣官，錢入私門，以此言之，殆不如也。』帝大笑。陸贄曰：『承問正對，臣之職也；寫誠無隱，臣之忠也。古人所謂愚夫言之，而明主擇之。』

《說命》：『惟説不言有厥咎。』《書》有言責者，不得其言則去。《孟》。鄭昌曰：『官以諫爲名，不敢不言。』孔子曰：『良藥苦口而利於病，忠言逆耳而利於行。湯武以諤諤而昌，桀紂以唯唯而亡。』

論思補辛裾，谷。直詞才不世。杜。直詞寧戮辱，朱雲猶掉直言旗。

奏事

白去副封，奏事正衙。故事，上書者，皆爲二封，署其一曰副。領尚書者，先發副封，所言不善，屏去不奏。魏相白去副封。貞元十八年，詔百官毋得正衙奏事。嘉王議正衙奏事，高弘本自理逋責，詔：『自今毋得正衙奏事，如有陳奏，詣延英門請對。』議者以爲正衙奏事，所以達群情，講政事。弘本無知，黜之可也，不當因人而廢事。發明：正衙奏事，唐室之令典也。高弘本自理逋負，黜之足矣。德宗於忠賢棄猶土梗，蓋其私慝之心，何愛一弘本而改易朝章，特借是而發。

我太宗朝，宋。京畿民牟暉詣登聞鼓，訴家牧失猳豚，太宗御筆賜千錢，賞其直。語宰臣曰：『以此細事，亦訴于朕，大可笑也。然四方枉塞之事，達朕聽者，豈有不留意乎？』我太宗豈以一民無知之故，而廢登聞哉？德宗乖僻惡足以語此。

晏平仲之問，孫叔敖之言。齊有得罪於景公者，景公召左右肢解之，敢諫者誅。晏子左手持頭，右手磨刀，仰而問曰：『古者明主、聖主，其肢解人，不審從何肢解也？』景公離席曰：『縱之，罪在寡人。』《韓詩外傳》。楚莊王將興師伐晋，告士大夫曰：『敢諫者，死無敉。』孫叔敖曰：『臣聞畏鞭箠之嚴而不敢諫其父，非孝子也；懼鈇鉞之誅而不敢諫其君，非忠臣也。』上。

杜詩：『否臧太常議，面折二張勢。李邕批韋巨源謚，議宋璟，請昌宗兄弟之罪。武后不應，邕曰：『璟言事關社稷，請可其奏，武后允之。』哀俗凛生風，排蕩秋旻霽。排蕩上心，上爲霽怒。』『賈誼昔流慟，匡衡常引經。兩章對秋月，一字諧華星。』『郭欽上書見大計，劉毅答詔驚群臣。』匡衡抗疏功名薄。『賈生慟哭後，寥落無其人。安知蔡夫子，高義邁等倫。獻書謁皇帝，志已清風塵。』『不寢聽金鑰，因風想玉珂。明朝有封事，數問夜如何。』

諫諍 林駉

犯顔逆鱗，叩頭流血，其名曰直宜也。鄒浩極諫，世疑賣直；引裾折檻，范公所憂。是直，或議其激也。和容愉色，微言婉辭，其名曰諷，可也。李文靖以密啓爲讒佞，心知其非而辭辨不及者，趙公概不免於譏。是諷，又疑其佞也。昔龍逢比干之諫也，有過必面折，有失必力指。不顧其剖心之誅，以此爲直，夫奚疑。傅説周公之諫也，不直達其隱，不明指其事，隱然於詩書規諷之旨，以此爲諷，夫奚譏。後之爲臣者，以直自許者。斬錯之争，聞者毛竦，或疑其爲復讎之舉。袁盎。折絳之許，言者生氣，又疑其不忘吕禄舊時舍人之恩。袁盎。越職抗議陰爲黨，似慷慨也，王氏之謀。谷永。叩墀死争，若高亢也，第欲附逢吉之意。劉栖楚。嗚呼！勸奉鑿渠，意在利韓，曾謂直言，足信乎。

以諷自名者，子虚之作，鋪張景物。適啓神仙之想。相如。羽獵之賦，僞言車騎。反滋游樂之心。通西南有書，未必財君宣化，而窮兵之念已動。相如。得寶鼎有對，未必規君修德，而封禪之舉已萌。吾義王。嗚呼！曲終奏雅不免於勸，曾謂諷諫，可聽乎？能如魏鄭公嫵媚規正者，幾人哉？正容極口，直而不激，託辭寓意，曲而不倨，我思古人，實獲我心。伏閤奏事，叩環呼聲，非好名也。明道二年，郭后見廢，孔道輔叩銅環大呼。挽衣苦諍，叩榻抗論，非褊心也。寇萊公，太宗時。寧爲英州之行，必奪寵臣之命。唐介。寧爲雲堂之游，力沮新法之行。一疏未去，凡十八疏，言之而不已；一確未竄，至十餘章，詆之而益厲。劉公。風力愈勁者，自曰擊鶻，王素。廷争不回者，稱爲殿虎。劉安世。此其風采壁立，雖鼎鑊不避也。

侍從規諫，不争口舌，非循默也。歐陽脩。經筵開陳，色温氣和，非容悦也。范淳夫。辨錫王勇智之語，聞之爲戒。吕公著。時主富於春秋，故以好勇黷武爲戒。論甘酒嗜音之句，聽之首肯，范祖禹講畢再誦，哲宗首肯，此借經而諭也。論蘇秦約從，則曰『無益於治』；司馬光。論嗇夫利口，則曰『惡其覆邦』；司馬光。此託史而箴也。宮禁之帖特袚除祈祝之辭耳，因詩章而含規諷，何婉耶！歐公。告老之章，特休退辭謝之意耳，因身疾而喻朝政，何誠耶！呂獻可。此其旁入曲諭，雖諷雅不過也。

《書》：『官師相規，工執藝事以諫。』《胤征》。『臣下不匡其刑墨。』《伊訓》。『惟先格王正厥事。』《高宗肜日》。《易·坎》：『六四：納約自牖。』《詩》：是用大諫，衮職有闕，仲山甫補之。《論》：『勿欺也，而犯之。』子夏曰：「信而後諫，未信則以爲謗己也。」』《孟》：『畜君何尤？畜君者，好君也。責難於君，謂之恭；陳善閉邪，謂之敬。諫於王而不用蚳鼃，致爲臣而去。格君心之非，有大過則諫，不可諫而不諫，可謂不智乎？』天子有争臣七人，雖無道，不失天下；諸侯有争臣五人，雖無道，不失其國。孔子曰：『萬乘之國，有争臣七人，則主無過；舉千乘之國，有争臣五人，則社稷不危；百乘之家，有争臣三人，則禄位不逮。』孔子曰：『忠臣之諫君，有五義焉：一曰譎諫，二曰戇諫，三曰降諫，四曰直諫，五曰諷諫。』卑體。『唯度主以行之，吾從其諷諫乎。』《家語》。

宣子驟諫，宣二。鬻拳强諫。莊廿九。《昭十二》：子革曰：『磨厲以須，王出，吾刃將斬矣。』《襄十四》：師曠曰：『工誦箴諫。』周内史聞之，曰：『臧孫達其有後於魯乎！君違，不忘諫之以德。』僖伯諫隱公觀魚，哀伯諫桓公納鼎。《僖公二年》：晋荀息曰：『宫之奇之爲人也，懦而不能强諫，且少長於君，暱之，雖諫，將不聽。』五年，晋侯假道於虞，宫之奇諫曰：『虢虞之哀也，虢上，虞必從之，以其族行。』《哀公十一年》：『吴將伐齊，子胥諫曰：「越在，我心腹之疾也。」』《僖公十五年》：『慶鄭曰：「愎諫違卜。」晋惠公。』《哀公十八年》：『吴公子慶忌驟諫吴子曰：不改必亡。不聽，出居于艾。』谷永曰：『劉輔新從下土來，不知朝廷體，獨觸忌諱，不足深過。』楊阜曰：『君作元首，臣爲股肱。臣雖駑怯，敢忘斯義。』

熊遠三失之疏，樂運八失之陳。晋御史中丞熊遠上疏，以爲『胡賊猾夏，梓宫未返，而不能遣軍進討，一失也；群官不以仇賊未報爲耻，務在調戲酒色而已，二失也；選官用人，唯在白望，不求才幹，惟事請託，三失也。』周樂運輿櫬詣朝堂，陳帝八失：其一，事多獨斷，不參宰輔；其二，采女實宫，儀同以上女不許輒嫁；其三，一入後宫，數日不出；其四，寬刑未幾，更加前除；其五，高祖爲樸，今遽窮奢；其六，傜賦下民，以奉俳優角觝；其七，上書字誤者，即治其罪；其八，玄象垂戒，不能修德政。周主怒欲殺之，玄岩曰：『不如勞而遣之。』周主賜御食而罷之。

龍逢，比干。桀爲酒池，龍逢諫曰：『今君用財若無盡，用人若恐不能死。不革，天禍必降，而誅必至矣，君其革之。』云一而不去朝，桀因拘囚之。唐太宗曰：『龍逢忠諫而死，朕每痛之。』紂作炮烙之刑，比干曰：『主暴不諫，非忠臣也；畏死不言，非勇士也。見過則諫，不用則死，忠之至也。』遂進諫，三日不去，紂因而殺之。朱雲曰：『臣得下從龍逄、比干遊於地下，足矣。生以身諫，死以尸諫。』史鰌病且死，謂其子曰：『生不能正君者，死不當成禮，置尸北堂，於我足矣。』史鰌死，靈公往吊，見喪在北堂曰：『夫子生則欲進賢而退不肖，死且不懈，又以尸之，可謂忠而不衰矣。』召蘧伯玉退彌子瑕，徙喪正堂，成禮而後返，衛國以治。《新序》。《韓詩外傳》曰：『生以身諫，死以尸諫。』謂此。

昌業之死，猶出於僖宗之怒；昭圖之死，乃出於令孜之平。發明云云。僖宗中和元年，天子幸蜀與宦官同處，左拾遺孟昭圖疏曰：『天下者，高祖、太宗之天下，非北司之天下。天子者，九州四海之天子，非北司之天子。』令孜矯詔貶嘉州，沉於蟇頤津。』廣明元年，盜賊滿關東，昌業以而上，專務遊戲，上疏極諫，賜死。當問理之是非，豈計事之得失？陸贄曰：『凡論事者，當問理之是非，豈計事之得失？若謂諫諍爲指過，則剖心之主不宜見罪於哲王；以諫諍爲取名，則匪躬之臣不應垂酬於聖典。

獻牀之諫，造塔之諫。長慶四年，波斯西域國。獻沉香亭子牀，拾遺李漢言：『此何異瑶臺瓊室？』上雖怒，亦優容之。德宗長子唐安公主薨，上欲爲造塔，厚葬之。姜公輔表諫以爲山南非久安之地，且宜儉薄以副軍須之急，上曰：『造塔小費，非宰相所宜論，公輔正欲指朕過失。』

以木石而奉陵，以酒色而致疾。長慶四年，敬宗好治宫室，欲營别殿，李程諫：請以所具木石回奉山陵，上從之。長慶四年，翰林學士韋處厚諫上宴遊，曰：『先帝以酒色，致疾損壽，臣時不死諫者，以陛下年已十五故也。今皇子纔一歲，臣安敢畏死而不諫乎？』上感其言，賜錦綵銀器。

以樂而諷，以筆而諷。元和二年，白居易作《樂府》百餘篇，規諷時事。上説之，爲翰林學士。十五年，以柳公權爲翰林學士，上見公權書，愛之，曰：『卿書何能如是之善？』對曰：『用筆在心，心正則筆正。』上默然改容，知其以筆諫也。杜詩：『雖乏諫諍姿，恐君有遺失。廷争酬造化，直氣森噴薄。廷論房琯不宜廢，此酬君王顧遇恩。斯時伏青蒲，廷争守御牀。』『牽裾驚魏帝，折檻出雲臺。』歸華州，自雲臺。『余時忝諍臣，丹陛實咫尺。』『牽裾恨不死，漏羅辱殊恩。』汲黯匡君切，懇諫留匡鼎。匡衡小字。『諫官非不達，致君丹檻折。』『聖朝無闕事，自覺諫書稀。』

高柔之疏，陽城之哭。魏主叡，殺禁地鹿者，身死財産没官。廷尉高柔疏曰：天下生則者少，而麋鹿之損者多，請除其禁。陽城爲諫議大夫，與客日夜痛飲，韓愈作《諍臣論》以譏之，及陸贄坐貶城帥拾遺。王仲舒等。守延英門，論延齡奸佞，陸贄無罪，城曰：『脱以延齡爲相，當取白麻壞之。』痛哭於庭。胡氏曰『陽城善矣！惜其未盡善也。絲綸之言，非可壞之物，天子之庭，非慟哭之地』云云。

《淮南子》：『王子比干，非不知箕子被髮佯狂也，免其身也。然而樂直行盡忠以死節，故不爲也。』爲人臣之禮，不顯諫；三諫而不聽，則逃之。陳氏曰：『孔子之於魯，百里奚之於虞，未嘗諫而去。』子之事親也，三諫而不聽，則號泣而隨之。

從諫

立敢諫鼓，設誹謗木。《淮南子》：『禹懸鐘、磬、鐸、鞀以待四方之士，曰：教以道者擊鼓，諭以義者擊鐘，告以事者振鐸，語以憂者擊磬，有獄訟者搖鞀。』

受人，從人。《易》：山下有澤咸，君子以虛受人。《書》：稽于衆，舍己從人。詢于四岳，明四目，闢四門，達四聰。舜。好問則裕，聽德惟聰。無自廣以狹人，旨哉，乃言惟服。朝夕納誨，以輔台德。木從繩則正，后從諫則聖。《詩》：『不聞亦式，不諫亦入。』《孟》：『諫行言聽，膏澤下於民。』

馳下峻坂，同席上林。上欲馳下峻坂，袁盎曰：『千金之子，坐不垂堂。聖主不乘危，不徼幸。』乃止。慎夫人與皇后同席，乃幸上林布席，盎引卻慎夫人座曰：『今已立后，夫人乃妾，妾主豈可與同席哉？』上賜金五十斤。文帝馳於峻坂，非無袁盎之言；武皇騁於丘虛，亦有相如之諫。武帝好擊熊豕野獸，相如曰：『清道而後行，中路而馳，猶時有銜橛之變。馬銜式斷，車心式出。前存利獸之樂，內無存變之意，其爲害也不難矣。夫輕萬乘之重，不以爲安樂，萬有一危之塗以爲娱，臣竊爲陛下不取。』

諫光武之夜還，戒文帝之嘗出。光武出獵夜還，上東門候郅鄆，拒關不開，上從東中門入。明日上書曰：『陛下遠獵山林，夜以繼日，如社稷宗廟何？』賜布百匹。曹丕嘗出射雉，顧群臣曰：『樂哉！』辛毗曰：『於陛下甚樂，於群臣甚苦。』丕後爲之稀出。

朱雲攀檻，而檻折，以旌其言；辛毗引裾，而裾牽，乃徙其半。朱雲曰：『願賜尚方斬馬劍，斷佞臣一人頭，以厲其餘。』攀殿檻，檻折。上曰：『因而葺之，以旌直言。』魏主欲徙冀州士卒實河南，辛毗曰：『誠以爲非。』丕怒，入內。毗引裾，丕乃徙其半。『誠宜開張聖聽，以光先帝遺德；不宜引喻失義，以塞忠諫之路。』諸葛亮《表》。

唐宗騎射，宋主畋遊。上好騎射，孫伏伽諫以爲『天子居則九門，出則警蹕，走馬射的，非今日天子事業也。』上以伏伽爲諫議大夫。宋主畋遊無度，嘗出，夜還，敕開門。侍中謝莊以棨信或虛，執不奉旨，須墨敕乃開。宋主曰：『卿欲效郅軍章耶。』

制諫官而入閤，置紙筆而求言。貞觀元年，制諫官隨宰相入閤言事。《書法》：良法也。發明：此貞觀致治之本也。魏大統五年，置紙筆于陽武門，以求言。《書法》：特書嘉之。

回人主之意，動人主之心。魏徵容貌，不逾中人，而有膽略，善回人主意。上嘗得佳鷂，自臂之，望見徵來，匿懷中。奏事故久，鷂死懷中。貞觀八年，中牟皇甫德參上言：『修洛陽宫，勞人；收租，厚斂；俗好高髻，蓋宫中所化。』上怒曰：『德參欲國家不役一人，不收斗租，宫人皆無髮。』魏徵曰：『言不激切，不能動人主之心。』上賜絹二十匹，他日爲監察御史。

粘書屋壁，泣毁層觀。太宗曰：『比多上書言事者，朕皆粘之屋壁，出入省覽，數思治道。』貞觀十年，葬文德皇后苑中作層觀，以望昭陵，嘗引魏徵同登使視，徵曰：『臣昏眊，不能見。』上指視之，徵曰：『臣以爲陛下望獻陵，若昭陵，則臣固見矣。』上泣爲毁觀。唐太宗曰：『龍逢忠諫而死，朕每痛之；煬帝驕暴而亡，公所見也。公常宜爲朕思煬帝之亡，朕常宜爲公念龍逢之死。』

君欲知過而必待臣，徵每辱我而敢不賀。上曰：『人欲自見其形，必資明鏡；君欲自知其過，必待忠臣。』太宗罷朝，今魏徵之直，由陛下之明故也，妾敢不賀？上悦，列怒曰：『會須殺此田舍翁。』后問爲誰，上曰：『魏徵每庭辱我。』后具朝服曰：『主明臣直，今魏徵之直，由陛下之明，故也。妾敢不賀？』上悦。

列諸屏障，置之几案。貞觀十三年，旱。魏徵上疏凡十條，上列諸屏障，朝夕瞻仰。十一年，穀洛溢。魏徵上疏，上手詔褒美曰：『置之几案，以此弦韋。』三國魏劉廙曰：『韋弦非能言之物，而聖人引以自匡，臣願自比韋弦。』

張昭直言而孫權勞問，諸將不言而孫權詔責。吴主權嘗於武昌臨釣臺飲酒，大醉，以水灑群臣，曰：『今日醉墮臺中乃止。』張昭正色而出，權呼入謂曰：『共作樂耳，何爲怒乎？』昭曰：『昔紂爲糟丘酒池長夜之飲，當時亦以爲樂，不以爲惡也。』權默然罷酒。昭以病告老，更拜輔吴將軍，昭每朝見，辭色壯厲，曾以直言逆指，權復思昭，遣中使勞問。請見，昭避席謝，權跪止之，昭坐定，仰曰：『昔太后、桓王不以老臣屬陛下，而以陛下屬老臣，是以思盡臣節，以報厚恩。』權辭謝。孫權問時事，諸將皆不敢有所言，以詔責之曰：『齊桓有善，管仲未嘗不嘆；有過，未嘗不諫。今孤自省無桓公之德，而諸君諫諍未嘗出口，以此言之，孤於齊桓良優，未知諸子於管子何如耳？』

晋以傅玄而爲諫官，趙以喬豫而爲諫議。晋以傅玄、皇甫陶爲諫官。《書法》：自靈帝之篇書殺諫議大夫劉陶，及是八十餘年，諫官無書者，於是書傅玄、皇甫陶，嘉得人也。晋之初政，可謂知所先後矣，諫官終晋世一書而已。外此則趙書、喬豫和苞爲諫議大夫，劉殷漢主聰太傅。不爲犯顔忤旨，然因事進規，輔益甚多。晋元大興六年。嘗戒子孫曰：『事君當務幾諫，凡人尚不可面斥其過，况萬乘乎？夫幾微之功，無異犯顔，但不彰君之過，所以爲優耳。』

王洛諫而賜帛，古筆言而賜衣。秦主堅至鄴，獵于西山，旬餘忘返。伶人王洛叩爲諫曰：『久獵不歸，一朝患生不虞，奈太后天下何？』堅爲之罷獵，還宫。王猛曰：『洛之言，不可忘也。』堅賜帛百匹，拜官。魏太平真君五年，魏主田于河西，詔以肥馬給獵騎，尚書令古弼給弱馬，魏主怒，欲斬之。弼曰：『吾爲人上，不使人主盤于遊田，其罪小；不備不虞，立軍國之用，其罪大。』魏主嘆曰：『有臣如此，國之寶也。』賜衣一襲。他日，畋于山北，獲麋鹿數千頭，詔尚書發牛車運之，弼表曰：『秋穀懸黄，麻菽布野，猪鹿竊食，烏雁侵費，風雨所耗，朝夕三倍。乞使矜緩，使得收載。』魏主曰：『筆公可謂社稷之臣矣。』按本傳：明元帝嘉其直而有用，賜名曰筆。改名筆，言其有輔佐才也。後太武帝怒駡曰：『尖頭奴以筆頭尖，或命之曰筆頭。』時人呼爲筆公。《書法》：書魏畋何，美從諫也。

知漏在下，受繩則正。梁右丞江子四，上封事極言得失，梁主詔曰：『古人有「屋漏在上，知之在下」，朕有過失，不能自覺。子四所言，尚書時加檢討。』周于謹曰：『木受繩則正，后從諫則聖。明王虚心納諫，以知得失，天下乃安。』

孫伏伽之爲御史，蘇世長之爲大夫。武德元年，以孫伏伽爲治書侍御史。《書法》：書美從諫也。王世充僕射蘇世長以襄州來降，唐主與之有舊，以世長爲諫議大夫，嘗從校獵高陵，唐主曰：『今日樂乎？』世長曰：『不滿十旬，未足爲樂。』唐主曰：『狂態復發耶？』對曰：『於臣則狂，於陛下甚忠。』《書法》：自晋元之□至是垂三百年矣。書趙以喬豫，和苞爲大夫，於是復書予唐也。以王珪而爲諫議，制諫官勿白宰相。武德九年，以魏徵、王珪爲諫議大夫。《書法》：書以魏徵、王珪何？美世民也！舉不棄讎，可謂無我矣，非譏事讎歟？諫議大夫，天子之諫臣也，故爲東宫官。今爲天子諫臣，何譏之有？至德七載，制諫官言事，勿白宰相。李林甫爲相，諫官言事，先白宰相，御事言事，須大夫同署。至是盡革其弊。《書法》：綱目之所予也，故書。

納仁軌之言，答劉洎之諫。唐太宗將幸司州校獵，劉仁軌言：大稔未穫，願小停旬日。上賜璽書嘉納，遷新安令。唐太宗文學辯敏，群臣言事者，引古今以折之。侍中劉垍諫曰：『多託損心，多語損氣。願爲社稷自愛。』上飛白答之曰：『非慮無以臨下，非言無以述慮。今聞讜言，虚懷以改。』周廣順元年，詔百官上封事。顯德二年，詔群臣言得失。《書法》：書美之。

擢魏謨之疏，從李絳之言。李孝本二女配没右軍，文宗取之入宫，拾遺魏謨疏曰：徵五世孫。『召李孝本女不避宗姓，大興物論，臣家惜之。』上即出之，擢爲補闕，曰：『不忝厥祖矣。』元和四年，毁安國寺碑樓。吐突承璀，領功德使，盛修安福寺，奏立盛德碑。先構樓請敕學士撰文，上命李絳爲之。絳言：『堯舜禹湯未嘗立碑，惟秦皇刻石稱述，未審陛下欲何所法？且叙修寺之美，豈所以光聖德耶？』上命曳倒碑樓。《書法》：書美從諫也。晋平公問於叔向曰：『國家之患，孰爲大？』對曰：『大臣重禄而不極諫，近臣畏罰而不敢言，下情不上通，此患之大者也。』公曰：『善。』於是令國曰：『欲通善言，謁者不通，罪當死。』《新序》。

《淮南子·齊俗訓》：晋平公出言而不當，師曠舉瑟而撞之，跌衽宫壁，左右欲塗之。平公曰：『舍之，以此爲寡人失。』孔子聞之曰：『平公非不痛其體也，欲來諫者也。』韓子聞之曰：『群臣失體而不誅，是縱過也。有以夫，平公之不霸也。』杜詩：『端拱納諫諍，和風日冲融。』『前朝納諫諍，直氣横乾坤。』『九重思諫諍，直詞寧戮辱，奉詔許牽裾。』『千載少似朱雲人，至今折檻空嶙峋。婁公不語宋公語，尚憶先皇容直臣。』

拒諫

《書》：『侮聖言，逆忠直。』《伊》。『賊虐諫輔。』《泰》。《詩》：『聽言囂囂。』《詩》：『訊予不顧，顛倒思予。不懲其心，覆用其正。如何昊天，辟言不信。我言維服，勿以爲笑。老夫灌灌，小子蹻蹻。匪我言耄，爾用憂謔。誨爾諄諄，聽我藐藐。匪用爲教，覆用爲虐。自獨俾臧，自有肺腸。匪言不能。胡斯畏忌。聽言則對，誦言如醉。』《孟》：『好臣其所教，不好臣其所受教。諫則不行，言則不聽，諫於王而不用。』

狐咺正議，斮之檀衢；陳舉直言，殺之東閭。齊湣王。尹起莘曰：『魯宣公九年，陳殺其大夫泄冶。《左氏穀梁》載其以諫見殺，先儒釋之，以爲：殺諫臣者，必有亡國弑君之禍。故書其名。今齊殺狐咺、陳舉，綱目上書齊殺二臣，下書齊君見殺。其爲後書戒，可謂深切著明也。』賈山曰：『臣聞雷霆之所擊，無不摧折者；萬鈞之所壓，無不磨滅者。今人主之威，非特雷霆也；勢非特萬鈞也。開道而求諫，士猶恐懼而不敢自盡，而况惡聞其過乎？』

衣之赭衣，論爲鬼薪。漢楚王戊坐削地事，與吴通。申公、白生諫戊，胥靡之，衣之赭衣，使雅舂於市。《音倫》：議，法也。取薪於山，以給宗廟，謂之鬼薪。三歲刑。梅福曰：『鳶鵲遭害，則仁鳥增逝；愚者蒙戮，則智士深退。以言爲戒，國家之大患也。』

左遷都尉，免歸田里。哀帝發武庫兵，送董賢及上乳母王何舍。執金吾毋將隆言：『武庫兵器，天下公用。古者方伯專征，乃賜鈇鉞，漢家邊吏巨寇，賜武庫兵。春秋之義，家不藏甲，所以抑臣威，損私力也。今便僻弄臣，私恩卑妾，而以天下公用，給其私門。契國威器，共其家備，非所以示四方也。臣請收還武庫。』傳太后賤賈執金吾官婢，隆請更平直，左遷沛都尉。韓歆於上前訂歲將飢凶，指天畫地，免歸田里。歆及子皆自殺。嬰乃追賜錢穀，以成禮葬之，司馬光曰：『以光武之世，而韓歆用直諫死，豈不爲仁明之累哉？』

出太尉鄭弘，殺諫議劉陶。太尉鄭弘數諫竇憲權勢大盛，帝收弘印綬，弘自詣廷尉，詔敕出之，因乞骸骨未許，病篤，上書曰：『近日王氏之禍，昞然可見。臣雖命在晷刻，死不忘忠。』帝遣醫視病，比至，已薨。諫議大夫劉陶上疏，陳八事，大較言天下大亂，皆由宦官。宦官共讒陶，下北寺獄，廢氣而死。《書法》：自古以來殺諫臣者，未之有也。忠言逆耳，駁議致憎。孫策。得來不食而死，河間忿恚而卒。延熙九年，魏毌丘儉，討高勾麗。初，高勾麗之臣得來，數諫不從，退而嘆曰：『立見此地，將生蓬蒿。』不食而死。儉令諸軍不壞其墓，全其妻子。漢主聰殺陳休木，河間王易、陳元達等諫曰：『誅巫咸，戮扁鵲，臣恐遂成膏肓之疾。』易又上疏極諫，聰又大怒，手壞其疏，易忿恚而卒，元達自殺。吴中書令賀邵諫曰：『臣聞興國之君樂聞其過，荒亂之主樂聞其譽。聞其過者，過日消而福臻；聞其譽者，譽日損而禍至。陛下嚴刑法以禁直辭，黜善士以逆諫口，正士摧方，摧折剛折。庸臣苟媚。』

斬切諫之元達，責上書之賀琛。梁大同十一年，散騎常侍賀琛上書論事，詔詰責之。《書法》：書詰責之，甚辭也，非所責而厚責焉。梁主所以無令終也。漢主聰，爲劉后起凰儀殿，取鳳凰來儀，廷尉陳元達切諫，以爲『天生民而樹之君，使司牧之，非以兆民之命，窮一人之欲也』。聰命斬之。劉后手疏上言：願賜死此堂。聰命園曰：『納賢園堂曰愧賢堂。』秦建元十八年，會群臣于太極殿，議討晋。左僕射權翼曰：『三仁在朝，武王旋旆。謝安、桓冲，江表偉人，未可圖也。』左衛率石越曰：『歲鎮守斗，福德在，伐之，必有天殃。』吴。陽平公融曰：『伐晋有三難：天道不順，晋國無釁，我數戰兵疲。』太子宏曰：『歲在吴分，晋君無罪，若大舉，不捷。』融復諫曰：『窮兵極武，未有不亡者。』沙門道安曰：『陛下應天御世，居中土而制四海，何必經略遐方？』張夫人曰：『鷄夜鳴，犬哀嘷，廐馬多鳴，武庫兵器自動，皆非出師之祥也。』幼子詵諫曰：『國之興亡，繫賢人之用舍。陽平公之謀主，而陛下違之，晋有謝安、桓冲，而陛下伐之，臣竊惑焉。』裴子野曰：『有宋累葉，罕聞直諒。張約隕於權臣，扶育斃於哲后，宋之鼎鑊，吁可畏哉！』

殺上書之傅縡，斬上書之章加。陳至德三年，舍人傅縡負才使氣，施文慶、沈容卿譖縡，受高麗使金，下獄於獄，上書曰：『陛下酒色過度，不虔郊廟大神，專媚淫昏之鬼。後宫淺綺繡，廐馬餘菽粟，神怒民怨，衆叛親離。臣恐東南王氣，自斯而盡矣，遂賜矣。』陳禎明元年，吴興章和以無閥閲，除大市令，鬱鬱不得志。上書極諫，斬之。胡氏曰：『章加忠矣，然位非公卿，官非諫臣，其本心乃以見擯於時，鬱鬱不得志而發也。則雖死於直言，又安得繼泄冶之後乎？』

以諫而斬，以言爲諱。太業十一年，帝如江都，以詩留别。宫人曰：『我夢江南好，征遼亦偶然。』任宗崔民象王慶仁，上表諫，斬之。《書法》：書諫者何罪，廣且予三子也？永淳元年，既封泰山，欲遍封五岳。作奉天宫於崇山之南，監察御史裏行李善感諫，不納。自褚遂良、韓瑗之死，天下以言爲諱。幾二十年，及善諫始諫，謂之『鳳鳴朝陽』。周子諒之死，獨孤及之疏。開元廿五年，監察御使周子諒彈牛仙客，非宰相才，命撲於殿，庭絶而復蘇。伮杖之朝堂，流瀼州至藍田而死。永泰代宗元年，命文官之臣十三人於集賢殿待制，獨孤及疏曰：『陛下雖容其直，而不録其言；有容下之名，而無聽諒之實。則臣之所耻也。』

崔善貞之瘞，韓退之之貶。貞元十五年，以李錡爲游西觀察使，錡刻薄，以事進奉。布衣崔善貞詣闕上封事，言宫市、進奉及鹽鐵之弊。因言錡不法，上械送錡往瘞之。貞元十九年，京兆李實務徵李以給進奉，言於上曰：『今歲雖旱，而禾苗甚美。』由是，税皆不免。優人成輔端爲謡嘲之，杖殺之。監察御史韓愈言：『今年税物徵未得者，請俟來年。』遂貶爲陽山令。發明：無罪而殺士，則大夫可以去，此狐死兔悲之言也。是歲崔薳以察官杖流，則君子可以見幾而作矣。

諫官之罪，御史之貶。憲宗二年，謂李絳曰：『諫官多謗訕，無事實。朕欲謫其尤□〔一〕一二，以儆其餘。』對曰：『此殆非陛下之意，必有邪臣以壅蔽陛下之聰明也。人主孜孜求諫，猶惧不至，况罪之乎？如此杜陛下之口，非社稷之福也。』文宗太和九年，鄭注朝夕且爲相，侍御史李甘曰：『白麻出我，必壞之於庭。』貶爲封州司馬。樊川《李甘詩》：甘字。『太和十九年，訓注極虓虎。操持北斗柄，開閉天關路。森森明庭士，縮縮循墻鼠。時當秋夜月，日直日庚午。喧喧皆傳言，明晨相登注。和鼎顧予言，我死有處所。當廷掣詔書，退立須鼎俎。君門曉日開，赭案横霞布。遠屬命㧑將，昨之傳者誤。明日詔書下，謫斥南荒去。如何千斗氣，竟作炎荒土。』

殺殷裕，貶温裕。咸通十三年，國子司業韋殷裕詣閤門，告潘淑妃弟陰事，上怒，杖殺之。胡氏曰：『懿宗陰刑，人能譏之。殷裕出位而言非所宜，得無罪乎？』党項爲邊患，討之無功。補闕孔温裕上疏切諫宣宗，貶爲柳州司馬。温裕，戣之子也。

指鹿爲馬，十鼠同穴。魏鮑勛數直諫，丕曰：『勛指鹿爲馬，收付廷尉。』三官駁：依律罰金。』駁，執意不回也。丕大怒曰：『當令十鼠同穴。』謂勛及三官皆殺，作一處死。杜

〔一〕今按：疑爲『者』。

詩：『唐堯真自聖，野老更何知。』君自聖，忠不聞。

諫垣林駉

官以諫名，非古也。自漢武諫置大夫。蓋周季監謗，秦氏禁言。西漢以來，始懲壅蔽之患，特立論諫之官。然言路之通，固自此始；而言路之狹，亦自此始也。鄭昌譏蓋寬饒曰：『官以諫爲名。』鮑宣論何武曰：『官以諫諍爲名。』君子惜其職之有所拘也。唐虞三代，不以諫名官，而天下皆可言之人。漢唐之世，特以諫名官，而天下無敢言之人。我朝雖仍諫諍之員，不拘諫諍之職，公卿可諫也，布衣可諫也，閭巷小民亦可諫也。試以古今評之，群后四朝敷奏以言，諸侯朝宗陳謨諫事，則外之侯伯、牧守皆得言矣。

皋陶作士，稽首颺言，伯益作虞，吁咈進戒，則内之公卿師長皆得言矣。鄭人鄉校，得議執政，則草茅賤士皆得言矣。瞽誦工諫，市議道謗，則農商工賈皆得言矣。諫議大夫之官，置於漢武帝，補闕拾遺之員，增於唐武后。然中郎補闕者，出綰淮南之綬；博士對策者，往持江都之麾。汲黯仲舒，劉向戒外戚之專，孫寶奏馮后之事，皆以大夫也。蕭望之以諫官而出補郡吏，王吉以大夫而上疏見疏，皆以諫官也。然亦視如土梗，屏棄不用。唐貞元以來，蔣乂以右拾遺爲史館修撰。穆宗之世，李紳以左拾遺爲翰林學士，任之而不專其職，未爲唐害。任之而不用其言，實爲唐害。李勃之初，以拾遺召也，遷爲補闕，一諫忤旨，下遷參軍。裴濤之初，以補闕諫也，擢爲舍人，未幾再疏，身亦再貶。嗟夫！古者上自公卿，下至工瞽，皆諫君之人也；後世結舌不鳴，僅有諫垣之立耳。古者若箴、若頌、若議、若謗，皆諫君之言也；後世掃地不存，僅有諫囊之規耳。

國朝以補闕爲司諫，端拱初，以拾遺爲正言，所以舉其職也。天禧之廣諫員，明道之置諫院，所以重其職也。然三百餘卷一十九章，上裨君德，田錫。盜詆時弊。劉安世。諫官大夫之有人也。御筆新除，歡動朝野，御筆親題，名留殿壁，司諫正言之有人也。慶曆歐陽脩、張安道、王素，蔡君謨以詩賀曰：御筆新除三諫官，喧然朝野竟相歡。當年流落用心在，自古忠良得路難。必有謨猶裨帝治，直須風采動朝端。世間萬事皆塵土，留取功名久遠看。薦爲諫官。魯宗道題殿壁曰：『魯直。』

四諫之稱，俯爲美談，四賢之名，播在流咏。歐陽、余靖、蔡襄、王素。歐陽、余靖、范文正、尹洙。蔡襄作《四賢一不肖》詩。鄒浩之爲正言也，不陳孟后之事，而曾誕玉山客問之篇，陰諷潛刺。高君訥之爲司諫也，不言仲淹之去，而蔡襄極口之詩，極口深詆。故雖庸庸瑣瑣之流，亦爲挺挺敢言之氣。外任漕臺亦許奏事，歐陽。出爲郡守，得議建儲司馬。身居員外，挽衣論列，寇准。職爲監門，上書言事。鄭俠。山林布衣抗論行都，張齊賢。上庠諸生疏陳中道。江煒。錦工獄吏引對殿陛，大名細民伐鼓論事。王贊訴秋旱。自上而下，由貴而賤，皆爲論列之人耳。

臺諫 同人

孝宗諭御史也，曰：分隸六察可許詳奏；諭諫臣也，曰：欲其遺補，不任糾責。漢御史有中丞，專掌糾劾，諫大夫數十人俱掌議論。糾劾委御史，議論委大夫，是漢臺諫之分也。是故蕭望之按延壽之驕恣，嚴延年劾霍光之廢立，以御史也。劉向戒外戚之竊柄，龔勝争孫寶之繫獄，以大夫也。

唐諫臣須蹇蹇匪躬之士，臺官須孜孜嫉妒之人。匪躬故爲諫臣，嫉妒故爲憲官，是唐臺諫之分也。是故韋思謙之劾褚遂良，温造之奏李祐，以御史也。杜拾遺之封事，岑補闕之諫書，以諫臣也。

漢鄭昌訟蓋寬饒之書，曰：臣官以諫爲名，不敢不言。唐魏謩擢拾遺、遷舍人，曰：頃爲諫官，得有所陳，今記言動不敢侵官。古者樂於聞善，故彼此皆得以盡言；後世諱於聞善，雖諫臣不得行其職。汲黯以中大夫而守東海，蕭望之以諫官而補郡吏，漢之諫官何益哉？元次公謂諫議冗者貧，無以繼禄。陽城爲諫議大夫，不屑言事。唐之諫員，甚於漢也。國朝諫臣，使之諫諍而不使之糾劾；臺臣，使之糾劾而又使之諫諍。趙中令，開國勛臣，失色於雷中丞之一奏；韓魏公，三朝元老，膽落於王中丞之一言。王陶。范司諫寧犯宰相之怒，而不容默於郭后之事；仲淹。鄒正言寧觸人主之怒，而不容已於孟后之舉。浩。然濮園之議諫垣，雖争，而三御史亦相繼罷；蔡確之貶諫垣，雖論，而御史府亦爲一空。是故廢國家大計，察官司細故。吕公著既言六察之弊，專察官司，不與於言；劉摯又言御史之偏。則祖宗重於責己而恕於待人者，可見也。

諫官

箴尹保氏。楚官。

用皂囊，漢儀。伏青蒲。史册。

齊桓公諫臣五人，舉過者三十人。唐太宗曰：『五七諫臣，其人安在？眷懷於此，耿嘆良深。』三品以上，入議大事；諫官一人，隨入參驗。唐敬宗以官爲諫，額叩龍墀。游略。願竭狂瞽，佐萬分一。王珪。

宋四諫，七諍。歐陽、余靖、蔡襄、王素。鎔。彦遠制，重贈七諍之重。建儲十九疏，仁宗。鬢髮爲白。范鎮。天下大計，願早有所繫，皇子遂定。吴奎。論君子小人，范純仁。論僥倖内降。包拯。

上鄭公三疏，上禦戎十策。包拯上魏鄭公三疏。王禹偁上禦戎十策。議論持平，務存大體。陳瓘。神宗大事廷争，小事論奏。諫議左右各一人，從四品；司諫左右各一人，正七品；正言左右各一人，從七品。悉焚五十二奏，亦不賣直。田錫表聖。以太常丞知諫院，賜五品服。歐陽脩。熙寧范百禄：今修起居注直舍人院，則綴小兩省班，同知諫院則紬而不與，非明職分，勤官守之意。詔令綴，小酌班省。吕誨奏：諫官奏對，近侍引避，故無泄於外。康定元年，正旦日食，富弼請罷宴，執政不可，後使虜還者云：虜中罷宴，仁宗深悔。范鎮中書主民，樞密主兵，三司主財，故各不相知。請使中書樞密，通知兵民財利大計，與三司同制國用。

自叙蕭望之爲平原太守，上疏曰：『悉出諫官以補郡吏，所謂憂其末而忘其本。』王吉爲諫議，宣帝以其言迂闊，不甚寵異也。諫官引石介，范仲淹曰：『石介剛正，然性亦好異，使爲諫官，必以難行事責人君。小拂其意，引裾折檻，主上無失德，政事自修舉。安用如此諫官也？』

諫議大夫

秦置掌論議數十人，漢武帝更置，後漢增爲諫議大夫。隋亦曰諫議大夫，置七人，煬帝廢。唐武德中，復置龍朔正諫大夫，開元諫議大夫。國朝真宗天禧元年，詔兩省置諫官六員，不兼職務。明道元年，陳執中爲諫官，請置院以門下省爲諫院，諫議大夫爲諫垣之長。建炎二年，不隸兩省，别置局於後省之側。

鄭覃制擢居首諫，益厲謇諤。唐肅宗，兩省十日一上封。白居易請首諫詩：月慚首諫一百張。朝廷宿望，崔元亮。名儒宿德。漢武帝諫大夫。兩龔好學，王褒佚才。楚兩龔：龔勝、龔舍，好學明經。褚遂良鯁亮有學術，武元衡勁直有風節。廷碩諫議之職，應用公直之士。後漢章□。清謹高亮，可任諫議。周舉。

真諫議，真諫官。蕭鈞，永徽中，爲諫議，争盗庫財，死罪，曰：『囚罪誠死，恐天下謂陛下重貨。』帝曰：『真諫議。』中宗酣宴，各命爲迴波詞。或以諂言媚上，或要丐謬宠，李景伯獨爲箴規語。蕭至忠曰：『真諫官。』有諫臣體，有諍臣風。孔戣論時政四條，柳公權論事切直。

閣中抗論，仗下與言。唐穆宗鄭覃，中宗朱景。負氣敢言，數諫讜言。明皇在蜀，高適、傅翻。

王良之有忠言，元膺之有直氣。王良數有忠言。唐呂元膺出爲同州刺史，上曰：『有忠言，有直氣，宜留左右。』尋兼太子侍讀。魏徵三百餘奏，殷侑八十四論。魏徵三百餘奏，剴切當帝心。殷侑論八十四通，以語切，出桂以官觀察使。論延齡之不可相陽城，諫婕妤之立爲后。劉輔。襲勝上書言制度，劉陶上疏言宦官。太奢。遂良曰：必諫其漸；世長曰：未爲大樂。太宗問：『舜作柒器，禹雕其尊，當時諫臣十有餘人，食器之間，苦諫何也？』褚遂良曰：『諍臣必諫其漸。』唐蘇世長，侍宴披香殿，以凋麗大過，帝咨重其言，世長從幸涇陽校獵，高祖曰：『今日樂乎？』世長曰：『簿廢萬幾，未爲大樂。』高祖曰：『狂態發耶！』後漢任城王登謂張普惠：『不喜君得諫議，惟喜諫議得君。』搢紳想其風采，群情灑然稱允。陽城費長言穆宗。劉陶恨不列稷、契、伊、周之徒，而龍逢、比干爲儔。

宋諫長上坡。諫官之首，耳目之官。景德詔：咸預軒墀之列，是爲耳目之官。鄭氏綺談，諫議曰納誨。南豐制：俾職獻替，僉曰汝宜。田況，田錫。慶曆，田況若令諫官日奉朝請，則日聞朝廷之事實，詔日赴内朝。田錫奏：經史治體之要三十篇。真宗曰：朕之汲黯也。

道輔，梁燾。郭后廢孔道輔，欲自宣祐門入，宦者闔靡拒之。孔手撫銅門環呼曰：『皇后被廢，奈何不與我曹入諫？』有請宣仁皇后御文德殿服冠冕受册者，梁燾率同列諫，引薛奎諫。論明肅皇后不當以王服見太廟事，宣仁欣納。

梁燾，蕭燧。蔡確作詩怨謗，梁燾與劉安世交，攻竄新州。蕭燧論議鯁切，不求名譽，孝宗曰：『糾正奸邪，不恤讎怨。』制詞詔：善不近名，仁必有勇。陳良翰，除諫議。秀遣吏輟市燈，守人歡而畏。自叙：饒君斗上坡，亦須斗下坡來。唐諫議雖在給舍之上，時諫議歲滿，方遷給舍，自給事遷舍人，時有自郎署拜諫議者，驟立在給舍上，朝中曰：『饒君斗上坡，亦須斗下坡來。』蓋却爲給舍，序班在下。帶墜。諫議班在知制誥上，若帶侍制，則在知制誥下從職也。戲語曰『帶墜』。

司諫 諫曹

武后垂拱中置左右補闕、拾遺二官，以掌諷諫。開元以來，尤爲清選。宋端拱改補闕爲司諫，拾遺爲正言。元豐，司諫正七品，正言從七品。卿之令子，朕之直臣。鄭餘慶子浣，唐憲宗。獻疏切直，諫疏激切。鄭浣，魏謩。挺議鯁固，豈避雷霆。獨孤鬱，宋申錫被誣，韋温昌言。詆排空倖，同輩注目。權德輿，唐韋渠牟。鐵補闕，三人足矣。唐楊貼。唐宣宗曰：『乾寧中三人足矣，奚用衆耶？』諫諍有體，朝野稱得人。江公望不負所職，諫官宜如此。韓魏公『諫官、御史，耳目也。耳目不明，則四方塞』。《江公望表》。獻軍國要機者一疏，朝廷大體者四疏。田錫。陳安民術，言四十事。王覿首陳，知人安民之術。上曰：『趙鼎所言四十事，已施行三十六。』諫官韓琦，司諫希哲。韓琦諫官三年，所存諫槁，欲斂而焚之，以效古人謹密之義。然恐無以見人主從諫之美，集七十餘事，曰《諫垣存槁》，序曰：『諫主於理勝，而以至誠將之。』説書呂希除右司諫，辭未獲命，蘇軾戲曰：『法筵龍象，當觀第一義。』希哲笑而不言，謂祖禹曰：『若辭不獲，當以楊畏爲首，時畏在言路而頗險，爲子瞻所厚，故及之。』陳瓘，岩叟。陳瓘見蔡京視日不瞬，曰：『此人必無君，攻之愈力。』王岩叟命令斜出，尤損紀綱，論執政十八章。蕭燧論，豐稷劾。蕭燧論：外臺不職二人。甘昇王抃。豐稷劾親王造錦衣。楊王灝，荆王頵。諫官如此，天下必平。趙屼監察，同時進對，退曰：『聞使君言，使屼汗流浹背。』趙君賜曰：『諫官如此，天下必平。』

祖宗法制，須出宸選。明道中，執政除親舊二人爲正言司諫，上曰：『祖宗法制，須出宸選。若大臣自除，則大臣過失無敢言者，執政皇恐。』吴安詩，右司諫制。置爾右省，職在諷議。謂以稱職而遷，則員外在司諫之下；謂以妄言而黜，則未見□〔一〕黜之因。左司諫楊康國，除吏部員外郎中舍鄭雍言：『謂以稱職而遷，則員外在司諫之下詔改；謂以妄言而黜，則未見□〔二〕黜之因郎中。』

受旨言事臣不敢，因取美官非本意。上曰：『卿何不言蔡襄？』傅堯俞對曰：『臣不見其罪，臣身爲諫官使臣，受旨言事臣不敢。』朝廷欲以知制誥寵其盡言，韓忠獻曰：『諫行足矣。』因取美官，非本意也。自叙：補闕連車載，拾遺平斗量。《通典》。李渤以諫忤旨，下遷洛議參軍。唐裴潾諫憲宗治丹劑，貶江陵令。

正言

吏部銓注拾遺、評事、赤尉，皆以才望清官標格，孤秀者署之，號三緊官。拾遺立緊。忠言人，諫諍官。唐張方回，精神昂然，明皇曰：『忠言人也。』唐李邕詞高行直，堪爲諫諍

〔一〕今按：疑爲『降』。

〔二〕同上。

之官。

聲振一時，號稱六絶。唐柏耆志健而望高，以左拾遺往王承宗獻德棣二州，聲振一時。李邕號稱六絶：義烈，英邁，正直，詞辨，文章，書翰。

公議歸重，詞旨典美。王徽書二十餘上，公議浩然歸重。陳子昂上疏陳事，詞旨典美。

目爲柳篋，頟叩龍墀。唐柳粲以其博奥，目爲柳篋。劉栖楚，唐敬宗畋遊，坐朝晚，以頟叩龍墀苦諫。

宋璟之刻，元稹之疏。宋璟刻張昌宗反狀，武后不應。李邕立殿下大言曰：『璟所陳社稷大計。』后乃璟奏。元稹見事風生，不欲碌碌，疏曰：『凡今之人，以上封進見爲妄動，拾遺補闕爲冗員。』以諫爲職，有聞即奏。薛廷老其選甚重，其秩甚卑。秩卑者，位未足惜、身未足愛也；選重者，下不忍負心、上不忍負恩也。然後朝廷得失無不察，天下利病無不言。

王譜之疏，藏用之諫。唐宣宗大中，補闕桑堠，拾遺王譜等上疏諫：遣中使往羅浮山迎軒轅先生。詔：閱示來章，深納誠意。盧藏用諫營興泰宫，恐以陛下則天爲不愛人、務奉己。蕭崇薦張鎬曰：『用之則爲王者師，不用則幽谷一叟。』

號立綮，謂把麻，以其行立北省之次。見上。唐舍人宣語多不知書，至宣讀輒失句讀。

用拾遺團句，低聲助之，謂把麻。

號爲戇章，題曰魯直。任伯雨諫官半載，一百八疏，號戇章。魯宗道事有違忤，風聞彈疏，真宗厭之。一日，訟於上前，願得罷去。上悦其忠，慰勉以遣。他日追念，御筆題曰魯直。請今言事，升殿面對。天禧二年，劉燁請今言事，許升殿面對，從之。詔置諫員，以爲殿最。仁宗實録元年，詔兩省置諫官六員，考所言以爲殿最，擢魯宗道、劉燁爲正言。先是諫官章須繇閤門進，宗道請面論事而上奏，遂爲故事。

任伯雨言天下治亂，韓絳言政事，宜出聖斷。置諫員，置諫官。仁宗鋭意更用二三大臣，增置諫員，以孫甫爲正言。天禧初，置諫官御史十二員，劉燁、魯宗道首與其選。親筆姓名，召爲正言。慶曆三年，增置諫官，開廣言路，親筆余靖姓名。夏侯嘉正嘗使巴陵，作《洞庭賦》。太宗知名，召爲正言。

和嶸獻歌詩，魯挺著對問。至道元年，和嶸遷正言，獻歌詩稱旨，上曰：『辛相子有風采，能負荷堂構。如嶸者，不可多得也。』魯挺與鄒浩友。孟后之廢，挺三寄書力勸，不應。及浩以諫立，劉后南遷，挺著玉山對客問譏之，識者比韓愈諫臣論。《自叙》：徐仁紀：『三諫不聽，可去矣。』託病歸鄉里。

精語。晋武詔：古者保氏以諫爲職，今之侍中實處此位。魏杜恕每政有得失，常引綱維。谷永曰：『有言責者，盡其忠；有官守者，修其職。』蕭望之朝無諍臣，則不知過。《刑法志》：『聖王置諫諍之臣，非以崇德，防逸豫之生也。』王商贊：動寤萬乘，轉移大謀。陸贄論諫，本仁義。慶曆詩：『惟修與靖，立朝讜讜。素相之後，含忠履潔。並爲諫官，正色在列。』柳《陽城遺愛碣》：『惟兹陽公，履道葆醇。爰初隱聲，覆蕢蓄仁。德克而形，乃作諫臣。抗志勵義，直道是陳。』鄭郎制：分左右以備箴諫。六帖，其秩峻，其任重。貶陸贄陽城，率王仲舒守延英門。金吾將軍張萬福賀曰：『諫議能如此，安得不太平？』連呼『太平萬歲』。柳《柳渾行狀》：不隱忠以固位，不形直以奸名。元稹楊汝士敕：衮職有闕，仲山甫補之。蓋所以節宣天子之嗜欲，彌縫其不至也。我國設司諫署，以神明其耳目，凡在兹選，至難其人。與輔相爭得失，鄭有融。與天子爭是非。歐陽脩。荆：耳目天子，一切是非，無不可言者。不矜寵利，不憚誅責，一爲天下昌言，以寤主上。起民之，治國之。

詩。榮班聯錦綉，諫紙賜牋藤。元稹。補衮諫官能，用儒吾道益。黄。明日翠華春殿下，不知何語可聞天。鄭谷。烏府先生鐵作肝，霜風捲地不知寒。坡。諫省晨登正直臣，萬方驚喜捧絲綸。則知天子明如日，肯放淮南高卧人。劉禹錫。獻納開東觀，君王問長卿。皂鵰寒始急，天馬老能行。杜　唐王志愔：剛正號皂鵰。駟馬歸城闕，雙鳧去海門。還從清切禁，再沐聖朝恩。韓正李：禮樂中朝貴，文章大雅存。江湖多旅逸，獻替欲誰論。曉隨天仗入，暮惹御香歸。聖朝無闕事，自覺諫書稀。岑參。初升諫署是真仙，浪透桃花十五年。鄭。

騎省、諫垣、諫省、言坡、大坡、首坡、諫長、小坡。帝春上坡，詔升左省。簡自中宸，擢居正諫。涣恩宸扆，晋長諫曹。涣寵龍墀，升華騎省。擢自柏臺，進登蒲院。擢自麟臺，躋之騎省。聖朝無闕事，天子有諍臣。抗論不休，舍公誰可。白簡含香穏，青蒲映日峻。著埋輪之望，躋入閣之班。孤忠自許，久結明主之知；獨斷不移，徑處争臣之職。持天下之正，格君心之非。以爲鷹鸇不若鸞鳳，寧舍豺狼而問狐狸。考司諫七品官之階，雖云序進；然大人一正君之事，正屬司存。奏囊入而九重爲之改容，彈文讀而群邪至於褫魄。魏蓍補闕，遠追文正之遺風；吉甫劾奸，喜見贊皇之賢嗣。千百年之芳名，所願加意；第一義之偉論，豈不動人。風生白簡，振朝綱於更化之餘；日奏皀囊，納君德於無過之地。魏徵之奏，剴切而當帝心；李渤之言，優游而中時病。森嚴白簡之陳，風銷群枉；剴切青蒲之奏，日照孤忠；言聽諫行，進何須於及霤；予違汝弼，論方倚於回天。風采聳聞，不俟陽城七年之久；仁義既效，豈若魏公百奏之陳。冠峩豸角，陰見晛而幸消；手批龍鱗，木從繩而自直。對龍旒而敷鯨論，益裨疇昔之孤忠；繇騎省而贊鴻樞，行踵近時之故事。企行膺門，須作子美歡顔之想；摩挲湘石，欲刻徂徠聖德之詩。鳳凰鳴朝陽，已想群心之交慶；

燕雀賀大厦，終期孤迹之有依。有争臣七人，端爲明時而喜；呼太平萬歲，倚斯盛事而觀。想宣公之奏，本仁義以爲言；誦唐人之詩，奉絲綸而切喜。家聲故在，必能繼嘉祐遺直之風；言路久開，何待獻昌黎諫臣之論。一言寤主，佇觀膏澤之施；大厦如天，自知帡幪之託。

御史臺

御史之名，周官有之。戰國亦有御史，皆記事之職。秦漢爲糾察之任，所居之署，漢謂之御史臺。蘭臺寺。漢尚書中臺，御史憲臺，謁者外臺。梁、後魏、北齊南臺。後周司憲，龍朔憲臺。武后肅政臺，龍朔左右御史臺。宋御史臺大夫無正員，止爲兼官。中丞除正員外，帶他官：一曰臺院侍御史隸焉，二曰殿院殿中侍御史隸焉，三曰察院監察御史隸焉。唐制御史不專言職。天禧中，置言事。唐朝有御事裏行，景祐中始置。唐儀臺案有監司，元豐復六察，吏部及審官東、西院隸吏察，户部、三司及司農寺隸户察，刑部大理寺審刑院隸刑察，兵部武學隸兵察，禮部太常寺隸禮察，少府將作等隸工察。

執憲蘭臺，控制南司。《陳子昂表》《宋游道判》。霜棱，霜簡。鐵冠，白簡。漢儀：侍御史，周官也。冠法冠，一名柱，後以鐵爲柱，言不撓也。任昉曰：『謹奉白簡以聞。』繡衣，豸冠。繡衣御史，武帝置尊寵之也。肅宗乾道，仍服豸冠，古獬豸獸，主觸不直，故執憲者，以其角形爲冠。鷺車，法冠。舊制以鷺羽飾車，以白鷺見泉中魚，象御史察隱徵之罪。八印：臺印、隨從印、左巡印、右巡印、監倉印、監庫印、監察印、出使印。耳目官，准繩司。韋思謙，唐萬年尉楊子。風霜之任，紀綱之地。《通典》。大中三年，魏謩兼判户部，奏風霜之任，不宜與泉貨吏雜處。乞罷綜，户部事從之。

朝廷紀綱，維持紀綱。唐文宗謂狄兼謨。裴注制。事總會要，職司天憲。《五代會要》。執簡南憲，是惟邦直。李回制。總察群司，典司衆政。高允恭制。所置六察，分糾百司。唐太和赦。臨制百司，糾繩不法。唐御史奏。憲官之職，指佞觸邪。太和赦。糾慝繩違選，摧剛直枉。韓泉。御史之職，邦憲是司。選。北齊御史臺，掌察糾彈劾。唐制風聞訪知一人處南臺，一人處北省，當使天下肅然。北齊雀暹御史，天下持平。李景讓爲御史，内臣貴戚畏其彈劾，樓閣皆泥之。顯秩，《白集》。雄要。《通典》。官之雄峻，《通典》。熒精之象。黄石公。熒惑，火之精，御史之象，主禁令刑罰，收捕糾正。尹起莘曰：『風憲之職，爲天子耳目，自非清流，不在兹選。』御史，掌邦國都鄙及萬民之治令，以贊冢宰。杜牧制：授以立□，漢家授署御史，多以立□，蓋以風霜始嚴，鷹隼初擊。鄴都故事，臺門北開。御史臺在宫闕西南，其門北開，以取冬殺之義。唐史：大朝則監察押班，常參則殿中知班，入閤則侍御監奏。含元殿八品，宣政殿七品，紫宸殿六品，殿中立五花甎，緑衣紫案褥，號七貴。李嶠出入天禁。避路儀：中丞午後出迴避宰相，如午前出，宰相迴避大中大夫。歷五院，李商隱、監察殿中侍御史。張延賞。中丞大夫。御史無長官，比肩事主。李承嘉責諸御史：不咨禮蕭至忠。貴遊慴伏，臺閣生風。貞元中，仕進道塞，奏請難行，南臺傅玄，惟一御史。長慶四年，敬宗。夏綏節度李祐進馬百五十匹，却之。侍御史溫造彈祐違敕進奉，請論如法，詔釋之。祐謂人曰：『吾夜半入蔡州城，取吳元濟，未嘗心動。今日膽落於溫御史矣。』宋傅堯俞，風節凜然，聞於天下。王素，帝嘆曰：『真御史也。』議者爲獨擊鶻焉。仁宗諭必用通世務，明治體之人，以革浮薄之習。

《自叙》：截角，拗項。晉劉暾爲侍御，武庫火，尚書郭彰不救火，暾詰之。彰怒曰：『我能截君角也。』暾曰：『天子法官而欲截角乎？』求紙筆，奏彰不敢言。唐尚書省東、南牌有小橋，相承曰『拗項橋』。侍御中中丞殿中久次者，至此必拗項望南宮也。貶御史大夫爲睦州刺史。開元二年，貶御史大夫宋璟爲睦州刺史，坐監朝堂杖人，杖輕，故也。發明：御史大夫，風憲之長，在漢爲三公之官，而使之監杖，則非其職矣。又以杖輕而黜之，故書貶、書爵而不書其罪，以譏之也。訖了，又訖了。治平執政侍權，以詛言者，諫官入言，輒以進呈。訖寢之時，謂之訖了。臺吏每言其事，又訖了。盡逐臺官，絶無訖了。英宗即位，臺官言事，切不聽盡，逐臺官不留一人。語曰：『絶市無臺官。』

杜詩：獻納開東觀，君王問長卿。東觀圖書在處補闕掌供奉及上封事皂鵰寒始急，天馬老能行。聯步趨丹陛，分曹限紫微。曉隨天仗入，暮惹御香歸。岑。臺迎獬豸威，對揚期特達。竇侍御，驥之子，鳳之雛。蔗漿歸厨金碗凍，洗滌煩熱足以寧君軀。此行入奏計未疏，密奉聖旨恩應殊。繡衣春當霄漢立，綵服日向庭闈趨。臺中領舉劾，君必慎剖析。吴侍御。驄馬新鑿蹄，銀鞍被來好。繡衣黄白郎，騎向交河道。天子憂凉州，嚴程到須早。此行牧遺氓，風俗方再造。□〔一〕前失詩流，長孫侍御。塞上得國寶。武威判官。坐知七曜曆，手畫三軍勢。冰雪凈聰明，雷霆走精鋭。幕府輟諫官，朝廷無此例。至尊方旰食，仗爾布嘉惠。補闕暮徵入，樊侍御。柱史晨征憩。漢中判官。但促銅壺箭，休添玉帳旗。言盧侍御欲上未明，求衣早朝而治當偃兵也。長安若個畔，猶想映貂金。哭李常侍。禮闈曾擢桂，憲府舊乘驄。唯餘舊臺柏，蕭瑟九原中。哭孫侍御。仍騎御史驄，來簪御府筆。鴛鴻不易狎，龍虎未宜馴。淮淮惟揚一後人，金章紫綬照青春。章侍御。窈窕清禁闕，罷朝歸不同。君隨承

〔一〕今按：疑爲『尊』。

相後，我在日華東。答岑補闕。獨坐飛風霜。宗英李端，守職甚昭焕。

御史中丞

周官小宰之職，掌建邦之宫刑，凡國之糾禁，即御史中丞之任也。《周禮注》：小宰，若今御史中丞。漢御史大夫有兩丞：一曰御史丞，二曰中丞。居殿中，故曰中丞。哀章更御史長史。光武改中丞與尚書令、司隷校尉，專席而坐，號三獨坐。齊梁南司，後魏御史中尉。後周司天大夫，唐大夫糾正百官之罪惡，中丞爲之貳。宋沿唐制，元豐詔中丞雜壓，在六曹侍郎之上。

憲長，端長。憲臺之長。端長，又侍御史。唐劉孺之記。石室，藏秘書圖讖；蘭臺，掌圖籍秘書。

銅印，黑綬。宋中丞進賢兩梁冠，佩水蒼玉，介幘絳朝服。吾之有李生，猶漢之有汲黯。後漢李彪，高祖。不居憲臺，此是烏衣。甲族多不居憲臺，王僧虔爲中丞，乃曰：『此是烏衣郎坐處。』絳騶清路，白簡深刻，何尚與顔延之？武冠絳縹，執青儀囊。梁中丞給威儀十人，其八人武冠絳縹，執青儀囊。銅印青綬。後漢。

梁毅有才，周俊。忠亮至勁。熊遠。風望峻整，高元裕。氣貌孤峻，開成中。立朝正色。宋荀伯。

剛不吐柔不茹，漢薛宣。寬不縱威不刻。又熊遠。侯史光寬而不縱，唐峻威而不刻。性鯁直，無顧望。梁陸，梁山陰令，吴眉贓污，梁收劾之。舍人黄睦之以眉事託梁，梁在御側曰：『君小人，何敢以罪人屬南司？』

史光有秉義之心可中丞，晋明帝詔。馮紞有盡忠之心爲中丞。武帝詔。内外肅然，近世獨步。江淹。御史中丞，節高天下。崔汭。

執憲中司，執法殿中。紀綱之地，風憲之地。督司百寮，梁。總領州郡漢陳咸。監國得失，王充論。執憲奉法，後漢陳謙。明法直繩，號爲老虎。晋崔鴻。奉法真繩，不阿權貴。蕭惠開。明法直繩，内外震肅。傅宣。明憲直繩，得直司之體。魏鄭鮮之。正繩直筆，晋周處。提糾繆綱。牛僧孺制。宋孔琳之奏，劾尚書令。徐羡之。徐陵彈奏安城王。項。密舉無所迴避，漢馬嚴。彈奏無所屈撓。晋江續。秉直不憚强禦，晋李喜。彈奏不畏强禦。鄧隗。非才非望，非動非德，一時朝士，畏其筆端。劉璊彈蕭惠開。

孔緯既總憲綱，中外不繩而肅。三世其官，盧奕。四葉此職。王準之。兄弟並驄，四世此職。梁張綰爲中丞，兄績爲僕射。元日朝會及百司就列，兄弟並道騶兩塗。王淮之曾祖彪之，練悉朝儀，家世相傳，緘之青箱，謂之『王氏青箱』。自彪之至淮之，四世此職。

中丞行李，籠街喝道。元和長慶中，中丞行李不過半坊，今乃至兩坊，謂之籠街喝道。中丞出入，千步清道。後魏中丞出入，千步清道，與皇太子分路。太微南四星爲執法星，《天官書》：南四星爲端星，左右星爲掖門，南四星爲執法星。箸裾輻輳，號龍門之遊。任昉讌。内外肅清，牛僧孺。權威縮氣。魏謨。圖其形於臺省，以厲當官。張緬爲中丞，號爲勁直。梁武帝。

宋臺丞賈昌朝，中司傅賢。入都憲席，張方平制。專席憲府。李常制。張昇清直，唐介直聲。仁宗曰：『張昇清直，可任風憲爲中丞；富弼相；歐陽脩翰林。』論者以爲三得人也。唐介爲中丞，英宗曰：『卿在先朝，有直聲，今出自朕選。』道輔風采，王疇文章。孔道輔爲中丞，論廢郭后事，天下想聞風采。王疇文章雅正，代趙概爲中丞。

風憲之體，紀綱之首。王舉正得風之體，趙概紀綱之首，須選老成，命趙概爲中丞。仁宗。

用朱衣吏，謂三告官。宰相告中書，翰林告本院，御史告朝堂。用朱衣吏，謂之三告官。

更相救授，則公道廢矣。韓絳劾吕溱等曰：『法自貴者始，更相救授，則公道廢矣。』宰相而下曰：『是不肯以恩意假人者也。杜衍。孫抃薦唐介，吴中復云：『昔人耻呈身御史，今豈求識面臺官？』辛次膺，章疏一出，天下韙之。御史有言，不須先白中丞。劉子儀始榜臺中。傳寫彈文，爲之紙貴。江文蔚。

賜金龍扇，美獻文事。張咏爲中丞，真宗令進所著述，取常執綃金龍扇賜之，曰：『美今日獻文事。』

賢則横其挺，不賢則直其挺。《東軒筆録》閤吏以所執之挺待中丞賢否。賢則横其挺，不賢則直其挺。范問曰：『指挺忽直，豈我之失耶？』吏曰：『昨日中丞中客，諭庖人造食，指揮數四，凡後人者，授以法觀其成，何俟喋喋之繫？若使宰天下如此，不亦勞乎！其心却之，不知杖之直也。』范大笑慚，明日視之，挺及横矣。

趙鼎，蘇轍。趙鼎遷翰林，不就。吕頤浩專恣，中丞趙鼎論之。遷鼎翰林，鼎引司馬光不習駢儷，不就，遷吏書，及辭。章數十上。頤浩罷，即出視中丞。蘇轍論元豐調停：元豐舊黨，引用其黨，謂之調停。蘇轍爲中丞，論其非。

豐稷，薛奎。豐稷，讀《仇士良傳》，宦官寢盛。薛奎崇節儉，屏聲色之論。
傳獻簡，胡宗愈。傳獻簡公，輔盛德，平庶政之請，哲宗登極。胡宗愈，元祐中，進六事：端本、正志、知難、加意、守法、畏天。

吕獻可，王拱辰。吕獻可手中彈文，乃新參政。王拱辰引上裾十八疏，攻夏竦。

杜詩：通籍微班忝，周行獨坐榮。中丞專席而坐，美英乂爲中丞。

侍御史

周御史掌萬民之治令，以贊冢宰在殿柱間，謂柱下史。老子爲柱下史，秦改侍御史，張蒼爲御史。侍御史簪白筆，立殿陛書不法。漢置侍御史十五員，所掌凡五曹，今八人：曹印、曹供、曹馬、曹乘、曹衛。隋唐臺端，他人稱之曰『端公』。知雜事者，謂之南床。

朝長。唐三院退朝入臺，一人爲之朝長。清要之官，唐。察視之官，後漢。鄭據：糾彈之司，搏擊之任。杜牧制：南臺持斧。

六典。冠法冠，衣朱衣。纁裳，白紗。白筆青囊。懸豹尾，服豸冠。《後漢輿服志》屬車八十一乘，皆尚書、御史所載，最後一車懸豹尾，侍御史載之。獬豸，神羊也，秦滅楚以其君冠賜御史。

崔咸處正，劉毅厲正。崔咸處正特立，風采動一時。劉毅用心厲正，遵其家業。所主者四，其職有六。《通典》：四臺之事，悉主之。六典：奏彈、三司、西推、東推、贓贖、理匭。雄權，雄職。越登司官，肅我朝命。理書侍御《楊荆州誄》碎首玉階，庶明臣節。王義方。以頭軔乘車，使馬不得前。中屠剛巨卿，建武初，拜侍御史。隴蜀未平，上欲近出，止不聽，以頭軔乘車輿，使馬不得前，威儀不整，奏請理罪。漢陳翔元日朝賀，梁冀威儀不整，奏請收冀理罪。糾劾之司，若遭恐脅，御史臺固可廢。楊瑒爲侍御，劾京兆尹崔日知，反爲所構，廷奏云云。

長安大獄，宦者執政。長安大獄，久不决，庾峻斷之，朝野稱慶。《後漢・桓典》：宦者執政，無所迴避，京師語：行行且止，避驄馬御史。威烈赫奕，莫之敢犯。《通典》。今日膽落温御史。李祐曰：『夜逾蔡州城，未嘗心動，今日膽落温御史。』正色之士，國之龜寶。隋柳彧，上嘉之云云。徐有功，遠近相賀。遣官長於塗，但舉鞭聳揖而已。開元以來御史。

持節使幽州，持節行天下。持節使幽州，宣布恩澤，圖寫山川，百餘卷封奏，肅宗嘉之。後漢李恂。持節行天下，觀覽風俗。譙立。盡具地勢，埋輪都亭。唐賈言忠使遼東還。高宗問軍事，盡具山川地勢，且陳遼東可平之狀。張綱埋輪洛陽都亭曰：『豺狼當道，安問狐狸？』劾奏梁冀兄弟。銜命出使，動摇山岳。雕鶚鷹鸇，豈衆禽之偶？乃曰：『銜命出使，不能動摇山岳。』乾封韋仁約。以難進之身，爲和蕃判官。唐竇群隱毗陵，召爲左拾遺，遷侍御史，入蕃使判官，群曰：『以難進之身爲和蕃判官，一何易也？』德宗留之，爲侍御史。賈言忠撰《監察本草》云：『裏行及試員外，爲合口椒，殿中曰生薑，侍御爲脆梨，漸入嘉味。』

宋　方正謹厚，呂誨。忠義誠信。劉摯。何剡言事，不尚沽激，有大體。英宗，趙瞻上疏：請攬威柄，明功罪，廣聰明，更積弊。仲諫省之氣，誦丞相之賢。正惠公大中。鄧相忤旨，移將作監，留公丐去，奏乞宣諭。論守忠王。侍帷幄之寵，彭思永。劾彦博燈籠之美。唐介。貶唐介嶺外，遣中使，賜介金，又畫像置便殿。仁宗。論濮王典禮，還所授告敕，范忠宣。家居待罪。呂誨。慶曆詩：昔爲御史倐，幾叩予榻靖。

《自叙》：譏之曰：昔聞蒼鷹獄吏，今見白兔御史。唐酷吏王弘義，賤時，求旁舍瓜，不與。乃騰文言其園有白兔，縣集人力捕逐，園瓜無遺。柳調爲御史，僕射楊素嘗於朝堂見調曰：『柳條通體弱，獨摇不須風。』調曰：『調信無取不當爲侍御，調信有取不應發此言。』王義方奏李義府，犯狀出爲蔡州司户。仲尼爲魯司寇七日，誅少正卯於兩觀之下；義方旬有六日，不能去奸邪於雙闕之下。實以爲愧。杜詩：臺中領舉劾，君必慎剖析。伏柱聞周史，天隅把繡衣。竇侍御，驥之子，鳳之雛。吐蕃憑陵氣頗粗，竇侍檢察應時須。此行入奏計未疏，密奏聖旨恩應殊。繡衣春當霄漢立，綵服日向庭闈趨。

殿中侍御史

魏蘭臺遣御史三人，伺察奸非。晉、北齊皆有，隋改殿内侍御史煬帝省。唐武德，置中人；貞觀，增二人，號副端，掌殿廷供奉之儀，戴黑豸京畿諸州兵隷焉。文明元年，又置殿中裏行。宋殿中置裏行二人，掌言事。

柱外，墀下。上官儀，接武夔龍，簉羽鴛鷺。唐李旺。

廊廟才，唐張行成。清廟器。唐職林。

糾察與侍御同，孫樵書。職事與侍御均。唐崔仁師。

大政與儀，張行成。治獄仁恕。『見惡能討宋游道。』《南史》臺中語。

宋　陳師錫制：執法殿中，俾專議論。神宗史：二人正七品，掌言事。今之御史多承望，要人風旨陰爲之用。孔道輔：獨龐公，龐籍。天子御史。趙抃京師號『鐵面御史』。誦前朝骨鯁敢言之臣，必曰杜殿院。杜莘老。獻謹始五事：蔣之奇，穎叔。進忠賢、退奸邪、納諫諍、遠近習，閑女謁。英宗即位，請太后還政。傅堯俞。言事御史梅摯、李京。天禧始置，慶曆始除。今御史中丞廳之南有諫官御史廳。趙抃乞留歐陽脩以安正人，陳俊卿乞用張忠獻以繫人心。何剡論執中不協人望。陳執中、江撤劾夏竦之召天變。昔慶曆初，無雲而震，仁宗黜之。今無雲而雷，蓋在大臣。呂誨劾宰司凡十八章，常同劾監司二十三人。

自叙：魏御史簪白筆，上問何官，辛毗曰：『御史，今直備位，但睡筆耳。』

監察御史

東晋置檢校御史，知行馬外事。宋、齊、梁、陳並置，後魏、北齊置十二人。隋改監察御史，唐置監察御史裏行。天禧，别置御史六員，日須一員奏事，劉平爲監察御史。嘉祐，置裏行。熙寧，秀州軍士推官李定權監察御史裏行。御史臺六員監察，謂之分察使。六察：《唐志》。一官人善惡，二户口流散，三農桑不勤，四姦猾盗賊，五德行孝弟，六黠吏豪宗。

松廳，蘭臺。會昌初，鄭路所葺，禮察廳，謂之松廳，南有古松。朝簿聽，主朝官名籍。察院。風采尤峻。大丈夫當正色之地，必明目張膽。

諫奉天造宫，李善感。諫頻出盤遊。揚吴卿。永淳造奉天宫，又於藍舊造萬金宫。穆宗即位，頻出盤遊。諫犯法不至死，李素立。昌言當世得失。唐韓思彥。糾繩百司，唐。彈劾違犯。唐齊浣。蕭至忠，劾蘇味道。崔玩，劾宗楚客之恣。張著彈嚴郢，李勉劾崇嗣。張著冠豸冠彈，京兆尹兼御史中丞，嚴郢於紫宸殿。李勉劾大將管崇嗣，肖闕而坐，肅宗嘆曰：『吾有李勉，始知朝廷尊。』決洛陽獄，呼爲御史雨。顔真卿。

金砂瀏鶒，上林栖烏。河南伊闕縣前，每僚佐有入臺者，即水中灘出，石爍金砂，清撤可愛。牛僧孺爲尉，一日報灘出，老吏曰：『此必分司御史。若是西臺僧孺，當有一雙瀏鶒舉杯。』祝曰：『既能有灘，何惜瀏鶒？』言訖，一雙瀏鶒飛下灘中。不旬日，僧孺拜察院。李大亮劉垍薦李義府，召見，試令咏栖烏。立成，詩曰：『月裏颺朝露，琴中伴夜啼。上林多少樹，不借一枝栖。』太宗拜監察御史。受命無私，神豈害我。陸元方監察御史，則天使安輯嶺外。將涉，風濤甚狂，元方曰：『受命無私，神豈害我！』命濟，而風息。

石御史，四其御史。唐劉思立石御史，高宗。郭弘霸自陳討徐敬業，誓『抽其筋，食其肉，飲其血，絶其髓』。武后大悦，授監察御史。監察爲開口椒。賈言忠。

宋得御史體，伊川。真御史也。張錫。張御史，貌柔和而心剛直，真御史也。拾遺補闕，裨贊朝廷。伊川。正心窒欲，求賢育才。明道要以正心窒欲、求賢育才爲先。陳古道，引大體。王岩叟陳時弊：不絶害源，百姓無由樂生；不屏群邪，太平終是難致。吕大防言紀綱賞罰，彭汝礪陳得失利病。言紀綱賞罰之際，未厭四方之望者五。初對十八事，陳得失利病。張戩之争劉摯之疏。張戩争新法章數十上，詣中書争之，安石以扇掩面而笑。劉摯就職，語家人曰：『趣裝無爲安石計。』未及陛對，首上疏論事。若相惟演，錢惟演。鞠咏當裂制麻。除傅楫制：俾冠惠文，往專刺督。

自叙：濯濯當軒竹，青青耐歲寒。心貞徒見賞，籜小未成竿。唐呂太一，自負才華而不即真，因咏院中叢竹以寄意焉。事長如事端，不工文而好作。唐監察院長與日院禮，隔語曰：『事長如事端。』唐監察不工文而好作，每作，輒爲宋務先書以光臺，月俸幾盡，其妻曰：『此必臺中玩公，折俸助厨耳。』自後不及出光臺錢。或問之，以妻言對。諸御史曰：『彼有人焉，未可玩也。』鬼面夜叉，唐李全交。人頭羅刹。王旭。

御史臺主簿

西漢張忠爲御史大夫，署孫寶爲主簿。隋置御史臺主簿一員。貞觀中，張弘濟爲此官。宋選疆明公幹者二人充臺主簿，掌推勘公事。

美職，唐。正秩。五代。唐憲臺之禮，雜端在南塌，主簿在北塌。經明質直，宜備近臣。張忠薦孫寶。唐管轄臺中雜務。《通典》。每食，主簿執黄卷，書其譴罰。《通典》。紀綱地官屬須選，唐高元裕進中丞建言。

宋御史臺其屬有檢法官，檢詳法律；主簿，鈎考簿書，各一人，從八品。《神宗史》。元豐，中丞黄履言：『本臺有主簿兼檢法二員，乞復置，分置職事。』詔置。

御史臺檢法

熙寧改主簿，作檢法官，各一員。元豐罷，復置。元祐改主簿。紹興，因董敦逸奏請，復置，掌檢詳法律。宋沿唐制，有推直官。元豐罷推直，置檢法案。元豐，因黄履奏，置各一員，分治職事。分掌班籍黄，參預典刑履。除陳良翰制，典法憲臺。精語。中朝執憲之司，四海繩違之地。崔篆箴：『簡上霜凝，筆端風起。』『棱棱稱指，烈烈方書；蒼玉鳴佩，繡衣登車。』元希聲。望威憲府，名重法官。孫樵。總憲度於朝端，植風聲於天下。柳。彰善癉惡，激濁揚清。唐。御史臺：柏寺圖書之府，蘭臺章奏之庭。逾鮑宣之再入，類胡廣之三登。薛宣之明習文法，周處之震肅權豪。《類要》。向榮獨生，外總百僚。孫樵。烏臺峻秩，蒼佩崇班；望總鐵冠，威高石室。唐制。『辟車要秩，非德靡升，專席雄班，惟賢是屬。』中宗楊再思制。『執憲之綱，秉國之憲。』傅咸箴。鷹揚虎視，肅清威慢；提振紀綱，端肅内外。薛存誠制。有守者可以執憲，無私者可以閑邪。柳公淖制。

北齊周典鐵柱，漢制繡衣。簪白筆而澠違，馭驄馬而明目。出則督察萬里，入則糾劾百僚。必須名高河朔，價重漢南。諤諤清風，翩翩妙枝。心焉匪石，直也如絃。御史臺兩株柏，李元同張仁禕植。杜易簡贊：爰有貞柏，徙植清臺。蔚條霜勁，蠶葉風開。始逢鵲喜，終見烏來。榮服繡衣，寵簪白筆。孫樵。辨淑慝，振紀綱。王申伯制。峩峩鐵冠，皛皛銀印。崔既兼制。繡衣始拜，珥筆升朝。臺閣以之生風，豪貴由是斂手。陳子昂。

詩句。盛府題青案，殊章動繡衣。蘇味道。迴迹清憲臺選，清簡肅權豪。江總。熱鳥得秋氣，法星懸火旻。劉禹錫。羨他驄馬郎，元日謁明光。立受聞天語，朝回惹御香。岑參裴侍御。聞欲朝龍闕，應須惹御香。風霜隨馬去，炎暑爲君寒。同人韋侍御。來簪御史筆，杜。御史霜降威。黄。際曉乘驄入九逵，内朝簪筆坐前墀。天家御史非凡格，曾向崑崙服紫芝。御史立處。楊億。繡衣柱史何昂藏，鐵冠白筆横秋霜。李。曉趨天闕烏紗薄，内直空臺古柏寒。饒易。班心突兀見長身，坡。詔取名郎入憲臺。介甫。『憲府初收德，丹墀共拜嘉。分行參瑞獸，傳點亂宮鵶。』柳。峩豸忝備列，韓。清冰出萬壑。杜。

霜臺，憲府。柏寺，松廳。祗奉親除，峻升獨坐。演綸鳳闕，總憲烏臺。中丞：嚴宸渙寵，横榻升華。出綸西掖，秉憲南床。御史：光膺宸渥，榮陟臺端。擢從烏府，置在赤墀。殿院：誕頒芝檢，分糾柏臺。光奉丹綸，晋持白簡。幾年弄玉上曰然以易堯，一角峩冠仕者皆嚴憚黯。絳騶清道，一時欣覩於曠儀；白簡生風，多士共觀於勁節。鳳閣龍庭，昔肯殉把麻之習；麝條蠶葉，今再新植柏之風。殿中執法，風高三院之聲名；柱裏立班，遂總一臺之綱紀。執法殿中威棱，升班柱裏寵渥。

侍御：諤諤以昌，方見逆耳把顏之操；行行且止，更觀明目張膽之風。日侍金華，惟新承於睿春；風生鐵面，遂盡歷於緊官。御史：天下有公是非，昔既得其言矣；朝廷凡大政事，今又進而議之。宣政殿之衣冠，夙重抨彈之地；觀象門之步武，益尊糾察之權。鳳千仞而覽德，適逢可言之秋；豸一角而觸邪，特立正色之地。言路置六察官，實司公道之脉；聖朝用一正士，可卜太平之基。赫奕班聯，久仰朝陽之鳳；嚴凝威望，萬乘禁路之騶。爰促席前之對，進峩柱後之冠。温敬輿之彈擊元振，威望自持；牛思黯之束縛有才，按治皆服。匪但明目張膽以振南司之望，又將沃心造膝以緇西幄之經。直聲揭天，正氣如日。諸公斂衽，久此傾心；一角峩冠，毅然正色。露劾滋多，盡洗頃時仗下馬之習；霜威增重，復見前輩殿上虎之風。此真御史矣，豈憂匈奴哉？風采素高，辨官僚之邪正；威棱遠振，助國勢之安强。西漢御史之位，元號三公；近朝執法之官，猶稱獨坐。鐵面御史之氣象，今復見之；魚頭參政之勳，名風斯下矣。戴黑豸以揚威，聊重副端之望；鳴絳騶而執憲，即躋獨步之榮。群鴉指點久見，謂人中之龍；一豸嵯峩端，可繼殿上之虎。虛位揖第一人，具瞻獨坐；籠街過三百步，孰敢並行？犀角豐盈，深荷九重之春顧；豸冠峩聳，具爲百辟之觀瞻。虎在山而莫採藜藿，立朝允賴於孤忠；豺當塗而安問狐狸，報國宜攻於巨蠹。觸邪一角，問寧及於狐狸，栖迹萬閒，賀尤深於燕雀。行行避驄馬，顧豈無北望之心；跕跕下江鳶，願少假南飛之翼。燕知賀厦，熏心馳竿牘之恭；虎既在山，拜手爲宗社之慶。橫空鷹隼，正觀耳目之清明；接武夔龍，佇副股肱之委。寄飢烏久，噤虚峩獬豸之冠；鳴烏一聞，盡革蜩螗之響。永叔責高司諫，了翁忤張雷州，猶在館中，方爲博士。不圖今日，復見若人。

臺官 林駉

以御史爲傳命記事之官者，周與戰國也。以御史平章報奏而兼察劾之任者，秦漢也。以御史分爲四司，專劾百官之過者，東都、魏晋以來也。唐則任彈劾之外，而復兼公訟之事。宋則任彈劾之外，而復兼言事之責。按《周官》：御史五史之至微者，以中士、下士爲之，特小臣之傳命令者耳。

戰國獻書，多言：『獻書大王御史。』澠池之會，秦趙各命御史書事，淳于髡謂齊王曰：

『御史在前，凡此皆記事之任。』此蓋周與戰國制也。秦日親政事，以操其下，侍御僕從其勢益親。或在中以受文書，或在外以主彈擊。漢御史佐承相統萬幾，中丞在殿中掌圖籍，侍御史受公卿奏事。故張蒼爲柱下御史，明習天下圖書；李文爲御史中丞，從中主文書事；陳咸爲中丞，總領諸郡奏，此居中受文書也。叔孫通令中執法舉朝會不如儀；蕭望之爲大夫，部按延義之驕恣；嚴延年爲侍御史，劾霍光之廢立，此在外主彈擊也。兹蓋秦漢制也。

成帝以御史大夫爲大司空，置長史，而中丞官職如故。專席而坐其職，重也。光武。哀帝再更大司空之後，迄于東都，而中丞出外爲臺。驄馬見避其望，降也。後漢。語曰：行行且止。避驄馬，御史馬。墀輪都亭豺狼屏迹，張綱。執法殿陛權倖知畏。陳翔。魏則簪白筆以奏不法，晋則糾行馬以督百僚。宋則命中外停駐以尊之；齊梁以來，命十人居曹以察之。兹蓋東都、魏晋以後制也。

唐制臺事，大夫總制之，中丞通制之，侍御史分判之。殿中則糾班序之不整者，監察則掌祭祀諸軍出使者。貞元以來，曰御史臺；則天以後，曰肅政臺。左臺以察朝廷，右臺以察郡縣。龍朔改肅政爲御史，睿宗詔二臺以京師太極。太極元年。復廢右臺、左臺，重隸尚書省。戴豸糾儀搢紳皆整肅也；銜命出使，山岳可動摇也。自永徽中，崔茂元爲大夫，得任訴訟矣。自貞觀末，中丞李乾佑得主刑獄矣。國朝初無正員，止爲兼官。尚書則曰某官兼御史中丞，丞郎則曰御史中丞兼某官，給諫則曰某官權御史中丞，事次則知雜御史副中丞判臺事。其屬有三院：一曰臺院，侍御史隸焉；二曰殿院，殿中侍御史隸焉；三曰察院，監察御史隸焉。太平興國，以張□〔一〕爲監察御史，正官舉職，自此始也。天禧，置言事御史。景祐，置御史裏行。元豐，置六察，其後大正官名，以中丞爲長，知雜御史爲侍御史，言事官爲殿中侍御史，六察官爲監察御史。

韓琦一代宗臣，不押班□故也，而王陶極口詆之；文彦博三朝元老，燈籠錦微失也，而唐介抗疏論之。吕誨之先見，王素之勁力。鐵面御史，趙抃。鐵肝御史。劉顗。陸長源云：『諫官須謇謇匪躬之士，憲官須孜孜嫉惡之人。』李華序：直躬正詞擢左補闕，嫉邪忿佞除侍御史。直躬故能諫君，嫉邪故能察吏。叩鐶大呼，不曰沽名；叩榻論諫，不曰忤旨。郭皇后見疏孔道輔，叩鐶大呼。石介詩：惟脩惟靖。濮園之議，全臺論列；新法之論，臺府一空。雖然，欲除御史光擇舉主選人，入臺皆不奉詔，其居之以人者，審也。諫官御史不兼職務，入臺十旬，無疏者罰其責之以言者，專也。言及乘輿，天子改容，語關廊廟，宰相待罪其假之以權者，重也。

〔一〕今按：疑爲『巽』。

從作乂

蔡沈曰：『乂者，條理也。』朱子曰：『乂，謂理乂。』按《韵書》：乂，才也。《書・説命》：『王曰：「惟后非賢不乂。」』《孟子》：『太甲悔過，自怨自艾。音乂。』朱子曰：『艾，治也。』《説文》云：『芟，草也。』蓋斬絶自新之意。孟子曰：『有私淑艾者。』朱子曰：『艾，治也。艾，芟草也。自艾、淑艾皆有斬絶自新之意；懲艾、創艾亦取諸此。』

帝王爲治之序

《書・堯典》：『欽明文思，允恭克讓。克明俊德，以親九族。九族既睦，平章百姓。』真德秀曰：『欽明文思，堯之德也。允恭克讓，堯之行也。明俊德者，修身之事；親九族者，齊家之事。德者，人之所同得，本無智愚之間。凡民苟於氣稟、蔽於私欲，故其德不能自明，必賴神聖之君，明德以爲天下唱，然後各有以復。其初，民德之明由，君德之先明也。夫五帝之治，莫先於堯，而其本則自克明俊德始。故《大學》以明俊德爲新民之端。』《皋陶謨》：『愼厥身，修思永。惇叙九族，庶明勵翼。』眞德秀曰：『人主一身，實天下國家之本，而謹之一言，又修身之本也。思永者，言其悠久而不息也。九族，吾之屏翰也，必有以篤叙之，使均被其恩。衆賢，吾之羽翼也，必有以勸勵之，使樂爲吾助。』《伊訓》：『今王嗣厥德，罔不在初，立愛惟親，立敬惟長，始于家邦，終于四海。』眞德秀曰：『欲繼成湯之德，當在嗣位之初。德者何？愛親、敬長是也。人君之於天下，當無所不愛而立，愛則自親始；當無所不敬而立，敬則自長始。二者愛敬之本也。本既立，則自家而國，以及于天下，無不在吾愛敬中者。』

《詩・思齊》：『刑于寡妻，至于兄弟，以御于家邦。』眞德秀曰：『説者謂文王世有賢妃之助，故能成其聖德。然后妃之所以賢，則又本於文王之躬化。刑于寡妻，言文王之德儀于閨門也。閨門正矣，次及于兄弟，以治于家國，無不正焉。其本皆自文王之身始。』

《易・家人》：『彖：家人，女正位乎内，男正位乎外，男女正，天地之大義也。家人有嚴君焉，父母之謂也。父父子子，兄兄弟弟，夫夫婦婦，而家道正，正家而天下正矣。上九，威如吉。象曰：威如之吉，反身之謂也。』眞德秀曰：『治國在於正家，而正家又在於反身。』

《大學》：『物格而後知至，知至而後意誠，意誠而後心正，心正而後身修，身修而後家齊，家齊而後國治，國治而後天下平。』真德秀曰：『《堯典》諸書，皆自身而推之天下。至於先之以格物、致知、誠意、正心，而後次之以修其身，則自《大學》始。』

《中庸》：『凡爲天下國家有九經，曰：修身也、尊賢也、親親也、敬大臣也、體群臣也、子庶民也、來百工也、柔遠人也、懷諸侯也。凡爲天下國家有九經，所以行之者一也。』吕大臨曰：『天下國家之本在身，故修身爲九經之本。親師取友，然後修身之道進，故尊賢次之。道之所進，莫先其家，故親親次之。由家以及朝廷，故敬大臣、體群臣次之。由朝廷以及其國，故子庶民、來百工次之。由國以及天下，故柔遠人、懷諸侯次之。』『或謂《大學》先言誠意、正心而後修身，《中庸》乃自修身始，何耶？曰：「齊明盛服，非禮不動，此所謂敬也。敬則意誠，心正在其中矣。」以一爲誠，何也？曰：「天下之理，一則純，二則雜。純則誠，雜則妄。修身不一，善惡雜矣。尊賢不一，邪正雜矣。不二不雜，非誠而何？舜曰惟一，伊尹曰克一，中庸曰行之者一。」』

孟子曰：『人有恒言，皆曰「天下國家」。天下之本在國，國之本在家，家之本在身。』真德秀曰：『天下國家，乃世人常常稱道之言，而不知國乃天下之本，家乃國之本，身又家之本，其言蓋有序也。《大學》言心，而此不言心者，蓋誠心正心皆修身之事。言身，則心在其中矣。』孟子曰：『道在邇而求諸遠，事在易而求諸難。人人親其親、長其長，而天下平。』真德秀曰：『人君能親其親，則人亦莫不親其親；能長其長，則人亦莫不長其長。舉天下之人而各親其親，各長其長，則和順輯穆之風行，乖争陵犯之俗息。』

《荀子》：『請問爲國，曰：「聞修身矣，而未聞修國也。君者，盤也。君者，盂也。盤圓而水圓，盂方而水方。君者，源也，源清則流清，源濁則流濁。」又曰：「君者，儀也；民者，影也；儀正則影正。君者，盤也；民者，水也。盤圓則水圓。」』真德秀曰：『荀况之意，謂君身正則臣民亦正，故多爲之喻，如此亦有指哉。』董仲舒曰：『人君正心以正朝廷，正朝廷以正百官，正百官以正萬民，正萬民以正四方。四方正，遠近莫不一於正，而亡有邪氣奸其間。是以陰陽和而風雨時，群生和而萬民殖。』真德秀曰：『朝廷者，天下之本；人君者，朝廷之本；而心者，又人君之本也。人君能正其心，湛然清明，物莫能惑，則發號施令罔有不臧，而朝廷正矣。朝廷正則賢、不肖有别，君子、小人不相易位，而百官正矣。自此而下，特舉而指之耳。夫天之與人本同一氣，人事正則正氣應之，此善祥之所由集也；人事不正則邪氣應之，此灾異之所由分也。其本在人君之一心而已。』

揚子：或問大，曰『小。』問遠，曰『邇。』未達。曰：『天下雖大，治之在道，不亦小乎？四海雖遠，治之在心，不亦邇乎？』真德秀曰：『一理可以貫萬事，一心可以宰萬物。治大不在小乎，治遠不在邇乎。』周敦頤曰：『治天下有本，身之謂也；治天下有則，家之謂也。

本必端，必端本，誠心而已矣。則必善，必善則和親而已矣。家難而天下易，家親而天下疏。家人離，必起於婦人，故睽次家人以二女同居而志不同行也。堯所以釐降二女于嬀汭，舜可禪乎？吾兹試矣。是治天下觀于家，治家觀于身而已矣。身端，心誠之謂也。誠心，復其不善之動而已矣。不善之動，妄也。妄復則無妄矣，無妄則誠焉，故無妄次復，而先王以茂對，時育萬物深哉。』真德秀曰：『身之所以正者，由其心之誠。誠者，天理之真；妄者，人爲之僞。妄去則誠存，誠存則身正，身正則家治，推之天下，猶運之掌也。』

治體

《書》：『帝曰：「臯陶，明于五刑，期于予治。」帝曰：「俾予從欲以治，四方風動。」』子曰：『道之以政，齊之以刑，民免而無耻。道之以德，齊之以禮，有耻且格。』賈誼曰：『禮者，禁於將然之前；法者，禁於已然之後。湯武置天下於仁義禮義，秦王置天下於法令刑罰。』路温舒曰：『秦有十失，其一尚存治獄之吏是也。』董仲舒策曰：『謹按春秋之文，求王道之端，得之於正。正次王，王次春。春者，天之所爲也；正者，王之所爲也。王者，欲有所爲，宜求其端於天。天道之大者，在陰陽，陽爲德，陰爲刑。刑主殺，而德主生，以此見天之任德不任刑也。今廢先王德教之官，而獨任執法之吏，治民無乃任刑之意歟。』臧武仲曰：『在上位者，洗濯其心，壹以待人，軌度其信，可明徵也，而後可以治人。』

治化

『光被四表，格于上下。協和萬邦，黎民於變時雍。』《堯典》。《書》：『柔遠能邇。』《舜典》。『四方風動。』《禹謨》。『帝光天之下，至于海隅蒼生。』《益稷》。『東漸于海西，被于流沙，朔南暨聲教，訖于四海。』《禹貢》。萬世永賴，萬邦作乂。萬邦咸寧，期于予治，從欲以治，庶績咸熙。邦乃其昌，庶績其凝。底綏四方，輯寧爾邦家。邦其永孚于休，與國咸休。實萬世無疆之休。永孚于休。朕承王之休無斁。式克至于今日休。天惟式教我用休。邦之榮懷。庶政惟和。萬邦咸寧。至治馨香，感于神明。時乃罔不變，允升于大猶。四方無虞。燮和天下。下民祗若，萬邦咸休。

『天地交泰。后以裁成天地之道，輔相天地之宜，以左右民。』《易》。『首出庶物，足以長人。萬國咸寧。萬邦作孚。』《易》：『恒，象：聖人久於其道，而天下化成。豐：亨，王假之，勿憂，宜日中。』『垂拱而天下治。』《武成》。『篤恭而天下平。』《中庸》。『惠此中國，以綏四方。揉此萬邦，聞于四國。遹求厥寧。遹觀厥成。《文王有聲》。成王之孚，下土之式。』、『天下國家，可均也。治國其如示諸掌乎！』『天下可運於掌。有天下猶運之掌也。』孟。

齊治

『始于家邦，終于四海。』《伊訓》。『刑于寡妻，至于兄弟，以御于家邦。』《思齊》。『言舉斯心加諸彼而已。』《梁惠王》。『君子之守，修其身而天下平。』『欲治其國者，先齊其家，家齊而后國治，國治而後天下平。其家不可教而能教人者，無之。君子不出家，而成教於國，宜其家人，而後可以教國人。』

治亂

《書・太甲》曰：『德惟治，否德亂。與治同道，罔不興；與亂同事，罔不亡。終始慎厥與，惟明明後。』蔡沈曰：『爲善不同，歸于治；爲惡不同，歸于亂。制治于未亂，保邦于未危。』

《易》：『危者，安其位者也；亡者，保其存者也；亂者，有其治者也。故君子安而不忘危，存而不忘亡，治而不忘亂。』《易》曰：『其亡，其亡！繫于苞桑。』《論》：『一言可以興邦，一言可以喪邦。』

《書》：『邦之榮懷，曰由一人；邦之杌隉，亦尚一人之慶。』《孟》：『天下之生久矣，一治一亂。』『舜有臣五人，而天下治。武王曰：「予有亂臣十人。」孔子曰：「才難，不其然乎，唐虞之際，於斯爲盛。有婦人焉，九人而已。」』

人才

朱子曰：『才者，德之用也。』朱子曰：『才，有能者。』孟子曰：『尊賢育才。』

《書・咸有一德》：『任官惟賢才。』『予仁若考，能多才多藝。乃元孫，不若旦多才多藝。』《金縢》。

《論語》：『子曰：「如有周公之才之美，使驕且吝，其餘不足觀也已。」』朱子曰：『才美，謂智能技藝之美。』『仲弓問政，子曰：「舉賢才。」』

《孟子》：『才也，養不才。有達才者，非天之降才爾殊也。得天下英才而教育之，三樂也。盆成括仕於齊，孟子曰：「死矣盆成括！」盆成括見殺。門人問曰：「夫子何以知其將見殺？」曰：「其爲人也小有才，未聞君子之大道也，則足以殺其軀而已矣。」』朱子曰：『恃才妄作，所以取禍。』慶源輔氏曰：『才出於氣而有限，道源於性而無方。才本自小，道本自大。』

揚子：『公儀子、董仲舒之才之邵也。』司馬光曰：『智伯之亡也，才勝德也。聰察强毅之謂才，正直中和之謂德。才者，德之資；德者，才之帥也。是故才德全盡，謂之聖人。才德兼亡，謂之愚人。德勝才，謂之君子；才勝德，謂之小人。凡取人之術，與其得小人，不若得愚人。然德者，人之所嚴，才者，人之所愛。愛者易親，嚴者易疏。是以察者，多蔽於才而遺於德。自古以來，國之亂臣、家之敗子，才有餘而德不足，以至於顛覆者多矣，豈特智伯也哉？』

魏徵對唐太宗曰：『天下未定，則全取其才，不考其行；喪亂既平，則非才行兼備不可用也。』范祖禹曰：『太宗之言，王者之言也。魏徵所謂「才行者」，不亦異乎。夫才，有君子之才，有小人之才。古之所謂才者，君子之才也。後世之所謂才者，小人之才也，兼德行而言之也。辯給以禦人，僻邪險陂，詭詐以用兵，趨利就事而已爾。王者，創業垂統，敷求哲人，以遺後嗣。故能長世，豈其以天下未定而專用小人之才乎？夫有才無行之小人，無時而可用，退之猶懼，其或進也。豈可先用而後廢，乃取才行兼備之人乎？徵之學，駁而不純，故所以輔導其君者，卒不至於三王之治也。』

《文士傳》：『自云孫姓，登名，字公和。嵇康從遊三年，將別登曰：「乃子識火乎？生而有光而不用其光，果然在於用光；人生有才而不用其才，果然在於用才。故用光在乎得薪，所以保其曜；才用在乎識物，所以全其年。今子才多識寡，難乎免於今之世矣。」子無多求，康不能用，及遭呂安之在獄，爲詩自責云：「昔慚柳下，今愧孫登。」』杜詩：『異才應間出，爽氣必殊倫。不必伊周地，皆登屈宋才。獨步才超古，才傑俱登用。方覬薄才伸，才少辱提携。』

藝

牢曰：『子云：「吾不試，故云藝。」』子曰：『游於藝。禮樂之文，射御書數之法。』唐玄宗詔：『一藝者，詣闕就選。林甫恐士待詔斥己，建言：「悉委尚書省長官試問。」使御史監總，無一中程者。林甫賀：「野無遺才。」』杜詩：『先生藝絕倫。珊瑚市則無，騄驥人得有。喻稀世之才。』杜詩：『才高心不展，去去才難得。多才接迹昇，賈傅才未有。凡才汗省郎。』

才美與上門參看

一代偉人，三河領袖。魏鍾繇、華歆、王朗。《北史》裴駿。南州冠冕，龐統。湖海之士。陳登。五俊，第一。張華曰：『此皆南金也。』薛兼、紀瞻、憫鴻、顧榮、賀循。謝昆風流，江左第一。德星，色雲。陳實荀淑太史奏。德星聚，五百里内有賢人聚。《鄭肅傳》。『天瑞有五色雲，人瑞有鄭仁表。』四夔，三鳳。唐崔造、韓會、盧東美、熊正則自謂王佐才，故號四夔。薛收、侄元、敬德奇，河東三鳳。四傑，五絶。王、楊、盧、駱，號四傑。太宗稱虞世南有五絶：德行、忠直、博學、文詞、書翰。八斗才，玉界尺。謝靈運云：『天下才共一石，子建八斗，我一斗。』趙光逢方直温閏。璞玉渾金，山濤。瓊林瑶樹。王衍。『器宇宏深，神表峰峻。』金山萬丈，玉海千尋。緣陟未登，窺應未到。』《南史》：明山賓《薦朱昇表》。水鏡，冰清鏡，水鏡。樂廣、何晏云云。司馬德操。滄海遺珠，干將莫邪。閻立本謂狄仁傑。李邕如干將莫邪，難與争鋒。森森如千丈松，浩浩如黄河注。《晋·和嶠》：『森森如千丈松，有棟梁之用。』《北史》：『崔孝伯之才，浩浩如黄河東注。』『明奪秋月，和均韶風。陸機作太康之傑士，未可比肩；曹植爲建安之雄才，唯堪奉駕。』李白《上李長丈》。『閨門雍穆，吾敬陳元方；淵清玉潔，吾敬華子魯；清脩疾惡，吾敬趙文達；博文强記，吾敬孔文舉。』陳登。

葭倚玉樹，琳琅珠玉。晋毛曾與夏侯玄並坐，人謂『葭倚玉樹』。《世説》：『有人詣王太尉，還曰：「今日之行，觸目見琳琅珠玉。」』孔明卧龍，龐統鳳雛。孝嗣曰：『人中之騏驥。』王儉曰：『宰輔之量。』徐勉。『宅南柳郎，可爲儀表。』謝瀹謂柳渾。『才智深美，可以爲列大夫。』《藝文志》。文武備具，有牧民禦衆之才。寇恂。器局方概，有萬夫之望。《晋書》。風力局幹，冠冕一時。《宋文帝記》。上馬横槊，下馬談咏。曹公父子。上馬擊賊，下馬作露板。齊傳脩期。『可謂具美，分其才藝，足了十人。』《梁柳渾》。一李德裕，廊廟老手，弦鳴雁落，刃往牛解。兼資文武，出入將相。唐《王珪傳》。桂林一枝，崑山片玉。郤詵。珠玉在瓦石，野鶴在鷄群。王夷甫處衆中，如珠玉在瓦石間。嵇紹於稠人中，昂昂然若野鶴之在鷄群。人中之龍，宋《殷織傳》。朝廷羽翰。李程。

宋器之真鐵漢，潞公天下異人。劉安世。東坡論文潞公耶律使者云云。臨大節，決大事。韓魏公。蘇軾之才，遠大之器。有經天緯地之才，有制禮作樂之具。温公薦程頤。有文武大略，常懷憂國救民之心。宗慤公潭。篤學有大度，仲淹曰：『此王佐才也。』《富弼傳》。深達有度量，夷簡曰：『此子公輔器也。』吕公著。少從柳開爲古文，開曰：李迪公輔器也。

精語：長松在林，利錐處囊。精强博文，有才子之風。筆敷華藻，吻縱波濤。方駕縉紳，足爲翹楚。庾亮贊。人倫之落落，士林之楚楚。顧後絶配，瞻前無鄰。猶百川之有河海，鱗羽之有虬鸞。唐文。杜詩：『鄭公瑚璉器，華岳金天晶。王劉美竹閏，裴李春蘭馨。有才繼騷雅，哲匠不比肩。』雄推三虎賈，香擢八龍荀。元微之。世推材是梓，人仰驥中驊。柳。始擅文三捷，終兼武六韜。白。世上五百年，吾家一千里。高達夫。臨事無全牛。劉長卿。君如汗血駒。蘇東坡。天馬畏鳴待駕馭，秋鷹整翮當雲霄。杜。

玲瓏俊識，卓犖通才。挈國舟航，承天柱石。氣韵超古，智識練今。氣識邁倫，風猶照俗。含弘光大，明允篤誠。追風逐電之權奇，聳壑昂霄之挺特。道足以彌綸海宇，才足以整頓乾坤。孔明公瑾之盛心，賈誼陸贄之實學。肘後有醫國之心，舌底出驚人之語。裴令威名，必建蔡州之功業；謝公談笑，盡是淮淝之事機。柳渾儒者，乃深識於軍情；元凱文場，且兼稱於武庫。滿腹精神，燭照數計而龜卜；撑腸文字，日光玉潔而蛟翔。清標照俗，瑩圭璧之無瑕；厚德鎮浮，載華岳而不重。學有淵源，倒彭蠡三江之勢；事無監錯，倚豐城雙劍之鋒。筆下波瀾，泉源萬斛之出地；胸中丘壑，泰山一峰之擎天。騎麒麟、翳鳳凰，挺挺冲霄之志；斷蛟龍、剸犀兕，恢恢奪日之鋒。禹以功、皋以謨，適全絶德；絳之果、霍之勇，難擬修能。筆下無一點塵埃，富大蘇之文彩；胸中有百萬兵甲，負小范之經綸。氣剛大則當今孟子，文雅健則後來子張。所期事業，直須見伊吕而失蕭曹；餘子文章，固已短曹劉而劘屈賈。傳孔孟正心誠意之學，兼姚宋應變守文之才。吕梁飛水三千仞，盡供筆下之波瀾；廟柏溜雨四十圍，獨傲歲寒之風雪。

有才必有灾

《淮南子》：『鐸以聲自毁，膏以明自爍。』『翠飾羽而體分，象美牙而身喪，蚌懷珠而致剖，蘭含香而遭焚。』《金縷子》。『蒼鷹熱而受緤，鸚鵡慧而入籠。』張華賦。『麝懷香而賈害，狙作巧而招射。』《文粹》。凡物之生，不願有才。犧樽青黄，乃木之灾。韓。木有癭，石有暈，犀有通，以取研於人，皆物之病也。

歷代人才 論歷代人才得失。黄履翁

西漢當取其守大義，不當取其務長者；東都當取其循正道，不當取其尚奇節。三國處僭竊之時，當考其心術；兩晋承浮誕之俗，當貴其氣概；唐人襲華靡之文，當求其德行。國朝　興国以後，時則在保治，其人皆務大體。景祐以來，時則在任事，其人皆待公心。元祐之間，時則在革弊，其人皆守正論。此權衡人物之公論也。

西漢懲鞅斯峻刻之弊。曹相國以清淨浚其源，周絳侯以重厚導其流。萬石君，東陽侯，張廷尉。以長者揚其波，議論寬厚，耻言人過。然恭遜有餘，挺操不立。是故身居相位，名爲宗臣，持禄固寵，厥角稽首。張禹、孔光、劉歆。奴顔婢膝，諛唇諂舌。汲黯正色，淮南寢謀；劉向抗疏，奸臣沮氣。使立西漢之本朝者，皆若而人，則斗筲之莽，必不敢垂涎漢鼎。惜夫蘇文忠公所謂『西漢大臣，徒守尋常，及其衰也，靡然如蛟龍釋其風雲之勢，安於豢畜之樂，終以不悟者』是也。東都鑒光禹委靡之弊，嚴光以高節唱之，杜喬以清名和之。李膺、范滂之徒，又以横議群而咻之，身負重名，口銜清議。然虚名相尚，實效無補，是故刋章誅捕，立禁根連，朋舊屏迹，忠義飲恨。人之云亡，邦國殄瘁。黄憲淵乎似道，圭角不露；申屠蟠見幾而作，終日不俟。使居東都之末世者，皆若而人，則漢祚亦不至相繼而亡。惜夫，司馬温公所謂『黨人生亂世，以口舌防之。撩虺蛇，踐虎狼，士類殲滅，國隨以亡者』是也。

三國魏則賈詡，實良、平之亞。杜畿當蕭、何。寇恂。之舉。荀攸則顔子、甯武不能過，張既則南仲、吉甫不能逾。蜀則關張爲萬人之敵。，苗忠有冠三軍之勇。蔣琬負社稷之器，龐統非百里之才。吴則周瑜可比方叔，吕範可方吴漢。吕蒙、魯肅入爲腹心，甘寧、凌統出爲牙巨。三方鼎峙，群才輩出。功業表表，差强人意。然所可稱者，惟蜀諸葛亮一人而已。出處無愧，終始一節，忠肝義膽，對越神明。

兩晋　西晋則阮籍之志氣宏放，王衍之風姿詳雅。竹林勝遊，遺落世事，蘭亭盛集，聳動俗輩。東晋則王導之中興第一，賀循之當世儒宗。東山勝遊，風流相高，南州望士，名價增重。然所可稱者，惟卞壺一人而已。司徒不朝，壺奏其罪。御史有過，壺劾其非。

唐人窘束天下士於章句之間，士夫風俗不本於行己者，實自科目累之。王、楊、盧、駱之長於文，李、杜、元、白之長於詩，沈、宋之精於文學，佺期之問。常、楊之長於制誥，衮炎。杜、李之優於詞賦。牧程。黨永王而名節蔑聞，白。附叔文而才猶靡邵。宗元。德行不謹，文章何功？吾之所稱者，惟韓昌黎一人而已。回異端之狂瀾，聳後學之北斗。忠犯人主之怒，勇奪三軍之氣。義可以開衡山之雲，節可以馴潮陽之鰐，屹爲吾道之砥柱。

歷代人才論本朝人才之盛。同人

國朝興國以來，蓬孛軒豁，版圖混一。紀綱修明，朝廷尊安。寧取其器質重厚，毋寧取其文采可人；寧取其操履端方，毋寧取其明快如意。故沉之沉厚寡言，得大臣之體，士安之飭躬謹行，有古人之風。李沆。李文定之寬大温厚，李迪。呂正惠之持重識體。呂誨。利害之議，東閣不行，恐有以害吾治；李文靖。輕險之才，擯棄不用，恐有以變吾法。李文靖。

景祐以來，僥倖之門開，奔競之風長。政事委靡，權綱廢弛。寧忤大臣之怒，而不肯緘默而不言；寧斂小人之怨，而不肯詭隨而自殉。范仲淹革磨勘之法，不以爲忤；杜衍封内降之旨，不以爲拂。夷簡小失，諫官至十餘人奏其非；夏竦未去，廷臣累十八疏挫其鋒。陝西之警琦則奮發自任，賊人爲之骨寒；契丹之驁弼則慷慨請行，虜人爲之屈膝。三諫之詩，傳播中外；蔡襄。徂徠之誦，極談德業。石介。

元祐以來，世道荊棘，天下茅葦，端人正士，雨露洗滌。寧去新法之驟，而祖宗之典故不忍棄；寧避奸黨之過，而朝廷之德望不忍失。召呂公著於揚州，召司馬光於陳州，二老來歸，衆正相慶。呂公著則薦方正之孫覺，有守之李常，清端厚之劉望，才氣之王岩叟。司馬公則薦博學之趙彦若，難進之唐淑問，明敏之范純仁，清立之傅堯俞，古靈之槁三十三人，司馬而下。文德之碑七十四人。司馬而下。陳襄號『古靈先生』。

元祐初，薦司馬而下三十三人，皆節義忠正之士，謂之古靈槁，以救焚拯溺之心，爲改絃易轍之計。賢才相望，夷狄知畏。

愚嘗論之，自漢而下，人才之不如古者，有由也。先王造成天下，學校之建，師友之傳，尊經達才。周衰，此學不明，故人才不失於委靡，則失於矯亢；不失於浮誕，則失於詞華。國朝科目，止用詞賦，體尚淳龐，設三館以養天下之才，立六科以用非常之士。雲蒸霧滃，項背相望，庶可比先王觀也。

慶曆人才 林駉

衆賢之進，如茅斯拔，此徂徠之頌也；石介。新除諫官，朝野相歡，此蔡襄之詩也。三聖相承，日加培植。至于仁廟，項背相望。然乾興之初，私論猶勝。丁謂之魂已冷，而欽若之脉猶存；馮拯之貓方去，而利用之蔓復滋。是時也，人才雖進而未伸。天聖之間，黨論方熾。伏閤之争，此雖公論，如夷簡之斥逐何？貽書之責，此雖盛事，如若訥之不肖何？明道二年，郭后見疏。是時也，人才雖伸而未盛。

迨天地嘉吉，善類吐氣，誦石介之詩，詠蔡襄之句，可屬大事，重厚如勃，非溢美也。受遺輔政，有如有卒，與韓公協力者，有曾公亮。焉。億萬維生，非誇詞也。公手抗摩，中庭拜麻，相慶相賀，與富公齊名者，有潞公文彦博。焉，此宰相之德望也。契丹入使，稱嘆得人，則仲淹其人。忠純可紀，玉音稱賞，非薛奎乎？忠鯁自任，戚畹側目，非宗道乎？此參樞之節概也。

叩鐶大呼，不曰忤旨。孔道輔，范仲淹。叩榻論事，不曰沽名。惟脩惟靖。臺諫之風采，可望也。椒房之册，翰林不進。張貴妃，宋祁。招提之記，學士不草。蔡齊《崇德寺記》翰林之節操，可敬也。牧出唐介，知荆州。何剡封還。敕除懷敏，胡宿繳駁，楊懷知制誥，胡宿不草制。給舍之清忠鯁論，又何其凛凛也。以言其邊帥，則黑王相公見者，驚心。王德用。小范老子，聞之破膽。范仲淹。以言其郡守，則一琴自隨成都清節。趙抃。一硯不持，端溪端州。美政。包拯。以言其縣令，則宦寺索牛以理拒之。吴育知襄城。衛士縱馬，以法杖之。范之仁知襄邑。若夫陳執中，本俗吏也，首薦吴育代居揆席，君子賢之，況不爲執中乎？孔宗旦，本酷吏也，叱駡蠻儂，甘死如飴，識者稱之，況不爲宗旦乎？

噫！慶曆人才，不特用於一時，而復見於異日。治平之初，主少國疑，屹然中立，親扶日轂，垂紳薦笏，神閑氣定，韓公本慶曆之碩輔也。熙豐之際，陽消陰長，蘇公諸人，首立赤幟。臺府論列至爲一空，蘇公本嘉祐之名賢也。元祐之初，改絃易轍，奮然任怨，不暇他恤，拯溺救焚，温公本嘉祐之諫官也。

元祐人才 前人

觀古靈之薦槁，而後知元祐人才之賢；古靈。陳襄。觀文德之黨碑，而後知元祐人才之盛。元祐黨籍。太宗設三館，而已示作成之意；仁宗設六科，而遂有飛□之效。天地涵育，雨露洗濯，碩德名公，霧滃雲集。世道荆棘，天下茅葦，碩果不食，陰剥陽□□。

元祐天子磨洗舊習，二三大臣極力推轂。方元豐之八年也，召呂公著於揚，召司馬光於陳，二老來歸，衆正相慶。孫莘老覺。之方正，李常清之有守，劉摯之資性端厚，王岩叟之素有才氣，則呂公所薦也。趙彦若之博學，唐淑問之難進，韓宗道或以行義，范純禮或以文學，則司馬公所薦也。

至元祐之元年也，詔文公彦博，則有『副我虚寧』之語；詔范公鎮，則有『爲我强起』之詞。鮮于侁、梁燾則任左右諫議，朱光庭、王覿則任左右司諫，諫垣之有人也。張守民、黄庭堅則擢校理，張耒、晁補之則擢正字，館職之有人也。李常之拜户部，則天下知朝廷不忍於征利；蘇軾之除翰學，則出於先朝之眷愛。范祖禹之爲侍講，則爲講官之第一；程伊川之性學高，則任校書；蘇子由之操守端方，則任起居。庶職皆有人也。明年，則丁騭以不附新法而擢正言，陳師道以名公交，薦而擢掌教，彭汝礪以衆賢争薦而擢舍人。又明年，則吕大防、范純仁爲僕射，豐稷、趙屼爲臺諫，劉安世爲言路。至四年，則安世力薦：傅堯俞素有德行，得大臣體；蘇頌學問該博，有聲先朝。至五年，則范祖禹屢薦：韓維，可居經筵；趙君錫孝行；鄭穆純正；鄭雍端潔。六年，則楊康國、賈易、姚勉列居風憲而言路愈振。七年，則頓臨、孔武、仲吕、希哲、吕大臨錯列朝著，而朝綱日正。然戲薄之語亦小忿也。主正叔者，攻子瞻；主子瞻者，攻正叔。吏額之争，初無他意也。主微仲者，攻莘老；主莘老者，攻微仲。以吏額房事議不合。

吴楚人才 人才由地氣所鍾。黄履翁

嘗觀班孟堅之志地理也。論吴嚴助朱買臣之貴顯，則繼以章山之銅，豫章之金，則知吴之人才，其亦三吴之氣所鍾歟。又觀韓昌黎之送廖道士也。謂白金、水銀、丹砂、石英等物，皆不足當其奇，意必有忠信才德之民生於其間，則知楚之人才，其亦衡山之精所産歟。一氣英靈之粹，周流八極，小則泄之於萬物，大則泄之於人才。况吴之爲郡，會稽山川之蟠鬱，錢塘波濤之吞吐；楚之爲勢，三江五湖之澄澈，蒼梧雲夢之宏富，毓而爲英特俊傑之才，發而爲疏通洞達之學。

蓋自僖公元年以前，楚未嘗書國；自成公十五年以前，吴絶不經見；自楚莊圖霸之後，三巳無愠，子文能之；朝覲有理，薳啓彊言之。自吴子通上國之後，請觀周樂，季札能之；伐楚征越，伍員任之。嗚呼！此亦未足見其盛也。

能文，則吴嚴助之策賢良，買臣之言楚詞，裴欽之翰采足用，陸雲之文藻宏麗。能兵，則周瑜之走曹操，吕蒙之斬關羽，魯肅之建獨斷，陸遜之有謀略。壯節矯矯，有國士風，范謹、華融其人也；節概梗梗，有丈夫格，潘濬、陸凱其人也。四明狂客，晚節勇退，則知知章之恬退；江湖散人，屢召不至，則知龜蒙之高尚。剡溪之秦系注《老子》以自娱，苕溪之陸羽著《茶經》以自得。虞翻、陸績以奇偉稱，吴範、趙達以術數顯。論諫數百，皆本仁義，陸宣公之愛君也；專對數語，敵人知敬，趙咨之不辱命也。

冠冕之目，楚士元專於南州，而楊慮顯於沔南，則以德行名。宗族之茂，蔡瑁盛於漢末，而習氏豪於晋世，則以閥閲著。文筆才學，辟强之父子；五常並稱，馬良之弟兄。小者代老，鄰人愧謝世文係伯之德與遜也；南陔名里，以舍命亭尹平浩然，孝與賢也。九歲屬文，有如杜易簡；十三屬文，有如羅令則，何秀發之絶人耶。八十而手自校書，有如向巨達；七十而賢良高第，有如張東之。何耆老而不倦耶。忠義，則郭祖深或輿櫬敢言，張悌或忘身殉國，羅憲或堅守巴東，凛然古之烈士。才略，則向寵、柳渾、蔡道貴、鮑昭，或曉暢軍事，或料敵萬里，或拳勇比關張，或治績顯太原，挺然時之良能。嗚呼！此亦未足見其盛也。

國朝以來，仲淹斥夷簡之非而以諫諍名，純仁游安定之門而以純明稱，仲淹純仁則姑蘇人也。唐欽叟息牂牁之疑，而大義昭示；林和靖得孤山之趣，而逸德愈高。欽叟和靖，則錢塘人也；牂牁獻地，命恪往諭。夷人始疑裹甲，恪盡撤兵衛，獨將縣卒數十往，咸感泣曰：『不圖今日，得沾聖化。』封内降之命而倖恩自息，則有杜祈公；杜衍。斥奸臣之罪而直氣不沮，則有陳賓王。陳過庭。祈公、賓王，則會稽人也。以誠事君，不喪平生之節，則有胡公肅；以直去國，不失聖人之清，則有鄒公浩。胡公、鄒公，則毗陵人也。晏公殊履身誠實，不迷丁謂之諂，王安國氣豪玩世，力排惠卿之佞。晏公、王公，則居於臨川也。歐陽公首唱古文，力還三代之體；劉原父博求古簡，熟知三代之器。劉敞。嘗曰：『歲星往來虚、危間，當有興於齊者。』歲餘，英宗以齊州防禦使入繼大統，在長安得三代鐘磬器皿，文字奇古，公讀之，因以考知前代制度。歐公、原父，則居於廬陵也。曾子固長於文，南豐自名也；黄魯直長於詩，江西所宗也。噫！是雖地靈人傑之所致，亦聖朝涵養培養之功也。況今黄旗紫蓋，運在東南，時雨將降，山川瀹浮。張九成，杭人也。鯁論自許，力斥逆預而不顧禍變之臨。胡銓，江西人也。忠義自守，痛排奸檜而不恤遷逐之苦。或者則曰：姑蘇有丁謂，三吴之耻也；臨川有安石，全楚之累也。嗚呼！以此議二子可也，以此議吴楚可乎？

閩中人才 林駉

自常衮興學校，而閩人始知文學之重；自歐陽詹登進士，而閩人始知科第之榮。蓋騶駱爲姓，閩中是居，遂爲無儲國。時漢初五年也。其地僻陋，其俗鄙樸。

自唐以來，與上國齒，曼胡之纓化爲青衿。有闕下高風，鄉人敬慕者；材蘊。有龍虎同榜，天下稱重者；歐陽詹。有苜蓿賦詩，後世仰慕者。薛全。詩曰：映日上團團，照見先生盤。盤中無一物，苜蓿長闌干。

然唐之風土未盡變，至我朝而始大榮盛。唐之人才未盡出，至我朝而始大繁衍。其爲文也，潤色望猶；其爲學也，窺造道閫。其操履則端方直亮，其言論則鯁介慷慨。立人之朝，則處事不撓；處國之難，則視死如歸。否則，鳴珂名里，衣錦榮鄉。科第相望，衣冠雜還。名重禁林，詞學無比，時與楊劉同譽者。楊億，建州浦城人，與劉筠同聲譽。職居西掖，文學知名，時與楊陳並稱者。陳從易，泉州人，與楊大年知名。得體用之學者，精及道德，粗及水利；著尊堯之集者，學問淵源，議論謹嚴。劉彝，福唐人；陳瑩中，南劍人。氣高行，古人皆化之，不曰迂闊而自變。陳襄、陳烈、周希孟、鄭穆，學者溺於篆雕之文，所謂知天尽性之學，指爲迂闊。孝友質直，必稽孔孟，不爲曲謹以求名。王迴，字深甫，福州人。諫垣論事，權倖退斂，而新除三諫之詩，至今膾炙人口。蔡襄，興化人。檢院抗章，不懼權要，而直論新法之疏，聞者爲之縮頸。鄭俠，福州人。斥沮濫賞，不避外怨，非褊心也；不由銓考封還詞頭，非沽名也。吴育，字春甫，建州人。蘇頌，字子容，泉州人。君相予久，予嘉君伐，則見於聖德之詩；薦賢報國，莫非名士，則見於古靈之槁。得象，建州人；陳襄，福州人。受遺詔於治平之初，陳規模於中興之日。曾公亮，泉州人。李綱，伯紀，邵武軍人。智儂之變，事勢亟矣，寧死其身而不忍辱其國。曹覲，桂州人，知桂州儂智高反，見殺。渡江之際，國步艱矣，寧死其節而不忍偷其生。劉珙，建安人，以忠顯公死節。劉韐，京城失守，不辱而死。嗚呼！顯名於一時者，不若傳道於異日；有功於耳目者，不若淑教於人心。

伊洛正學，一傳而得游定夫、胡文定、楊龜山之流。靈光屹立，疏瀹源派，碩果不食，元氣復春。再傳而得仲素、五峰、致堂、延平、晦翁之流。故老道德，賴此典刑，晚輩學問，視此模楷。游酢，字定夫，建安人。胡安國，建州崇安人。楊時，中立，南劍人。羅仲素，南劍人。胡五峰、胡致堂，皆胡安国『文定先生』之子。噫！雖百昌黎作《歐陽序》，林藻作《泉山銘》，何足形容其萬一歟？

蜀中人才 前人

捫參歷井，縱觀四望，山川葱鬱，氣象宏富，世之論者曰：模寫風物，有聲詞壇，是蜀士之長也；馳騁古今，持論文苑，是蜀士之盛也。黄門奏賦，飄飄凌雲似也，然失節臨邛至虧終身之大節；白首草玄，甘心寂寞固也，然劇秦美新，爲名教之罪人。作頌漢庭，誇詡君臣，善文詞也，而彭祖喬松之語，識者陋之；王褒。賦詩沉香，笑謔風月，善詩章也，而騎鯨捉月之疏，君子惜焉。李白。故漢之所可取者，惟嚴君平；唐之所可稱者，惟陳子昂。甘心肥遁，不事王侯，忠孝一言，有裨風教。君平居蜀肆，以賣卜爲業。爲臣者，教以忠；爲子者，教以孝。秉心立朝，有意規諫；奏論數章，皆切大體。陳子昂。

五季根據，人物彫陋。我宋混一，日薰月染。詞賦有聲，人曰范景仁能。君子曰：首決大義，其勇決不可及也。成都人。著論權衡，人曰蘇老泉之能。君子曰：辨奸未形，其先見不可及也。眉州人。稱坡公者，皆曰天下奇才，不知詹耳之遊，其氣可以沮金石而凌雪霜。稱穎濱者，皆曰制策翩翩，不知新法之疏，其言可以質天地而感鬼神。范淳夫之經學，非學也。色和氣柔，開悟上意，此其學粹矣。祖禹，成都人。田公錫之奏議，非文也。憂治世而危明主，此耳文雅矣。唐末徙蜀。以孝徙親，甘露降祥，彭公乘之孝，人曰今之曾子也。益州人，甘露降墓柏，人以爲孝感。以廉律己，上悟帝意，孫公抃之廉，人曰：今之伯夷也眉州人。苗劉之變，事勢倉卒，張公忠獻親扶日轂，洗日虞淵。張浚，成都人，劉正彦作亂，平之。河南之擾，人心危惧，孫公昭遠忠氣激列，聞者生氣。昭遠，抃孫也。不阿匪人，終身退藏，王子思之逸節也；不從僞命，劉豫。守節肥遁，尹和靖之高義也。眉州人，居蜀。張俞，益州一布衣也，力舉祖訓，勉勸大臣；何群，梁州一草澤也，後學起敬，目曰御史。康定中，益州隱士張俞上宰相書。『嚴王陳李司馬楊，一翁二季對相望』，必有續後山之詩。後山見一蘇詩：『岷峨之山中巴立，異人間出駭四方。嚴王陳李司馬楊，一翁二季對相望。』

才德 前人

忠肅、懿恭，德也，兩古謂之才。《左傳》。德行道藝，賢也，兩古謂之能。《周禮》。嗟夫！

以德養其才，則才泯於德之中；德不足而惟以才自晁，則始判於德之外。先王以君師之責自任，作成長育，以全父母所不可及之功。九德之辨、典樂之教，皆所以治其偏而成其全。《書》。禮樂射御、敬敏任恤，皆所以達其才而成其德。《禮》。司馬論才，即曰秀、曰俊之賢；鄉老賓興即日書季考之行。《禮》。奔走禦侮疏附先後，夫豈其才之不用而赳赳武夫公侯干城，無非兔罝好德之人；虎賁趣馬、左右攜僕，夫豈其才之不任而淠彼涇舟烝徒楫之，無非奉璋峨峨之士。其德度足以收世望，其風流足以成習俗，其器識足以達事幾，此古者未嘗有才德之分也。

自尾生之行一棄而德爲無用，《陳平傳》。自跅弛之語一下而才爲有濟。《武帝紀》。弄車織薄不齒鄉井，周勃。黥卒亡命闖伺山澤，黥布。非不足與集事也，然叛者九起不顧盟血之未乾。奉命絶域，脣辯如流；張騫。宣威沙漠，開拓土宇。衛青、霍去病。非不足與謀功也，然本根蠹耗，索然元氣之已秋，於是君子始有才德之辯，曰：德如大圭，不割也，才如利刃，不缺也；唐《白居傳》。曰『德勝才謂之君子也，才勝德謂之小人也』。宋司馬光。

亂世用才，治世用行。太宗有意於用德也。夫惟以德爲可重，故李沆以風範端凝相，韓丕以沖澹自處進。用士安而不用張洎者，以洎有文學而士安有德行也；用敏中而復用張泳者，以敏中大耐而泳有德望也。太宗之用舍如此，風俗其有不厚乎？才幹則不乏，德行則罕見，此真宗有意於尚德也。夫惟以德爲可敬，故王旦以深沉有德相，李諮以苦學奉親用。寧取久行之趙安仁而不取盛元，寧用他人輔仲舒而不用致堯。敏於吏事。真宗時，曾致堯以才名自負，嘗遣致堯輔温仲舒安撫陝西，致堯疏仲舒不足共事，李沆在中書，不喜，因用他人輔仲舒，而還致堯。真宗之去就如此，人才其有不盛乎？

吾觀徂徠之頌也。潞公重望，弼亮數世，小范老子純乎王道。以率履予衡，以謹厚予殊，比弼以夔薛，比琦以周勃，見於一頌者，君子人也。又觀古靈之槁也。司馬名相，首擢第一，孫覺、純仁可列從槁。以可比風憲，以可屬危難，舉明道，舉王存。以張子厚爲學，行修明，以吴育爲端良質實，以吴昶爲器識深醇，見於一槁者，君子人也。雖然，用舍人才在人主，權衡人才在大臣。昔李文靖當國寇公，屢以丁度薦，而文靖則曰：才則才矣，使在人上，不可也。王文正品藻人物，楊文公亦以丁謂告，而文正則曰：才則才矣，使獨當權，不可也。陳升之才，智才也。安石曰：『是可用也。』司馬光曰：『是不能臨大節也。』惠卿之明，辨才也。安石曰：『是可用也。』司馬光曰：『是用心不端也。』

儲才 林駉

漢高屈用群策，駕馭英豪，當時未嘗無才也，而猛士之思已見於大風之歌；《孝》武廣開數路，收召賢俊，當時盛稱得人也，而跅弛之求且見於末年之詔。登壇而拜，《信傳》。揮洗而聽。《食其傳》。臨軒策士，《仲舒傳》。下詔求賢，《武帝記》。於此之時，編裨行伍皆欲自勉，山林草澤聞者作興。元勳宿將，菹醢相望。《韓信、英布傳》。丞相大臣誅譴相繼。《公孫賀、劉屈氂傳》。於此之時，朝廷之上，故老彫零，衡茅之下，豪逸退遁。此無他，愛惜培養，則臨難有可仗之人；輕棄厭薄，則處事無可任之士。不然，二君晚年既悔之後，降心招禮，作意收召，遺一周勃而能成誅呂安劉之功，儲一霍光而果定擁昭立宣之策。

我朝科目網羅，學校收拾，三朝相承，日培月長，至于仁廟，雲集霧滃。增葺胄監，鑾輿親幸，太祖作興之始也；增置三館，書籍充棟，太宗涵養之□〔一〕也。慶曆之初，衆賢之進，天地嘉吉，如茅斯拔。可屬大事，重厚如勃，非溢美也；億萬維生，公手撫摩，非侈辭也。

〔一〕今按：此字底本左半部件脱印，右半似爲『寺』，此字疑爲『寺』。

予早識琦可屬大事；予真奇骨可屬大事。石介詩。『北至燕然，南至于河，億萬維生公手撫摩。』《東坡碑》。中庭拜麻，相慶相賀，有令聞也。彦博、富弼。受遺輔政，有始有卒，無間言也。曾公亮。非宰輔之得人乎？契丹入使，稱嘆得人；元昊納款，酌酒相賀，則德用仲淹，典樞之勞也。忠純可紀，玉音稱賞，忠鯁自任，貴戚稱憚，則薛奎宗道，佐政之功也。非參樞之得人乎？諫官叩鐶，不曰沽名；仲淹。御史叩榻，不曰好異。歐陽。四賢之稱，指以爲榮，三諫之詩，傳者爲快。蔡襄。臺諫之風采，可想也。貴妃之册，權寵可奉；朱。招提之記，政府可得。蔡。祁爲翰林，不以册進；齊爲學士，不以記上。翰苑之節操，可敬也。敕出唐介而何剡封進，詔除懷敏而胡宿繳駁，其給舍之持正論也如此。前代亂亡反覆規諷，孫奭。前代治亂再三熟復，王舉正。其經筵之格君心也如此。以言其邊帥，則黑王相公，見者驚心；王德用。小范老子，聞之破膽。范仲淹。以言其郡守，則成都清節，一琴自隨，趙抃端溪美政，一硯不持。包拯。以言其縣令，則閹寺索牛，以理拒之；吴育襄城縣。衛士縱馬，以法杖之。范純仁襄邑縣。然遺波餘澤，用之不盡。

治平之初，主少國疑，屹然中立，親扶日轂。韓公，本慶曆之碩輔。熙寧之際，陽消陰長，首立赤幟，臺府繼論，富公，本慶曆之名相。元祐之元，改絃易轍，拯溺救焚不暇他恤。温公，本嘉祐之名臣。禁廢不盡者，猶足以持靖康之變；源派相傳者，且能致建紹之功。

胡氏曰：紹宗慕容之才，誠足以制侯景高歡，信知人矣，而故不貴之，以遺其子，則所以待紹宗者，有未盡焉。至唐太宗，遂亦用此，遺李世勣於高宗。後之論者，以此兩君爲賢，曰：寧其身無受知人之名，而使其子孫專享得賢之利，是皆失之也。平日儲養賢才以遺子孫，推誠盡禮，各得其道，豈用私意小智軒輕屈之，使子孫以利禄遺之？使其臣利禄之人也，則可使其臣不以三公易；其介也，又安得以用之？彼紹宗與勣，皆利禄之人耳。故紹宗逐侯景不盡其力，而李勣事高宗不竭其忠，君臣得失豈不明且驗耶？《馬援傳》：『居前不能令人軒，居後不能令人輊。』顔師古曰：『言，爲人無輕重。』

范氏曰：『太宗以世勣爲何如人哉！以爲愚也，則不可託幼孤而寄天下矣；以爲賢也，當任而勿疑。乃憂後嗣之不能懷服，先黜之而後用，是以犬馬畜之也。夫欲奪其心而折之以威，欲得其力而懷之以恩，此漢祖取黥彭狙詐之術，五霸所不爲也。苟以是心待其臣下，則利禄之士可使也。若夫禄之以天下而不顧，繫馬千駟而不視者，豈得而用之哉？』

才德

司馬公曰：『智伯之亡也，才勝德也。聰察剛毅之謂才，正直中和之謂德。才者，德之資。是故德者，才之帥也。才德全盡，謂之聖人；才德兼亡，謂之愚人。德勝才謂之君子，才勝德謂之小人。凡取人之術，與其得小人，不若得愚人。然德者，人之所嚴；才者，人之所愛。愛者易親，嚴者易疏，是以察者多蔽於才而遺於德。自古以來，國之亂臣、家之敗子，才有餘而德不足，以至顛覆者多矣，豈特智伯哉？』

卷之十六

三曰視

三曰視，視。散木也。

朱子曰：『眼主肝，故視屬木。』程氏曰：『精之顯爲視。』孟子曰：『附之以韓魏之家，如其自視坎然，則過人遠矣。』《易·履》：『六三，《象》曰：眇能視，不足以有明也。上九，視履考祥。』《頤》：『六四，虎視眈眈。』養其威嚴，如虎視。《魏文記》：虎視天下。《震》：『上六，視矍矍。』矍矍，不安之貌。《歸妹》：『九二，眇能視。』善其身而小施，如眇者之能視。《書·五子之歌》：『予視天下。』《太甲》：『視遠惟明。』《盤庚》：『視民利用遷。』《說命》：『若跣不視地。』《泰誓》：『天視自我民視。』《蔡仲之命》：詳乃視聽。《詩·女曰鷄鳴》：『子興視夜。』《鹿鳴》：『視示。民不恌。』偷薄。《何人斯》：『視人罔極。』《大東》：『小人所視。』《長發》：『遂履既發。』

《論》：子曰：『視其所以。』『回也視予如愚，予不得視猶子也。』顔淵問仁，子曰：『克己復禮爲仁。』請問其目，曰：『非禮勿視。』程子視箴：『心兮本虚，應物無迹；操之有要，視爲之則。蔽交於前，其中則遷。制之於外，以安其内。克己復禮，久而誠矣。』孔子曰：『君子有九思，視思明。』

《孟》：『抑爲采色，不足視於目歟？夫撫劍疾視曰：「彼惡敢當我哉！」北宫黝之養勇也，視刺萬乘之君刺褐夫。孟施舍之養勇也，視不勝猶勝也。王使人來曰：「朝將視朝。」他日過之，睨而不視。視天下悦而歸己，猶草芥也，惟舜爲然。孟子告齊宣王，曰：「君視臣如手足，則臣視君如腹心；君視臣如犬馬，則臣視君如國人；君視臣如土芥，則臣視君如仇讎。」文王視民如傷。伯夷目不視惡色。』

《禮記・曲禮》：『天子視不上於袷，曲領。不下於帶，國君綏視，妥，頽下之貌。大夫衡視，平看其面。士視五步。視左右五步之間。』朱子曰：『古人視不下於帶，則帶之上，乃目前常見至近之處也。舉目前之近事，而至理存焉。』所以爲言近而指遠也。

《中庸》：『《詩》云：「伐柯伐柯，其則不遠。」執柯以伐，柯睨而視之，猶以爲遠，故君子以人治人，改而止。視之而不見，體物而不可遺。鬼神。』

《大學》：『人之視己，如見其肺肝然。心不在焉，視而不見。』

《史》：『衛靈公與孔子語，見蜚雁，仰視之，色不在孔子，孔子遂行。』金日磾，目不忤視。

《左傳·哀公三年》：司馬寅曰：晋大夫。『請姑視之。』反，曰：『肉食者無墨。今吴王有墨，國勝乎！太子死乎！』揚雄曰：『明者視於無形。』

秦石越聘於燕，尚書令高泰越：『信誕而視遠，乃觀釁也。』沈文秀請兵於魏，酈範曰：『其使者視下色愧，語煩志怯，此必挾詐以誘我，不可從也。』文秀果不降。西秦主乾歸使人曰：『乾歸衆潰，奔成紀矣。』司馬耿稚曰：『告者視高色動，殆必有奸。』吕延不聽，進遇戰死。李愬曰：『視遠者不顧近。』李克曰：『居視其所親，富視其所與，達視其所舉，窮視其所不爲，貧視其所不取。』

揚子：『日有光，月有明。三年不見日，視必盲；三年不見月，精必矇。熒魂曠枯，糟殍曠沉。目精。擿擿索道，冥行而已矣。』杜詩：高視收人表。

《孟》：『説大人則藐之，勿視其巍巍然。』《淮南子·齊俗訓》：『從城上視牛如羊，視羊如豕，所居高也。窺面於盤水則圓，於杯則隨，面形不變，其故有所圓，有所隨者，所自窺之異也。今吾雖欲正身待物，庸遽知世之所自窺我者乎？若轉化而與世競走，譬猶逃雨也，無之而不濡。』

觀

《易》：觀天之神道，而四時不忒。《觀》：初六，童觀。《象》：初六童觀，小人道也。六二，窺觀。《象》：窺觀女貞，亦可醜。六三，觀我生。《象》：觀我生進退，未失道也。六四，觀國之光。《象》：觀國之光，尚賓也。九五，觀我生。《象》：觀我生，觀民也。上九，觀其生。《象》：觀其生，志未平也。《賁》：觀乎天文以察時變，觀乎人文以化成天下。《頤・象》：觀頤，觀其所養也；自求口實，觀其自養也。初九，觀我朵頤。《象》：觀我朵頤，亦不足貴也。咸彖，觀其所感，而天地萬物之情可見矣。恒彖：觀其所恒，而天地萬物之情可見矣。《繫辭》：君子居則觀其象，動則觀其變，天地之道，貞觀者也。仰則觀象於天，俯則觀法於地。

《書》：觀厥刑于二女，予欲觀古人之象，作服汝明。

子胥曰：必樹吾墓檟，檟可材也。決吾目懸東門，以觀越兵之滅吾。靳准弑劉粲，欲以王延爲光禄大夫，延駡曰：『屠各逆奴，何不速殺我，匈奴人故曰屠各。以吾左目置西陽門，觀相國之入也；劉曜。右目置春門，觀大將軍之入也。石勒。』准殺之。

《論》：子曰：『觀其所由。』

見

《睽》：初九，見惡人。《象》：見惡人，以避咎也。小注：子見南子是也。六三，見輿曳。《象》：見輿曳，位不當也。《蹇·象》：見險而能止，智矣哉；利見大人，往有功也；利見大人，以從貴也。《乾》：九二，利見大人。九五，利見大人。文言初九，不見是而無悶。困。六三，入于其宮，不見其妻。豐六二，日中見斗。九三，日中見沬。暗之甚也。九四，日中見斗。《象》：日中見斗，幽不明也。《繫辭》：仁者見之，謂之仁；智者見之，謂之智。聖人有以見天下之賾，聖人有以見天下之動。辯亂。乾坤毁則無以見易，易不見，則乾坤或幾乎息矣。

《書》：『民情大可見，小人難保。』《立政》：『用丕式見德。灼見三有俊心。』凡人未見聖，若不克見；既見聖，亦不克由聖。

《詩》：『未見君子，惄如調飢。既見君子，不我遐棄。未見君子，憂心忡忡。亦既見止，亦既覯止。』《静女》：『愛而不見。』『不見復關，泣涕漣漣。既見復關，載笑載言。』『一日不見，如三月兮。』『不見子都，乃見狂且。不見子充，乃見狡童。』『今夕何夕，見此良人？今夕何夕，見此邂逅？今夕何夕，見此粲者？自我不見，于今三年。』『我不見兮。』

《論》：『蓋有之矣，我未之見也。見賢思齊焉，見不賢而内自省也。子曰：「事父母幾諫，見志不從，又敬不違。」吾未見剛者，吾未見能，見其過而自訟者也；吾未見好德如好色者也。聖人吾不得而見之矣，得見，君子者斯可矣。善人吾不得而見之矣，得見，有恒者斯可矣。子謂顔淵曰：「惜乎，吾見其進也，未見其止也。見齊衰者，雖狎必變；見冕者與瞽者，雖褻必以貌。見善如不及，見不善如探湯。吾見其人矣，吾聞其語矣。」陽貨欲見孔子，孔子不見。朱子曰：『孔子不見者，義也。』子張曰：『士見危致命，見得思義。』《子見南子》：『子路不悦，夫子矢之曰：「予所不者，天厭之，天厭之。」』

孟子見梁惠王，陳代曰：『不見諸侯宜若小然。』孟子曰：『如枉道而從彼，何也？』公孫丑問曰：『不見諸侯，何義？』孟子曰：『古者不爲臣不見。』朱子曰：『不見諸侯不先往見也，見惠王答其禮也。曰無傷也，是乃仁術也，見牛未見羊也。君子之於禽獸也，見其生，不忍見其死。』王使人來曰：『寡人如就見者也，有寒疾，不可以風，朝將視朝，不識可使寡人得見乎？』王就見孟子，曰：『前日願見而不可得，不識可以繼此而得見乎？千里而見王，是予所欲也。於崇吾得見王，退而有去志。』墨者夷之，因徐辟而求見孟子，孟子曰：『吾固願見，今吾尚病，病愈，我且往見。』他日又求見孟子，孟子曰：『吾今則可以見矣。不直則道不見，我且直之。』三日不食，目無見也，三咽，然後目有見。孔子有見行可之仕，於季桓子見行可之仕也。見行，可見其道之可行也。《萬章》曰：『敢問不見諸侯，何義也？孟子曰：「庶人不傳贄爲臣，不敢見於諸侯，禮也。」曰：「不往見之，何也？」曰：「往見不之平陸。』

義也。」』孟子由鄒之任見季子，由平陸之齊不見儲子。屋廬子曰：『季子不得之鄒，儲子得

舜，見一善行，若決江河。

《左傳·昭公二年》：韓宣子如齊，納幣。子雅召子旗，使見宣子，宣子曰：『非保家之主也不臣。』見子尾，子尾見强，宣子謂之如子旗，大夫多笑之，唯晏子信之曰：『夫子，君子也。君子有信，其有以知之矣。』齊王冏殺王豹，豹將死曰：『懸吾頭大司馬門，見兵之攻齊也。』東魏高季式，薦陳元康於高歡，曰：『是能夜中快吏也。』

闇書：一見即授功曹曰：『此人天賜我也。』《艮卦辭》：『行其庭，不見其人。』相背。儀封人請見，曰：『君子之至於斯也，吾未嘗不得見也。』《易·復彖》：復其見天地之心乎。

觀《書·呂刑》：『觀于五刑之中。』《詩》：『定之方中，降觀于桑。』女曰觀乎？士曰既且。且往觀乎？洧之外，洵訏且樂。《文王有聲》：遹觀厥成，文王烝哉。』

《孟》：『吾聞觀近臣，以其所爲主，觀遠臣，以其所主。』《詩》：『皇矣上帝，臨下有赫。監觀四方，求民之莫。』安定。

覲《舜典》：日覲四岳群牧。《立政》：以覲文王之耿光。觀於海者，難爲水；觀水有術，必觀其瀾。

覯《詩・草蟲》：亦既覯止。《柏舟》：『覯閔既多。』《裳裳者華》：『我覯之子。』《車舝》：『鮮我覯爾，我心寫兮。覯爾新昏，以慰我心。』『無曰不顯，莫予云覯。』

瞻《燕燕》：『瞻望弗及。』《淇澳》：『瞻彼淇澳。』《節南山》：『民其爾瞻。』《正月》：『瞻烏爰止。』《桑柔》：『瞻言百里。』

論瞻之在前，忽焉在後。

監《書》：『古人有言曰：「人無於水監，當於民監。」』《酒誥》。『我不可不監于有夏，亦不可不監于有殷。』《召誥》。『今爾何監，觀于五刑之中。』《吕刑》。《節南山》：『何用不監？』『皇矣上帝，臨下有赫，監觀四方，求民之莫。』《殷武》：『天命降監。』《論》：子曰：『周監于二代。』

睹《中庸》：『是故君子戒慎乎所不睹。』妻睹貌而獻餐，睹貌獻餐。『不圖今日復睹漢官威儀。』

覿《易》：『三歲不覿。』『夢登山而迴眺，覿幽人之仿佛。』《論語》：『私覿，愉愉如也。』

觀人之法

《書》：『放齊曰：「胤子朱啓明。」帝曰：「吁！嚚訟，可乎？」驩兜曰：「共工方鳩僝功。」帝曰：「吁！静言庸違，象恭滔天。」』『僉曰：「於！鯀哉。」帝曰：「吁！咈哉，方命圮族。」』『師錫帝曰：「有鰥在下。」帝曰：「俞！我聞，如何？」』《舜典》。真德秀曰：『堯之明德，德如日中天，萬象畢照。蓋堯之知人不可學，而能格物致知於天下之理無所疑；堯之明德可以學，而至勝私窒欲於天下之物無所蔽，此所以明其德也。明其德者，知人之本也。』

『皋陶曰：「都！在知人。」禹曰：「吁！惟帝其難之，知人則哲，能官人。」皋陶曰：「都！亦行有九德，亦言其人有德，乃言曰：「載采采，寬而栗，柔而立，愿而恭，亂而敬，擾而毅，直而温，簡而廉，剛而塞，强而義，彰厥有常，吉哉！日宣三德，夙夜浚明有家，日嚴祗敬六德，亮明。采事。有邦。翕受敷施，九德咸事，俊乂在官。百僚師師，百工惟時，撫于五辰，庶績其凝。」』真德秀曰：『天下無嘗無才，上之人有以淬勵興起之，則下亦澡雪精神以應求。然「三德」、「六德」，言其大法爾。天子者，一世人主之宗主也。九德之中，苟有其一，當兼收並畜，分布而用之，使各隨所長而施於事，則百官皆賢，互相觀法；百工皆起，不失其時矣。五辰在天，而此以撫言者，天人一本。人事順，則天道亦順也。』

子曰：『視其所以，觀其所由，察其所安。人焉廋哉！人焉廋哉！』程子曰：『在己者，能知言窮理則能以此察人，如聖人也。』真德秀曰：『以人君言之，一身而照臨百官，正邪忠佞，雜然吾前，豈易卞哉？必也清其天君，如鑑之明，如水之止，以爲臨下燭物之地，然後於人之所由、所安。庶乎，其得之矣！』

『人之過也，各於其黨。觀過，斯知仁矣！』真德秀曰：『爲人臣者，尤當因臣下之過而察其心，如愛君而極諫，不無狂訐之過，要其用心，非仁乎？取其仁而略其過可也。愛民而違命，不無矯拂之過，要其用心，非仁乎？取其仁而略其過可也。』

『始吾於人也，聽其言而信其行；今吾於人也，聽其言而觀其行。於予與改是。』《家語》曰：『以言取人，失之宰予。』真德秀曰〔一〕：『敷奏以言，明試以功。堯舜以來，不易之法也。巧言如簧，詩人刺之；利口覆邦，聖人所惡。漢文拜嗇夫爲上林令，張釋之以爲絳侯、東陽侯，今以其口辯，張相如稱爲長者，言事不出口，豈效此嗇夫喋喋利口哉？而超遷之臣恐天下隨風而靡，文帝乃止。當時大臣少文多質，耻言人過。其後武帝之於江充、唐文宗之於李訓，皆以應對敏捷，悅而信之。巫蠱甘露之禍，幾至亡國。』

子游曰：『有澹臺滅明者，行不由徑，非公事，未嘗至於偃之室也。』真德秀曰：『等而上之，王索之論命相，欲求宦官宮妾不知名之人。司馬光之用諫官，取不通書問者爲之。』

子貢問：『鄉人皆好之，何如？』曰：『未可也。』『鄉人皆惡之，何如？』曰：『未可也。

〔一〕今按：衍『真德秀曰』。

不如鄉人之善者好之，其不善者惡之。』真德秀曰：『制行之美，有以取信於君子；立心之直，又不苟同於小人。陳蕃、李膺之徒，天下稱賢，中常侍目之曰「鈎黨」；裴度爲人，天下仰德，八關十六子毁之者百端。爲人君者，將奈何？曰「明四目，達四聰」，使天下公論皆得上聞而奸邪不得以壅蔽，則是非好惡之實，庶乎不謬矣。』

『衆惡之，必察焉；衆好之，必察焉。』真德秀曰：『匡章之不孝，孟子則曰：「非不孝也」；仲子之廉，孟子則曰：「烏能廉哉。」不有聖賢原情於疑似之中，考實於曖昧之際，烏能適其當哉？自人君言之，必如齊威王之烹阿封即墨，然後爲能察是非之實。』

『巧言令色，鮮矣仁。剛毅木訥近仁。』真德秀曰：『安劉氏者，乃椎鈍木强之周勃；而令色諛言如董賢者，卒以禍漢室焉。』

『不知言，無以知人也。』《易大傳》□曰：『將畔者，其辭慚，中心疑者，其辭枝，吉人之辭寡，躁人之辭多，誣善之人其辭游，游揚不確，失其守者其辭詘，困窮易屈。』真德秀曰：『緘默不言者，有似乎寡；敷陳無隱者，亦近乎多。苟不察焉，則懷奸者得吉士之名，盡忠者入躁人之目。』

孟子曰：『聽其言也，觀其眸子，人焉廋哉？』真德秀曰：『目者，精神之所發，而言者，心術之所形，故審其言之邪正，驗其目之明昧，而其人之賢否不可掩焉。』李克曰：『居視其所親，富視其所與，達視其所舉，窮視其所不爲，貧視其所不取。』『是時魏成食禄千鍾，什九在外，什一在内，是以得卜子夏、田子方、段干木而進之。』

相人之術 與相人門參看

鄧之行步，何之視侯。管輅曰：『鄧之行步，筋不束骨，脉不制肉，起立傾倚，若無手足，此謂鬼躁。何之視侯，魂不守宅，血不華色，精爽烟浮，容若槁木，此謂鬼凶。二者皆非遐福之象也。』

杜炅之知桓温，韋鼎之異隋帝。術士杜炅知人貴賤，桓温問之，炅曰：『明公勛格宇宙，位極人臣。』温不悦。陳散騎常侍韋鼎，聘于周，遇隋文帝，而異之曰：『公當大貴，貴則天下一家，歲一周天，老夫當委質於公矣。』及貴，盡賣田宅，或問其故，曰：『江東王氣盡於此矣。』開皇九年，召爲儀同三司。

唐人之相，楚人之相。後唐明宗天成二年，以周玄豹爲光禄卿致仕。初，晋陽相者周玄豹，嘗言唐主貴不可言。唐主欲召詣闕，趙鳳曰：『玄豹言已驗矣。無所詢問，若置之京師，則輕躁狂險之人，必輻輳其門，争問吉凶。自古術士妄言致人族滅者，多矣。非所以靖國家也。』乃就除光禄卿。《書法》：趙鳳於是可謂善悟主矣，明宗於是可謂能聽諫矣。楚人有善相人，莊王見而問於情，對曰：『臣非能相人，能觀人之交也。布衣也，其交皆孝弟篤謹畏令，如此者，其家必日益、身必日安，此所謂吉人也。官事君者也，其交皆誠信，有好善如此者，事君日益、官職日益，此所謂吉士也。主明臣賢，主有失，皆敢忿争正諫，如此者，國日安、主日尊、天下日富，此之謂吉主也。』莊王曰：『善！』乃招聘四方之士，遂得孫叔敫、將軍子重之屬，以備卿相，遂成霸功。《新序》。

子羽有君子之容，而行不勝其貌；宰我有文雅之辭，而智不充其辯。孔子曰：『語曰：「相馬以車，相士以居。」以容取人，則失之子羽；以辭取人，則失之宰我。』《家語》。

龍犀日角，帝王之表；河目龜文，公侯之象。劉孝標。貴賤之表，近取諸身；休咎之證，如指諸掌。《公帖》。《相論》：魏陳王植。『天道之與相占，可得而知，不可得而無。』論相：杜。『余讀荀卿非相，知卿爲大儒矣。』《雜説·形貌》：韓。『觀貌之是非，不若論其心與其行事之爲不失也。』《相解》：皮日休。『今之人不以是術行其心，區區求子卿、唐舉之術。嗚呼！舉世從之，吾獨戾也。』《贈相士序》：胡銓。『相士言楊氏當大貴，已而果然。不三十年，楊之族盡殲。柳宜城或言兒夭且賤，請易業可免卒，不許，卒爲貞元名臣。楊氏果貴耶？柳氏果賤耶？』《贈程傑》：『火色上勝雖有數，急流勇退豈無人。書中苦覓元非訣，醉裏微言却近真。』

觀天之文

《易・賁・彖》曰：『觀乎天文，以察時變。』《復・彖》曰：『復其見天地之心乎！』『觀其所感，而天地萬物之情可見矣。』《咸・彖》：『觀其所恒，而天地萬物之情可見矣。』《恒・彖》《大壯・彖》：『正大，而天地之情可見矣。』『聖人有以見天下之賾。聖人有以見天下之動。天地之道，貞觀者也。包羲氏，仰則觀象於天。』撫銅渾而觀變化，則萬象之動不足多也；握瑶鏡而臨事業，則萬機之湊不足大也。《王勃序》。『日中見斗，日中見沬。』《易》。揚子：日有光，月有明。三年不目日，視必盲；三年不目月，精必矇。熒魂曠枯，糟粕曠沉。《堯典》：『曆象日月星辰，敬授人時。』《舜典》：『在璿璣玉衡，以齊七政。』元封元年，望氣，王朔言：『候獨見填星出如瓜，食頃，復入。』有司皆曰：『陛下建漢家封禪，天其報德星云。』

望地之氣

《復・象》：『復，其見天地之心乎。』《咸・象》：『觀其所感，而天地萬物之情可見矣。』《恒・象》：『觀其所恒，而天地萬物之情可見矣。』《大壯・象》：『正大，而天地之情可見矣。天地之道，貞觀者也。』『包羲氏，俯則觀法於地。』

梁主登北顧亭，謂江右有反氣，骨肉爲戎首。漢靈帝中平五年，侍中董扶私謂劉焉曰：『益州分野，有天子氣。』《鎮江志》：『丹陽，古雲陽縣也。秦時言其地有天子氣，始皇鑿北坑以敗其勢，截直道，使阿曲，因名曰曲阿。』武后之世，長安城東，民家井溢，浸成大池數十頃，號隆慶池。相王子五王列第於其北，望氣者言：常鬱鬱有帝王氣，皆尤盛。慶龍四年四月，上幸池，宴群臣，以壓之。

君不見金粟堆前松柏裏，龍媒已去鳥號風。金粟山有龍盤虎踞之勢，謂侍臣曰：『千秋萬歲後，宜葬此地。』昇遐遵先志葬焉。杜詩：『佳氣向金闕。』又『佳氣拂周旋。』《達行在所〔一〕》：『南陽氣已新。』術士桑道茂言：『奉天有天子氣，宜高大其城，以備非常。』

顧

蔡沈曰：『顧，還視也。』

《太甲》曰：『先王顧諟天之明命。』顧常目在之也。成王顧命，吕氏曰：『顧命，成王所以定其終。』蔡沈曰：『謂之顧命者。』鄭玄云：回首曰顧。臨死回顧而發命也。

《詩·日月》：『寧不我顧。』《終風》：『顧我即笑。』《葛藟》：『亦莫我顧。』《碩鼠》：『莫我肯顧。』《墓門》：『訊予不顧，顛倒思予。』《匪風》：『顧瞻周道，中心怛兮。』顧瞻周道，中心吊兮。』《蓼莪》：『顧我復我。』《大東》：『眷言顧之。』《小明》：『睠睠回顧。』《皇矣》：『乃眷西顧，此維與宅。』

《孟子》：『梁惠王立於沼上，顧鴻雁麋鹿，曰：「賢者亦樂此乎？」』『意輕千金贈，李顧向平原笑。魯仲連。』車中不内顧，顧不過轂。『侍於君子，不顧望而對，非禮也。』《曲禮》。

〔一〕今按：此處疑爲『所』，《九家集注杜詩》中記此詩《喜達行在所》。

膽

《説文》：『膽，連肝之府也。』《白虎通》：『膽者，肝之府；肝者木之精，主仁仁者若不忍，故以膽斷。是以仁者有勇，故膽斷也。肝膽異處何？以其相爲府也。肝者木精，木之爲言牧也。人怒，無不色青目振張者，是其效也。』膽部之宫六府精：膽、胃、大腸、小腸、膀胱、三焦，爲六府也。《太平經》云：『積清成精，故膽爲六府之精也。』《黄庭經》。

吕子春者，以爲人有膽可無明，有明便有膽。嵇康謂：『明膽異用，不能相生。明以見事，膽以決斷。專明無膽，雖見不明；專膽無明，則違理失機。』《明膽論》

『志大而智小，色厲而膽薄。』公曰袁紹。《魏志》：『程昱之膽，過於賁、育。』太祖曰上姜維死時，見剖膽如斗大。《世説》：『言同百舌，膽若鼷鼠。』後魏宗室慶和望風退走故云。李瞻爲侯景所執，破腹，見膽如升。《史》：姜維如斗之膽，李瞻如升之膽。子龍一身都是膽，崔宏千奴共一膽。趙雲，先主曰：『軍中號雲爲虎威將軍。』韋思張膽，秦鏡照膽。苟非秦鏡照膽，安能不惑？王雅之膽，李標之膽。周文時，從戰芒山，左右奮擊，敵衆稍退，雅乃還。周文嘆曰：『王雅，舉身悉是膽也。』《北史》李標，字雲傑，弼弟也。長不盈五尺，性果决，有膽氣，爲周文帝帳内都督。隱身鞍甲之中，敵人見之，皆避此小兒。周文嘆曰：『但聞膽决如何，何必要須八尺之軀也？』拔大膽，决大計。魏準以才學爲融所賞。及融誅，詔準入，遂懼而死，舉體皆青，時人以準膽破。《南史》杜詩：『即事須嘗膽。』孟將宜嘗膽，膽力爾誰過。至今猶破膽，膽消豺虎窟。杜牧：『照膽常懸鏡。』李白《送陶將軍》：『莫道詞人無膽氣。』

肝

肝，木藏也。《説文》：『生於木魂所藏。』《釋名》：『肝，幹也。五行屬木，故其體狀有枝幹也。凡物以大爲幹也。』

五藏，肝仁。肝所以仁者何？肝，木之精也；仁者，好生。東方者陽也，萬物始生，故肝象木，色青而有枝葉。目爲之候何？《樂動聲儀》：『肝性静，静行仁，甲己主之。』《白虎通》：『目者肝之使，肝者木之精，蒼龍之位也。』

陳後主入隋，願得一官，文帝曰：『叔寶全無心肝。』《南史》。《大學》：『人之視己，如見其肺肝然。』獨舍其肝，好食人肝。衛有臣曰弘演，遠使未還。狄人攻衛，迫及懿公於熒澤，殺之，盡食其肉，獨舍其肝。弘演至，報使於肝畢，呼天而號，盡哀而止。因自刺其腹，内懿公之肝而死。《新序》。《吕覽》五代漢趙思綰好食人肝。譙登之食肝，謝混之食肝。譙，周之子，巴西爲成太守馬脱所殺。子登詣劉弘請兵復讎，弘表登爲梓潼内史。攻宕渠，斬脱，食其肝。謝琰拒孫恩，張猛殺謝琰。高祖左里之捷生擒張猛，送琰小子混，混刳肝，生食之。《續晋陽秋》：竇融口陳肝膽。息夫躬辭：心結骨兮傷肝。杜詩：『戀闕勞肝肺。』肺肝若稍愈，心肝奉至尊。

目眼眸瞳

《易·小畜》九三：『夫妻反目，不能正室也。』《説卦》：『離爲目。』目睛附外，陽在外而明。《春秋元命包》：『目肝之使。』《釋名》：『目，默也，默而内識也。』眼，限也，瞳子限限而出也。』東郭先生曰：『目者，心之符也。』《國語》：『目，心之樞機也，故必視正，視正則明。』單穆公《國語》：『夫目之察度也，不過步武尺寸之間；其察色也，不過墨文尋常之間。』單穆公《淮南子》：『目察秋毫之末，而目不見太山之高，何則？小有所志，而大有所忘也。』《韓非子》：『目見百步之外，而不能見其眥。』《韓子》：『楚莊王欲伐越。』莊子曰：『臣患知之如目也，能見百步之外而不能自見其睫。王之弱亂，非越之下也，而欲伐越，此知之如目也。』樊川：『睫在眼前終不見。』又『目何爲而窺』。《抱朴子》：『眼能察天衢，而不能用項領之間。』《穀梁傳》：『梁亡。自亡也，湎于酒，淫于色，心昏耳目塞，梁亡，自亡也。』《記・玉藻》：『目容端。』《書・舜典》：『明四目。廣四方之視聽，決天下之壅蔽。』《益稷》：『臣作朕耳目。』《詩・氓》：『美目盼兮。』子夏曰：『美目盼兮，素以爲絢兮，何謂也？』子曰：『繪事後素。』曰：『禮後乎？』《孟》：『抑爲采色不足視於目與？聖人既竭目力焉，繼之以規矩准繩。伯夷目不視惡色。惟目亦然。至於子都，天下莫不知其姣也；不知子都之姣者，無目者也。目之於色也，有同美焉。耳目之官，不思而蔽於物。物交物，則引之而已矣。目之於色也，性也。有命焉，君子不謂性也。』《書・旅獒》：『不役耳目。』《左傳・僖廿四》：『富辰曰：「目不別五色之章爲昧。」』仇章曰：『吾視其目，粲如也，澈而不瞬。』程元曰：『是王通者也。』文中子。

傷潞子之目，射楚王之目。宣公十五，潞子嬰兒之夫人，晉景公之姊也。豐舒爲政而殺之，又傷潞子之目。伯宗曰：『狄有五罪。虐我伯姬，四也，傷其君目，五也。』成公十六，『鄢陵之役，公筮之。史曰：吉。其卦遇《復》，曰：「南國蹙，射其元王中厥目。」』呂錡夢射月，中之。及戰，射共王中目。

康僧淵之目深，趙思綰之目亂。康僧淵目深，王丞相調之，僧淵曰：『目者面之淵，淵不深則不清。』《世説》。五代漢趙思綰，少時求爲上將軍李肅僕，肅不納，曰：『是人目亂而語誕，他日必爲亂臣。』

衛王監而以目，林甫疾而以目。周厲得衛巫，監国人之謗者。以告，則殺之，道路以目。天寶後李林甫深疾言者，道路以目。目睛黄而夜有光，顧視如猛獸。張彦澤驍悍殘忍。《五代史》。

伏羲大目，倉頡四目。《孝經援神契》。《春秋孔演圖》：『倉頡四目，是謂並明。』

始皇蜂目，王敦蜂目。潘陽仲曰：『蜂目已露，豺聲未振。』《世説》。

夫子之目，季路之目。《孔叢子》：『夫子適周。萇弘語劉文公曰：「吾觀孔仲尼有聖人之表，河目而隆顙，黄帝之形貌也。」』衛蒯聵亂，子路興師往。有狐黯者，從城上繫麻繩釣子路，半城，問曰：『爲師也耶？爲君耶？』黯因投之，折其左股。黯開城欲殺之，子路目如明星之光曜，黯不能前。黯曰：『畏子之目，顧覆之。』子路以衣袂覆目，黯遂殺之。《論語隱義》。

膠其目，眏其目。桓公於是乎使人告魯曰：『管仲，寡人讎也，願得而親加手焉。』魯許諾，乃使吏郭其拳，膠其目，盛之以鴟夷，置之車中。至齊境，桓公使人以朝車迎之。《吕覽》。

田駟欺鄒君，鄒君將殺之。惠子見鄒君曰：『有人見君，則睞其一目，奚如？』君曰：『我必殺之。』惠子曰：『瞽兩目睞，君奚不殺？』駟東欺齊侯，南欺荆王，駟之於欺人，瞽也，君奚怨？』乃不殺。《韓子》。

見毫毛而不見睫，察毫毛而不見深。齊使者曰：『幸也越之不亡也！吾不貴其用智如目，見毫毛而不自見睫也。今王知晋之失計，不知越之過，是目論也。』《史》。離朱之明，察毫毛於百步之外，下水尺不能見淺深，非目不明，其勢難睹也。《慎子》。

目眥盡裂，目中生蛆。漢王詣項羽，樊噲擁盾入軍門，披帷西向，瞋目視羽，目眥盡裂。杜根諫鄧后，以安帝宜親政事，太后大怒，盛囊撲殺之。根詐死，三日目中生蛆。《東觀漢記》。

目如火照，目如秋水。郭子儀初在行伍，李白客并州，於哥舒座上見之，曰：『此壯士目光如火照人，不十年，當擁節旄。』後子儀歷諸道節度。及永王璘反，事干李白，子儀請以官爵贖翰林，因而免誅。《樂史序》。賀知章見李泌曰：『此稚子目如秋水，必一拜卿相。』《鄴侯家傳》。

元載鼠目，商臣蜂目。苗晋卿薦元載于李揆，揆曰：『龍章鳳姿之士不見用，獐頭鼠目之子乃求官耶？』載銜之。及秉政，揆流落十六年。《唐書》。楊行密爲吴王，其妻兄朱延壽爲壽州節，潜以宗姓通于梁祖，將窺淮甸。行密佯爲目疾，嘗行故觸柱而仆。凡三年，其妻以爲信，私於僕隸，不避行密。一日，謂其妻曰：『吾目疾不瘳矣，軍府之事，當屬於舅，汝宜召之。』其妻召延壽。既至，行密處正廳，潛兵以見之，俄而開目曰：『數年不見舅，今朝果相睹。』延壽惶駭。遂叱勇士執而殺之，仍廢其妻。《五代史》。

目有精光，孫權。目若懸珠。方朔書。目神名虛監生，字道童。神四元。樊川：『景牽遊目困』『目斷青瑣闈』。目有四白，五夫入宅。裴珪妻，張景藏相之曰：『目瞬如電，語音厚重。』吴主昇《五國故事》。

眼

千里眼，萬里眼。後魏楊逸爲光州刺史，廣設耳目，善惡畢聞，咸曰『楊使君有千里眼。』《史》。杜甫《春日》：『乾坤萬里眼。』

眼如懸河，眼如岩下電。顧長康拜桓宣武墓曰：『眼如懸河決溜。』《世説》。王戎形狀短小，瞳子洞澈，視日而眼照不虧。裴楷目之曰：『戎眼爛爛，如岩下電。』

阮籍青白眼，裴令如電眸。阮籍能爲青白眼，見禮俗之士，以白眼待之。嵇喜來吊，籍作白眼。齎酒挾琴造焉，籍大悦，乃見青眼。由是禮俗之士疾之若讎。裴令有疾，惠帝使王夷甫往看，王出語人曰：『雙眸閃閃，如岩下電。』《世説》。　褚彦回之眼白，王安石之眼白。　褚彦回美姿貌，時以方何平叔。　袁粲曰：『褚公眼睛白多，所謂白虹貫日。亡宋者，終此人也。』李承之曰：『今知鄞縣王安石者，眼多白，甚似王敦。他日亂天下者，此人也。』《聞見録》。　眼神明上，字英玄。《黄庭經》。

武帝之眼，景王之眼。　魏武帝病眼，令華佗以金篦刮膜。　景王嬰孩時有目疾，宣王令華佗治之，出眼瞳，割去疾而納之，傅藥。《晋書》。

昭宗眼語，陶穀眼夢。　昭宗東遷，韓建從至，昭宗舉酒屬朱温與建曰：『社稷安危，係卿二人。』次何皇后舉觴，建躡温足，乃陽醉去。　建出，謂温曰：『天子與宫人眼語，幕下有兵仗聲，恐公不免也。』《五代史》。　陶穀少時，夢數吏云：『奉符换眼。』吏附耳求錢十萬，安第一眼，穀不應。　又云：『錢五萬，安第二眼。』復不答。　吏曰：『安第三眼，即以二彈丸納眼中。』既覺，眼色深碧。　後有善相道士陳紫陽曰：『好貴人貴氣，奈一雙鬼眼，竟不至大位。』《卓異記》。　太祖嘗謂陶穀『一雙鬼眼。』

眼有夜光，秦檜。　眼爲銀海。道經。　眼爲銀海，亦曰『銅關』。　東坡詩：『光摇銀海眩生花。』九華真妃曰：『眼者，身之鏡。　視多，則鏡昏。　妾有磨鏡之石。』《真誥》。

漆眼，肉眼。　晋杜乂王羲之曰：『眼如點漆，神仙中人也。』鄭光業狀元及第，有人謝曰：『當時不識貴人，凡夫肉眼。』

眸

孟子曰：『存乎人者，莫良於眸子。眸子不能掩其惡。胸中正，則眸子瞭焉；胸中不正，則眸子眊焉。聽其言也觀其眸子，人焉廋哉。』潯陽周虓字孟威。晋康寧中，鎮於巴西。爲符堅所摧，守節不屈。堅使使者請通。虓躬治逵陌，謂使者云：『煩君語賊符堅何至至耳！煩國士如此！』又潛圖襲堅。堅聞之，曰：『小人正欲覓死，殺之適足成名耳。』乃苦考楚，不食而卒。斂已經旬，堅怒猶未歇，剖棺臨視，虓尸欻回眸，鬢髭張裂，精瞳明亮，回眄矚。堅睹而嘉稱，乃厚加贈賻。《異苑》。

瞳

舜重瞳子，是謂慈原。上應攝提，下應三元。《元命包》。周生曰：『舜目蓋重瞳子，又聞項羽亦重瞳子，豈其苗裔耶？何興之暴也。』《史》。顔回重瞳子，劉子。王莽重瞳子。本傳。吕光目重瞳子，左肘有肉印。《凉州記》。沈約左目重瞳子，腰有紫痣。《梁書》。隋魚俱羅目有重瞳，煬帝殺之。《北史》。梁梁王友孜，目重瞳子。《五代史》。李煜重瞳子。《南唐》。《淮南子》：『舜目二瞳子，是謂重明，作事成法，出言成章。』《尚書大傳》：『舜四瞳子。』

眇

《易》：『眇能視，不足以有明也。』

梁元帝之眇，章昭達之眇。阮脩容曾失一珠，元帝幼，竊吞之，謂左右所盜。乃炙魚眼以壓之，信宿之間，珠遂便出，帝尋一目眇，蓋魚之報也。《梁書》。章昭達眇其一目，相者曰：『善矣，爲司空。』

獨眼龍，厥咎眊。李克用一目眇。劉向《五行傳》：『皇之不極，厥咎眊。』民有眇者，停駕慰勞，給衣食。魏太和魏主。杜詩：『新愁眼欲穿』『别君誰暖眼』『相見眼終青』『自傷遲暮眼』『眼穿當落日』『分明在眼前』『颯颯開啼眼』『朝廷醉眼中』『兵戈猶在眼』。

眉

《釋名》：『眉，媚也，有嫵媚也。』眉，號華蓋，覆明珠。明珠，目也。《黄庭經》。温良在中，則眉睫著之矣；疵瑕在中，則眉睫不能匿之。《韓詩外傳》。

文王虎眉，《帝王世紀》。孔子眉十二彩。《世家》。伍子胥眉間一尺，《吴越春秋》。莫耶子眉間一尺。《列仙傳》。豫讓去眉，樊崇赤眉。豫讓漆身爲厲，滅鬚去眉。《國策》。天鳳五年，樊崇起兵於莒，恐其名與莽兵亂，皆朱其眉，號曰『赤眉』。《東觀漢記》。揚眉，愁眉。揚雄謂揚眉曰『揚衡』。元嘉中，京都婦女作愁眉啼妝。白眉，芝眉。馬良，字季常，宜城人，語曰：『馬氏五常，白眉最良。』眉中有白毛故稱之。房琯見元德秀，嘆曰：『見紫芝眉宇，使人名利之心都盡。』岑文本之眉，李長吉之眉。袁天綱帝在九成宫，令視岑文本曰：『學堂瑩夷，眉復過目，文才振于天下。』李賀，字長吉，爲人纖瘦，通眉，長指爪，能疾書。《唐書》。眉頭未伸，眉頭不伸。雍州訛言王玄謨馳啓，帝慰撫之，又答曰：『七十老公，反欲何求？聊復爲笑，想足以伸卿眉頭耳。』玄謨性嚴，未嘗妄笑。時人言：『玄謨眉頭未曾伸。』故以此見戲。《南史》。莊宗思得高樓避暑，乃遣王允平營之。宦官曰：『郭崇韜眉頭不伸，陛下雖欲有王尼子非惟事事勝於人，布置鬚眉亦勝人。」《語林》。澄在荆州，終日酣飲，郭舒常切諫之。士人宗庾歆因酒忤澄，澄怒叱作，其可得乎？」《五代史》。布置鬚眉，灸其眉頭。庾公道：『王尼子非惟事事勝於人，布置（左右）。舒曰：『使君過醉，汝輩何敢妄動？』澄恚曰：『別駕狂耶，誑言我醉。』因遣掐其鼻，灸其眉頭。

《淮南子》：『堯眉八彩。』《春秋元命包》：『堯眉八彩。』有古强者，自云已四千歲。云見堯、舜、禹、湯，説之了了。堯眉八彩，不然也。直兩眉，頭甚豎，似八字耳。《抱朴子》《詩·七月》：『以介眉壽。』《閟宮》：『眉壽保魯。』《雍》：『綏我眉壽。』《載見》：『以介眉壽。』《左傳·定公八年》：『顔息射人中眉，退曰：「我無勇，吾志其目也。」』杜詩：『過眉拄杖斑』『蒼生可察眉』。

瞽

古人有言：木之無枝，謂之疣；人之不學，謂之瞽。《搜神記》。《王制》：『八十拜君命，一坐再至，瞽亦如之。』

視曰明

蔡沈曰：『明者，無不見也。』《國語》：『單穆公曰：「目，心之樞機也，故必視正，視正則明。」』

外紀帝嚳，明以察微。《書》：『曰若稽古。帝堯曰放勳，欽明。明，通明也。』『克明俊德。明，明之也。』『曰若稽古。帝舜曰重華，協于帝。浚哲文明。明四目。帝曰：「皋陶，惟明克允。」帝曰：「皋陶，明于五刑。」』『曰若稽古。皋陶曰：「允迪厥德，謨明。天聰明自我民聰明。天明畏自我民明畏。」』《皋陶謨》。予欲觀古人之象，作服，汝明。庶頑讒說，侯以明之。禹曰：『俞哉！明庶以功。』皋陶乃賡載歌曰：『元首明哉！股肱良哉！』《益稷》。《五子之歌》：『明明我祖，萬邦之君。』《胤征》：『聖有謨訓，明徵定保。』《湯誥》：『肆臺小子，將天命明威。』《伊訓》：『嗚呼！先王居上克明。』《太甲》：『伊尹作書曰：「先王顧諟天之明命。」明命者，上天顯然之理而命之我者。王拜稽首曰：「予小子不明于德。視遠惟明。」惟明，明德。』《咸有一德》：『受天明命。』《說命》：『知之曰明哲，明哲實作則。允兹克明，乃罔不休。』《太誓》：『但聰明，作元后。』『惟乃丕顯考文王，克明德。』《康誥》。『今王惟曰：

「先王既勤用明德。」』《梓材》。『周公拜手稽首：「朕復子明辟。其基作民明辟。明作有功。」王若曰：「公！明保予沖子。惟公德明光于上下。」』《洛誥》。『王若曰：「將天明威，惟我下民秉爲，惟天明畏。自成湯至于帝乙，罔不明德。惟天不畀不明厥德。我乃明致天罰。」』《多士》。『公曰：「前人曰：汝明勖偶王。其汝克敬德，明我俊民。」』《君奭》。『昔君文武，用昭明于天下。』《康王之誥》。『明明在下，灼于四方。』《吕刑》。

《詩》：『明明在下，赫赫在上。』《大明》。『惟此王季，其德克明，克明克類，克長克君，帝謂文王，予懷明德。』《皇矣》。『君子萬年，介爾明明。』《既醉》。文王曰咨，咨汝殷商。不明爾德，時無背無側。爾德不明，以無陪無卿。』《蕩》。『邦國若否，仲山甫明之。既明且哲，以保其身。』《烝民》。『明明天子，令聞不已。』《江漢》。『自彼成康，奄有四海，斤斤其明。斤斤，明之察也。』《執競》。『日就月將，學有緝熙于光明。』《敬之》。『穆穆魯侯，敬明其德。明明魯侯，克明其德。』

《易》：『夫大人者，與日月合其明。』《乾》。『雖小有言，其辯明也。』《師》。『履帝位而不疚，光明也。眇能視，不足以有明也。』《履》。『匪其彭，無咎；明辨晰也。』『有孚在道，明功也。』《賁·象》：『文明以止，人文也。山下有火，賁。君子以明庶政。』『電雷噬嗑，先王以明罰。』《離·象》：『重明以離乎正，乃化成天下。《象》曰：明兩作離，大人以繼明照于四方。』《晉・彖》：『明出地上，順以離乎大明。《象》曰：明出地上，晉。君子以自昭明德。』《明夷・彖》：『内文明而外柔順，以蒙大難，文王以之。利艱貞，晦其明也。内難而能正其志，箕子以之。《象》曰：明入地中，明夷。君子以莅衆，用晦而明。六五，箕子之明夷，利貞。《象》曰：箕子之貞，明不可息也。』《夬》九四：『《象》：「聞言不信，聰不明也。」』《困》初六：『入于幽谷，幽不明也。』《井》九三：『王明，並受其福。《象》曰：「求王明，受福也。」』『澤中有火，革。君子以治曆明時。』《艮・彖》：『艮，止也。其道光明。』《豐・彖》：『明以動，故豐。九四，日中見斗，幽不明也。』『山上有火，旅。君子以明慎用罰。』《繫辭》：『古之聰明睿智。』

《論》：『子張問明。子曰：「浸潤之譖，膚受之愬，不行焉，可謂明也已矣。浸潤之譖，膚受之愬，不行焉，可謂遠也已矣。」』楊氏曰：『遠則明之至也，《書》曰：「視遠惟明。」』

《孟》：『賢者以其昭昭使人昭昭，今以其昏昏使人昏昏。』慶輔曰：『以己昭昭使人昭昭者，求之己也；以己昏昏使人昏昏者，求之人也。』『離婁之明，不以規矩，不能成方圓。』『足以察秋毫之末，而不見輿薪；恩足以及禽獸，而功不至於百姓。輿薪之不見，爲不用明焉；百姓之不見保，爲不用恩焉。願夫子明以教我。』

《中》：『道之不明也，我知之矣。齊明盛服，所以修身也。明辨之。有不辨，辨之弗明弗措也。果能此道矣，雖愚必明。自誠明謂之性，自明誠謂之教。誠則明矣，明則誠矣。著則明，明則動。極高明。聰明睿智，足以有臨也。苟不固聰明聖智達天德者，其孰能之？』《大》：『大學之道，在明明德。古之欲明明德於天下者，先治其國。』《康誥》曰：『克明德。』《帝典》曰：『克明俊德。』《太甲》：『顧諟天之明命，皆自明也。』

子曰：『古者聖王冕而前旒，所以蔽明也。水至清則無魚，人至察則無徒。』《家語》。『明者自見，明則仁愛著而廉耻分矣。』《韓詩外傳》。

或問明。曰：『微。』或曰：『微何如其明也？』曰：『微而見之，明其誖亂乎！』不明，實無目也。叔向曰：『中行之爲政也，以苛爲察，以欺爲明，以刻爲忠，譬之其猶鞟革者也，大則大矣，裂之道也。』《揚子》。

徐樂曰：『臣聞天下之患，在於土崩，不在瓦解，此二體者，安危之明要。賢主之所宜留意而深察也。賢主獨觀萬化之原，明於安危之機，修之廟堂之上而銷未形之患。』

張藴古《大寶箴》：『勿没没而闇，勿察察而明，雖冕旒蔽目而視於未形，雖黈纊屬耳而聽於無聲。』唐太宗問魏徵曰：『人主何爲而明？何爲而暗？』對曰：『兼聽則明，偏信則暗。昔堯清問下民，舜明目達聰，故共鯀驩苗不能蔽也。秦二世偏信趙高以成望夷之禍，梁武帝偏信朱异以取臺城之辱，隋煬帝偏信虞世基以致臺城閣之變，是故人主兼聽廣納，則貴臣不得壅蔽而下情得以上通也。』

《荀子》：『以己之僬，僬，明察。受人之掝。掝與惑通，昏迷。』

獄吏一覽，居人一見。唐宣宗聰察强記，天下奏獄吏姓名，一覽皆記之。度支奏誤漬爲清，承旨孫隱中足成之。上怒，推案謫罰之。嘗密令學士韋澳纂次州縣境土、風物及諸利害爲一書，號曰『處分語』。他日，鄧州刺史薛弘宗入謝，出，謂澳曰：『上處分本州事驚人。』澳詢之，皆『處分語』中事也。

范氏曰：『宣宗抉摘細微以驚服其臣下，小過必罰，而大綱不舉。欲以一人之智，周天下之務，而不能與賢人共天職也。譬如廉刻之吏，僅治篇簿書期會而不知爲政，特一縣令才耳，豈人君之德哉？』張巡初守睢陽時，士卒僅萬人，城中居人亦數萬。巡一見問姓名，其後無不識者。

《書》：『明四目。』注：『朱子曰：「廣天下之視以決天下之壅蔽。」問孔安國，言：「廣視於四方，如何？」朱子曰：「亦是以天下之目爲目之意。」』

杜甫詩：『聰明過管輅。』山谷詩：『天聰四目闢。』衛瓘見岳廣，曰：『此人之水鏡也。』『明者遠見於未萌，智者避危於無形。』相如。元鳳元年，是時帝年十四，李德裕曰：『人君之德，莫大於至明。明以照奸，則百邪不能蔽矣，漢昭帝是也。使得伊吕之徒，則成康不足侔矣。』真德秀曰：『爲人君者，必體明出地上之象，赫然臨下，則魑魅魍魎，影滅迹絶矣。』

《淮南子》：『離朱之明，察箴末於百步之外，而不能見淵中之魚，故不出户而知天下，不窺牖而知天道。乘名人之智，則天下不足有也；專用其心，則獨身不能保也。夫蘧蒢而窺井底，雖達，視不能見其睛。借明於鑑以照之，則寸分可得以察也。是故明主而耳目不勞，精神不竭，物至而觀其象，事來而應其化。近者不亂，遠者治也。』

杜詩：『休傳鹿是馬。』言天子之明。『冰雪浄聰明，雷霆走精鋭。』

晋平公閑居，師曠侍坐，公曰：『子生無目眹，甚矣！子之墨墨也。』對曰：『天下有五墨墨：百姓侵冤，無所告訴，而君不悟，此一墨墨也。下才處高，不肖臨賢，而君不悟，此二墨墨也。賢人逐，奸邪貴，而君不悟，此三墨墨也。諛佞之人，容容在旁，而君不悟，此四墨墨也。吏民不正，百姓不安，而君不悟，此五墨墨也。』《新序》。

先知

《論》：『子張問：「十世可知也？」子曰：「殷因於夏禮，所損益，可知也。周因於殷禮，所損益，可知也。如或繼周者，雖百世可知也。」』

揚子：或問：『其有繼周者，雖百世可知也。秦已繼周矣，不待夏禮而治者，其不驗乎？』繼周者，宜復用夏禮。曰：『聖人之言，天也，天妄乎？繼周者未欲泰平也，如欲泰平也，舍之而用他道，亦無由至矣。赫赫乎日之光，群目之用也；渾渾乎聖人之道，群心之用也。』『先知其幾近。於神乎？敢問先知。』曰：『不知。知其道者其如視，忽、眇、綿作昞，臨事則悟，如明目之視。忽輕、眇細、綿遠之物，皆炳然而見。先甲一日易，後甲一日難。』

明作哲

明作哲。蔡沈曰：『哲者，智也。』

『曰若稽古。帝舜浚哲文明。』哲，智也。《典》。禹曰：『吁！知人則哲，能官人。』《皐陶謨》。

王曰：『知之曰明哲，明哲實作則。』《説命》。『嗚呼！若生子，罔不在厥初生，自貽哲命。今天其命哲。』《召誥》。

《詩・烝民》：『既明且哲，以保其身。』《中》：『是故居上不驕，爲下不倍。國有道其言足以興，國無道其默足以容。詩曰：「既明且哲，以保其身。」其此之謂與？』朱子曰：『明哲只是順理而行，曉天下事理，自然灾害不及其身。今人以邪心讀《詩》，謂「明哲」是見幾知微，先占便宜。如揚雄説：「明哲煌煌，旁燭無疆，遜于不虞，以保天命。」』『人亦有言，靡哲不愚。哲人之愚，亦維斯戾。其維哲人，順德之行。』《抑》。『維此哲人，謂我劬勞。』《鴻雁》。『哲夫成城，哲婦傾城。懿厥哲婦，爲梟爲鴟。』

司馬公曰：『夫惟郭泰既明且哲，以保其身。申屠蟠見幾而作，不俟終日。』

智果别族，穆生稱疾。智宣子將以瑶爲後，智果曰：『若果立瑶也，智宗必滅。』不聽，智果别族於太史爲輔氏，趙襄别智伯而輔果在。楚元王穆生不嗜酒爲設醴，孫戊即位，忘設焉，穆生曰：『醴酒不設，王之意怠。』遂稱疾卧。杜詩曰：『楚筵辭醴日謂此。』

夏馥之入林慮，陳寔之吊張讓。夏馥聞張儉亡命，剪鬚變形入林慮山，隱姓名，爲治家傭。馥弟静載縑帛餉之，馥不受，曰：『奈何載禍相餉乎？』初，張讓父死，名士無往，陳寔獨吊。及誅黨人，讓以寔故多所全宥。

袁閎之潛，荀彧之避。袁閎以耕學爲業，見時方險亂，以母老不忍去。乃築土室不爲户，自牖納飲食。母時往見，兄弟妻子莫得見。潛身十八年，卒於土室。荀淑孫彧謂父老曰：『潁川四戰之地，宜亟避之。』獨率宗族去依韓馥。袁紹奪馥位，乃去從曹操，以爲奮武司馬。至李傕、郭汜掠潁川，鄉人留者，多爲所殺。

楊彪之稱攣，王允之得免。楊彪見漢室衰微，政在曹氏，遂稱脚攣。積十餘年，不行，得免於難。章武元年，魏以楊彪爲光禄大夫，賜几杖門施行馬。禮掌舍設梐枑，所以斷人出入，交互其木，以爲遮闌也。漢魏三公門施行馬。梐枑，行馬也。書法：彪自政在曹氏，遂稱脚攣，至是始出，其美之與？非也。王允自專討卓之勞，士孫瑞歸功不侯，故得免於難。司馬公曰：『《易》稱勞謙君子有終吉，士孫瑞有功不伐，以保其身，可不謂之智乎！』

管寧不至，虞俊之嘆。建興四年，魏徵處士管寧不至。吴張温方盛用事，虞俊嘆曰：『華而不實，怨之所聚。有覆車之禍，吾見其兆矣。』果敗。

謝澹之憂，鎮之之恐。謝混與劉毅款昵，從兄澹嘗以爲憂，曰：『益壽混字終當破家。』劉裕以混謀不軌，賜死。毅季父鎮之，閑居京口，不應辟，謂毅曰：『汝輩才器足以得志，但恐不久耳。』

覆王晏之醬，免黨錮之禍。齊王晏外弟阮孝緒知晏必敗，逃匿不見。嘗食醬美。問知得於晏家，吐而覆之。及晏敗卒，免於罪。中平六年，漢靈徵處士申屠蟠不至，尹起莘曰：『申屠蟠見幾而作，獨免黨錮之禍。至是又不爲董卓所屈，異乎荀爽諸人。若蟠者，真無愧於處士之名矣。』

爲侍郎而不受，有高志而必滅。齊以王晞爲侍郎，不受，曰：『非不好作要官，但思之爛熟耳。』令狐愚爲白衣時，常有高志，衆謂必興令狐氏，族父邵獨以爲：愚性倜儻，不修德而願大，必滅我宗。邵没十餘年，而愚滅族。

着居士之服，居東山之寺。陳虞寄流寓閩中，閩州刺史孫寶應留不見，寄諷以逆順，寶應使人讀《漢書》，卧而聽之。至蒯通説韓信曰：『相君之背，貴不可言。』蹶然起坐，曰：『可謂勇士。』寄曰：『通説殺三士，何足言智！豈若班彪《王命》，寄〔一〕所歸乎！』寄知寶應不可諫，乃着居士服居東山寺，陽稱足疾。寶應使人燒其屋，寄安卧不動，親近扶之出，寄曰：『吾命有所懸，避將安往？』縱火者自救之，後寶應誅。虞寄詣建康，勞之曰：『管寧無恙，以管寧比之也，以爲衡王掌書記，非保家之主，非安得之基。』諸葛恪有盛名，恪父瑾戒曰：『非保家之主也。』陸遜謂恪曰：『今君既淩其上，意蔑其下，非安得之基也。』孫峻殺之，以葦席裹，投之石子岡，夷三族。

非徒無子，殆將無家。魏李豐，年月十七八，已有清名。其父恢不悦，敕使閉門斷客。司馬師以豐爲中書令，後師殺之。杜畿歎曰：『孝懿恢字無子，非徒無子，殆將無家。』君謀郭智字爲不死也，其子足以繼其業。及豐死，而冲爲郡守。泰初，夏侯玄字，志大其量，能合虚聲而無實才。平叔，晏字，言遠而情近，好辯而無誠。去茂，颺字，外要名利，内無關

〔一〕今按：『寄』，《陳書》作『識』。

鑰，貴同惡異，多言而妒前。多言多釁，妒前無親。以吾觀此三人，皆將敗家。又以豐不善，曰：『飾僞而多僞矜，小智而昧於權利，若任機事，其死必矣。』玄、晏、颺俱有盛名，欲交傅嘏，嘏不受云云。傅嘏戒鍾會曰：『子志大其量，而勳業難爲也。他日吾爲國憂，今日亂至吾家。』鍾會之伐漢也，辛憲英謂其夫之從子羊祜曰：『會在事縱恣，非持久處下之道，吾畏其有他志也。』會請其子琇爲參軍，憲英憂曰：『他日吾爲國憂，今日亂至吾家矣。』琇固辭，憲英曰：『行矣，戒之！軍旅之間可以齊者，其惟仁恕乎！』琇竟以全歸。詔以琇嘗諫會，反賜爵關内侯。

敗俗傷化，必此人也。羊祜從甥王衍嘗詣陳事，辭甚清辯；祜不然之，衍拂衣去。祜曰：『敗俗傷化，必此人也。』及攻江陵，祜以軍法將斬王戎。戎，衍之從弟也，皆憾之，時人語曰：『二王當國，羊公無德。』

華而不實，欲而無厭。裴頠薦韋忠，張華辟之，辭疾不起，曰：『張茂先華而不實，裴逸民欲而無厭。棄典禮而討賊后，常恐溺於深淵，而餘波及我，况可褰裳而涉之哉！』後趙王倫殺華、頠。

因樹爲屋，出宋來奔。范滂等非訐朝政，申屠蟠嘆曰：『戰國之世，處士橫議，卒有坑儒燒書之禍。今之謂矣。』乃絶迹於梁、碭之間。因樹爲屋，自同傭人。居二年，滂等果罹黨禍。文公十四年，宋高哀爲蕭封人，不義宋公而出，遂來奔。書曰：『宋子哀來奔。貴之也。』貴其不食汚君之禄，避禍速也。

鴻鵠之舉，鳥獸之避。田饒事魯哀公而不見察，田饒曰：『臣將去君，而鴻鵠舉矣。』遂去，之燕。燕立以爲相。三年，燕政大平，哀公聞之，慨然太息，爲之避寢三月，減損上服。《新序》。孔子將入晋，至河，聞趙簡子殺竇鳴犢及舜華，臨河嘆曰：『丘之不濟，此命也。丘聞之，刳胎殺夭，則麒麟不至其郊；覆巢破卵，則鳳凰不翔其邑。鳥獸之於不義，尚知避之，况於人乎？』還息於鄒，作盤琴以哀之。上。

楚龔之潔，蜀莊之才。楚兩龔之潔，其清矣乎！龔勝龔舍，漢哀時，蜀莊沉冥，蜀莊之才之珍也。莊遵，字君平。不作苟見，不治苟得，雖隨和，何以加諸？揚子。

舟僑之奔，劉廙之戒。閔公二年，虢公敗犬戎于渭汭。舟之僑曰：『無德而禄，殃也。殃將至矣。』遂奔晋。無君人之德而享天禄。劉表辟劉望之爲從事，其友二人皆以讒誅，望之又以諫不合。弟廙曰：『趙殺鳴犢，仲尼回輪。今兄既不能法柳下惠和光同塵於内，則宜模范蠡遷化於外。』望之不從，尋亦見害。老子：『和其光，同其塵，是謂玄同。』注：和者，當晦其光，不以炫於人，當與衆同塵，不當自殊别。玄天也，人能行此，是明與天同。民雖靡憮，大也。或哲或謀。《小旻》。

李勣之戒，席豫之逃。總章二年，渭南尉劉延佑，弱冠，政事爲畿縣最。李勣曰：『足下春秋甫邇，遽擅大名，宜稍貶抑，無爲獨出人右也。』襄邑尉席豫聞公主求爲太女，嘆曰：『梅福譏切王氏，獨何人哉！』太平公主欲表爲諫官。豫耻之，逃去。

盧藏用之語，姚氏婦之赦。北海太守李邕自謂耆舊，久在外，意怏怏。李林甫遣羅希奭杖死。邕才藝出衆，盧藏藏〔一〕用常語之曰：『君如干將、莫邪，難與争鋒，然終虞缺斷耳。』魏楊氏爲姚氏婦，宦者符承祖之從母，謂承祖之母曰：『姊雖有一時之榮，不若妹有無窮之樂。』與之衣服，則曰：『夫家世貧，美衣服使人不安。』與之奴婢，則曰：『我家無食，不能飼。』遣車迎之，不肯起。使人抱置車上，則大哭曰：『爾欲殺我。』符氏號爲『癡姨』。及承敗，魏主特赦之。

陳高祖之識人，高孝基之知人。陳高祖曰：『杜僧明志大而識闇，狎於下而驕於上。』周文育交不擇人，而推心過差。侯安都傲誕而無厭，輕佻而肆志，並非全身之道，皆如其言。高孝基，名知人，見房玄齡彦謙子。嘆曰：『僕閲人多矣，未見如此郎者，異日必爲偉器。』見杜如晦曰：果玄孫。『若有應變之才，必任棟梁之才。』俱以子孫託之。

〔一〕今按：此『藏』疑衍。

反

强鉏之刖，鮑穿之刖。莊公十六年，鄭伯治與於雍糾之亂者。九月，殺公子閼，刖强鉏。君子謂：『强鉏不能衛其足。』不能避害。成公十七年，刖鮑穿，仲尼曰：『鮑莊子之智不如葵，葵猶能衛足。』《嵇康集序》：『康臨去，登曰：「君才則高矣，保身之道不足。」』《世説》。

杜詩：『淮王門有客，終不愧孫登。』山谷詩：『龜以靈故焦，雉以文故翳。本心如日月，利欲食之既。安得八紘罝，以道獵衆智。』『知足是靈龜，無厭乃朵頤。』

早識

閭丘之遮齊宣王，甘羅之悟呂不韋。齊有閭丘邛年七八，道遮宣王曰：『家貧親老，願得小仕。』王曰：『子年尚稚。未可也。』對曰：『顓頊行年十二而治天下，秦項橐七歲爲聖人師，由此觀之，邛不肖耳，年不稚矣。』王曰：『未有咫角驂駒而能服重致遠者也，由此觀之，大士亦華髮墮顛而後可用耳。』王載與俱歸而用焉。《新序》。或問：『甘羅之悟呂不韋，張辟彊之覺平、勃，皆以十二齡，茂、良乎？』曰：『才也茂、良，不必祖父。』非假祖父，然也。甘羅，甘茂孫，以請張唐相燕，及先報趙事，悟呂不韋。張唐相，張良子，以孝惠崩太后哭不哀事，覺平、勃。『育而不苗者，吾家之童烏乎？子雲子九齡而與我《玄》文。』顏弱冠而與仲尼言《易》，烏九齡而與揚子論《玄》。

王孫之言，范匃之進。僖公三十三年，秦師過周北門，王孫滿尚幼，觀之，言於王曰：『秦師輕而無禮，必敗。輕則寡謀，無禮則脱，脱疏。入險而脱，又不能謀，能無敗乎？』成公十六年，鄢陵之戰，楚晨壓晋軍而陣。范匃趨進，曰：『塞井夷竈，陣於軍中，而疏其行首。』文子執戈逐之，曰：『國之存亡，天也。童子何知焉？』

童子何知，爾幼惡識。襄公三十年初，儋括見王而嘆，單公子愆期，入以告王，且曰：『不泣而願大，視躁而目高。必殺之。』王曰：『童子何知？謂愆期。』昭公十六年，子服昭伯曰：『晋之公室，其將遂卑矣。』平子曰：『爾幼惡識國。』卜月，平子曰：『子服回之言猶信，子服氏有子哉！子服，惠伯。』

蔿賈尚幼，後至不賀。僖公二十七年，子文治兵於睽，不戮。子玉復治兵於蔿，鞭七人，貫三人耳。國老皆賀子文。蔿賈尚幼，後至，不賀。苟攸，方其七八，避護傷耳之愆；

亦越十三覽，觀亡命之色。朝華之草，夕而零落。

穎悟

賈誼盡對，應奉並下。諸老先生所未能言盡爲對。賈誼，年二十餘。少聰明，讀書五行並下。《後漢・應奉》。弱冠慷慨，前世美之。賈誼求試，終軍請纓。總角沉敏，風宇條暢。謝安。此兒若非龍駒，當是鳳雛，陸機、憫鴻云云。

八歲神悟，一座顔回。晋謝尚，年八歲，神悟速成。或曰『一座之顔回也』。謝安年四歲，桓彝嘆曰：『此兒風神秀撤。』豫章雖少，已有楝梁之器。《袁粲傳》。

謝貞八歲詩，李泌七歲文。謝貞八歲《春日閑居詩》：『風定花猶落。』王筠曰：『追步惠連矣。』李泌七歲知爲文，玄宗召之。帝方與張説觀奕，因使説試其能。説請賦『方圓動静』，泌曰：『願聞其略。』説曰：『方若棋局，圓若棋子，動若棋生，静若棋死。』泌曰：『方若行義，圓若用智。動若騁才，静若得意。』説賀帝得奇童。

有成人之風，賦高軒之過。嚴武神氣雋爽，幼有成人之風。李賀七歲，賦高軒過。劉晏八歲，賈逵十歲。劉晏八歲獻頌，張説試之曰：『國瑞也。』授以正字，號『神童』。

劉晏以神童爲秘書正字，上問：『能正幾字？』晏曰：『天下字皆正，惟朋字未正。』帝大奇之。賈逵十歲，暗誦『六經』，曰：姆抱于籬間聽鄰家讀書，因聽而誦之。少而標逸，爲風流之冠。王獻之。王戎簡要，裴楷清通。總角詣鍾士季，客問二童是誰，鍾云云。天下無雙，江夏黄童。黄香。

下筆成文章，席上出詩句。張商英爲童子時，下筆成文章。王元之七八歲，太守席上出詩句，元之書下曰：『鸚鵡能言爭似鳳，蜘蛛雖巧不如蠶。』東坡十年，聞古今成敗，能語其要。

精語：終童山東之英妙，賈生洛陽之才子。《選》。弱冠流芳，雋聲清劭。卓然如鴻雛鵠子，有青雲之意。陳子昂。耳目明達，神氣特出等夷。韓。少年嶄然見頭角，衆謂柳氏有子。柳宗元。陸機二十作文賦，汝更少年能綴文。驊騮作駒已汗血，鷙鳥舉翮連青雲。杜。往者十四五，以我似班揚。七歲思即壯，開口咏鳳凰。九齡書大字，日作成一囊。少年見標格，秀氣衝牛斗。骨清年少眼如冰，鳳羽參差五色層。天上騏驎時一下，人間不獨有徐陵。杜牧。少年壯盛日千里。坡。鳳凰池上之鳳毛，龍馬廄中之龍種。方當文度居膝上之時，盡得陳平宰天下之説。

斷

《書·周官》：『惟克果斷，乃罔後艱。』王氏曰：『斷以勇克，天下之達道也。』林氏曰：『猛虎之猶豫，不若蜂蠆之致螫；賁育之狐疑，不若童子之必至。所以貴於果决也。』匡衡曰：『仁愛温良者，戒於無斷。』謝安與王彪之共掌朝廷，安嘆曰：『朝廷大事，衆所不能决者，以咨王公，無不立决。』胡氏曰：『漢元帝、宋文帝、唐太宗雖勤儉願治，而以優游不斷反召衰亂不斷，害大矣。鋭然而斷：如景帝殺周亞夫、東京錮名士、符堅伐江左、梁武納侯景、隋文廢儲后、唐太〔宗〕征高麗、德宗和吐蕃，皆確然必行，莫可回沮。然則斷之爲害，豈小乎？故一善之目，或用之而是，或用之而非，無不然者。惟明乎實理，則如冬裘夏葛，各適其宜。苟不明實理而慕其虚名，未有不失者也。人君欲明乎實理，惟學而已矣。』『介如石焉，斷可識矣。』《繫辭》。『夬，决也，剛决柔也。九三，君子夬夬，終無咎也。九五，莧陸夬夬，中行無咎。』《履》：『九五，夬履，貞厲，位正當也。』

宋高宗時，綦崇言：『歐陽脩立朝，春日帖子以諷諫爲心，宫禁門户祓除祈祝之辭，至脩乃中含規諷。』有曰：『陽進升君子，陰消退小人。勸上以用威斷也。』杜《贈鮮于京兆》：

『操持郢匠斤。』杜《能畫》：『皇恩斷若神。』

疑

需事之下也，需事之賊也。哀四，齊陳乞曰：『需，事之下也。』哀十四，陳子行曰：『需，事之賊也。』益稷：『舜曰：「疑謀勿成，百志惟熙。」』皋陶曰：『帝德罔愆。罪疑惟輕，功疑惟重。』《大禹謨》。『蓄疑敗謀。』《周官》。『心猶豫而狐疑。』《屈原賦》。疑者事之害也。蒯通。惑者疑之也。《乾·文言》。

首鼠兩端，首施兩端。西漢《灌夫傳》陸佃云：『鼠性疑，出穴多不果，故持兩端者，謂之首鼠。』東漢《鄧訓傳》顏師古曰：『首施猶言首鼠。』劉更生曰：『執狐疑之心者，來讒賊之口；持不斷之意者，開群枉之門。』公孫鞅曰：『臣聞疑行無名，疑事無功。君亟定變法之慮，殆無顧天下之議。』《新序》。

《論》：『子張學干祿，子曰：「多聞厥疑。」』《易》：『直方大，不習無不利，則不疑其所行也。』《遁》上九：『肥遁無不利，無所疑也。』《睽》上九：『遇雨之吉，群疑亡也。』《損》六三：『一人行，三則疑也。疑所與。』《升》九三：『升虛邑，無所疑也。入無人之邑，其進無疑。』《巽》初六：『進退，志疑也。』《兑》初九：『和兑之吉，行未疑也。』《既濟》六四：『終日戒，有所疑也。』《小畜》上九：『君子征凶，有所疑也。』『五刑之疑有赦，五罰之疑有赦。黑辟疑赦，劓辟疑赦，剕辟疑赦，宫辟疑赦，大辟疑赦。』《吕刑》。尹起莘曰：『徘徊顧望，且前且却。』

防微

《夏書》曰：『怨豈在明，不見是圖。夫君子能勤小物，故無大患。』智國。《淮南子》：『塘有萬穴，塞其一，魚遽無由出?室有萬户，閉其一，盗遽無從入。夫墻之壞也於隙，劍之折必有嚙。聖人見之密，故萬物莫能傷也。』仲舒：『盡小者大，忽微者細。』

李德裕《丹扆箴》：『六曰《防微》：亂臣猖獗，非可遽數。玄服莫辨，觸瑟始仆。柏谷微行，豺豕塞路。睹貌獻餐，斯可戒惧！』諷輕出遊幸。漢武幸林光宫，朝未起。侍中馬何羅衣玄服，抽白刃，走趨卧内，以急遽觸寶瑟而仆，故侍中金日磾得抱持而縛之。千里之堤，以螻蟻之穴漏；百尋之屋，以突隙之烟焚。

《堯戒》曰：『戰戰慄慄，日慎一日。人莫躓於山，而躓於垤。是故人皆輕小害，易微事，以多悔。患至而後憂之，是猶病者易惓而索良醫也。』《淮南子》：『聖人敬小慎微，動不失時。百射重戒，禍乃不滋。夫爝火在縹烟之中也，塘漏若鼷鼠，一指之所能息也，一墣之所能塞也。及至火之燔孟諸而炎雲臺，而水之決九江而漸荆州，雖起三軍之衆，不能救也。禍生而不蚤滅，若火之得燥，水之得濕，浸而益大。癰疽發於指，其痛遍於體，故蠹啄剖梁柱，蟁虻走牛羊，此之謂也。』

知幾

《易・乾・文言》曰：『知止之可與幾也。』《屯》：『君子幾不如舍。』《繫辭》：『子曰：「知幾其神乎！君子上交不諂，下交不瀆，其知幾乎？幾者，動之微，吉凶之先見者也。君子見幾而作，不竢終日。《易》曰：「介于石，不終日，貞吉。」介如石焉，寧用終日，斷可識矣！君子知微知彰，知柔知剛，萬夫之望。』子曰：『君不密則失臣，臣不密則失身，幾事不密則害成，是以君子慎密而不出也。』楊誠齋曰：『唐高宗告武后以「上官儀教我廢汝」，此君不密而失臣也。陳蕃乞宣臣章以示宦者，此臣不密而失身也。』

《書・皋陶謨》曰：『兢兢業業，一日二日萬幾，無曠庶官。』朱子曰：『萬幾者，言其幾事之至多也。』朱子曰：『幾微也，《易》曰：「惟幾也，故能成天下之務。」蓋禍患之幾藏於細微，而非常人之所預見。及其著也，則雖智者不能善其後，故聖人於幾則兢業以圖之，所謂「圖難於其易，爲大於其細」者，此也。』朱子曰：『理雖已萌，事則未著。』周子曰：『動而未形，有無之間者也。』陳大猶曰：『天子能以一心察天下之幾，不能以一身兼天下之務，任之庶官而已不可使曠。非無其人之爲曠，非其人之爲曠也。君雖兢業，官或曠廢，亦危亂之道，終以無曠庶官，欲君臣同克難以保治也。』

《益稷》：『禹曰：「安汝止，惟幾惟康，其弼直，惟動丕應。徯志天其申命用休。」』止者，心之所之也。惟幾所以審其事之發，惟康所以省其事之安。新安陳氏曰：『安汝所當止，静也。幾者，動之微；動者，幾之著。静而知幾，又得直臣弼之，則以圖康乂下應人心，上當天心矣。』

《顧命》：『爾無以釗冒貢于非幾。』貢，進也。成王又言群臣，其無以元子而冒進於不善之幾也。蓋幾者，動之微而善惡之所由分也。非幾，則發於不善而陷於惡矣。

梁琛之對，周捨不泄。梁琛對石勒曰：『臣聞「幾者，動之微，吉凶之先見者也」。知幾者，心達安危，身擇去就，不顧家國。』梁周捨豫機密二十餘年，與人言謔終日，而竟不泄機事。始元五年春正月，男子成方遂詣闕，詐稱衛太子伏誅。京兆尹雋不疑，曰：『衛太子得罪先帝，亡不即死，今來自詣，此罪人也。』遂送詔獄，竟得奸詐。程子曰：『處事應機，則不異於古人矣。』

壅蔽

言事者請上親覽奏表，以防壅蔽。唐太宗。魏徵曰：『斯人不知大體。』范氏曰：『人主任賢則萬事治，不憂其壅蔽也。君臣日相與處，而盻盻然防其微，是左右前後皆無可信者，誰與爲治者。』

以盧絢而爲簷事，以嚴挺而爲簷事。天寶元年，上嘗陳樂於勤政樓下，兵部侍郎盧絢謂上已起，垂鞍按轡，横過樓下。絢風標清粹，上目送之。李林甫誣其有疾，除員外簷事。上又問：『嚴挺之安在？』林甫白上：『挺之老疾，爲員外簷事。』發明：古人闢四門，明四目，達四聰，非好爲是多事也，所以通上下之情、絶壅蔽之患耳。盧絢、嚴挺之近在目前，無疾而謂之有疾，由林甫蔽其聰明也。故夫員外簷事不必書而特書之者，所以著林甫之欺，爲後世偏聽生奸、獨任成亂之戒耳。爲人上者，可不鑑諸。

元載恐奏事者，攻訐其私，乃請百官論事，皆先白宰相，然後奏聞。顔真卿疏曰：『諫官御史，陛下之耳目。今使論事先白宰相，是自掩耳目也。』太宗著《司門式》云：『人有急奏者，皆令司門與仗家引奏，無得關礙。』所以防壅蔽也。

仁

《釋名》：『仁，忍也。』

仁，林駉甚矣，仁之難言也。義，可言宜；禮，可言别；智，可言知；仁，果何所訓哉？以覺謂仁，則仁非覺之可盡。蓋仁，然後有覺，而覺未足謂仁也。以人謂仁，則仁非人之可盡。蓋言仁而不言人，則不見理之所寓皆合而言之；言人而不言仁，則人特塊然之身耳，非析而言之也。以愛謂仁，則仁亦非愛之可盡。蓋愛，本人之情；仁，本人之性。又烏可以性爲情哉！

嘗考諸關洛之論仁也，在身爲心，在物爲理，在德爲元。程曰：『心生道也，惻隱之心。人之生道，是在身爲心也。或曰：譬如五穀之種，必待陽氣而生。』曰：『陽無發處，却是情也。心譬如穀種生之性，便是仁也。』又伊川曰：『心，生道也。有是心，斯具是形以生。惻隱之心，人之生道也。』程曰：『仁者，天下之正理。失正理，則無序而不和。』是在物爲理也。程曰：『萬物之生意可觀。此元者善之長，斯所謂仁。』此言人之德也。嗚呼！仁之爲仁，其不可限量。如此，豈一言所能盡哉？大哉，仁之道乎！内外遠近，血脉貫通而後仁，而少有壅遏則未也；一民一物，同胞共體而後仁，而少有間斷則未也；泛應曲當，無往不寓而後仁，而此善彼不善則未也。程氏謂：『以手足痿痺爲不仁，是物物以天地萬物爲一體，皆仁也。』張氏謂：『天體物而不遺，仁體事而無不在，是事事皆仁也。』愚又求關洛，求仁之要』，曰：『人體公爲仁。』又曰：『少私意不仁。』蓋公，則物我兼照、天地同量；而私，則町畦立而仁道息矣。曰：『虛静，仁之本。』又曰：『仁之難成，以人人有利欲之心。』蓋虛則無蔽，静則無撓，而私則思慮汩而仁道滅矣。噫！忠恕者，仁之方；寬裕者，仁之質；齊莊中正者，仁之守；發强剛毅者，仁之用。無迷其方，無毁其質，謹守之則，力行之仁，其庶幾乎。

《易·乾·文言》：『君子體仁，足以長人。君子仁以行之。』《復》六二：『休復之吉，以下仁也。』

《書·太甲》：『民罔常懷，懷于有仁。』《論》：『孝弟也者，其爲仁之本與？』《書·仲虺之誥》：『克寬克仁，彰信兆民。』《泰誓》：『雖有周親，不如仁人。予小子既獲仁人。』

《論》：『子曰：「里仁爲美。宅不處仁，焉得智？」子曰：「不仁者不可以久處約，不可以長處樂。仁者安仁，智者利仁。」子曰：「惟仁者能好人，能惡人。」子曰：「苟志於仁矣，無惡也。君子去仁，惡乎成名，君子無終食之間違仁。造次必於是，顛沛必於是。」子曰：「我未見好仁者，惡不仁者。好仁者，無以尚之；惡不仁者，其爲仁矣不使不仁者加乎其身。有能一日用其力於仁矣乎？我未見力不足者。蓋有之矣，我未之見也。」子曰：「人之過也，各於其黨，觀過，斯知仁矣。」』吴氏曰：『後漢吴祐謂：「掾以親故：受汚辱之名，所謂觀過知仁是也。」或曰：「雍也仁而不佞。」子曰：「不知其仁，焉用佞？」或疑仲弓之賢而夫子不許其仁，何也？曰：「仁道至大，非全體而不息者，不足以當之。如顔子亞聖，猶不能無違於三月之後；況仲弓雖賢，未及顔子，聖人固不得而輕許之也。」孟武伯問：「子路仁乎？」子曰：「可使治其賦也，由也，不知其仁也。」「求也，何如？」子曰：「求也，可使爲之宰也，不知其仁也。」「赤也，何如？」子曰：「赤也，可使與賓客言也，不知其仁也。」子張問令尹子文曰：「仁矣乎？」曰：「未知，焉得仁？」陳文子曰：「仁矣乎？」曰：「未知，焉得仁？」』愚聞之師曰：『當理而無私心則仁矣。今以是而觀二子之事，雖其制行之高若不可及，然其未有以見其必當於理，而真無私心也。子曰：「夫仁者，己欲立而立人，己欲達而達人。能近取譬，可謂仁之方也已。」』程子曰：『醫書以手足痿痺爲不仁，此言最善名狀。仁者，以天地萬物爲一體，莫非己也。認得爲己，何所不至？若不屬己，自與己不相干。如手足之不仁，氣已不貫，皆不屬己。故博施濟衆，乃聖人之功用。仁至難言，故止曰：「己欲立而立人，己欲達而達人，能近取譬，可謂仁之方也已。」欲令如是觀仁，可以得仁之體。』子曰：『依於仁，仁則私。欲尽去，而心德之全也。』子貢曰：『怨乎？』曰：『求仁而得仁，又何怨？』夷、齊。子曰：『仁遠乎哉？我欲仁，斯仁至矣。』『君子篤於親，則民興於仁。』曾子之言也。『仁以爲己任，不亦重乎。』子罕言仁，朱子曰：『仁之道大。』子曰：『仁者不憂。』朱子曰：『理足以勝私，故不憂。』顔淵問仁，子曰：『克己復禮爲仁，一日克己復禮爲仁，天下歸仁焉。爲仁由己，而由人乎哉？』朱子曰：『仁者，本心之全德，己謂心之私欲也。』顔淵曰：『請問其目。』子曰：『非禮勿視，非禮勿聽，非禮勿言，非禮勿動。』真德秀曰：『仁之一字見於經者，自《仲虺之誥》始，曰「克寬克仁」，伊尹繼之曰「懷于有仁」，然其所言大抵皆仁之用。顔子之問，孔子之答，皆仁之體也。』仲弓問仁，子曰：『出門如見大賓，使民如丞大祭，己所不欲，勿施於人。在邦無怨，在家無怨。』朱子曰：『敬以持己，恕以及物，則私意無所容，而心德全矣。内外無怨，亦以其效言之。』司馬牛問仁，子曰：『仁者，其言也訒。』子曰：『回也，其心三月不違仁，其餘則日月至焉而已矣。』朱子曰：『仁者，心之德。心不違仁者，無私欲而有其德也。』程子曰：『三月天道小變之節，言其久也。過此，則聖人矣。不違仁，只是無纖毫私欲，小有私欲便是不仁。』

樊遲問仁，子曰：『愛人。』子曰：『君子而不仁者有矣夫，未有小人而仁者也。』子路曰：『管仲不死。』曰：『未仁乎？』子曰：『如其仁！如其仁！』朱子曰：『管仲雖未得爲仁，而其利澤及人，則有仁之功矣。』子貢曰：『管仲非仁者與？桓公殺公子糾，不能死，又相之。』子曰：『微管仲，吾其被髮左衽矣。』樊遲問仁，子曰：『仁者，先難而後獲，可謂仁矣。』子曰：『仁者樂山。仁者静。仁者壽。』

子曰：『志士仁人，無求生以害仁，有殺身以成仁。』子貢問爲仁，子曰：『工欲善其事，必先利其器。居是邦也，事其大夫之賢者，友其士之仁者。』程子曰：『子貢問爲仁，非問仁也，故孔子告之以爲仁之資而已。』子曰：『智及之，仁不能守之，雖得之，必失之。』朱子曰：『智足以知此理，而私欲間之則無以有之於身矣。』子曰：『民之於仁也，甚於水火。水火吾見蹈而死者矣，未見蹈仁而死者也。』子曰：『當仁不讓於師。』子張問仁於孔子，孔子曰：『能五者於天下爲仁矣。』請問之，曰：『恭、寛、信、敏、惠。』子曰：『好仁不好學，其蔽也愚。』宰我問：『三年之喪，期已久矣。』子曰：『予之不仁也。微子去之，箕子爲之奴，比干諫而死。』孔子曰：『殷有三仁焉。』楊氏曰：『此三仁者，各得其本心，故同謂之仁。』子夏曰：『博學而篤志，切問而近思，仁在其中矣。』子游曰：『吾友張也，爲難能也，然而未仁。』曾子曰：『堂堂乎張也，難與並爲仁矣。』

孟子對曰：『亦有仁義而已矣。未有仁而遺其親者也。』王亦曰：『仁義而已矣。』朱子曰：『仁者，心之德，愛之理。』諸葛氏曰：『語之爲仁，猶曰行仁，以仁之用言，故集注先言愛之理。孟子此章以仁之體言，故集注先言心之德，故曰「仁者無敵」，仁者無敵，蓋古語也。是乃仁術也。今王發政施仁。』『惟仁者爲能以大事小。曰賊，仁者謂之賊。邠人曰：「仁人也，不可失也。」萬乘之國，行仁政，民之悦之，猶解倒懸也。』子貢曰：『教不倦仁也。』孟子曰：『以力假仁者霸，霸必有大國；以德行仁者王，王不待大。』孟子曰：『仁則榮，不仁則辱。今惡辱而居不仁，是猶惡濕而居下也。』孟子曰：『三代之得天下也以仁，其失天下也以不仁。天子不仁，不保四海；諸侯不仁，不保社稷；卿大夫不仁，不保宗廟；士庶人不仁，不保四體。今惡死亡而樂不仁，是猶惡醉而强酒。無惻隱之心，非人也。惻隱之心，仁之端也。』朱子曰：『仁字是個生底意思，通貫周流於四者之中，仁固仁之本體，義則仁之斷制，禮則仁之節文，智則仁之分别也。正如春之生氣貫徹四時，春則生之生也，夏則生之長也，秋則生之收也，冬則生之藏也。』

孔子曰：『里仁爲仁，宅不處仁，焉得智？夫仁，天之尊爵也，人之安宅也，莫之禦而不仁，是不智也。』朱子曰：『仁者，天地生物之心，得之最先而兼統四者。所謂元者善之長也，故曰尊爵。在人則爲本心全體之德，有天理自然之安，無人欲陷溺之危。人當常在其中，而不可須臾離者也，故曰安宅。如耻之，莫如爲仁。仁者如射，射者正己而後發。』陽虎曰：『爲富不仁矣，爲仁不富矣。』

『爲天下得人者謂之仁。』『居天下之廣居，廣居仁也。此之謂大丈夫。』『堯舜之道，不以仁政，不能平治天下。今有仁心仁聞，而民不被其澤，不可法於後世者，不行先王之道也。是以惟仁者宜在高位，不仁而在高位，是播其惡於衆也。孔子曰：「道二，仁與不仁而已矣。」』孟子曰：『愛人不親，反其仁。』孔子曰：『仁不可爲衆也。夫國君好仁，天下無敵。今也欲無敵於天下而不以仁，是猶執熱而不以濯也。』孟子曰：『不仁者，可與言哉？安其危而利其灾，樂其所以亡者。不仁而可與言，則何亡國敗家之有？民之歸仁也，猶水之就下、獸之走壙也。今天下之有好仁者，則諸侯皆爲之敺矣。仁，人之安宅也。曠安宅而弗居，哀哉！』《揚子》：『仁，宅也。』

孟子曰：『君仁，莫不仁。』孟子曰：『仁之實，事親是也。舜明於庶物，察於人倫，由仁義行，非行仁義也。所謂安而行之也。君子以仁存心，仁者愛人。君子必自反也：我必不仁也。其自反而仁矣，非仁無爲也。仁人之於弟也，不藏怒焉。』告子曰：『以人性爲仁義，猶以杞柳爲桮棬。』孟子曰：『如將戕賊杞柳而以爲桮棬，則亦將戕賊人以爲仁義與？率天下之人而禍仁義者，必子之言夫！』告子曰：『仁，内也，非外也。惻隱之心，人皆有之。惻隱之心，仁也，雖存乎人者，豈無仁義之心哉？』孟子曰：『仁，人心也。放其心而不知求，哀哉！』朱子曰：『仁者，心之德。』程子所謂：『心如穀種，仁則其生之性是也。然但謂之仁，則人不知其切於己，故反而名之曰人心，則可見其爲此身酬酢萬變之主，而不可須臾失矣。』孟子曰：『仁之勝不仁也，猶水勝火。今之爲仁者，猶以一杯水救一車薪之火也。不息，則以爲水不勝火，此又與於不仁之甚者也。』孟子曰：『五穀者種之美者也，苟爲不熟，不如荑稗。夫仁，亦在乎熟之而已矣。三子者不同道，其趨一也。一者，何也？曰仁也。君子亦仁而已矣，何必同？强恕而行，求仁莫近焉。仁言不如仁聲之入人深也。親親，仁也；無他，達之天下也。菽粟如水火，而民焉有不仁者乎？』尹氏曰：『言禮義生於富足。』王子墊問曰：『士何事？』孟子曰：『尚志。』曰：『何謂尚志？』曰：『仁義而已矣。殺一無罪，非仁也，居惡在仁是也。』『君子之於物也，愛之而弗仁；於民也，仁之而弗親。親親而仁民，仁民而愛物。仁者無不愛也，急親賢之爲務。堯舜之仁，不偏愛人，急親賢也。不仁哉梁惠王也！仁者，以其所愛及其所不愛，不仁者以其所不愛及其所愛。親親而仁民，仁民而愛物，所謂以其所愛及其所不愛也。仁人無敵於天下，以至仁伐至不仁，而何其血之流杵也？國君好仁，天下無敵焉。不信仁賢，則國空虛。不仁而得國者有之矣，不仁而得天下未之有也。仁也者，人也，合而言之，道也。』朱子曰：『仁者，人之所以爲仁之理也。

然仁理也人物也。以仁之理合於人之身而言之，乃所謂道者也。』又曰：『人之所以得名，以其仁也。言仁而不言人，則不見理之所寓；言人而不言仁，則不過是一塊血肉耳。必合而言之，方見得道理出來。』

《中庸》：孔子曰：『修道以仁。仁者，人也。親親爲大。』人指人身而言，具此生理自然便有惻怛慈愛之意。中庸是切己言之，孟子是統而言之。孟子曰：『仁之於父子也，命也，有性焉，君子不謂命也。人皆有所不忍，達之於其所忍，仁也。人能充無欲害人之心，而仁不可勝用也。』《中庸》：孔子曰：『力行近乎仁。成己仁也，肫肫其仁。』肫肫，懇至貌。

《大學》：文王爲人君止於仁，仁厚及於鳥獸昆蟲，黄帝。仁而威，帝嚳。其仁如天。堯。

《禮記·禮運》：孔子曰：『仁者，義之本也，順之體也，得之者尊，講之以學而不合之以仁，猶耨而不穫也。』《大學》：『堯舜帥天下以仁，而民從之。』

《表記》：『子言之：「中心憯怛，愛人之仁也；率法而强之，資仁者也。」《詩》云：「詒厥孫謀，以燕翼子。」數世之仁也。國風曰：「我躬不閱，遑恤我後。」終身之仁也。子曰：「仁之爲器重，其爲道遠，舉者莫能勝也，行者莫能致也，取數多者，仁也。夫勉於仁者，不亦難乎。」管仲之功，微子之去，箕子之囚，比干之死，皆得以仁名之。語仁之至，則堯舜猶病，此所以取數之多也。子曰：「忠安仁者，天下一人而已矣。」子曰：「仁之難成久矣，惟君子能之。」子曰：「君子之所謂仁者，其難乎！」』《左傳·文公二年》：『仲尼曰：「臧文仲，不仁者三：下展禽，廢六關，妾織蒲，三不仁也。」』六關，所以禁絶末游而廢之，家人販席言其與民争利。《昭公十二年》：『仲尼曰：「古也有志，克己復禮，仁也。」』《昭公十八年》：『子産爲火，故大爲社。子太叔之廟在道南，子産止之曰：「毁於北方。」注：子産仁，不忍毁人廟。仲尼曰：「人謂子産不仁，吾不信也。」』任座對魏文侯曰：『臣聞之，君仁者其臣直。翟黄之言直，臣是以知君仁君也。』《新序》。

孟子曰：『仁義充塞，則率獸食人。』董仲舒爲江都相，事易王，易王嘗問之曰：『越王句踐與大夫泄庸、薛容、種蠡伐吴，滅之。寡人以爲越有三仁，何如？』對曰：『昔魯君問伐齊於柳下惠，惠有憂色曰：「吾聞伐國不問仁人，此言何爲至於我哉？」徒見問耳，猶且羞之，况設設以行之乎？夫仁者，正其誼不謀其利，明其道不計其功。是以仲尼之門，五尺之童羞稱五霸，爲其先詐力而後仁義也。由此言之，則粤未有一仁也。』王曰：『善。』

太史公曰：『孔子稱「微子去之，箕子爲之奴，比干諫而死，殷有三仁焉」。』何晏曰：『按謂仁者愛人，三仁行本異而乃同稱曰仁者，何也？以其俱在憂亂而寧民也。』夏侯玄曰：『微子仕之窮也，箕子、比干志之窮也，故或盡材而止，或盡心而留，皆其極也。致極斯，君子之事矣。

王導以李充爲椽，充以時俗崇尚浮虚，以爲老莊絶仁棄義，乃作《學箴》以祛其蔽，曰：『名之攸彰，道之攸廢。乃損所隆，乃崇所廢。非仁無以長物，非義無以齊耻。仁義固不可遠，去其害仁義者而已。』叔向曰：『昔先王奉之以仁。仁者，百姓之所慕也，爲人之所慕，此嚴父之所以教子，而忠臣之所以事君也。徐偃王好行仁義，陸地之朝者三十二國。王孫厲謂楚莊王曰：「王不伐徐，必反朝徐。」王曰：「偃王有道之君也，好行仁義，不可伐。」王孫厲曰：「臣聞大之與小之、强之與弱也，猶石之投卵、虎之啗豚，又何疑焉？」楚王曰：「善。」乃舉兵而伐徐，遂滅之。知仁義而不知世變者也。』《淮南子》：『徐偃王爲仁義而滅，燕子噲行仁而亡，獨以仁義而亡者，遭時之務異也，非其世而用之則爲之擒矣。』

《表記》：『子言之，仁者，天下之表也。仁之體，大而尊，昭揭衆善，而人心儼然知所敬，故曰表。子曰：仁有三，與仁同功而異情。與仁同功，其仁未可知也。與仁同過，然後其仁可知也。仁者安仁，智者利仁，畏罪者强仁。仁者右也，道者左也。仁者，人也；道者，義也。厚於仁者，薄於義，親而不尊；厚於義者，薄於仁，尊而不親。三者之功，同歸於仁，其情則異。堯舜性之，湯武身之，五霸假之，桓公九合諸侯，情則不同仁，未可知。周公使管叔以殷畔，孔子以昭公知禮，皆出乎情，其仁可知。人之舉動，右先左隨。仁，莫隆於父子，父子之道親親也；義，莫重於君臣，君臣之道尊尊也。厚於此則薄於彼，薄於彼則厚於此，惟知其所以爲左右，則尊尊、親親並行不悖。』上

《韓詩外傳》：仁道有四，磏爲下。磏，碩石。有聖仁者，有智仁者，有德仁者，有磏仁者。上知天，能用其時；下知地，能用其財；中知人，安樂之；是聖人者也。上知天，能用其時；下知地，能用其財；中知人，能使人肆之；是智仁者也。寬而容衆百姓信之，道所以至，不辱以時，是德仁者也。廉潔直方，疾亂不治，惡邪不匡，雖居鄉里，若坐塗炭。命入朝廷如赴湯火，非其民不使，非其食不嘗。疾亂世而輕死，不顧弟兄以法度之，比於不祥，是磏仁者也。《傳》曰：『山鋭則不高，水經則不深，仁磏則其德不厚，志與天地擬者，其人不祥。是伯夷、叔齊、卞隨、介子推、原憲、鮑焦、袁旌目、申徒狄之行也。』

卷之十七

四曰聽

蔡沈曰：『聽，收金也。』朱子曰：『金聲清亮，故聽屬金。』徽庵程氏曰：『氣之藏爲聽。』

《書·大禹謨》：『帝曰：「無稽之言勿聽。」禹曰：「咸聽朕命。」』《益稷》：『帝曰：「予欲聞六律，五聲，八音，在治忽；以出納五言，汝聽。」』《湯誓》：『王曰：「悉聽朕言。」』《仲虺之誥》：『仲虺曰：「言足聽聞。」』《湯誥》：『王曰：「明聽予一人誥。」』《伊訓》：『以聽冢宰。』《太甲》：『聽德惟聰。』《盤庚》：『明聽朕言。』《泰誓》：『咸聽朕言，天聽自我民聽。』《康誥》：『高乃聽。聽朕告汝。』《酒誥》：『典聽朕毖。』《洛誥》：『聽朕教汝于棐民彝。』《多士》：『矧曰：「其有能聽念于先王勤家，予一人惟聽用德。」』《無逸》：『此厥不聽，人乃訓之，乃變亂先王之正刑。此厥不聽，人乃或譸張爲幻。』《蔡衆》：『詳乃視聽。』《顧命》：『既皆聽命。』《呂刑》：『王曰：「嗚呼！皆聽朕言。」王曰：「嗚呼！尚明聽之哉。」』《費誓》：『人無譁，聽命。』《秦誓》：『聽無譁。』

《易》：「需于血傷險，順以聽也。」

《詩》：『聽言則答。』『敬而聽之。』『神之聽之。』『聽我藐藐。』『聽用我謀。』『聽言則對。』『寧莫我聽。』『先祖是聽。』

《論》：『子曰：「非禮勿聽。」』程子聽箴：『人有秉彝，本乎天性；知誘物化，遂亡其正；卓彼先覺，知止有定；閑邪存誠，非禮勿聽。』子曰：『聽訟，吾猶人也。』『始吾於人也，聽其言而信其行。今吾於人也，聽其言而觀其行。』『君子有九思：聽思聰。道聽而塗説，德之棄也。』

《孟》：『一人專心，惟奕秋之爲聽。一人雖聽，思援弓繳而射之。』『貴戚之卿，反覆之而不聽，則易位。異姓之卿，反覆之而不聽，則去位。』

有孺子歌，孔子曰：『小子聽之，聽其言也，人焉廋哉！諫行言聽，膏澤下於民；諫則不行，言則不聽，膏澤不下於民，聲音不足聽於耳與。』左右皆曰不可，勿聽。大夫皆曰不可，勿聽。左右皆曰可殺，勿聽。大夫皆曰可殺，勿聽。趙武靈王曰：『家聽於親，國聽於君。』蒯通曰：『聽者，事之候也。』揚子：『或曰：「君子聽聲乎？」曰：「君子惟正之聽。荒乎淫，咈乎正，沉而樂者，君子不聽也。」』

《大學》：『心不在焉，聽而不聞。』《書·肜日》：『民有不聽罪。』《泰誓》：『明聽誓。』《詩·小旻》：『維爾言是聽，聽我囂囂。』《書·盤庚》：『聽余一人之作猷。』《僖公二十九年》：『介葛盧來，聞牛鳴，曰：「是生三犧，皆用之矣，其音云。」問之而信。傳言人聽，或通鳥獸之情。』王生瞽而善聽聲。丁晋公守金陵，聽馬蹄聲曰：『月中必拜相。』果然。聽馬蹄聲，曰：『有西行之北。』問之，曰：『啼西去而無回聲。』果分司西京貶崖州。《記》：『聽於無聲。』《易》：『聖人南面而聽天下。』杜詩：『不寢聽金鑰。』韋應物《聽聲》：『萬物自生聽，太空恒寂寥。還從静中起，却向静中消。』

《書》：『玄德升聞於天。』『亦有無窮之聞。』『王惟庸罔念聞。』『王人求多聞。』『祗適乃文考，紹聞衣德言。別求聞由求先哲王。』『惟時天罔念聞。』『我則鳴鳥不聞。』《易》：『聞言不信，聰不明也。』《詩》：『亦莫我聞。』『有聞無聲。』『聲聞於天。』『聲聞于野。』『我聞其聲。』『不聞亦式。』『鼓鐘於宮，聲聞於外。』『則不我聞。』『聞於四國。』《論》：『必聞其政。』『在齊聞韶。』『子路有聞，猶恐有聞。』子路問：『聞斯行諸？』子曰：『如之何其聞斯行之？』冉有問：『聞斯行諸？』子曰：『聞斯行之。』子曰：『求也退，故進之；由也兼人，故退之。』陳亢問於伯魚曰：『子亦有異聞乎？』對曰：『未也。』嘗獨立。曰：『學詩乎？』又獨立。曰：

『學禮乎？』聞斯二者。陳亢退而喜曰：『問一得三：聞詩，聞禮，又聞君子之遠其子也。』子之武城，聞絃歌之聲。

《孟》：『舜聞一善言，若決江河。』『聞伯夷之風者，頑夫廉，懦夫有立志；聞柳下惠之風者，鄙夫寬，薄夫敦。奮乎百世之上，百世之下，聞者莫不興起也。』『若湯，則聞而知之；若文王，則聞而知之；若孔子，則聞而知之。』『魯欲使樂正子爲政。孟子曰：「吾聞之，喜而不寐。」』『吾聞以堯舜之道要湯，未聞以割烹也。』『今有仁心仁聞，而民不被其澤。』『伯夷居北海，聞文王作，興曰：「盍歸乎來？」太公居東海，聞文王作，興曰：「盍歸乎來？」』『百姓聞王鐘鼓之聲，舉疾首蹙頞而相告；百姓聞王車馬之音，舉疾首蹙頞而相告；百姓聞王鐘鼓之聲，舉欣欣然有喜色而相告；百姓聞王車馬之音，舉欣欣然有喜色而相告。』『禹聞善言則拜，曰：「吾聞之也。」』

《詩》：『亹亹文王，令聞不已。』

《易》：『喪牛于易，終莫之聞也。』

肺

肺，金藏也。肺性堅，堅行義，乙庚主之。《白虎通》：『鼻者肺之人，肺者金之精，制割立斷。』

『心肝肺三臟之上，係管之中爲三黑。《中黄經》云：「肺首爲三焦，當指其所也。」』《黄庭經注》。

楊氏曰：『肺爲氣主而聲出焉，寢食則氣窒而不通，言語非其時也。』《論語》『食不語，寢不言』。注。

《詩》：『自有肺腸，俾民卒狂。』

《大學》：『人之視己，如見其肺肝然。』

杜詩：『肺疾幾日朝日过。』『衰年病肺惟高枕。』『高秋蘇肺氣。』『且知寬疾肺。』『肺肝若稍愈。』『戀闕勞肝肺。』『肺枯渴太甚。』『春復加肺氣。』

民踐其肺，民抵以石。『武王伐紂，紂鬥而死，棄之玉門之外，民之觀者皆進蹴之，踐其肺。武王乃使人帷而守之，民㨶帷而入，以石抵之者，猶未止。』《賈子》。

腸

《白虎通》：『小腸大腸，心肺府也。主禮義，禮義有分理，腸亦大小相承受也。腸爲心肺主，心爲皮體主，故爲兩府。』《黄庭經》：『腸爲廣舒。』《抱朴子》：『欲得長生，腸中清；欲得不死，腸無屎。』

《書》：『今予其敷心腹腎腸。』《詩》：『自有肺腸，俾民卒狂。』司馬遷書：『腸一日而九迴。』李白：『腸斷絃亦絶。』『至此腸斷悠絶。』杜詩：『鬱鬱迴剛腸。』『探腸有禍胎。』『寸腸堪繾綣。』『迴腸杜谷煎。』『舊好腸堪斷。』『腸斷秦川流。』《濁經》。『孤城此日腸堪斷』，『斷腸分平各風燭』，『腸斷江城雁』，『腸斷春江欲白頭。』

樊川：『離腸不自裁。』『愁託酒腸消。』『斷腸還斷腸。』

有三寸之腸，無一寸之腸。《金樓子》殷洪遠云：『周旦腹中有三寸爛腸。』『高爽，辨博多才。孫挹爲蘭陵縣，爽詣之，了無故人之懷，爽題鼓面云：「身有八尺圍，腹無一寸腸，面皮如許好，被打未遽央。」』《談藪》。

北國浣腸，吴老薄腸。『北有浣腸之國，從口中引腸出而浣濯之，遞易其五臟。浣畢，哺傲而飛。』《拾遺記》。侯景曰：『我固知吳老公薄心腸。』

腎

腎，五臟之一也。『腎主耳，腎爲雨。』《文子》。腎受病則耳不能聽。

《書》：『今予其敷心腹腎腸。』

《白虎通》：『陰者，腎之寫；腎者，水之精。上爲虛色。』腎性智，智行敬，丁士主之。

『武王伐紂，紂鬥而死，棄之玉門之外，民之觀者皆進蹴之，蹶其腎。武王使人帷而守之，民擇帷而入，以石抵之者，猶未止。』《賈子》。

耳

《元命包》：『耳者，心之候。』

九華真妃曰：『耳者，身之牖。聽衆則牖閉，妾有決牖之術。』《真誥》。『耳神空閑字幽田。』《黄庭經》。嬌女窈窕翳霄時。《真誥》曰：『嬌女，耳神名。』

南方落頭氏，以耳爲翼。

『耳門小富而慳。』《相書》。『耳門不容麥百歲。』《相法》。

『珠庢儋耳，其渠帥耳垂肩三寸。』《後漢》。珠庢儋耳，南方落頭。

『禹耳參漏，是謂大通。』興利除河，疏河決江。』《淮南子》。

『耳有三門。』《瀨鄉記》。『耳長七寸。』《抱朴子》。

『陽都女耳細而長，衆皆言此天人也。』耳長七寸，耳細而長。務光夏時人，耳長七寸。《列仙傳》。

周之聽和，梁之耳塞。景王將鑄大鐘，單穆公曰：『夫耳目，心之樞機也，故必聽龢而視正。聽龢則聰，視正則明。』《國語》。

『梁亡，自亡也。湎于酒，淫于色，心昏耳塞。』《穀梁子》。

洗耳，唾耳。『堯聘許由爲九州牧，由聞之洗耳於河。』《高士傳》。『燕丹使田光，往候荆軻，值其醉，唾其耳中，軻覺曰：「此出口入耳之言，必大事也。」則往見光。』《列士傳》。

先主見耳，蜀主見耳。『先主顧自見其耳。』《蜀志》。吕布目備曰：『大耳兒最叵信。』《英雄記》。王蜀後主，顧自見耳。《五代史》。

耳有城郭，耳如相望。『劉壽，少遇相師曰：「耳爲天柱，君耳有城郭，必典家郡。」』《耆舊傳》。『李雄，相工曰：「耳如相望，位必過三公，不疑也。」』《蜀書》。

耳竪垂肩，耳骨不起。『王導多病，陳訓曰：「公耳竪垂肩，必壽，亦大貴。」』《晋書》。『馬周，袁天綱曰：「伏犀貫胸，兼有玉枕，背如負物，富貴不可言。耳後骨不起，耳無根，只恐非壽。」五至中書令兼吏部尚書，年四十八卒。』《舊唐》。

李嶠龜息，李忠驴耳。『李嶠幼有清才，袁天綱視嶠無喘息，鼻下氣絶，其出入息乃在耳中，起下其母曰：「是龜息也，貴壽而不富耳。」後果如其言。』《定命録》。汴州節度李忠臣，嘗因奏對，德宗曰：『卿耳甚大，貴人也。』對曰：『臣聞驴耳甚大，龍耳即小，臣耳雖大乃驴耳也。』上。

三耳秀才，鷄冠秀才。『隋兖州佐史董慎，性公直，明法理。一日逢黄衣曰：「太山府君呼君爲録事。」即納慎於布囊。既至，府君命坐，與之論天曹疑獄，慎舉張審通自代，審通爲狀申天曹。府君大怒，取方寸肉塞却一耳，遂無聞。審通更爲判申，府君悦，割下耳中肉，擘之爲一耳，安於審通額上。數日額角痒，踊出一耳，通前三耳，踴出者尤聰，時人笑曰：「天有九頭鳥，地有三耳秀才，亦呼鷄冠秀才。」』《幽怪録》。

國在耳中，落自耳中。薛君曹見二青衣駕赤犢車出，二童子曰：『兜玄國在吾耳中。』一童子傾耳示君曹，乃别有天地，花卉繁茂，因捫耳投之。至一都會，城池樓堞，窮極瑰麗，因作《思歸賦》，自童耳中落。上。

『老子曰：「言者所以通己於人也，聞者所以通人於己也。既闇且聾，人道不通。故有闇聾之病者，莫知事通。豈獨形骸有闇聾哉！心亦有塞之也，莫知所通，此闇聾之類也。」』《文子》。

『沐胥國人，左耳中出青龍，右耳中出白虎。飛去十餘丈，雲繞龍，風吹虎。以手一揮，龍虎還入耳。』《王子年拾遺記》。

『耳調玉石之聲，而耳不聞雷霆之音。何則？小有所志，而大有所忘也。』《淮南子》。

《易・噬嗑》上九：『何校滅耳。』《説卦》：『坎爲耳，耳輪内陷，陽在内而聰。』《説文》：『耳主聽也。』《白虎通》：『耳者心之候，心者火之精。上爲張星。』

《書》：『帝曰：「臣作朕股肱、耳目。」召公曰：「不役耳目。」』《康誥》又曰：『非汝封劓刵人，無或劓刵人。』

《僖公二十七年》：『子玉貫三人耳。』《僖公二十四年》：『富辰曰：「耳不聽五聲之和爲聾。」』

《詩・小弁》：『耳屬于垣。』《抑》：『言提其耳。』

《孟》：『聖人既竭耳力焉，繼之以六律。惟耳亦然，至於聲，天下期於師曠，是天下之耳相似也。耳之於聲也，有同聽焉，耳目之官不思，而蔽於物，物交物，則引之而已矣。

耳之於聲也，性也，有命焉。君子不謂性也。』『齊武帝責廬陵王子卿云：「學既勿得，如風過耳。」』《史》。

耳聾

《易·坎》：『其於人也，爲耳痛。』『符禺之山，其上有木，名曰文莖，其實如棗，可以已聾。』《山經》。

耳不聽和，心亦有塞。見上。

鶡冠子之耳聾，許長吏之病聾。鶡冠子常居深山，耳聾，謂妻子曰：『吾免爲許由洗耳清溪。』長吏許丞老病聾，黄霸曰：『許丞廉吏，重聽，何傷？』

杜微稱聾，臺卿耳聾。『先主定蜀，杜微稱聾，閉門不出，領益州，以微爲主簿。固辭，輿而致之。』《蜀志》。『齊杜臺卿，爲尚書左丞，省中以其耳聾，戲弄之。』《北史》。杜詩《耳聾》：『生年鶡冠子，嘆世鹿皮翁。眼復幾時暗？耳從前月聾。猿啼秋泪缺，雀噪晚愁空。黄落驚山樹，呼兒問朔風。』不聞風聲，惟見落葉。

聽曰聰

《國語》:『耳,心之樞機也。故必聽龢,聽龢則聰。』

《易·噬嗑》上九:『何校滅耳,聰不明也。』《夬》九四:『聞言不信,聰不明也。』

《書·舜典》:『達四聰。』《皋陶謨》:『天聰明,自我民聰明。』《太甲》:『聽德惟聰。』

《鼎·彖》:『巽而耳目聰明。』

《孟》:『師曠之聰,不以六律。』

《説命》:『惟天聰明,惟聖時憲。』

《泰誓》:『亶聰明,作元后。』

《詩》:『祈父,亶不聰。』『維予小子,不予敬止。』

《左傳·昭公九年》:『膳宰屠蒯,酌以飲工,曰:「汝爲君耳,將司聰也;汝不聞而樂,是不聰也。」』

《揚子》:『聰者,聽於無聲。』

《洪範傳》:『君嚴猛而閉下,臣戰栗而塞耳,則妄聞之氣發於音聲,故有鼓妖。』傳太后欲稱尊號，朱博與傅晏連結，共謀成尊號事，拜御史大夫，爲丞相，臨延登受策，有大聲如鐘鳴殿中。李尋曰：『此《洪範》所謂「鼓妖」者也。人君不聽，爲衆所惑，空名得進，則有聲無形，不知所從生，宜退丞相，以應天變。』雄亦以爲聽失之象，且曰：『博爲人剛毅，宜將不宜相，恐有凶惡亟疾之怒。』哀帝不聽。蘇峻在歷陽，外營將軍鼓自鳴，俄而作亂，此聽不聰之罪也。

《韓詩外傳》：『聽者自聞，聽則仁愛著，而廉耻分矣。』『聰明其至矣乎，不聰，實無耳也；不明，實無目也。敢問大聰明，曰：「昡昡乎，惟天爲聰，惟天爲明。夫能高其目而下其耳者，匪天也夫。」』《揚子》。

『師曠之聰，合八風之調，而不能聽十里之外。』《淮南子》。

『文子問道。老子曰：「學問不精，聽道不深，凡聽者將以達智也，將以成行也，將以致功名也。不精不明，不深不達，故上學以神聽，中學以心聽，下學以耳聽。以耳聽者，學在皮膚；以心聽者，學在肌肉；以神聽者，學在骨髓。故聽之不深即知之不明，知之不明即知之不能盡其精，不能盡其精即行之不成。」』《文子》。

『耳之主聽。兩豆塞耳，不聞雷霆。道開而否，未之聞也。』《鶡冠子》。

杜詩：『聰明達所爲。』『聰明過管輅。』

《外記》：『帝嚳，聰以知遠。』

聽作謀

聽作謀。朱子曰：『聽作謀，屬金。金有静密意思，人之爲謀，亦貴静密。』《左傳·莊公十年》：『齊師伐我，曹劌請見。鄉人曰：「肉食者謀之，又何問焉？」劌曰：「肉食者鄙，未能遠謀。」』《文公十三年》：『繞朝贈之以策，曰：「子無謂秦無人，吾謀適不用也。」』李白詩曰：『莫道詞人無膽氣，臨行將贈繞朝鞭。』《襄公三十年》：『衛北宮文子曰：「謀於野則獲，謀於邑則否。此其才性之蔽。鄭國將有諸侯之事，與裨諶乘以適野，使謀可否。」』謀之多族，舉而後入。《襄公八年》：鄭子駟曰：『《周詩》有之曰：「俟河之清，人壽幾何，兆云詢多，織競作羅。謀之多族，民之多違，事滋無成。」』類。《哀公二十七年》：『文子曰：「君子之謀也，始、衷、終皆舉之，而後入焉。今我三不知而入之，不亦難乎。」』君子以之謀始，爾乃順之于外。《易》：『天與水違行，訟。君子以作事謀始。』《書》：

『爾有嘉謀嘉猷，則入告爾后于内，爾乃順之于外。曰：「斯謀斯猷，惟我后之德。」』

帝曰：『詢謀僉同。』皋陶曰：『謨明弼諧。』揚子：『皋陶以智爲帝謨。』

『聖有謨訓。』《胤征》。『聖謨洋洋。』《伊訓》。『汝不謀長。』《盤》。『謀面謀人之謀貌。』《立政》。

《詩》：『謀猶回遹，謀臧不從，我視謀猶，亦孔之邛。病。謀之其臧，則具是違；謀之不臧，則具是依。我視謀猶，伊于胡底。定。我龜既厭，不我告猶。謀夫孔多，是用不集。如匪行邁謀，是用不得于道。哀哉爲猶，匪先民是程，匪大猶是經。如彼築室于道謀，是用不潰于成。』《小旻》。『我則爾謀，聽我囂囂。訏謨定命，遠猶辰告。』『聽用我謀，庶無大悔。』《抑》。

《論》：『子曰：「必也，好謀而成者也。」』『曾子曰：「爲人謀而不忠乎？」』『今由與求也，而謀動干戈於邦内。予亦拙謀，聽予一人之作猶。』

《孟》：『諸侯將謀救燕。宣王曰：「諸侯多謀伐寡人者。」孟子曰：「謀於燕衆。」孟子對滕文公曰：「是謀非吾所能及也。」』

謀之雖多，决之欲獨，羊祜請伐吴。

可以謀屈，難以力競。邵鑒。

張賓謂石勒：『謀人而使人覺其情，難以得志矣。』

突厥寇鳴沙，右補闕盧俌疏曰：『郤穀説禮樂敦詩書，爲晉元帥。杜預射不穿札，建平吴之勳。是知中權制謀，不取一夫之勇。』

晉有狐偃之謀，晉有荀息之謀。『晉有狐偃之善謀以成霸功，故謀得於帷幄，則功施於天下，狐偃之謂也。』《新序》。晉獻公用荀息之謀而禽虞，虞不用宫之奇之謀而亡。上。

燭之武之謀，司馬侯之謀。燭之武出見，秦君引兵而還，晉亦去，鄭圍亦解。燭之武可謂善謀，一言存鄭而安秦，鄭君不早用善謀，所以削國也。上。楚靈王欲爲霸，晉君欲勿許，司馬侯曰：『君其許之。』乃許。靈王卒死於野。故曰：『晉不頓一戟，而楚人自亡。』司馬侯之謀也。上。

三代積德而王，齊桓繼絶而霸。秦皇嚴暴而亡，漢王垂仁而帝，故仁恩，謀之本也。上。

《左傳・襄公二十一年》：『祈奚曰：「謀而鮮過，叔向有焉。」』

杜詩：『智謀垂睿想。』『嘉謀及遠黎。』

山谷詩：『謀國妙百中。』『謀國極匪躬。』

《淮南子》：『凡人之舉事，莫不先以其知規慮揣度，而後敢以定謀。見本而知末，觀智而睹歸，執一而應萬，握要而治詳，謂之術。』

策

荀悦曰：『夫立策，決勝之術有三：一曰形，二曰勢，三曰情。形者言其大體得失之數也，勢者言其臨時進退之宜也，情者言其心志可否之實也。』麗生曰：『可坐而策也。』揚子曰：『漢屈群策，群策屈群力。楚�群策而自屈其力。屈人者克，自屈者負，天曷故焉。』《章帝記》：『事以議從，策由衆定。』

檀公之策，柏耆之策。檀公三十六策，走爲上策，譏道濟避魏之語。陳簡齋詩：『草草檀公策。』布衣檀公以策干韓愈，奉書往説之：『元濟就擒，承宗破膽，可不煩兵而服。』

杜詩：『策行遺戰伐，契合動昭融。』『計謀不假戰伐，用謀與帝意合，聳動於帝。』『經濟慚長策。』『戰策兩穰苴。』『贈以秦人策。』『復漢無長策。』『三分割據紆籌策。』『辯士安过策。』『欲獻濟世策。』『飛騰知有策。』『將軍專策略。』『長策何壯觀。』『廟謨畜長策。』『鬱陶抱長策。』

樊川：『屈指廟堂無失策，臣實有長策。』

廟算高難測，籌運神功操。安危在運籌，奉籌慚所畫。籌筆驛，殷潛之。沉慮經謀降，揮毫決勝時。山秀扶英策，川流入妙思。算成功在彀，運去事終虧。永安宮受詔，籌筆驛沉思。畫地乾坤在，濡毫勝負知。寂默經千慮，分明渾一期。川流縈智思，山聳助扶持。慷慨匡時略，從容問罪師。郵亭世自换，白日事長垂。雄略動如神，勇略今安在。

計

漢高曰：『計將安出？』馬援曰：『及今成計。』

虞詡之説，吕範之言。虞詡説任尚曰：『今虜皆馬騎，爲使君計，各令出錢。廿人共市一馬，以萬騎之衆，逐數千之虜。尚用其計，擊杜季貢，破之。』吕範言孫策曰：『譬猶同舟涉海，一事不牢，即俱受其敗。此亦範計，非但將軍也。』

晋主存勖曰：『劉鄩用兵，一步百計。』任尚立功，萬騎千虜。得失計毫氂，懶計却區區。

義

『問義之屬金，亦以其嚴否曰然。』《朱子》。

《易·乾·文言》曰：『利者，義之和也。利物，足以和義，知終終之，可與存義也。』《坤·文言》曰：『方其義也，君子義以方，外敬義立，而德不孤。』朱子曰：『《乾》九二言仁，《坤》六二言義。仁義者陰陽之辨也，先儒論仁義之用取諸此。』

隨有獲，其義凶也。乘其墉，義不克也。隨之時義大矣，遁哉之時義大矣哉，遁之時義大矣哉。舍車而徒，義不乘也。頻復之厲，義無咎也。君子于行，義不食也。男女正，天地之大義也。姤之時義大矣哉，旅之時義大矣哉。包有魚，義不及賓也。鼎耳革，失其義也。以旅與下，其義喪也；以旅在上，其義焚也。需剛健而不陷，其義不困窮矣。

《書·仲虺之誥》：『以義制事。』《太甲》：『兹乃不義。』王曰：『同德度義。』《武成》：『惇信明義。』《畢命》：『怙侈滅義。』《大誥》：『義爾邦君。』『惟德惟義，是時。乃大訓。』『德者心之理，義者理之宜。』《皋陶謨》：『强而義。』《彤日》：『典厥義。』『義者，理之當然，行而宜之之謂。』

《詩·文王》：『宣昭義問。』《書·康誥》：『用其義刑義殺。』《論》：『信近於義，言可及也。』『見義不爲，無勇也。』樊遲問智，子曰：『務民之義。』子曰：『君子義以爲質。』義者制事之本，故以爲質幹。《孟子》：『亦有仁義而已矣。』

朱子曰：『義者，心之制，事之宜也。』程子曰：『處物爲義。』揚雄言：『義以宜之。』韓愈言：『行而宜之之謂義。』若只以義爲宜，則義有在外意思，須如程子所言，則處物者在心而非外也。

苟爲後義而先利，不奪不饜。未有義而後其君者也。無羞惡之心，非人也。羞惡之心，義之端也。無禮無義，人役也。羞惡之心，人皆有之，羞惡之心，義也。

言非禮義，謂之自暴也；吾身不能居仁由義，謂之自棄也。義，人之正路也，舍正路而不由，哀哉！義，人路也，舍其路而不由，哀哉！揚子：『義，路也。』孟子曰：『君義莫不義。』『義之實，從兄是也。』『非義之義，大人不爲。』『大人者，言不必信，行不必果，惟義所在。』

舜由仁義行，非行仁義也。伊尹：『非其義也。一介不以與人，一介不以取諸人。』孔子：『退以義。是無義無命也。夫義，路也，惟君子能由是路。』告子曰：『義猶杯棬也，以人性爲仁義，猶以杞柳爲杯棬。』孟子曰：『如將戕賊杞柳而以爲杯棬，則亦將戕賊人以爲仁義與？？率天下之人而禍仁義者，必子之言夫！』告子曰：『義外也，非內也。』孟子曰：『長者義乎？？長之者義乎？？』孟季子曰：『何以爲義內也？？』公都子曰：『行吾敬，故謂之內也。雖存乎人者，豈無仁義之心哉？？』

敬長，義也，無他，達之天下也。仲子，不義與之齊國而不受，人皆信之，是舍簞食豆羹之義也。義之於君臣也，命也。有性焉，君子不謂命也。人皆有所不爲，達之於其所爲，義也。人能充無穿窬之心，而義不可勝用也。

揚子問義曰：『事得其宜之謂義。』

《禮記・表記》：『子言之：「義者，天下之制也。」』義之體方而嚴，裁割事物而人心凛然知所畏，故曰制。《禮記・禮運》：『孔子曰：「義者，藝之分，仁之節也。得之者强，爲禮不本於義，猶耕而不種也。」』

《淮南子》：『君子義死，而不可以富貴留也。義爲，而不可以死亡恐也。』『義者，衆庶之所高也。』《上同》。

徐偃王，好行仁義。王孫厲曰：『王不伐徐，心反朝徐。』乃舉兵而伐徐，遂滅之。知仁義而不知世變者也。

田卑曰：中牟邑人。『義死不避斧鉞之罪，義窮不受軒冕之服。無義而生，不仁而富，不如烹。』田卑曰：『賞一人以慚萬夫，義者不取也。』

楚太子，建子勝，怨楚逐父，欲弑惠王。將弑惠王，欲得易甲，易甲笑曰：『立得天下不義，吾不取也。威吾以兵不義，吾不從也。』

《左傳成公八年》：『信以行義，義以成命。』林堯叟注曰：『人之守信，所以行其合宜之義；人之守義，所以成其不反之令。』《哀公十一年》：『齊師伐我，冉有用矛於齊師，故能入其軍。孔子曰：「義也。」』言能以義勇。《昭公二十八年》：『成鱄曰：「戊之爲人也，居利思義。」』

子太叔曰：『無犯非義。』君子曰：『君子，行則思義，徵不義也。』叔向曰：『昔先王閑之以義。』仲尼曰：『叔向古之遺直也。不隱於親，曰義也夫！殺親益榮，惟義也夫！』申叔時曰：『討而戮之，君之義也。』左孺曰：『士，不枉義以從死，不易言以求生。』

蓋勳之義，韓愈之義。盜圍刺史左昌於冀，漢陽長史蓋勳誚讓。群盜解圍去勳，救校尉夏育，爲羌所敗。衆不及百人，身被三創，堅坐不動。羌以身扞衆曰：『蓋長史賢人，汝曹殺之，爲負天。』勳罵之，羌下馬與勳，勳不肯上，群羌服其義。《穆宗長慶二年》：『以王庭湊爲成德節度使，遣兵部侍郎韓愈宣慰其軍。愈曰：「止君之仁，死臣之義。」遂往，至鎮。庭湊拔刃弦弓以逆之，愈厲聲曰：『天子以尚書有將帥才，賜之節鉞，不知尚書乃不能與健兒語耶？』甲壬羅於庭，故庭湊曰：『即當出之。』因與愈[宴]〔二〕，禮而歸之。發明：

〔二〕 今按：『宴』，據《資治通鑒》卷第二百四十二補。原文爲：愈曰：『神策六軍之六如牛元翼者不少，但朝廷顧大體，不可棄之耳！尚书何爲圍之不置。』庭湊曰：『即當出之。因與愈宴，禮而歸之。』

韓愈宣慰之行，殆與顔真卿無異，而偶得免死者亦幸耳。觀其詰責庭凑之辭，簡嚴切直，至今凛義，猶有生氣。

《論》：『見利思義。』《左》：『居利思義。』程頤曰：『孔子言仁未嘗兼義，獨於《易》曰：「立人之道曰仁與義。」』《孟子》：『仁必以義配，可謂有功於聖門矣。』新安陳氏曰：『洙泗言仁，孟子言仁義。言仁，渾淪言之，言其理一者也。故總言孝弟以明親親，見親親爲仁民愛物之本也；言仁義分别言之，言理一中之分殊者也。故以事親爲仁之實，從兄爲義之實也。』

馮讙市義，孫宰高義。孟嘗君遣馮讙取債於薛，讙召債主合券焚之，還。君問市何物，曰：『市義而反。』君府藏盈積，惟欠義爾。』古人有孫宰，高義薄層雲。杜詩：『義聲紛感激。』《贈鮮于仲通》。〔一〕『高義動乾坤。』《送裴五》。〔二〕

辭第輸高義，義形必沾巾，霍去病事，義形於色而感泣。

〔一〕今按：上海古籍出版社《全唐詩》卷二二四詩題爲《奉贈鮮於京兆二十韵（鮮于仲通，天寶末爲京兆尹）》，作者杜甫。

〔二〕今按：上海古籍出版社《全唐詩》卷二二六詩題爲《送裴五赴東川》，作者杜甫。

義利

君子曰：『君子，不爲利回，不爲義疚。』《乾·文言》曰：『利者，義之和也。利物足以和義。』《僖公二十七年》：『趙衰曰：『德義，利之本也。』《大學》：『此謂國以義爲利，不以利爲利也。』孟子對梁王曰：『王何必曰利，亦有仁義而已矣。』王亦曰：『仁義而已矣，何必曰利。』真德秀曰：『以仁義爲本，是導民於理也；以利爲尚，是導民於欲也。』《大學》末章論天下之平曰：『國以義爲利，不以利爲利。前聖後賢，所以回利欲之瀾，而杜争奪之隙者如出一口。』

宋牼將之楚曰：『吾聞秦楚構亂，將言其不利也。』孟子曰：『先生以利説秦楚之王，是三軍之士樂罷而悦於利也；先生以仁義説秦楚之王，是三軍之士樂罷而悦於仁義也。』真德秀曰：『見利而動，其禍又有甚於交兵者，聖賢不得不嚴其防也。』荀子曰：『義與利者，人之所兩有也。雖堯、舜不能去民之欲利，然而能使其欲利不克其好義也；雖桀、紂不能去民之好義，然而能使其好義不勝其欲利也。義勝利者爲治世，利克義者爲亂世。上重義則義克利，上重利則利克義。天子不言多少，諸侯不言利害，大夫不言得喪，士不通財貨，有國之君不息牛羊，錯質之臣不息鷄豚，冢卿不修幣，大夫不爲場圃，士以上皆羞利而不與民争業，樂分施而耻積藏。』真德秀曰：『卿之論美矣，然謂義之與利人所兩有，則是未知人之本性也。』

董仲舒策曰：『夫天亦有所分與，與之齒者去其角，傅之翼者兩其足。古之所與禄者，不食於力，不動於末，與天同意者也。夫皇皇求財利，常恐乏匱者，庶人之意也；皇皇求仁義，常恐不能化民者，大夫之義也。』

漢昭帝始元中，文學對曰：『就本者寡，趨末者衆。願悉罷之，蓄仁義以豐之，廣德行以懷之。國有沃野之饒而民不足於食者，工商盛而本業荒也；有山澤之貨而民不足於財者，不務民用而淫巧衆也。』《傳》曰：『諸侯好利則大夫鄙，大夫鄙則庶人盗。』又曰：『民人藏於家，諸侯藏於國，天子藏於海内。且利非從天來，不由地出，一取之民。李梅多實者，來年爲之衰；新穀熟者，舊穀爲之虧。天地不能兩贏，而况於人事乎？』

唐治書侍御史權萬紀上書：『宣、饒二州銀大發采之，歲可得數百萬緡。』上曰：『與其多得數百萬緡，何如得一賢才。堯、舜抵璧於山，投珠於海。漢之桓、靈聚錢爲私藏，卿欲以桓、靈待我耶？』真德秀曰：『唐太宗可謂賤貨而貴德矣。』

德宗在奉天行宫廡下貯諸道貢獻之物，榜曰：瓊林大盈庫。作法於涼，其弊猶貪；作法於貪，弊將安救？示人以義，其患猶私；示人以私，患必難弭。故聖人之立教也，賤貨尊讓，遠利尚廉。天子不問有無，諸侯不言多少。是以務鳩斂而厚帑櫝之積者，匹夫之富也；務散發而收兆庶之心者，天子之富也。瓊林、大盈，創自開元。貴臣貪權，飾巧求媚，乃言郡國貢賦盍各區分：賦税委之有司，以給經用；貢獻歸之天子，以奉私求。《記》曰：『貨悖而入，必悖而出。』陛下誠能，器用取給，不在過豐；衣食所安，必以分下；二庫貨賂，出賜有功。是乃散小儲而成大儲，損小寶而固大寶也。』

《左傳昭公十年》：『晏子謂：「凡有血氣，皆有争心。故利不可强，思義爲愈。」』義利之本也。

《韓詩外傳》：『天子不言多少，諸侯不言利害，大夫不言得喪，士不言通財貨。駟馬之家，不恃鷄豚之息，伐冰之家，不圖牛羊之入，千乘之君，不通貨財，家卿不修幣施，大夫不爲場圃，委積之臣，不貪市井之利。』

義利 黃履翁

學問之道無他，明乎義利而已矣。爲人君而不明乎義利，則其弊至於不仁；爲人臣而不明乎義利，則其弊至於不忠；爲人子而不明乎義利，則其弊至於不孝。苟不致謹於疑似之微，力辨於界分之嚴，毫釐之差，千里之謬。

《易》之《文言》曰：『利者義之和。』又曰：『利物足以和義。』是言也，合義利而論之。夫軻之七篇曰『先利後義以爲不奪不饜，去義懷利以爲必亡』。是言也，别義利而論之。《孟子》一書，前輩以爲得易之用，顧乃背而馳者何哉！及觀程子之論，謂古者以利爲本，苟不利，則害性，後人皆趨利，故《孟子》拔本塞源，不敢言利。《孟子》與《易》所言則一。理□作利。

三代以前習俗淳厚，天理素明，不以利爲利，而以義爲理，故義理不容於不合。三代而下，人欲横流，私心日熾，以仁義爲士苴，以功利爲標的，故義理不容於不别。且『鷄鳴爲利，利也。而近名不務實者，亦利也』。《程氏書》。『隴斷罔利，利也。而要譽惡其聲者，亦利也。』《南軒序》。『枉尺直尋，利也。而先難而後獲者，亦利也。』《朱書》。

道塗不争險易之利，冬夏不争陰陽之和。至微事也，而聖人以爲儒者之美談，恐其利心之求便也，未可以言而言，可以言而不言。至末事也，而君子以比穿窬之小人，戒其利心之求得也，求福不回非以干禄，言語必信非以正行，慮其利心之害德也。聖賢之所以致辨甚嚴者，蓋天下之理。非難明於白黑之易分，而難辨於形迹之相似；非難察於天淵之相遥，而難知於毫芒之一間。噫，可畏哉！

『義固所以利之』，此子思語也。而晦翁則謂「義固有利」，若行義之時先言有利，則忠已邪，又發子思未言之藴矣。『先義後利』，此孟子語也。而南軒則别其有所爲、無所爲，又推孟子未露之旨矣。

昔太史公讀孟子書，至利國之對，而爲之廢卷太息，流涕而言之。彼蓋有感當時功利之徒，而深信孟子塞源之論也。雖然，遷之學蓋有自來也，董子嘗有『正誼不謀利之』一言，誠得孔孟之餘論。而遷之《史記》有『予聞之董生云』者，意遷從仲舒遊而得是言與。夫天下不可一日無儒者之論，亦不可一日無師友之學也。嘗謂義理之説，不明於天下久矣。自孟子而後，而董子知其味，自董子而後，而伊洛探其源，自伊洛而後，而朱張辨其分，於是學者知有吾道之的，人欲之蠹也。

昔廖公問學於龜山先生，答以舜蹠善利之分。公猶請不已，先生一言以警之，曰：『吾懼子之不察，以利爲善耳。』

利

高允諫與民争利，謝莊言與民争利。魏太子晃，營園田收其利，高允諫曰：『天地無私，故能覆載；王者無私，故能容養。今陛下營立私田，畜養鷄犬，及至賈販市廛，與民争利，謗聲流布，不可追掩。』

昔虢之將亡神賜之土田，漢靈帝私立府藏，皆有顛覆之禍。願陛下所在田園，分給貧下，販賣之物，以時收散。不聽，以憂卒。宋謝莊上言：『詔云：「貴戚競利，實皆禁絶。」此實允愜民聽。臣愚謂大臣在禄位者，尤不宜與民争利。』

不得與民争利，無得與民争利。《史記》：『公儀休相魯，使食禄者不得與民争利。其家茹葵而美，愠而拔其葵；其家織帛而好，怒而出其婦。』唐武德七年，食禄之家無得與民争利。胡氏曰：『此以廉耻待士大夫之美政也。』

然古之仕者世禄，故仕則不稼。後世用人不慎，升黜無常，則此制將有不可待者。必也仕者，視其品而給之田。進而任用，則有禄以酬其勞；置而不用，則有田以資其生。必有大罪，然後收其田里。如此則不得争利之法可行，而廉耻之風益勸矣。

賣苑中之馬糞，鬻苑中之蔬果。開耀元年，少府監裴匪舒善營利，奏賣苑中馬糞，歲得錢二十萬緡。高宗問，劉仁軌對曰：『利則厚矣，恐後世稱唐家賣馬糞，非嘉名也。』乃止。嗣聖三年，尚方監裴匪躬檢校京苑，將鬻苑中蔬果以收其利。蘇良嗣顯曰：『公儀休相魯，猶能拔葵去織，未聞萬乘之主鬻蔬果也。』乃止。

王鉷伏誅，元忠奉制。天寶十一載，户部侍郎王鉷伏誅。范氏曰：『夫利百物之所生，而天地之所以養人也。專之必壅，壅則所害者多。故君子不盡利以遺民，所以均天地之施也。聖王寧損己以益人，不損人而益己。』《記》曰：『與其聚斂之臣，寧有盗臣。』是以興利之臣，鮮不禍敗，自桑弘羊以來，未有令終者也。必若公劉之厚民、管仲之富國、李悝之平糴、耿壽昌之常平，不爲掊克，上下皆濟，則身享其榮，後嗣蒙其慶矣。魏元忠素負忠直之望，武三思矯太后遺制慰元忠，賜實封百户。元忠奉制，感悦涕泗。胡氏曰：『孔子曰：「棖也，欲。」焉得剛元忠之謂矣。』不惧武后，畏三思何也？血氣之衰，戒之在得故也。

勿爲私販，與民争利。漢御史大夫貢禹請令，近臣侍中以下家，勿爲私販賣，與民争利。商賈皆欲藏王市，大夫何以利吾家？

欲作魚梁雲覆湍，因驚四月雨聲寒。青溪先有蛟龍窟，火石如山不敢安。魚梁利也，而不敢犯，害以就利，異乎世人之利是謀。家家急競錐。區區射聲利。大夫不坐羊，士不坐犬，皆言不盡利。《禮記・坊記》：『子云：「君子仕則不稼，田則不漁。」』《韓詩外傳》：『利爲害本，不求利者爲無害。』揚子或曰：『弘羊榷利而國用足，盍榷諸。』曰：『譬諸父子，爲人父而榷其子，縱利，如子何？卜式之云，不亦匡乎！烹弘羊，天乃雨。』

《淮南子》：『衆人皆知利利而病病，惟聖人知病之爲利，知利之爲病也。夫再實之木根必傷，多藏之家必有殃，以言大利而事，反爲害也。或欲以利之，適足以害之。或欲以害之，乃反以利之。利害之反，禍福之門户，不可不察也。』

氣節 林駉

陳咸之父教其子以諂，范滂之母教其子以義。噫！有由也。周能貴士，唱義尊周；秦燔詩書，鼠狗媚秦。揚子：『周之士也貴，秦之士也賤。』又管仲列國大夫，唱義尊王。

嗚呼！君者綱常之主，君不能涵養作成，則無以副上天付託之意。士者吾道之表，士不能自愛自重，則無以盡上天稟賦之厚。

高祖以孝行爲無益，以儒者爲可益。『封項伯以啓亡節之臣。』《項羽傳》。『名鄭籍以沮盡忠之士。』《鄭當時傳》。即此一意，士氣掃地。袁盎以諸侯王相拜申屠嘉於車下，爲魏其賓客田蚡則趨席伏地。至爲衛青之揖客獨一汲黯，孔光身爲帝師屈膝於閹人之董賢。『異時厥角稽首，甘獻符命。』《劉歆》。《劇秦美新》，取媚權要。揚雄。嗟夫！子敬仗節，單于起敬，汲黯在朝，淮南寢謀。士亦何負於漢，而漢往往沮抑。

光武羊裘見天子而不爲慢，口書授三公而不爲傲。岩岩釣臺照映千古，相江一絲扶漢九鼎。此風一唱，争持名檢。陳蕃唱前，李膺和後。張儉督郵殺中常侍，王允郡吏殺小黄門。皇甫規緣上計上疏討羌，周舉令平丘上書奏事。異時設席尊禮，如待神明。清議所臨，奸雄縮頸。嗟夫！黨錮根連，甘戮如飴。三國鼎峙，唱義尊漢。士之不負於漢，亦漢尊尚名節之功。是氣也，東漢以後，沮於晋人輕賤名檢之習，汩於梁人崇尚寂滅之風，淪於李唐佛老之教，弊於五代亂離之世。

祖宗張三綱以爲綱，立四維以爲維。洗磨故習，砥礪士心。釋北漢之衛融，喜其不負劉氏，而有臣得死所之言；召前代之李昉，喜其不朝，而有惟知事周之語。陶穀之詞翰，誠在所取，而懷中之文，太祖薄之。范質之廉節，誠在所重，而只欠一死，太宗惜之。『身爲員外，輒挽上衣。』寇准。『昔爲御史，幾叩予榻。』石介詩。石介，布衣也，濃墨大字直詆夏竦；仲淹，司諫也，伏閤大呼敢論夷簡。

西夏之亂，劉平以駡賊死，任福以報國死。南儂之變，趙師旦以許身報國死，曹覲以不受美官死。靖康之際，太原張述古與城存亡，汾州張克戩與城終始。渡江之際，吴武陵，神人憤疾天地不容之書，至今讀之令人毛竦。吴玠。李顯忠，汝等遠夷，遽隳大信之言，至今聞之猶有生氣。

正氣歌 文天祥

天地有正氣，雜然賦流形。下則爲河岳，上則爲日星。於人曰浩然，沛乎塞滄溟。皇路當清夷，含和吐明庭。時窮節乃見，一一垂丹青。在齊太史簡，在晋董狐筆。在秦張良椎，在漢蘇武節。爲嚴將軍頭，爲嵇侍中血。爲張睢陽齒，爲顔常山舌。或爲遼東帽，情操厲冰雪。或爲出師表，鬼神泣壯烈。或爲渡江楫，慷慨吞胡羯。或爲擊賊笏，逆豎頭破裂。是氣所磅礴，凛冽萬古存。當其貫日月，死生安足論。地維賴以立，天柱賴以尊。三綱實係命，道義爲之根。嗟余遘陽九，隸也實不力。楚囚纓其冠，傳車送窮北。鼎鑊甘如飴，求之不可得。陰房闃鬼火，春院秘天黑。牛驥同一皂，鷄栖鳳凰食。一朝蒙霧露，分作溝中瘠。如此再寒暑，百沴自辟易。哀哉沮洳場，爲我安樂國。豈有他謬巧，陰陽不能賊。顧此耿耿在，仰視浮雲白。悠悠我心憂，蒼天曷有極。哲人日已遠，典刑在夙昔。風檐展書讀，古道照顔色。

擊蛇笏銘 石守道

夫天地間有純剛至正之氣，或鍾於物，或鍾於人。人有死，物有盡，此氣不滅，烈烈彌亘，億萬古而長在。在堯時爲指佞草，在魯爲孔子誅少正卯刃，在晋在齊爲董史筆，在漢武帝朝爲東方朔戟，在成帝朝爲朱雲劍，在東漢爲張綱輪，在唐爲韓愈《論〔一〕佛骨表》、《逐鰐魚文》，爲段太尉擊朱泚笏，今爲公擊蛇笏。銘曰：『至正之氣，天地則有。笏爲靈物，笏乃能受。笏之爲物，純剛正直。公惟正人，公乃能得。笏之不公，能破淫妖。公之在朝，讒人乃消。靈氣未竭，斯笏不折。正道未亡，斯笏不藏，惟公寶之，烈烈其光。』

孟子曰：『我善養吾浩然之氣。』何謂浩然之氣？曰：『難言也。其爲氣也，至大至剛，

〔一〕今按：『論』，據《儒林公議》補。

以直養而無害，則塞乎天地之間。其爲氣也，配義與道，無是餒也。』

杜詩：『爽氣金天豁。』『老氣横九州。』『尚書氣與秋天杳，光岳千年正氣消。』

勇

勇，黄履翁，論血氣、理義之勇。

聞之師曰：『有血氣之勇，有理義之勇。』血氣之勇不可一日不克，理義之勇不可一日不存也。夫發於志氣之動，而非出於理義之安，苟於器質之偏，而非得於學問之粹，馮河不悔，按劍疾視，而外示虚驕之氣者，血氣之勇也。泰然於自克之境而變故不能動，釋然於不校之地而威武不能加，氣塞天地，志奪三軍，而内得存養之實者，理義之勇也。爲學不勇，則始勤終怠，而有一暴十寒之累；進道不勇，則朝聖暮狂，而有半塗中廢之失。改過不勇也，則處心自吝必不更日月之蝕；立志不勇也，則用心太弱必不立中流之砥。勇之於人，大矣！是必以誠敬爲入門，以踐履爲實地，以屋漏隱微爲謹獨之所，以夜氣清澈爲養性之天。忿欲誠之賊也，吾則窒之，恐有以沮吾勇；富貴性之蠹也，吾則忘之，恐有以汩吾勇；意必固我心之翳也，吾則毋之，恐有以累吾勇。天者定非念，不足以喪其所養；人者勝外物，不足以改其所守。則遇坎而莫爲之陷，處困而莫爲之詘。正大之理可質鬼神，剛毅之志不渝燥濕，雷震於側而色不變，山壓於前而目不瞬。

曾子曰：『士不可以不弘毅也。』則天地同其大，金石同其堅。『臨大節而不可奪也』，則禍福一其心，夷陷一其行，此其氣象。太山岩岩，蓋涵養於忠恕一唯之時，操存於一日三省之頃。一傳而子思，再傳而孟子，由其存誠於暗室而患難之可行，由其致嚴於妻子而威武之莫屈。

伊川謂：『不難於感慨殺身，難於從容就義。』則伊川以理義爲勇矣。横渠謂：『不貴冒死之有爲，而貴義理之已明。』則横渠以理義爲勇矣。噫！非苟知之，亦允蹈之。吾觀而窮。

涪州之行慨然勇往，而窮塞禍難舉，不足以嬰其心。以霜節雪操處事變，以虚舟飄瓦視世故。蓋百變不磨而屹立者，何勇哉？皋比之撤，毅然勇爲，而孫吴佛老，躍然而盡脱。囊綻矢發不足喻其決，火烈湍奔不足言其果。蓋一念頓悟而至道者，何勇哉？

嗚呼！持敬主一而僞心之已化，樂天知命而妄心之已釋。伊川之勇，皆順乎天也。德盛貌嚴而驕心之已忘，心曠體胖而吝心之已去。横渠之勇，皆造乎天也。嗟夫！己私盡克，蟊賊不生仁之勇也；剛直自守，客氣不容義之勇也。動必以天無妄之健也，順必以禮大壯之壯也。明道有詩曰：『富貴不淫貧賤樂，男兒到此是英雄。』

皋陶曰：『强而義。』强，勇而好義。《仲虺之誥》曰：『天乃錫王勇智。』《論》：『子曰：「由也，好勇過我，無所取裁。」』子曰：『勇而無禮則亂。』子曰：『好勇疾貧，亂也。』子曰：『勇者不懼。』氣足以配，道義故不懼。子曰：『仁者必有勇，勇者不必有仁。』子路問成人，子曰：『辨莊子之勇，好勇不好學，其蔽也亂。』《孟》：『齊宣王曰：「寡人有疾，寡人好勇。」孟子對曰：「王請無好小勇。夫撫劍疾視曰：『彼惡敢當我哉！』此匹夫之勇，敵一人者也。王請大之！《詩》云：『王赫斯怒。』此文王之勇也。文王一怒而安天下之民。《書》曰：『天下曷敢有越厥志？』此武王之勇也。武王一怒而安天下之民。今王亦一怒而安天下之民，民亦惟恐王之不好勇也。」』

張敬夫曰：『小勇者，血氣之怒也。大勇者，理義之怒也。血氣之怒不可有，理義之怒不可無。』知此則可以見性情之正，而識天理人欲之分矣。

北宫黝之養勇也。不膚撓，不目逃。思以一毫挫於人，若撻之於市朝。不受於褐寬博，亦不受於萬乘之君。視刺萬乘之君若刺褐夫。無嚴諸侯，惡聲至，必反之。孟施舍之養勇也，曰：『視不勝猶勝也。量敵而後進，慮勝而後會，是畏三軍者也。舍豈能爲必勝哉？能無懼而已矣。』

昔者曾子謂子襄曰：『子好勇乎？吾嘗聞大勇於夫子矣：「自反而不縮，雖褐寬博，吾不惴焉。自反而縮，雖千萬人吾往矣。」』《中庸》：『智、仁、勇三者，天下之達德也，好學近乎智，力行近乎仁，知耻近乎勇。』

孟賁之勇，狼瞫之勇。《孟子》：『公孫丑曰：「若是則夫子過孟賁遠矣。」』孟賁，勇士，齊人，能生拔牛角。秦武王好多力士，賁往歸之。《左傳》：狼瞫曰：『周志有之曰：「勇則害上，不登於明堂。」明堂，祖廟也，所以策功序德。死而不義非勇也，共用之謂勇，吾以勇求右。共勇，死國用。無用而黜，亦其所也。』

齊國之勇，晋國之勇。《成公二年》：『齊高國，桀石以投人，以殉齊壘，曰：「欲勇者賈余餘勇。」』《成公十六年》：欒鍼曰：『日臣之使於楚也，子重問晋國之勇，臣對曰：「好以衆整。」整齊軍旅爲勇。曰：「又何如？」臣對曰：「好以暇。」閒暇爲勇。』

晋之勇士，齊之勇爵。《左傳·僖公二十八年》：『晋魏犨顛頡，怒爇僖負羈氏，犨傷於胸，公欲殺之。犨曰：「以君之靈，不有寧也。距躍三百，曲踊三百。音陌，猶勵也。」乃舍之。』距躍言距地向前跳而超物過也，言每跳皆勉力。曲踊謂向上跳，而折後下也。犨雖傷胸，猶示其勇。《襄公二十一年》：『齊莊公爲勇爵。』設爵位以命勇士。

不爲利諂，不爲威惕。《哀公十四年》：『白公勝曰：「市南有熊宜僚者，勇士。若得之可以當五百人矣。」與之言，說；告之故，辭。告欲作亂。承之以劍，不動。勝曰：「不爲利諂，不爲威惕，不泄人言，以求媚者。」』

荆軻之勇，孟軻之勇。《揚子》：『或問勇。曰：「軻也。」曰：「何軻也？」曰：「軻也者，謂孟軻也。若荆軻，君子盜諸？」請問孟軻之勇，曰：「勇於義而果於德，不以貧富、貴賤、死生動其心。於勇也，其庶乎？」』

魯仲連蕩而不制，整肅，藺相如制而不蕩。仲連不以富貴動其心，而未能忘死生；相如不以死生動其心，而未能忘富貴。

儒者之勇，欒氏之勇。鄭畋學進士，賊將王蟠率衆三萬攻畋，畋設伏破之。帝曰：『朕知畋不盡，儒者之勇乃爾！』《襄公二十年》：『欒王鮒曰：「州綽邢蒯，勇士也。」宣子曰：「彼欒氏之勇也。」』

功成受賞，是賣勇也。申包胥云云遂逃賞。

皆言王勇，如尊乃勇。漢王尊爲東平相，謂王曰：『皆言王勇，顧但負貴，如尊乃勇耳。』

柏孝長也，勇可習也。

《成公十七年》：『郤至曰：「人所以立，信、智、勇也，勇不作亂。」』

《書・秦誓》：『仡仡勇夫。』

《詩・巧言》：『無拳無勇。』

杜詩：『勇略今安在？』『勇決冠垂成。』『矯矯雲長勇。』『蔡子勇成癖，彎弓西擊胡。蔡希魯。健兒寧鬥死，壯心耻爲儒。身輕一鳥過，槍急萬人呼。雲幕隨開府，春城赴上都。咫尺雪山路，歸飛西海隅。』『貫穿百萬衆，出入由咫尺。』王思禮：『出入由咫尺，由咫尺而出入，言其勇。』『安得突騎只五千，崒然眉骨皆爾曹。走平亂世相催促，一割〔一〕明主正爵〔二〕陶。』

反

曰婦人也，今則怯也。《左傳・襄公二年》：『趙鞅及鄭戰，衛太子懼，自投于車下，子良王良。授太子綏而乘之曰：「婦人也。」言其怯。』《襄公二十四年》：『鄭宛射犬，曰：「囊

〔一〕今按：『割』，上海古籍出版社《全唐詩》卷二二三杜甫《久雨期王將軍不至》作『豁』。

〔二〕今按：『爵』，上海古籍出版社《全唐詩》卷二二一杜甫《久雨期王將軍不至》作『鬱』。

者志入而[已][一]，今則怯也。」』《淮南子》：『怯者，夜見立表以爲鬼也，見枕石以爲虎也。懼掩其氣也。』

不以爲怯，知仲有老母也。三戰三走，鮑叔不以爲怯，知仲有老母也。『崔杼弑莊公，陳不占聞難將赴，比去，餐則失匕，上車失軾。御者曰：「怯如是，去有益乎？」不占曰：「死君，義也；無勇，私也。」遂往。聞戰鬥之聲，恐駭而死。人曰：「不占，可謂仁者之勇也。」』《新序》。

韓信俯出胯下，市人皆笑信怯。

杜甫寄韋尹：『真怯笑揚雄。』爲時笑若揚雄爲世嘲。《崔伻事弟許相迎不到應慮老夫見泥雨怯出必愆佳期走筆戲簡》末句：『虚疑皓首衝泥怯，實少銀鞍傍險行。』

力

揚子：『小人絶力。』或問『力』，『秦悼武、烏獲、任鄙扛鼎抃牛，非絶力耶？』

[一] 今按：據《左傳・襄公二十四年》補。

秦堇父之輦重如役，狄虎彌之拔戟成隊。《左傳》襄公十年：『晋伐偪陽，秦堇父輦重如役。懸門發，郰人紇抉之以出門者。抉，去懸門出在内者。狄虎彌建大車之輪而蒙之以甲以爲櫓，左執之，右拔戟，以成一隊。孟獻子曰：《詩》所謂「有力如虎」者也。』

《書》：『聿求元聖，與之戮力。』『若農服田力穡。』『勉出乃力。』『同力度德。』『力行無度。』『力田爾田。』『番番良士，膂力既愆。』

《詩》：『有力如虎。』『孔武有力。』『力民代食。』『靡有膂力。』『膂力方剛。』『力行近乎仁。』《中庸》。

子不語力，非理之正。項羽力扛鼎。《論》：『射不主皮，爲力不同科，古之道也。』『有能一日用其力於仁矣乎，我未見力不足者。』『冉求曰：「非不悦子之道，力不足也。」』『驥不稱其力，稱其德也。』『陳力就列，不能者止。』『子服景伯以告，曰「吾力猶能肆諸市朝。」』

《孟》：『以力假仁者霸，霸必有大國。以力假仁者，力不贍也。』『故曰：或勞力，勞力者治於人。』『盡心力而爲之，後必有灾。』『聖人既竭目力焉，繼之以規矩准繩。既竭耳力焉，繼之以六律。』『智，譬則巧也；聖，譬則力也。由射於百步之外，其至，爾力也；其中，非爾力也。』

『有力役之征，五霸任力。』《淮南子》。有人於此，力不能勝一匹雛，則爲無力人矣。今日舉百鈞，則爲有力人矣。然則舉烏獲之任，是亦爲烏獲而已矣。夫人豈以不勝爲患哉？·不爲耳。胡氏曰：『力勝人，智欺人者也。我以智力加人，有時而窮，則人亦得以加諸我矣。故用智未有不困者也，三代以下，皆力也。』

杜詩：『群公紛戮力。』『戮力掃攙搶。』『戮力自元昆。』『無力定乾坤。』

卷之十八

五曰思

五曰思。通土也。

凡上四事皆原於思，亦猶水火木金皆出於土也，朱子曰：『然。』《易·咸卦》九四：『憧憧往來，朋從爾思。』《繫辭》：『憧憧往來。』《易》曰：『朋從爾思。』子曰：『天下何思何慮？天下同歸而殊塗，一致而百慮。天下何思何慮？莫非自然，何以思慮。』《艮·象》：『兼山，艮。君子以思不出其位。』《既濟·象》：『水在火上，既濟。君子以思患而預防之。』《臨·象》：『澤上有地，臨。君子以教思無窮。』《書》：『曰若稽古，帝堯曰放勳。文思安安。』朱子曰：『思，意思也。』皋陶曰：『都慎厥身修思永。』真德秀曰：『思永者，悠久而不息也。』皋陶曰：『思日贊贊襄哉。』禹拜曰：『都予思日孜孜。』太甲曰：『奉先思孝，接下思恭。』『視遠惟明，聽德惟聰。』惟，亦思也。《盤庚》：『汝不謀長，以思乃灾。』《顧命》：『思夫人自亂于威儀。』

《詩·緑衣》：『我思古人。』《燕燕》：『先君之思。』《終風》：『悠悠我思。』《泉水》：『靡日不思。思須與漕。』《伯兮》：『願言思伯。』《君子于役》：『如之何勿思。』《大車》：『豈不爾思。』《園有桃》：『蓋亦勿思。』《蟋蟀》：『職思其居，職思其外，職思其憂。』《白駒》：『勉爾遁思。』《谷風》：『思我小怨。』《無將大車》：『無思百憂。』《我行其野》：『不思舊姻。』《賚》：『敷時繹思。於繹思！』《駉》：『思無疆，思馬斯臧。思無期，思馬斯才。思無斁，思馬斯作。思無邪，思馬斯徂。』

《論》：『子曰：「《詩》三百，一言蔽之，曰：思無邪。」子曰：「學而不思則罔，思而不學則殆。」子曰：「見賢思齊焉。」』

季文子三思而後行，子聞之曰：『再斯可矣。』《左傳·文公六年》：『季文子將聘於晉，使求遭喪之禮以行。其人曰：「將焉用之？」文子曰：「備預不虞，古之善教也。求而無之，實難。過求何害？」所謂文子三思。』

唐棣之華，偏其反而。豈不爾思，室是遠而。此逸詩也。子曰：『未之思也，夫何遠之有？』前篇『仁遠乎哉』之意。

見利思義。曾子曰：『君子思不出其位。』孔子曰：『君子有九思。』孔子曰：『君子有三思。』『君子有九思：視思明，聽思聰，色思温，貌思恭，言思忠，事思敬，疑思問，忿思難，見得思義。』『君子有三思：少思其長則務學，老思其死則務教，有思其窮則務施。』《家語》。

《孟》：『北宫黝之養勇也，思以一毫挫於人。《詩》云：「無思不服。」』『聖人既竭心思焉，繼之以不忍人之政。禹思天下有溺者，猶己溺之也；稷思天下有飢者，猶己飢之也。』『夷子思以易天下。』『曰：「耳目之官不思，而蔽於物。物交物，則引之而已矣。心之官則思，思則得之，不思則不得也。」』『我固有之也，弗思爾矣。』

《中庸》：『君子思修身，不可以不事親；思事親，不可以不知人；思知人，不可以不知天。』慎思之有不思，思之不得不措也。『周公思兼三王，仰而思之。』

《思亭記》陳無己：『歎君作室其旁而問名於余，余以謂目之所視而思從之。視干戈則思鬥，視刀鋸則思懼，視廟社則思敬，視第家則思安。夫人存好惡喜懼之心，物至而思，固其理也。今夫升高而望松梓，下丘隴而行墟墓之間，荊棘莽然，狐兔之迹交道，其有不思其親者乎！請名之曰「思亭」。』

思其終也，思其復也。《襄公二十五年》：『太叔文子曰：「君子之行云云。」復復行。政如農功，日夜思之。』《襄公廿五年》：『子産曰：「政如農功，日夜思之，思其始而成其終。朝夕而行之，行無越思。」』

呂岱十思，陸侯長慮。孫權以太子亮幼，議所付託，孫峻薦諸葛恪。恪將行，呂岱戒之曰：『世方多難，子每事必十思。』恪曰：『昔季文子三思而後行，夫子曰：「再斯可矣。」今君令恪十思，明恪之劣也。』岱無以答。魏陸侯爲懷遠鎮大將，未期，諸高車莫弗懼侯嚴急，復請前鎮將郎孤。魏主召侯，以孤代之，侯曰：『不過期年，郎孤必敗。』明年莫弗果殺郎孤，魏主哭曰：『卿身雖短，思慮何長也。』即日爲散騎常侍。魏徵曰：『人主誠能見可欲則思知足，將興繕則思知止，處高危則思謙降，臨滿盈則思益損，遇逸樂則思撙節，在晏安則思後患，防壅蔽則思延納，嫉讒邪則思正己，行爵賞則思因喜而僭，施刑罰則思因怒而濫，兼是十思而選賢任能，則可以無爲而治矣。』

《思慎賦》，《致思》篇。嗣聖十一年，人竟趨進，多陷刑戮，劉知幾作《思慎賦》以刺時見志。《家語》：『孔子遊於農山，子路、子貢、顔淵侍，子曰：「二三子各言其志。」』

天寶十五載，上皇思九齡之先見，爲之流涕，至曲江祭之。發明：無甬東之禍，則子胥之諫不驗；無淝水之敗，則王猛之言不酬。太宗思魏徵於伐遼之後，玄宗思九齡於奔蜀之餘，忠臣智士，爲國遠慮，而常患於忽其言而不用。至於禍敗已形，則回思曩日之言，如蓍龜明鑑毫髮不爽，然已無及矣，豈天固欲以此顯忠良之先見耶？前此九齡之卒，綱目以荆州長史書之，今已十有八年矣，向來之言無一不驗。然玄宗徒能思其争禄山之事，而不思九齡於林甫之相爭之尤力，故凡天寶之亂，雖起於禄山，其實皆林甫醞釀以成之耳。思其一而不思其一，玄宗猶未爲盡知九齡者也。綱目於此，書爵書謚，其所以尊敬九齡者，爲如何哉？人主觀此，其亦聽用思謀於無事之日，毋徒思之於有事之後乎。吁！

山谷：『由思入睿，由睿入覺，此之謂學。』

樊川：『川流縈智思。』

《曲禮》：『儼若思，安民哉。』

慮

先甲三日，後甲三日。先甲先於此，究其所以然也，後甲後於此，得其將然也。《易》：『子曰：「天下何思何慮？天下同歸而殊塗，一致而百慮。天下何思何慮？」』《書·太甲》：『弗慮胡獲。慮善以動，動惟厥時。』蔡沈曰：『慮固欲其當乎，理然動非其時，則猶無益也。』《論》：『子曰：「人無遠慮，必有近憂。」』蘇氏曰：『慮不在千里之外，則患在几席之下矣。』饒氏曰：『慮不及千百年之遠，則患在朝夕之近矣。』《大學》：『安而後能慮，慮而後能得。』《學記》：『發慮憲，足以聞，不足以動衆。致其思慮，求合乎法則。』《表記》：『子曰：

「大臣慮四方。」』《淮南子》：『智慮者，禍福之門户也。』唐太宗曰：『非慮無以臨下，非言無以述慮。』李塨曰：『慮大者，不計細。』劉裕曰：『吾慮之熟矣。』

尹起莘曰：『自古大臣，權勢已隆極，富貴已亢滿。前無所希則必退爲身慮，然其爲慮也，思之非不深，計之非不工，然異日釁之所起，往往又自失其至深至工者焉。是故人之處心行事，莫若以正。夫正者，無所事計也，行所當然而已。郭崇韜佐莊宗滅梁，乃爲自安之計。時劉氏有寵，請立爲后，卒之殺崇韜者，劉氏也。嗚呼！正之一言，其真萬世人臣處心行事之要乎。』

張文潛題郭崇韜卷後：『好謀之士敗於謀，好辯之士敗於辯。惟道德之士爲無窮而禍福之變，豈思慮能究之哉？』

杜詩：『聖慮窅徘徊。』『徒爲百慮牽。』『寂默經千慮。』『萬慮倚檐楹。』『百慮集征鞍。』

胃

胃，腸胃，穀府也。

飲灰洗胃，炒豆開胃。『齊竺景秀，以過繫作部。荀伯玉曰：「使得自新，必吞刀刮腸，飲灰洗胃。」帝釋之。』《史》。趙宋淮浙大飢，李溥爲發運使，移檄郡縣，以爲朴炒豆爲屑，開飢民胃，多造紙襖，衣貧民，臺章上聞，盡行降黜。

坡詩：『一笑瀉肝胃。』『冷洌清心胃。』

脾

脾，土藏也。在胃之下節，相助胃氣，主化穀也。

脾性力，力行信，戊癸主之。韓詩：『志藏於脾。』脾爲皇后五符經。口者，脾之門户；脾者，土之精。上爲北斗，主變化者也。《白虎通》。脾胃，倉廩之官，五味出焉。《素問》。『脾神常在，字魂庭。』《黄庭經》。《内經》：『甘入脾。』韓：『巧能喻其誠，深淺抽肝脾。』黄：『歃血盟父子，指天出肝脾。』《選》：『詩氣散入詩人脾。』歐：『花蕊新成蜜滿脾。』『飢嚼梅花香透脾。』『清幽滿眼沁詩脾。』

心

言爲揚火，心是火精，録之如左云，則心志之門當屬於言，而凡水、火、木、金之皆原於思，猶貌言視聽之皆出於土故。

《釋名》：『心，纖也。所識纖微，無物不貫於心也。』《元命包》：『心者，火之精，成於五故，人心長五寸。』《白虎通》：『耳者心之候，心者火之精，上爲張星。』

心性躁，躁行禮，丙辛主之。『心之在體，君之位也；九竅之有職，官之分也。心處其道，九竅循理。耳目者，視聽之官也。夫心有欲者，物過而目不見，聲至而耳不聞也。故曰：「上離其道，下失其事。」』《管心術》。

《文子》：『心者智之舍也，神者智之淵也，智者心之府也，神清則智明，智公則心平。』

老子曰：『凡人之道，心欲小，志欲大，智欲圓，行欲方。心小者，慮患未生，戒禍慎微；志大者，兼包萬國，一齊殊俗；智圓者，終始無端，方流四遠；行方者，直而不撓，白而不汙。』上。孫思邈告盧照鄰曰：『膽欲大而心欲小，智欲圓而行欲方。《詩》曰「如臨深淵，如履薄冰」，謂小心也；「赳赳武夫，公侯干城」，謂大膽也；「不爲利回，不爲義疚」，行之方也；「見幾而作，不俟終日」，智之圓也。』《舊唐》。

『心者形之主也，神者心之寶也。形勞而不休即蹶，精用而不已則竭。』《文子》。老子曰：『主者，國之心也。心治則百節皆安，心擾則百節皆亂。』上。『司馬云：「心爲神靈之臺。」』《莊》。『靈臺鬱藹望横野。』《黄庭》。靈臺，心也。

『耳目鼻口形，能各有形而不相能也，夫是之謂天官。心居中虚，以治五官，夫是之謂天君。聖人清其天君，正其天官。』《荀子》。

『心者，形之君也，而神明之主也。』《解蔽》。

『夫心者，五藏之主也，所以制使四支，流行血氣，馳騁于是非之境，而出入於百事之門户者也。』《進原道下》。

『心者，衆智之要，物皆求於心。』《意林》。

『孔子曰：「凡人心險於山川，難於知天。」』《莊子》。

『子思問夫子曰：「物有形類，事有真僞，必審之奚由。」子曰：「由乎心。心之精神是謂聖。推數究理不以疑，周其所察，聖人難諸。」』《孔叢子》。

『人皆知糞其田，莫知糞其心，何謂糞心，博學多聞。』《孟子》。

『至人之用心若鏡。』《莊子》。

『目好色，耳好音，口好味。接而悦之，不知利害，嗜欲也。食之不穿寧於體，聽之不合於道，視而不便於性。三宫交争，以義而制者心也。』《淮南子》。

剖賢人之心，蕩武王之心。《書・泰誓》：『剖賢人之心。』《列女傳》：『比干諫，紂以爲妖言。妲己曰：「吾聞聖人之心有七竅，竅有五毛。」爲剖視之。』《左》：『楚武王入告鄧曼曰：「余心蕩矣。」鄧曼嘆曰：「王禄盡矣。」王遂行，卒於樠木之下。』

晋厲公之心異，周景王之心感。《國語》：『柯陵之會單襄公，見晋厲公視遠步高，告魯成公曰：「夫君子目以定體足以從之，是以觀其容而知其心矣。目以處義，足以步目。今晋侯視遠而足高，目不在體而足不步目，其心必異矣，目體不相從，何以能久。」』『景王將鑄無射，伶州鳩曰：「王其以心疾死乎？夫樂，天子之職也。和聲入於耳而藏於心，心億則樂。窕則不咸，總則不容，心是以感，感實生疾。王心不堪，其能久乎？」』《左》。

以一心而事百君，至五臟而制四肢。梁丘據子事三君，『晏子曰：「君不同心，而子俱順焉，仁人固多心乎？」對曰：「嬰聞之，順愛不懈，可以使百姓，暴强不忠，不可以使一人。一心可以事百君，三心不可以事一君。」仲尼聞之曰：「小子識之！晏子以一心事百君者也。」』《晏子》。《淮南子》：『夫心者，五臟之主也。所以制使四肢，流行血氣，馳騁于是非之境，而出入于百事之門户者也。』

《易》：『二人同心，其利斷金；同心之言，其臭如蘭。』《益》：『有二子惠心，立心勿恒。』

泰中心願也，謙中心得也。

復其見天地之心乎，明夷獲心意也。《井》：『爲我心惻。』《艮》：『厲薰心。』《象》：『危薰心也。』九三。《旅》：『我心不快。』《象》：『心未快也。』九四。『聖人以此洗心，退藏於密。』『君子易其心乎？』《坎》：『爲心病。』

《書》：『帝曰：「來，禹！人心惟危，道心惟微，惟精惟一，允執厥中。」』朱子曰：『「允執厥中」者，堯之所以授舜也。「人心惟危，道心惟微，惟精惟一，允執厥中」者，舜之所以授禹也。蓋嘗論之：『心之虛靈知覺，一而已矣，而以爲有人心道心之異者，則以其或生於形氣之私，或原於性命之正，而所以爲知覺者不同。是以或危殆而不安，或微妙而難見耳。然人莫不有是形，故雖上智不能無人心。亦莫不有是性，故雖下愚不能無道心。二者雜於方寸之間，而不知所以治之，則危者愈危，微者愈微，而天理之公，卒無以勝夫人欲之私矣。精則察夫二者之間而不雜，一則守其本心之正而不離，從事於斯，無少間斷，則使道心常爲一身之主，而人心每聽命焉，則危者安，微者著，而動静云焉，自無過不及之差矣。』真德秀曰：『「人心惟危」以下十六字，乃堯、舜、禹心法萬世性學之淵源。』

禹曰：『安汝止，惟幾惟康，其弼直。』真德秀曰：『「安汝止」者，安其心之所止也。人之一心，静而後能動，定而後能應，若其膠膠擾擾，將爲物役之不暇，又何以宰萬物乎？先儒謂「心者，人之北辰」。辰惟居其所，故能爲二十八宿之綱維。心惟安所止，故能爲萬事之樞紐。曰「安汝止」，曰「惟幾康」者，聖人養心之要法也。又，必輔弼之臣莫非正直，則内外交養無時而不安。』

《仲虺之誥》：『以禮制心。』真德秀曰：『心有萬慮，未易執持。惟内主於敬而視聽言動不敢肆焉，則周旋中禮，無一念之不中矣。』《立政》：『文王惟克厥宅心。』安定其心。真德秀曰：『用人乃立政之本，而宅心又用人之本也。心猶水然，撓而濁之，不見山岳，淵澄不動，毛髮燭焉。惟至公可以見天下之私，惟至正可以見天下之邪，惟至静可以見天下之動。』

唐太宗曰：『人主一心，攻之者甚衆。或以勇力，或以辯口，或以諂諛，或以奸詐，或以嗜欲，輻輳攻之，各求自售。人主少懈，而受其一，則危亡隨之。近世儒生有爲心箴曰：范浚。「茫茫堪輿，俯仰無垠，人於其間，眇然有身。是身之微，太倉稊米，參爲三才，曰惟心耳。往古來今，孰無此心，心爲形役，乃獸乃禽。惟口耳目，手足動静，投間抵隙，爲厥心病。一心之微，衆欲攻之，其與存者，嗚呼幾希。君子存誠，克念克敬，天君泰然，百體從令。」』

《大學》：『知止而後意誠，意誠而後心正，心正而後身修，身修而後家齊，家齊而後國治，國治而後天下平。』董仲舒曰：『正心以正朝廷，正朝廷以正百官，正百官以正萬民，正萬民以正四方。』

換心，見心。『魯公扈、趙嬰齊有疾，扁鵲曰：「公扈志强而氣弱，嬰齊志弱而氣强，若換汝之心，則均於善矣。」遂飲二人毒酒，剖胸探心，易而置之。救以神藥，既寤如初。公扈反嬰齊之室，而有其妻子，妻子不識。嬰齊反公扈之室，而有其妻子，妻子不識。』《列子》。龍叔謂文摯曰：『吾有疾，子能已乎。』文摯命龍叔背明而立，既而曰：『噫！吾見子之心矣。方寸之地虛矣。子心六孔流通，一孔不達，非吾淺術所能已也。』仲尼。

『列子心醉。』《莊子》。『阮咸心醉。』《晉書》。

任安兩心，王常石心。『武帝以任安有兩心。』《田叔傳》。『光武指王常曰：「心如金石，真忠臣也。」』《後漢》。

或問『神』，曰：『心。』『請聞之。』曰：『潛天而天，潛地而地。心潛於天則知天，心潛於地則知地。天地，神明而不測者也。心之潛也，猶將測之，況於人乎？況於事倫乎？倫理。』『敢問潛心于聖。』曰：「昔仲尼潛心於文王矣，顔淵潛心於仲尼矣，神在所潛而已矣。」天神天明，照知四方。天精天粹，萬物作類。人心其神矣乎，操則存，舍則亡。能常操而存者，其惟聖人乎？聖人存神索至，成天下之大順，致天下之大利，和同天人之際，使之無間者也。』《揚子》。

心親則千里晤對，情異則連屋不相往來。山谷。

心者氣之君，氣者心之將。君之所憹，將應如響，心潤如淵，氣得其養。上。

『問遠邇未達曰：「四海雖遠，治之在心，不亦邇乎。」』《揚子》。治天下有本，身之謂也。本必端，端本，誠心而已矣。

《書》有言：『逆于汝心，必求諸道。』《太甲》。俾萬姓咸曰：『一哉王心，咸有一德。』《盤庚》：『汝猶黜乃心，恐人迂乃心。』『各設中于乃心，永肩一心。』《説命》。『啓乃心，沃朕心。』『惟暨乃僚，罔不同心。受有臣億萬，惟億萬心。予有臣三千，惟一心。』《泰誓》。『受有億兆夷，離心離德，予有亂臣十人，同心同德。』今[惟]民未戾止厥心。嗚呼！封敬哉，用康乃心。《酒誥》：『厥心臧，民罔不盡傷心。厥心疾恨。』《無逸》：『否則厥心違怨。』《畢命》：『惟既厥心。』

《詩·柏舟》：『我心匪石，不可轉也；我心匪席，不可卷也。』『仲氏任只，其心塞淵。』『既見君子，我心寫兮，惟此文王，小心翼翼。』《抑》：『民各有心。』

《孟》：『盡其心者，知其性也。』朱子曰：『心者，人之神明，所以具衆理而應萬事者也。』陳氏曰：『心者，神明之舍。具衆理，心之體也，應萬事，心之用也。存其心，養其性，所以事天也。』

『「我四十不動心。」曰：「不動心有道乎？」曰：「有。」』程子曰：『心有主則能不動矣。』

『人皆有不忍人之心。天地以生物爲心，而所生之物因各得夫天地生物之心以爲心，所以人皆有不忍人之心也。先王有不忍人之心，斯有不忍人之政矣。以不忍人之心，行不忍人之政，治天下可運之掌上。無惻隱之心，非人也；無羞惡之心，非人也；無辭讓之心，非人也；無是非之心，非人也。惻隱之心，仁之端也；羞惡之心，義之端也；辭讓之心，禮之端也；是非之心，智之端也。既竭心思焉，繼之以不忍人之政。惻隱之心，人皆有之；羞惡之心，人皆有之；恭敬之心，人皆有之；是非之心，人皆有之。惻隱之心，仁也；羞惡之心，義也；恭敬之心，禮也；是非之心，智也。至於心，獨無所同然乎？心之所同然者何也？謂理也，義也。聖人先得我心之所同然耳。故理義之悦我心，猶芻豢之悦我口。雖存乎人者，豈無仁義之心哉？其所以放其良心者，亦猶斧斤之於木也。旦旦而伐之，可以爲美乎。』

孔子曰：『操則存，舍則亡。出入無時，莫知其鄉，惟心之謂與。』程子曰：『心豈有出入，亦以操舍而言耳。操之之道，敬以直内而已。』

范淳夫女讀《孟子》，曰：『《孟子》誤矣，心豈有出入。』伊川聞之曰：『此女雖不識《孟子》，却識心。』伊川此語是許之，是不許之。曰：『此女必天資高見，此心常湛然安定無出入。然衆人不能皆如此，若通衆人論之心，却是走作底物。《孟子》所引夫子之言，是通衆人論耳。』

『仁，人心也。』朱子曰：『仁者，心之德。』程子所謂『心如穀種，仁則其生之性』是也。黄勉齋曰：『心是穀種，心之德是穀種中生之性也。』

『人有鷄犬放，則知求之；有放心而不知求。學問之道無他求，其放心而已矣。』朱子曰：『身如一屋子，心如一家主。有此家主，然後能洒掃門户，整頓事務；若無主，則此屋不過一荒屋耳。』

『心不若人，則不知惡。』『心之官則思，思則得之，不思則不得也。』

《左傳・襄公三十一年》：『子思謂子皮曰：「人心之不同，如其面焉，吾豈敢謂子面如吾面乎？抑心所謂危，亦以告也。」』

孟子曰：『民之爲道也，有恒産者有恒心，無恒産者無恒心。苟無恒心，放辟邪侈，無不爲已。權，然後知輕重，度，然後知長短。物皆然，心爲甚。』

周常侍之心，李御史之心。周興嗣爲散騎常侍，武帝出千言無章句，令嗣次之，因成千字文。歸而兩目俱喪，及死開視之，心如掬操泥。『北齊文宣天保年，御史李廣勤學博物，夜夢一人出于其身曰：「君用心過苦，非精神所堪，今辭君矣。」數日遇疾，積年而終。』《五行記》。『李廣博覽，夜夢一人曰：「我心神也，君役我太苦。」』《獨思志》。

傅縡之心如面，敬德之心如山。『傅縡，爲文典麗，後爲便佞所御。譖下獄，陳後主遣使謂縡曰：「我欲赦卿，卿能改不？」對曰：「臣心如面，臣面可改，則臣心可改。」賜死獄中。』《陳書》。建成元吉，以書招尉遲敬德。賜以金銀器一車，敬德辭之。太宗曰：『公之素心，欝如山岳，積金至斗，知公不可移。』

心主萬事，心如鐵石。張玄素爲太子詹事，承乾頗以遊畋廢學，玄素上書諫曰：『古人有言，心爲萬事主，動而無節即亂，心恐殿下敗德之源在於此矣。』薛苾何力，討平高昌，詔許覲省其母。薛延佗執何力，何力割左耳以明志不奪。或曰：『人心各樂其土，何力入延佗，猶魚之得水也。』太宗曰：『此人心如鐵石，必不背我。』有使具言其狀，太宗泣曰：『何力竟如何。』

夢以刀而開心，夢以鑿而開心。『鄭玄師馬融，三載無聞，融遣還。玄過樹陰下假寐，夢一人以刀開其心，謂曰：「子可學矣。」寤而即返，遂洞精典籍。後東歸，融曰：「詩、書、禮、樂皆東矣。」』《異苑》。尹知章少勤學，嘗夢神人以大鑿開其心，以藥納之，自是日益開朗，盡通諸經精義。

已輒心動，吾心如秤。『魏武帝常言：「人欲危己，己輒心動。」因語所親小人曰：「汝懷刃密來我側，我必心動，執汝行刑，汝但勿言，當厚相報。」執者信焉，不以爲懼，遂軌之。左右以爲實，謀逆者挫氣矣。』《世説》。諸葛孔明云：『吾心如秤，不明爲人作輕重。』

杜恕書：『亦遭明達，君子亮其本心，若不見亮，使人刳心着地。』『孫秀詐稱詔斬張華，華曰：「臣，先帝老臣，中心如丹，臣不畏死。」』《晋書》。『劉慶孫在太傅府，于時人士多爲所構，惟庾子嵩縱心事外，無迹可間。後以其性儉家富，説太傅令换千萬，冀其有吝，於此可乘。太傅於衆坐中問庾，庾時頽然已醉，幘墮几上，以頭就穿取。徐答云：「下官家故可有兩娑千萬，隨公所取。」於是乃服。後有人向庾道此，庾曰：「可謂以小人之慮，度君子之心。」』《世説》。周顗指顧心曰：『此中何所有？』顧和。顧搏虱如故，徐應曰：『此中最是難測地。』周侯語丞相曰：『卿州吏中有一令僕才。』上。

非一狗面人心，又一人面狗心。『苻朗初過江，王忱與兄國寶詣之，朗曰：「非一狗面人心，又一人面狗心者，是耶！」忱醜而才，國寶美而狠故也。』《秦書》。沈約心僻惡，聞人一善，如萬箭攢心。『心靈府也。』《國史補》。心爲國主，五藏王。身有三百六十神，心爲主。不出户知天下，不下堂知四方。神以虛受，心爲栖神之包，故爲五藏王。

『黄童，黄庭真人，一名赤城童子。絳宫者，赤城中童子所安之處，一名紫房，一名玉房，一名洞房。五藏六府，異神同歸，總御絳宫，上下相隨。』《黄庭經》。心爲九禄真人，太一處其中也，一名明堂。上。

『心，火之精也。南方尊陽在上，卑陰在下。禮有尊卑，故心象火色，赤而鋭也。人有道尊，天本在上，故心下鋭也。』《白虎通》。目爲心視，口爲心談，耳爲心聽，鼻爲心嗅，是其支體主也。上。

『心有管鑰，須言而發。人皆知滌其器，而莫知洗其心。』《傅子》。『無咸民，食土，死即埋之，其心不朽，百年復生。去玉門四萬六千里。』《括地圖》。

附心學 林駉

『一中分造化，心上起經綸。』此康節之詩也，則知心學不可不謹。『中心如自固，外物豈能侵。』此明道之詩也，則知心學不可不專。

夫心者，人之神明，所以具衆理而應萬事者也。有和粹之心者，其容必温；有慈仁之心者，其容必良；有雍肅之心者，其容必恭；有保護之心者，其容必儉。耳目鼻口之不相亂者，此心也；喜怒哀樂之不失節者，此心也。心之爲心，亦大矣。日新之德即念之致，罔念之狂即心之放。有所忿懥，有所憂患，則不得正；有所恐懼，有所好惡，則不得正。明道之論心曰：『敬以直内，是涵養意也。』伊川之論心曰：『閑邪存誠，敬以直内也。』横渠曰：『當以己心爲嚴師也，夫惟守之以敬也。鄙倍不生，而此心廣矣；暴慢不生，而此心肅矣；縱肆不生，而畏心長矣；欺詐不生，而善心萌矣。是必起居出入，無不謹也；視聽言動，無非禮也；淵默雷聲、虎居龍見，無敢欺也；上帝臨汝，無貳爾心，無敢慢也。夫然後雲行雨施，此心之充；魚躍鳶飛，此心之察；洞然明鏡，湛然止水。

伊川曰：『能盡心則知性，知天則曰心、曰性、曰天本一理也。』横渠曰：『以心知天，猶居京師往長安，復二之也。』或混而一之，或歧而二之。伊川混而一之者，自得之學，此自誠而明之意也。横渠歧而二之者，爲學者言此自明而誠之意也。

伊川曰：『心有所主則盈，故以明鑑在此萬物畢照言之也。』明道曰：『心有所主，故以弊屋禦寇，驅逐不暇言之也。』或以虚言，或以實言。

『伊川謂其虚者，以敬存心，則天理洞然，表裏澄澈，外邪不能入矣。明道謂其實者，四端具備，則充然有得，無非實理，外患不能入矣。終日聖門無一事，推輪顔子得心齊。』《吕與叔詩》。

《宣公十五年》：伯宗曰：『諺曰：「高下在心。」』

《襄公廿五年》：『子産曰：「他日吾見蔑之面而已，今吾見其心矣。」』

志

志，意也，心之所主也。

《詩》：『在心爲志。』《詩》言志。《孟》：『懦夫有立志，書百志惟熙。』

廊廟志，山水志。山澤有廊廟之志。伯牙鼓琴，志在高山流水。

人物志，鴻鵠志。李守素爲倉曹參軍，通姓氏學，世號肉譜。吴世南曰：『昔人稱五經以司，今以倉曹爲人物志可乎？』『陳勝曰：「燕雀安知鴻鵠之志哉。」』《史》。

謝安之志，耿弇之志。桓温問謝安遠志，何以又名小草也。處則爲遠志，出則爲小草。

小草有遠志，用志在平生。耿弇定漁陽，取涿郡，光武曰：『有志者，事竟成也。』

『踵成《表志》』。曹大家。『暗寫《五行志》。』《續漢書》。梁陸倕借人《漢書》，失《五行志》四卷，倕暗寫還之。

玩物喪志，志以道寧。功崇惟志，若射之有志。志自滿，九族乃離。有言遜于汝志，必求諸非道。以丕從厥志，歷告爾百姓于朕志。今我既羞告爾于朕志，爾惟訓于朕志。惟學遜志，予小子其承厥志。天下曷敢有越厥志。『志不可滿。』《曲禮》。

《孟》：『夫志，氣之帥也。夫志至焉。持其志。』

《論》：『子曰：「盍各言爾志？」子路曰：「願聞子之志。」』『吾十有五而志于學。』『志於道。』

有伊尹之志則可，無伊尹之志則簒也。王子墊問曰：『士何事孟子？』曰：『尚志。』『何謂尚志？』曰：『仁義而已矣。居仁由義，大人之事備矣。』

《論》：『子曰：「父在，觀其志。」』

《孟》：『彭更曰：「梓匠輪輿，其志將以求食也。君子之爲道也，其志亦將以求食與？」曰：「子何以其志爲哉？且子食志乎？」』

《淮南子》：『疾呼不過聞百步，志之所在逾于千里。』

《孟》：『説《詩》者，不以文害辭，不以辭害志，以意逆志，是謂得之。』

《易》：『《同人・象》：「惟君子爲能通天下之志。」《困・象》：「澤無水，困。君子以致命遂志。」《革·象》：「其志不相得，曰革。」《巽·象》：「巽乎中正而志行。」「進退志疑也，利武人之貞志治也。」「否志行也，大有信以發志也。」《豫》：「志窮凶也，隨志舍下也。」《蠱》：「志可則也。志行正也。志在内也。觀志未平也。賁上得志也。無妄得志也。大畜上合志也。」《咸》：「志在外也。志在隨人。志末也。遁固志也。以正志也。家人志未變也。損中以爲志也。大得志也。益以益志也，姤志不舍命也。」《萃》：「其志亂也，志未光也。困志在下也。志未得也。」《革》：「信志也，旅志窮灾也。」《歸妹》：「愆期之志，有待而行也。」』

《昭公九年》：『屠蒯曰：「氣以實志，志以定言。」』

知君夙抱經綸志。才。老馬尚存千里志。力。

意

意，志也。

雅意。厚意。强人意。可人意。

《易》初六：『意承考也。』

子曰：『言不盡意，然則聖人之意，其[不]〔一〕可見乎？』『庾子崇作意賦，從子文康曰：「有意耶，非賦能盡；無意耶，復何所賦？」答曰：「止在有無之間爾。」』《世説》。

蕭望之曰：『惟意在本朝。』

許裔宗曰：『醫者，意也。』

『天公未有惜花意。』《春陰》。碧眼野僧知我意。隱。玄蟬仍噪留人意。秋。黄菊向人殊有意。九日。不尽登高懷古意。吊古。窗前草色皆生意。春。

情

情，意思也。

官情，無情。玩〔二〕裕，字思曠，屢辭王命，曰：『非敢以爲高也，吾少無官情也。』晋郭

〔一〕今按：『不』，據《易傳·繫辭上》補。

〔二〕今按：『玩』，中華書局《晋書·列傳第十九》作『阮』。

文曾隱遁，温嶠問：『先生獨無情乎？』曰：『情由憶生，不憶故無情。』

雲情，風情。坡：『俄頃嘗獨遊，自適孤雲情。』坡：『消磨未尽只風情。』

六情，七情。《白虎通》：『喜、怒、哀、樂、愛、惡。』《記》：『聖人之治，七情以禮。』

死生情，不世情。一死一生，乃見交情。谷：『窗外青山不世情。』

有情，非情。坡：『寒潮不應淮無信，客路相隨月有情。』杜：『巫峽泠泠非俗情。』

江海情，丘壑情。唐：『一片寬閑地，半生江海情。』歐：『怜我久懷丘壑情。』

浮生物外情。名利不關情。黄卷熟留情。東風太薄情。四海弟兄情。高居遺世情。不向炎凉逐世情。照眼清漪洗官情。

《禮記·表記》：『子曰：「情近信，情可信。」』《禮運》：『孔子曰：「聖人作則，人情以爲田，故人以爲奥也。」』治人情，如治田。不使邪僻害正性，如不使稊稗害嘉穀。人皆有宿道向方之所，如室之有奥也。

聖王修義之柄、禮之序，以治人情。人情者，聖王之田也。聖人之治人情，猶農夫之耕：修禮以耕之，陳義以種之，講學以耨之，本仁以聚之，播樂以安之。《禮運》《家語》。

《孟》：『乃若其情，則可以爲善矣。』朱子曰：『情者，性之動也。性無形。象、聲、臭之可形容也，故以情言之。』惻隱至是非，性之動而爲情也。輔氏。

韓：『情也者，接於物而生也。情之品有三，而其所以爲情者七。情之品有上中下三，其所以爲情者七，曰喜、曰怒、曰哀、曰懼、曰愛、曰惡、曰欲。』

六情更興廢，觀情以律。《漢書》：『元帝時，翼奉上封事。』程子曰：『形既生矣，外物觸其形而動於中矣。其中動而七情出焉，曰：喜、怒、哀、懼、愛、惡、欲。情既熾而益蕩，其性鑿矣。故覺者約其情，使合於中，正其心，養其性而已。』

杜詩：『在山泉水清，出山泉水濁。』情因習移。

民情

《書·康誥》：『民情大可見，小人難保。』

晁錯曰：『人情莫不欲壽，三王生而不傷也；人情莫不欲富，三王厚而不困也；人情莫不欲安，三王扶而不危也；人情莫不欲逸，三王節其力而不盡也。其爲法令也，合於人情而後行之。情之所惡，不以强人，情之所欲，不以禁人。』真德秀曰：『非錯之言，先民之遺言也。』

陸贄疏曰：『當今急務，在於審察群情。群情之所不欲者，陛下先行之；群情之所深惡者，陛下先去之。欲惡與天下同，而天下不歸者，未之有也。竊聞四方則患於中外意乖，百辟又患於君臣道隔。郡國之志不達於朝廷，郡國之誠不升於軒陛。上澤闕於下布，下情壅於上聞。宜總天下之智以助聰明，順天下之心以施教令。』又曰：『立國之要在乎得衆，得衆之要在乎見情。故仲尼謂「人情，聖王之田」，言理道所由生也。時之否泰，事之損益，萬化所繫，必因人情。故喻君爲舟，喻人爲水，水能載舟，亦能覆舟。舟即君道，水即人情，舟順水之道乃浮，違則没。君得人之力乃固，失則危。是以聖人之居人上也，必以其心從天下之心，而不敢以天下人從其欲，德宗不從。』

民心

民心，國之命脉也，國家之安危繫焉。真德實意可以繫其心，而非虛辭矯情所能誘；深仁厚澤可以感其心，而非小術淺慮所能留。此有天下者所深畏也。昔者周之興也，教則發粟，懷民以仁也；下車釋囚，感民以義也；分田爲井，教民以相生養也。拯救於文武，涵養於成康，勞來安集於宣王之世。黍離之歌，涕泗戲欷；葵丘之會，感激奮發。

威王以盟向予鄭，而盟向之民不肯事鄭；襄王以陽樊予鄭，而陽樊之民不肯事晋。聖人有至公之施，而自得至公之報，其民亦不自知其何以使之然，無他，此皆仁義之功也。

漢高祖之得天下，人皆曰：『法令章程也。』君子曰：『仁義公恕也。』唐太宗之維天下，人皆曰：『制度憑藉也。』君子曰：『仁義既效也。』雖遭於武皇兵刑之禍，而終不忘高文寬仁之恩，雖罹於肅代干戈之慘，而終不棄太宗愛民之心。是故吕氏之禍、七國之亂，漢幾亡矣，而左袒爲劉，堅壁從漢；新莽之篡、三國之争，漢幾去矣，而三輔流涕，荆楚雲從。

漁陽之叛、藩鎮之强，非小變也，而河朔死義，山東感泣；奉天之幸、關陜之狩，非細故也，而戎狄奉款，京輔掃清。

戰國以兵甲禍天下，隋秦以刑威戕天下，至漢而有所依；曹魏以篡奪取天下，南北以戎狄亂天下，至唐而有所歸。五代紛紛干戈亂離，民生斯時如刈草菅。

國家。革命之日，市不易肆。獨王彦昇之專殺，終身惡之而不用。削平僭僞，不戮一人。獨王全斌之平蜀，暴掠十年，廢之而不録。太原違命，勒而絶之可也。不殺爲誓，天地臨之。江南奏捷，喜而受之可也。垂泣一意，鬼神聞之。養兵雖驕，而終不忍以兵煩吾民；理財雖乏，而終不忍以苛困吾民。寧建都於四平無險之地，而終不忍疲吾民轉餉之力；寧捐金繒以屈己於侮慢之夷狄，而終不忍苦吾民干戈之禍。爲臣者甘受誅夷之慘，而不負扞守之節；爲民者甘從刀鋸之死，而不污腥膻之俗。建炎之詔曰：『河北億萬之衆，無一人忍負國者，今之民心何如也？』兩淮之民困於轉餉，兩淮之民所當恤也；襄漢之間虜兵踐蹂，襄漢之民所當恤也；西蜀之民去天一方，西蜀之民所當恤也。内地之民業天乎，朝夕之不相保，内郡之民所當恤也；京畿之民皇天乎，一飽之未期，京畿之民所當恤也。

《易·咸·彖》：『聖人感人心，而天下和平。』《書》：『民心無常，惟惠之懷。』《孟》：『失其民者，失其心也。得其民有道：得其心，斯得民矣。得其心有道：所欲與之聚之，所惡勿施，爾也。』

喜

《説文》：『喜，樂也，不言而悦也。』

《元命包》：『喜，口銜士爲喜。喜得明心，憙者爲憙，憙天心。』

《抱朴子》：『人主有道，國有善政。則四七從度，五星不逆，日不蝕朔，月不薄望，霜不夏繁，雷不冬泄。喜瑞並臻，灾厲寢滅，此則天喜也。』

徐曰：『口豈爲喜。豈者，陳樂立而上見。人心之悦，則其面目粹然而變，知其喜也。』

《易》：『《否》：「先否後喜。」《無妄》：「勿藥有喜。」《大畜》：「有喜也。」《升》：「有喜也。」《兑》：「介疾有喜。」《象》：「九四之喜，有慶也。」《傳》：「介然守正，而疾遠邪惡，則有喜也。」』

《詩》：『云胡不喜，我心則喜。中心喜之。』

鄭人皆喜，子産不順。

子王之死，晋侯有喜。鄭子國、子耳侵蔡，獲蔡司馬公子燮。子王之死，唯司馬公子曰：『小國無文德而有武功，禍莫大焉。』《僖公二十八年》：『城濮之役，子玉及連穀而死。晋侯聞之，而後喜可知也。曰：「莫余毒也已。」』《宣公十二年》：邲之役，桓子請死，晋侯欲許之，士貞子諫曰：『城濮之役，晋師三日穀，文公猶有憂色。左右曰：「有喜而憂，如有憂而喜乎？」公曰：「得臣猶在，憂未歇也。」及楚殺子玉，公喜而後可知也。』

孔子之喜，子路之喜。『孔子爲魯司寇，有喜色。仲由問曰：「由聞禍至不懼，福至不喜。今夫子得位而喜，何也？」孔子曰：「然，有是言也。不曰『樂以貴下人』乎？不言喜於以貴禮下於人耶。」』《家語》。《孟》：『子路，人告之以有過，則喜。』

樂正爲政，孟子有喜。子皮不攻，伯有有喜。魯使樂正子爲政，孟子喜而不寐。鄭伯有聞子皮之甲不與攻己也，喜。

伯宗之喜，公孫之喜。『孫伯宗朝以喜歸，妻曰：「有喜何也？」曰：「吾言於朝，諸大夫皆謂我智似陽子。」對曰：「陽子華而不實，立言而無謀，是以難及其身，子何喜焉？」』《晋語》。『孟嘗君至楚獻象床，公孫戍見孟嘗君曰：「今君到此而受象床，所未至之國，將何以待君？」孟嘗君曰：「善叟趣而出。」孟嘗君召而問之曰：「今何舉足之高而志之揚也？」戍曰：「臣有三喜：臣入諫，臣一喜；諫而得聽，臣二喜；諫而止君之過，臣三喜。」』《戰國策》。

七喜，四喜。『上幸長安，祠高廟。會郡縣吏，勞賜作樂。有縣三老大言：「臣望顔色儀，似先帝，臣一驩喜。百官嚴設如舊時，臣二驩喜。見吏賞賜，識先帝時事，臣三驩喜。陛下聽用直諫，默然受之，臣四驩喜。陛下懲艾酷吏，視人如赤子，臣五驩喜。進賢用能，各得其所，臣六驩喜。天下太平，德合於堯，臣七驩喜。」』《東觀漢記》。『臣得去幽屏之城，獲睹百官之美，此一喜也。背茅茨之陋，登閶闔之闥，此二喜也。必以有靦之容，瞻見穆穆之顔，此三喜也。將以檮杌之質，廪受崇崇之訓，此四喜也。』《曹植表》。

太宗之喜，林甫之喜。太宗喜，見群臣從容曰：『土城竹馬，童兒樂也；金翠羅丸，婦人樂也；貿遷有無，商賈樂也；高官厚秩，大夫樂也；戰無前敵，將帥樂也；四海寧一，帝王樂也。』『三相就位，二人磬折，林甫在中，喜津津出眉宇間。觀者竊言：「一鵰夾兩兔。」

小選，耀卿、九齡罷。』《唐書》。

贄見上喜，象喜亦喜。　陸贄從幸山南與帝相失，翌日謁見，上喜形於顔間。　孟子曰：『象喜亦喜。』萬章曰：『然則舜僞喜者與？』孟子曰：『彼以愛兄之道來，故誠信而喜之，奚僞焉？』

喜而不忘，矜而勿喜。　『父母喜之，喜而不忘。』《萬章》。　『曾子曰：「民散久矣，如得其情，則哀矜而勿喜。」』《論》。　『吉甫燕喜。』《詩》。　『子文無喜。』《論》。

喜未發中，一則以喜。《中》：『喜怒哀樂之未發謂之中，發而皆中節謂之和。』『子曰：「父母年，不可不知也，一則以喜。」』《論》。

杜詩：『喜心翻倒極。』『萬方頻送喜。』

《書》：『股肱喜哉。』

《孟》：『舉欣欣然有喜色而相告。』

怒

怒　恚也，憤也。

『明道先生曰：「治怒爲難，克己可以治怒。」』《遺書》。

《詩》：『君子如夷，惡怒是違。』『不宜有怒，將子無怒。』『君子如怒，亂庶遄沮。』『豈不懷歸，畏此譴怒。』『王赫斯怒，爰整其旅。』『逢天僤怒，宜無悔怒。』『如震如怒。』《常武》。『無復怒。』子太叔曰。

《孟》：『文王一怒而安天下之民，武王一怒而安天下之民，今王亦一怒而安天下之民。』

景春曰：『公孫衍、張儀一怒而諸侯懼。』

《論》：『子曰：「有顏回者，不遷怒。」』胡氏曰：『顏子之怒，在理而不在血氣，故不遷。』程子曰：『顏子之怒在物不在己，故不遷。若舜之誅四凶也，可怒在彼，己何與焉？如鑑之照物，妍媸在彼，隨物應之而已，何遷之有？聖人之心，本無怒也。世之人固有怒於室而色於市。』

王怒未怠，怒不作亂。《僖公十三年》：『齊仲孫湫聘于周。』歸，復命曰：『王怒未怠。』『箕之役，先軫黜之，狼瞫怒。及彭衙，死焉。』君子謂：『狼瞫於是乎君子，怒不作亂而以從師。』

逢氏之怒，郤子之怒。邲之役，趙旃棄車而走，林逢大夫謂其二子無顧。顧曰：『趙傁在後。』怒之，使下，指木曰：『尸汝於是。』怒其子違命，使其二子下車，指木而謂之曰：『止汝尸於此木。』《宣公十七年》：『范武子將老，召文子曰：「吾聞之，喜怒以類者鮮，易者實多。」易，遷怒也。《詩》曰：「君子如怒，亂庶遄已。」君子之喜怒，以已亂也。不已者，必益之也。郤子其或者欲已亂於齊乎？不然，余懼其益之也。」』《宣公十七年》：『徵會于齊頃公，帷婦人使觀之。郤子登，婦人笑於房。跛而登階，故笑之。郤子怒出而誓曰：「所不此報，無能涉河。」』

衆怒難犯，衆怒可犯。《襄公十年》：『子孔當國，爲載書，以位序，聽政辟。大夫、諸司、門子不順，將誅之。法。子產止之，請爲之焚書。子孔曰：「爲書以定國，衆怒而犯之，是衆爲政也，國不亦難乎？」子產曰：「衆怒難犯，專欲難成，不如焚書以安衆。」乃焚書於倉門之外，衆而後定。』《昭公十三年》：『楚右尹子革曰：「請待于郊，以聽國人。」王靈王。曰：「衆怒不可犯也。」』

伯有之怒，靈王之怒。《襄公三十年》：『鄭伯有聞鄭人之盟己也怒。』《昭公十九年》：『令尹子瑕言蹶由於楚子，吴王弟。五年，靈王執以歸曰：「彼何罪？諺所謂『室於怒，市於色』者，楚之謂矣。舍前之忿可也。」乃歸蹶由。言靈王怒吴子而執其弟，猶人忿於室家而作色於市人。』

平子之怒，趙鞅之怒。《昭公二十五年》：『季、郈之鷄鬥，季氏介其鷄，郈氏爲之金距。

平子怒，持芥子播其羽，怒不下已。』《哀公三年》：『趙鞅殺士皋夷，惡范氏也。惡范氏而殺其族，言遷怒。』

史佚之言，太叔之語。《僖公十五年》：秦伯曰：『史佚有言曰：「無重怒，重怒難任。」』《定公四年》：子太叔卒，趙簡子曰：『夫子語我曰：「無重怒。」』不重人之怒。

《孟》：『不藏怒焉。』《書》：『帝乃震怒。』

《論》：『人不知而不愠，不亦君子乎？』子文，三已之，無愠色。坡詩：『三仕何曾知愠喜。』大舜歌：『南風之薰兮，可以解吾民之愠兮。』

《孟》：『余豈若是小丈夫然哉？諫於其君而不聽，則怒，悻悻然見於面，去則窮日之力而後宿哉？曾西艴然不悦曰：「爾何曾比予於管仲？」以正不行，繼之以怒，繼之以怒，則反夷矣。兩怒必多溢惡之言。』

《書・泰誓》：『皇天震怒。』

《詩》：『肆不殄厥愠，亦不隕厥聞。』

朱泚使晟，李晟親近以家書遺晟。晟怒，立斬之。

《淮南子》：『屈宜若曰：「怒者，逆德也。人之性有侵犯則怒，怒則血充，充則氣激，氣激則發怒，發怒則有所釋憾矣。」』上。

哀

哀，悲哀也。

七哀，八哀。曹子建作《七哀詩》。杜詩：『甘從千日醉，未許七哀詩。』杜甫《八哀詩》，哀李邕等八人。

佞哀，助哀。潘安仁《西征賦》：『搜佞哀以爲郎。』《北史》：『蕭放居喪，庭前二慈烏，每暗時舒翼，悲鳴以助哀。』

猿哀，鳥哀。杜詩：『風急天高猿嘯哀。』《論》：『鳥之將死，其鳴也哀。』

雍門哀，後人哀。朱文公：『從知爽鳩樂，莫作雍門哀。』杜樊川：『秦人不暇自哀，而後人哀之。後人哀之而不鑑之，亦使後人而復哀後人也。』

君子之哀，婦人之哀。『哀公曰：「寡人未嘗知哀。」孔子曰：「君子入廟，如右，登自阼階，仰視榱桷，俯察几筵，其器皆存，而不睹其人。君以此思哀，則哀可知矣。」』《家語》。孔子北之山戎氏，有婦人哭於路者，其哭甚哀，孔子問曰：『曷爲哭哀至於此極也？』

《孟》：『曠安宅而不居，舍正路而不由，哀哉！舍其路而不由，放其心而不知求，哀哉！哀哉二字，最宜詳味，令人有惕然、有深省處。』

《書·康誥》：『兄亦不念鞠子哀。』

《詩·鴻雁》：『爰及矜人，哀此鰥寡。』《大東》：『哀我憚人，亦可息也。』《小宛》：『哀我填寡，宜岸宜獄。』《雨無正》：『哀哉不能言，維躬是瘁。』『哿矣富人，哀此煢獨。』《正月》。『君子作歌，維以告哀。』《四月》。

《論》：『子曰：「《關雎》，哀而不傷。」』『子游曰：「喪致乎哀而止。」』『子貢曰：「其死也哀。」』

城闕秋生畫角哀。豺遘哀孫楚。聲節可悲哀。笛笳聲月夜哀。孤吟寄七哀。他鄉夢亦哀。清猿聲入楚雲哀。文章尤忌數悲哀。落日杜鵑哀。山猿嘯更哀。萬壑入秋哀。空山野鶴哀。

怨

附　怨，恚也，恨也，仇也。

雲峰胡氏曰：『七情中有哀而無怨，怨出於哀，哀之切，故怨之深。』

《書》：『五子咸怨，怨豈在明，不見是圖。』『怨不在大，亦不在小；惠不惠，懋不懋。』《康誥》。『東征西夷怨，南征北狄怨。』《仲虺之誥》。

《孟》：『東面而征，西夷怨。南面而征，北狄怨。』

『祇保越怨，誕惟民怨。』《酒誥》。『至于小大，無時或怨。否則厥心違怨，否則厥口詛呪。至于小大者，怨之畜于中也；無時或怨者，怨之形於外也。小人怨汝詈汝，則信之。怨有同，是叢于厥身。』《無逸》。『則無我怨。』《多方》。『夏暑雨，小民惟曰怨咨。冬祁寒，小民亦曰怨咨。』《君牙》。

《詩》：『老使我怨，覆怨其正』『忘我大德，思我小怨』『民之無良，相怨一方』。

萬章問曰：『舜往于田，號泣于旻天，何爲其號泣也？』孟子曰：『怨慕也。』怨慕，怨己之不得其親而思慕也。萬章曰：『父母惡之，勞而不怨，然則舜怨乎？』公孫丑曰：『高子曰：「《小弁》，小人之詩也。」』孟子曰：『何以言之？』曰：『怨。』曰：『《小弁》之怨，親親也。親親，仁也。固矣夫，高叟之爲詩也！』曰：『《凱風》何以不怨？』曰：『《凱風》親之過小者也，《小弁》親之過大者也。親之過大而不怨，是愈疏也；親之過小而不怨，是不可磯也。愈疏，不孝也；不可磯，亦不孝也。孔子曰：「舜其至孝矣，五十而慕。」』朱子曰：『問說《詩》者，皆以《小弁》之意與舜怨慕同，竊謂只「我罪伊何」一句，與舜「於我何哉」之意同。』

《論》：『在邦無怨，在家無怨。』『憲問：「克、伐、怨、欲不行焉，可以爲仁矣？」子曰：「可以爲難矣，仁則吾不知也。」』『子曰：「貧而無怨難。」』『或曰：「以德報怨，何如？」子曰：「何以報德？以直報怨，以德報德。」』『子曰：「不怨天，知我者其天乎？」』『子曰：「《詩》可以怨。」』『子曰：「唯女子與小人爲難養也，遠之則怨。」』『子：「放於利而行，多怨。」』『子曰：「事父母幾諫，勞而不怨。」』『子曰：「伯夷、叔齊，不念舊惡，怨是用希。」子貢入曰：「伯夷、叔齊，何人也？」曰：「古之賢人也。」曰：「怨乎？」曰：「求仁而得仁，又何怨？」』

《書》：『無我怨。』《多士》。《孟》：『殺之而不怨。』以佚道使民，雖勞不怨；以生道殺民，雖死不怨殺者。

又誰敢怨，唯思舊怨。《成公三年》：『王瑳曰：「子其怨我乎？」對曰：「又誰敢怨？」王曰：「然則德我乎？」對曰：「其誰敢德？」王曰：「何以報我？」對曰：「臣不任受怨，君亦不任受德，無怨無德，不知所報。」』《定公五年》：『楚王之奔隨也，將涉於成臼水。藍尹亹不與王舟，及寧王欲殺之，子西曰：「子常惟思舊怨以敗，君何效焉？」王曰：「善使復其所。」』

大德滅小怨，非所怨勿怨。《襄公二十六年》：衛獻公讓太叔文子曰：『古人有言曰：「非所怨勿怨。」寡人怨矣。』《定公五年》：『王賞鬥懷，子西曰：「請舍懷也，以初謀試王也。」王曰：「大德滅小怨，道也。」』

修先君之怨，報賈氏之怨。《隱公四年》：『州吁將修先君之怨於鄭。』《文公六年》：夷之搜，賈季戮臾駢，臾駢之人欲盡殺賈氏以報焉。臾駢曰：『不可，吾聞《前志》有之曰：「敵惠敵怨，不在後嗣，忠之道也。」敵對也。損怨益仇，非智也，以私害公，非忠也。』

徼怨於楚，構怨於侯。《宣公十二》：『我則不德，徼怨於楚。』《孟子》：『構怨於諸侯，然後快於心與？』

不忌小怨，必報眦怨。諸將圍洛陽，朱鮪不下曰：『劉縯被害，鮪與其謀，又諫更始無遣蕭王北伐，自知罪深，不敢降。』帝曰：『舉大事者不忌小怨。鮪今若降，官爵可保。河水在此，吾不食言。』鮪即降，拜平狄將軍。竇憲，睚眦之怨，莫不報復。以韓紆嘗劾父勳獄，令客斬紆子，以首祭勳冢。

鄭默以和，猶有嫌怨。兩人構怨，庭殺宰予。晉鄭默事上以禮御下以和，猶有嫌怨，故君子以爲處世之難。《淮南子》：『積怨成禍，兩人構怨，庭殺宰予。』

不争止怨，不罰私怨。文中子教授河汾，弟子賈瓊問止怨，曰：『不争。』周任有言曰：

『爲政者不罰私怨。』

恩欲歸己，怨使誰當。國忠產怨，蘇秦市怨。香怨，紅怨。粉愁香怨，曾聞葉上題紅怨。春風夜月長門怨。蜀魄千年尚怨誰。

置怨 銜怨

蔣欽豈敢挾恨，伯氏沒齒無怨。孫權護軍蔣欽，與徐盛有隙，權問之，欽曰：『盛忠而勤，有膽略，萬人督也。今大事未定，臣當助國求才，豈敢挾私怨以蔽賢乎！』『問管仲，曰：「人也。奪伯氏駢邑三百，飯蔬食，沒齒無怨言。」』《論》。習鑿齒曰：『昔管仲奪伯氏駢邑三百，沒齒而無怨言，聖人以爲難。亮使廖立垂泣，李平致死，豈徒無怨言而已哉！夫水至平而邪者取法，鑑至明而醜者無怒，以其無私也。況大人君子懷樂生之心，流矜恕之德，法行於不可不用，刑加乎自犯之罪，爵之而非私，誅之而不怒，天下其有不服者乎！』

語曰：『桓公任其賊，管仲。而文公用其盜故。』衋須。曰：『明主任計不任怒，闇主任怒不任計。計勝怒者興，怒勝計者亡，此之謂也。』

公以行之，羔之謂乎。季羔爲衛之士師，刖人之足。衛有蒯聵之難，季羔逃之，走郭門。刖者曰：『彼有缺。』季羔曰：『君子不逾。』又曰：『彼有竇。』季羔曰：『君子不隧。』又曰：『於此有室焉。』季羔乃入焉，既而追者罷。季羔曰：『吾不能虧主之法而親刖子之足，今吾在難，正子報怨之時，而逃我者何哉？』刖者曰：『斷足固吾之罪，昔公之治臣以法，臨當論刑，君惴然不悦，豈私臣哉？』孔子曰：『善哉爲吏。公以行之，其子羔之謂乎。』

杜詩：『孤城最怨思。』

鍾會聞嵇康名，造之。康箕踞而鍛，不爲之禮。會將去，康曰：『何所聞而來，何所見而去？』會曰：『聞所聞而來，見所見而去。』遂銜之譖康，司馬昭殺之。

讎

讎，匹也，仇也。

《周禮》：『調人掌司萬民之難而諧和之。凡過而殺傷人者，以民成之。成平。凡和難：父之讎，避諸海外；兄弟之讎，避諸千里之外。從父兄弟之讎，不同國；君之讎視父，師長之讎視兄弟，主友之讎從父兄弟。凡殺人有反殺者，邦國交讎之。凡殺人而義者，令勿讎，讎之則死。』《禮記・檀弓》：『子夏問曰：「居父母之仇，如之何？」子曰：「寢苫，枕干不仕，不與共天下也。遇諸市朝，不反兵而鬥。」「居昆弟之仇，如之何？」曰：「仕不與共國，銜君命而仕，雖遇之不鬥。」「居從父昆弟之仇，如之何？」曰：「不爲魁，主人能，則執兵而陪其後。」』

稱讎不爲諂，私讎不及公。《左傳》：『祁奚稱其讎不爲諂。』《哀公五年》：『初，范氏之臣王生惡張柳朔，言諸昭子，使爲柏人。柏人宰。昭子曰：「夫非而讎乎？」對曰：「私讎不及公。」』

白公之讎，莒婦之讎。《哀公十三年》：『鄭人殺子木。楚太子建。其子曰勝，在吴。子西召之竟，爲白公。晋人伐鄭，楚救之。』勝怒曰：『鄭人在此，讎不遠矣。比子西於鄭人，秋七月殺子西。』《哀公十四》、《昭公十九年》：『初，莒有婦人，莒子殺其夫，已爲嫠婦。及老，[託]於紀障，紡焉以度而去之。去，藏。及師至則投諸外。或獻諸子占，子占使師夜縋而登。莒共公懼，啓西門而出。七月，齊師入紀。《傳》言：「怨不在大。」』

鄖公之讎，夫差之讎。《定公四年》：『吴人入郢，王入雲中。雲夢鄖公辛之弟懷將弑王，曰：「平王殺吾父，我殺其子，不亦可乎？」辛曰：「君討臣，誰敢讎之？君命，天也，若死天命，將誰讎？」』《定公十四》：『吴伐越，越子句踐禦之，闔廬傷將指。還，卒于陘。夫差使人立於庭，若出入，必謂己曰：「夫差，而忘越王之殺而父乎？」則對曰：「不敢忘，三年乃報越。」哀公元，吴入越。』

伍員之言，頭須之語。《哀公元年》：『伍員曰：「勾踐與我同壤而世爲仇讎，克而不取，將又存之，違天而長仇讎，後雖悔之，不可食已。」』《僖公廿四年》：『晋侯之豎頭須，守藏者也。及入，求見，公辭焉以沐。謂僕人曰：「沐則心覆，心覆則圖反，宜吾不得見也。國君而讎匹夫，懼者甚衆矣。」公見之。』

周之戌申，楚之迎婦。朱子曰：『平王知有母而不知有父，知其立己之爲有德，而不知其殺父之爲可怨。至使復讎討賊之師，反爲報施酬恩之舉，則其忘親逆理，而得罪於天已甚矣。』項氏曰：『夫子删《詩》而存《揚之水》，其刺之固宜。』劉友益曰：『書楚迎婦何病楚也？秦不共戴天者也，而妻其女，國亦不競甚矣。前書楚君槐懷卒于秦，此書楚君頃襄迎婦于秦，所以甚病楚也。』

弟死不葬，率衆而降。楊氏曰：『子房之志，爲韓報仇而已，其事高祖非本心也。蓋自博浪之謀不遂，其心固未嘗一日而忘秦也。以爲奮匹夫之勇以僥倖於一朝，不若陰求天下之豪傑而徐圖之。及得沛公而知其足以濟吾事也，於是委身從之，教以滅秦之計。及事之濟，則去漢歸韓，而但教以燒絶棧道，至於定三秦討項氏之策，則無一言及之。豈其智之不及哉？其心固將輔韓，成以馳騁於中原，而不欲漢王之東也。及成爲項羽所殺，則韓之子孫無若成之賢者，而子房之志無所復伸矣。然羽之讎不可以不報，而欲報羽則非漢又不足資以成功也。於是不得已復西以再致吾復讎之志，使漢事得成，而吾責亦塞，然後自託於神仙之説，以遂其不欲仕漢之本心焉。此子房之智謀節義，所以遠過於人。而自漢至今千有餘年，未有能窺之者，惟子程、子蓋嘗言之。又以爲子房進退從容有儒者之風，非高祖之能用子房，子房實能用高祖，其可謂知子房矣。抑高祖之任子房，蓋亦不足以盡子房之術云。張繡率衆降曹操，先與操爲讎。』

東海有勇婦，西門秦氏女。東海有勇婦，何慚蘇子卿。學劍越處子，超然若流星。捐軀報夫讎，萬死不顧生。白刃耀素雪，蒼天感精誠。十步兩躩躍，三呼一交兵。斬首掉國門，蹴踏五藏行。豁此伉儷憤，粲然大義明。北海李使君，飛章奏天庭。捨罪警風俗，流芳播滄瀛。名在列女傳，竹帛已光榮。《秦女休行》：『西門秦氏女，秀色如瓊花。手揮白楊刀，清晝殺讎家。羅袖洒赤血，英聲凌紫霞。犯刑若履虎，不畏落爪牙。金鷄忽放赦，大辟得寬賒。』李白。

盍勳之怨正和，劉琨之殺孫盛。武威太守恣行貪暴，凉州從事蘇正和案致其罪。刺史梁鵠欲殺正和以自解，訪於蓋勳。勳素與正和有仇，或勸勳以此報之。勳曰：『謀事殺忠，非忠也；乘人之危，非仁也。』乃諫鵠曰：『紲食鷹隼，欲其鷙也，鷙而烹之，將何用哉。』鵠乃止，正和詣勳求謝，勳不見曰：『吾爲使君謀，非爲正和也，怨之如初。』晉劉琨殺孫盛，琨母曰：『汝不能駕馭豪傑以恢遠略，而專除勝己，禍必及我。』盛子泥奔漢，漢遣粲曜，琨奔常山，泥殺琨父母。

劉表之諫袁譚，譙登之斬馬脱。袁尚攻袁譚，劉表諫譚，遣辛毗詣曹操請救國，曰：『君子違難不適讎，交絶不出惡聲。况忘先人之讎，棄親戚之好，爲萬世之戒，而遺同盟之恥哉。』譙周之子居巴西，爲成太守馬脱所殺。登詣劉弘，請兵復讎。弘表登爲梓潼内史，攻宕渠斬脱，食其肝，遂居涪城。成人攻之城獲，見獲成主雄，欲宥之，登辭氣不屈，乃殺之。書法：死讎也，書死之何予義也。

趙温之與李傕，天護之殺賈匹。趙温與李傕書曰：『今以睚眦之隙，以成千鈞之弩。晉賈匹殺漢彭仲蕩，其子天護攻匹殺之。』書法：譙登復父讎，書死之義之也，此亦復父讎也。其書盗何天護臣漢者也，逆順異矣。

去謝祐之首，發林甫之家。曹王明以太子賢黨降封零陵王，都督謝祐希天后意，逼令自殺。祐後寢於平閣，夜去其首。及明子爲天后所殺，有司籍其家，得祐首，漆爲穢器，題云謝祐。天寶十五載，至德元載，上與李泌語及李林甫，欲敕諸將克長安日，發其家，焚骨揚灰。泌曰：『陛下方定天下，奈何讎死者！彼枯骨何知，徒示聖德之不弘耳。且方今從賊者皆陛下之讎也，若聞此舉，恐阻其自新之心。』上不悦，曰：『此賊昔日百方危朕，奈何矜之！』對曰：『臣豈不知！上皇春秋高，聞陛下此敕，必以爲用韋妃之故。萬一感憤成疾，以天下之大不能安群親也。』上流涕被面：『朕不及此。』

蔡儔之發墓，行密不發冢。昭宗景福二年，廬州刺史蔡儔發楊行密父祖墓，行密討儔斬之。左右請發儔父母冢，行密曰：『此儔之罪也，吾何爲效之。』胡氏曰：『父母冢見發，人子至痛之情也，攻儔斬之，怨可釋矣。倘稱其犯而報之然後快，是自爲寇也。行密於是知孝道之輕重矣，宜其能駕馭群才而霸有一方也。』

救燕王於鄴，立神主於軍。晋孝武太原九年，燕主垂圍鄴謝玄，遣劉牢之救，且饋之粟。書法：此其書救何譏忘讎也，且也者甚辭也。發明：『救灾可也，救讎則不可也。恤鄰可也，恤寇則不可也。秦主登立世祖，神主於軍中。刻鐵鎧爲死體。』□書法：庶乎其復讎之志矣。後秦主萇弑符堅。

吕母傾貲，王頒發陵。新莽天鳳四琅耶，海曲有吕母，子爲縣吏，宰以小罪殺，吕母傾貲執仇。隋開府王頒僧辨之子也，夜發陳高祖陵，焚骨取灰，投水而飲之，自縛歸罪於廣，廣赦之。

王琳有復讎之志，叔慎有復讎之志。書法：於是梁亡矣。書梁王琳何，琳之心未嘗無梁也。是故韓雖亡矣，張良有復讎之志，則復書韓張良。梁雖亡矣，王琳有復讎之志，則復書梁王琳。陳雖亡矣，叔慎有復讎之志，則復書陳叔慎。綱目之勸義也，深切矣。

公主之傷，叔慎之嘆。隋主既立，千金公主傷其宗祀覆没，日夜請爲周復讎，突厥伐隋。書法：猾夏書寇恒也，未有書伐者，書伐隋何痛，周之無臣也。自堅之篡，周之臣子，恬然臣之，千金公主，請於可汗。爲國復讎，綱目予其志義，故再書伐，此綱目之變例也。隋楊素將兵略地，南至湘州刺史。岳陽王叔慎，年十八，酒酣，嘆曰：『君臣之義，盡於此乎！』遂與侯正理曰：『主辱臣死，諸君獨非陳國之臣乎，起兵敗死。』書法：陳亡而復讎之志者，叔慎一人而已。

開元年之殺瑝琇，元和年之流梁悦。開元廿三，張瑝、張琇殺殿中侍御史楊汪，以復父讎，敕杖殺之。十九年，或告嶲州都督張審素臟污，遣汪按之，汪遂奏審素謀反，審素坐斬。瑝、琇皆幼，坐流嶺表。尋逃歸，遂殺汪於都城。繫表於斧，言父冤狀，欲之江外殺與汪同謀者，爲有司所得，議者多言二子稚年孝烈，宜加矜宥。張九齡亦欲活之，裴耀卿、李林甫以爲壞法不可，付河南府杖殺。士民矜之，爲作哀誄，斂錢葬之。胡氏曰：『復讎固人之至情，以立臣子之大義也，讎而不復，則人道滅絶，天理淪亡矣。瑝、琇忿其父死之冤，亡命報之，其失在不訟于司寇，其志亦可矜矣。宋璟欲宥之，豈非爲此乎？而裴、李之言何其戾哉！但以非司寇而擅殺當之，仍矜其志則免死而流放之，可爾。若直殺之，是楊氏以一人而當張氏二人之命，不亦頗乎？』書法：瑝、琇何？審素子也。審素前以無罪書矣，於是書復父讎，而列叙二子義之也，而杖殺之甚矣。書曰：『敕病其上也。』元和六年，富平人梁悦，報父仇，殺秦杲，自詣縣請罪。

敕：『復讎，據《禮經》則義不同天，徵法令則殺人者死。員外郎韓愈議曰：『律無復讎之條，非闕文也。蓋不許，則傷孝子之心，乖先王之訓；許之，則人將倚法專殺，而無以禁止其端。故聖人丁寧其義於經，深没其文於律，其義將使法吏一斷於法，而經術之士得引經而議也。宜定其制曰：「凡復讎者，具事由。中書省集議奏聞，酌其宜而處之。」則經術無失其指矣。於是杖悦一百流之。』書法：杖而流之，無譏焉。

龔壯之欲報，趙王之欲報。成王李期忌漢王壽，巴西處士龔壯，父爲李特所殺，壯欲報仇，積年不除喪，見壽曰：『若能西取成都，則稱藩於晋，福流子孫，名垂不朽。』壽襲成都，期縊而卒。安車束帛，徵壯爲太尉，誓不仕。吴王曰：『越王今苦身養士，有報吴之心。』子貢曰：『無報人之志而令人疑之，拙矣；有報人之意而使人知之，殆乎；事未發而先聞者，危矣。三者舉事之患也，作事之病。』《家語》。《駮復讎議》柳子厚。：『臣伏見天后時，有同州下邽人徐之慶者，父爽爲縣尉趙師韞所殺，卒能手刃父讎，束身歸罪。當時諫臣陳子昂建議誅之而旌其閭，臣竊獨過之。誅其可旌，兹謂濫黷刑甚矣，旌其可誅，兹謂僭壞禮甚矣。元慶以戴天爲大耻，枕戈爲得禮。」

《周禮》：『調人，掌司萬人之讎。凡殺人而義者，令勿讎；讎之則死。有反殺者，邦國交讎之，又安得親親相讎也？』

《春秋公羊傳》曰：『父不受誅，子復讎可也。父受誅，子復讎，此推刃之道，復讎不除害。今若取此以斷，兩下相殺則合於禮矣。』

魏文侯問於解狐曰：『將立西河之守，誰可用者？』解狐曰：『荆伯柳者，賢人，殆可。』文侯將以荆伯柳爲西河守，荆伯柳往見解狐而謝之，解狐曰：『言子者，公也；怨子者，私也。』

『張弓射之，走十步而没。』《韓詩外傳》。

孟：『如何不自閑，心與身爲讎。』鳴劍思戮讎。馳情復國讎。時與命爲讎。疾惡信如讎。時乖似與道爲讎。此心淡伯少恩讎。風雨定花讎。歲箭送如讎。

蕭方曰：『夫鮫龍潛伏，魚蝦褻之。是以漢高赦雍齒，魏武免梁鵠，安可以布衣之嫌而成萬乘之隙也！今王謚爲公，刁逵亡族，酬恩報怨，何其狹哉！鵠之爲選部也，魏武欲爲洛陽令，而以爲北部都尉，故武破荆州募求鵠，鵠惧而自縛詣門，署軍假司馬。劉裕與刁逵樗蒲，不時輸直，逵縛之馬柳，王謐責逵而代償。謐爲桓玄佐命之臣，及玄敗，裕特保全之。諸葛長民失期，刁逵執送桓玄，玄敗逵，棄城走，裕斬於石頭。』

恩

恩　恩澤也，德也。

湛恩，生恩。難蜀文：『湛恩汪穢。』韓文：『生恩既及於四海。』

舊恩，少恩。谷：『愁眉結舊恩。』韓：『秦真少恩哉。』

國士恩，豐人恩。杜：『始承國士恩。』《孟》：『高山豐人恩。』

衣食恩，骨肉恩。遺我衣食恩。《孟》：『餓虎不食子，人無骨肉恩。』

致堂之言，蕭方之語。胡致堂曰：『無言不讎，無德不報者，君子之大行也。一飯必報，睚眦必報者，忮士之偏心也。』蕭方曰：『夫鮫龍潛伏，魚鰕褻之。是以漢高赦雍齒，魏武免梁鵠，安可以布衣之嫌而成萬乘之隙也？酬恩報怨，何其狹哉？』見上。客説無忌曰：『物有不可忘，有不可不忘。人有德於公子，公子不可忘也。公子有德於人，願公子忘之也。』

祈奚不見叔向而朝，叔向亦不告免而朝。《左傳》：『范宣子殺欒盈之黨，叔虎與焉，宣子並囚叔向。祁奚曰：「鯀殛而禹興，奈何以虎而棄社稷。」宣子免之。祈奚不見叔向而朝，叔向亦不告免而朝。』注：祁奚爲國非私叔向也，叔向不告謝，祁奚即往朝，君明不爲已也。

霍諝表請於桓帝，范滂不謝於霍諝。霍諝表請桓帝意解，范滂不謝，或讓之，滂曰：『昔叔向不見祁奚，吾何謝焉？』

盧度世之報德，李大亮之酬恩。魏學士盧度世，坐崔浩事亡命，匿鄭羆家，吏囚羆子，以火熨體，不言而死。魏主赦度世爲侍郎，度世爲其弟娶羆妹以報德。李大亮爲李密所獲，賊師張弼釋之。及大亮貴弼爲將作丞，自匿不言。大亮遇諸道，持弼而泣，以家貲遺弼，弼不受，言於上，乞悉以其官爵授之，上擢弼爲中郎將，時人皆賢大亮不負恩，而多弼之不伐也。

懷梁主之恩，報光晟之德。魏賀拔勝，自梁歸魏，懷梁主恩，自是見鳥獸南向者，皆不射之。潼關之敗，王思禮馬中流矢而斃，騎卒王光晟下馬授之，問其姓名，不告而去。及至河東或譖代州刺史辛雲京，光晟時在雲京麾下，見思禮而解之，思禮執其手曰：『吾求子久矣。雲京過亦不細，特爲故人舍之。』即擢光晟爲兵馬使。

李訓報絲恩，盧杞忘大德。李訓、鄭注：絲恩髮怨，無不報者。盧杞惡顔真卿，欲出之，真卿曰：『先中丞傳首至平原，真京以舌舐面血。』杞瞿然起拜，而恨之益深。杞父奕禄山陷東京，傳首至平原，真卿取奕首續以蒲身葬之。

解狐謝恩而見射，朱家解急而不德。見上。揚子問長者曰：『朱家之不德，朱家解季布之急，而不使布知，終身不復見布。』

『泛大鯨之海，每覺魂摇，戴巨鰲之山，未如恩重。』杜牧。

『咳唾爲恩，盼睞成飾。』江淹。

『功無銖兩，恩有丘山。』晏公。

『生死肉骨，無過今恩，負山載岳，未足勝荷。』周宇文。

杜：『食恩慚鹵莽，鏤骨飽酸辛。』

『恩光到弊廬。』劉禹錫。『涸溜沾濡沫。』元稹。

『惠深范叔綈袍贈，榮過蘇秦佩印歸。』白。

『得培桃李植芳叢，别感生成太昊功。今日無言春雨後，以含泠涕謝東風。』姚合。

『雨露恩光照宫燭，江干白骨盡銜恩。』谷。

一飯尤思漂母恩，身留一劍答君恩。

榮枯雨露偏，招要恩屢至。恩波起涸鱗，莫怪恩波隔。恩承雨露低，無私天雨露。恩分夏簟冰，天子多恩澤。紱冕已殊恩，雨露偏金穴。衛幕含恩重，雨露沐沾恩。端午被恩榮。枯朽亦沾恩。榮耀沐君恩。鼓舞荷皇恩。君師教育恩。爲報故人恩。重承造化恩。

感

感　動人心也，感應格也。

《易》：『感而遂通。咸，感也。二氣感應以相與。天地感而萬物化生，聖人感人心而天下和平。觀其所感，而天地萬物之情可見矣。山上有澤，咸。君子以虚受人。初六：咸其拇，志末也。六二：咸其腓，順不害也。九三：咸其股，亦不處也。志在隨人，所執下也。九〔一〕貞吉悔亡，未感害也。九五：咸其脢，志末也。上六：咸其輔，頰舌滕口説也。』

《書》：『至誠感神。』

《禮記》：『哀心感者，其聲噍以殺；樂心感者，其聲嘽以緩；喜心感者，其聲發以散；

〔一〕今按：此处當有『四』字，原底本爲『脱』。

怒心感者，其聲粗以厲；敬心感者，其聲直以廉；愛心感者，其聲和以柔。』

中夜起坐萬感集。感激時將晚。感時花濺泪。别感生成大昊功。青眼感遭逢。

恨

恨，怨也。

江淹有恨，李白擬恨。江淹《恨賦》：『僕本恨人，心驚不已。直念古者，伏恨而死。自古皆有死，莫不飲恨而吞聲。』李白：『擬恨哉，僕本旺夫，慷慨不歇，仰思前賢，飲恨而没。』

鮑照《蕪城賦》：『天道如何，吞恨者死。』

賈生詞賦：『恨流落，往事空遺恨。』

客恨縈春細。蒼梧恨不淺。

至今千種恨。惟恐水長流。

恨别鳥驚心。遺恨失吞吴。

自古皆悲恨。第五橋東流恨水。恨聲隨夢去。

愁

愁，憂悲也。

窮愁，牢愁。虞卿非窮愁不能者，書自見於後世。揚雄旁注説以下，至懷沙一卷，名畔牢愁。

莫愁，瘵愁。《古今條録》：『石城女子名莫愁，善歌。』備要萱草，亦曰：『瘵愁草。』

乾愁，蝶愁。韓：『乾愁未解坐有累。』坡：『明日黄花蝶也愁。』

萬斛愁，一片愁。庾信《愁賦》：『且將一寸心，容此萬斛愁。』王：『纔成白雪三千丈，細草孤雲一片愁。』

寄愁天上，埋憂地下。仲長統詩。愁如回飈亂白雪。舉杯銷愁愁更愁。李。愁徵處處杯，有儒愁餓死。杜。

愁來復別離。愁緒日冥冥。空裏愁書字。客愁連蟋蟀。

客愁長裊裊。鄉愁壓思繁。身老不禁愁。逐日愁皆碎。皇陂岸北結愁亭。愁極本憑詩遣興。巴蜀愁誰語。愁思胡笳夕。愁思抛雲髻。天子初愁思。客愁全爲減。爲我破新愁。江草日日喚愁生。下峽消愁定幾巡。愁對寒雲雪滿山。忽忽窮愁泥殺人。何人錯憶窮愁日，愁日愁消一綫長。一種春風各自愁。攻討愁城終不破，蕩許愁門終不開。何物煮愁能得熟，何物燒愁能得然。閉門欲掃愁。愁終不肯去。深藏欲避愁。愁已知人處。庚信《愁賦》。南北六朝烟樹愁。天地四時秋最愁。與爾同消萬古愁。烟波江上使人愁。欲將流水洗閑愁。秦塞風高鐵馬愁。谷。及得吟詩字字愁。啼鳥喚人新舊愁。憑高不盡古今愁。牢落瀟湘一段愁。清音搗月愁。妙曲遏雲愁。一曲起長愁。爲我破新愁。濁酒戰離愁。離情萬斛愁。那堪羈官愁。漫浪散窮愁。更覺別離愁。山鎖故鄉愁。砧杵搗鄉愁。西風起客愁。

悲

悲，痛也。

心悲，意悲。杜：『舊國見何日，秋高心苦悲。』陳：『齒脱心猶壯，秋清意自悲。』

宋玉悲，子雲悲。杜：『垂白馮唐老，清秋宋玉悲。』坡：『非無伯鸞志，獨有子雲悲。』昔日悲，窮年悲。王已懷今日愁，由念日昔悲。坡：『且爲一日歡，慰此窮年悲。』鼓角悲，鼓琴悲。高樓鼓角悲。五更鼓角聲悲壯。杜《湘潭新論》：『雍門周鼓琴。孟嘗君曰：「琴能使文乎？」曰：「足下千秋後，墳墓生荆棘。」遊童牧豎，躑躅其上而歌曰：「孟嘗君之尊貴，亦若此乎？」君悁然承睫而淚下，雍門周引琴鼓之，君欷歔而就之云。』墨子悲，斷脛悲。墨子悲絲，爲其可以黄可以黑。鶴脛雖長，斷之則悲。四序平分秋獨悲，情到中年日覺悲。撫髀英雄老更悲。詩向愁中轉覺悲。摇落心知宋玉悲。歲月空憐宋玉悲。

懼

懼，恐也。

《書》：『栗栗危懼，罔不懼于非辜。』『夙夜祗懼。』《泰誓》。『治民祗懼。』《無逸》。

『將恐將懼。』《詩》。

司馬牛問君子，子曰：『君子不懼。』曰：『不懼，斯謂之君子乎？』子曰：『内省不惧，何懼？』

《孟》：『世衰道微，邪説暴行又作，孔子懼，作《春秋》。』楊朱、墨翟之言盈天下，吾爲此懼。閑先聖之道，距楊墨。孔子成《春秋》，而亂臣賊子懼。孟施舍之所養勇也，能無懼而已矣。《中》：『是故君子恐懼乎其所不聞。』

秦伯之懼，文子之懼。《文公四年》：『楚人滅江，秦伯爲之降服，出次，曰：「同盟滅敢不矜乎？吾自懼也。」感江之滅，懼而思政。』《成七》：『吴伐郯，季文子曰：「無吊者也夫！吾亡無日矣。」君子曰：「知懼如是，斯不亡矣。」』

楚大夫之懼，吴子胥之懼。《哀元》：『吴師在陳，楚大夫皆懼，子西曰：「先自敗也已，安敢敗我？」』《哀十一》：『越子率其衆以朝焉，王及列士皆有饋賂，吴人皆喜，唯子胥懼曰：「是豢吴也夫。」』

薳子惶懼，哀公知懼。《襄廿二》：『楚殺子南，復使薳子豐爲令尹。有寵於薳子者八人，皆無禄而多馬。他日朝，與申叔預言。不應而退，退朝，見之，曰：「吾懼，不敢不見。何疾我也？」對曰：「吾不免是懼，何敢告？」子曰：「何故？」對曰：「觀起有寵於子南，子南得罪，觀起車裂。何故不懼？」薳子聞申叔之言，惶懼自御而歸。至其家，辭八人者而後王安之。哀公曰：「寡余嘗知懼。」孔子曰：「緬然長思，出於四門。周章遠望，亡國之墟。

君以此思懼，懼可知矣。」』

戰懼則勝，臨事而懼。天祐四年，楊渥遣劉存擊楚，楚王殷懼，軍使楊定真賀曰：『我軍勝矣。』夫戰，懼則勝，驕則敗。今淮南兵驕，而王有懼色，吾是以知必勝也。』合擊大破之。子路曰：『子行三軍則誰與？』子曰：『必也，臨事而懼。』

封人何懼之有，崔浩何懼之有。『多男子而授之職，何懼之有？』《莊》。崔浩曰：『如以駒犢鬥虎狼，何懼之有？』

一怒而懼，一則以懼。『景春曰：「公孫衍、張儀一怒而諸侯懼。」』《孟》。子曰：『父母之年，不可不知也，一則以懼。』

外懼，寒懼。《左傳》：『以爲外懼。』山濤曰：『釋吴以爲外懼。』陽城上疏不正（止），聞者寒懼。

有三懼，不足懼。孔子曰：『明主有三懼：一曰處尊位而恐不聞其過，二曰得志而恐驕，三曰聞天下之至道而恐不能行。』越王勾踐與吴戰，大敗之，合（令）諸大夫曰：『聞過而不以告我者爲上戮。』此處尊位而恐不聞其過也。晋文公與楚戰，大勝之，退而有憂色曰：『詐勝之徒未嘗不危。』此得志而恐驕也。齊桓公得管仲隰朋曰：『吾得二子也，吾目加明，吾耳加聰，不敢獨擅進之先祖。』此聞至道而恐不能行也。後唐明宗長興三年，大理少卿唐澄疏曰：『國家有不足懼者五，有深可畏者六：陰陽不調不足懼，三辰失行不足懼，小人訛言不足懼，山崩川涸不足懼，蟊賊傷稼不足懼；賢人藏匿深可畏，四民遷業深可畏，上下相殉深可畏，廉耻道消深可畏，毀譽亂真深可畏，直言蔑聞深可畏。不足懼者，願陛下存而勿論；深可畏者，願陛下修而靡忒。』書法：『可謂知本之言矣。』《襄公廿七》：『子罕曰：「畏而後上下慈和。」』

《書》：『帝曰：「來，禹！可畏非民。」乃罔畏畏，咈其耇長。天畏棐忱，罔或無畏。罔不祗畏，嚴恭寅畏。』

《詩》：『人之多言，亦可畏也。』

《論》：『子畏於匡，後生可畏。孔子曰：「君子有三畏：畏天命、畏大人、畏聖人之言。」正理。』

《曲禮》：『賢者，畏而愛之。』

『以小事大者，畏天者也，畏天者保其國。』《孟》。

未聞以千里畏人者也。天下固畏齊之强也。

『大王王季，克自抑畏。』《無逸》。『畏此罪罟，畏此譴怒，畏此反覆。』《山明》。

王曰：『無畏！寧爾也，非敵百姓也。』若崩厥角稽首。齊楚雖大，何畏焉？明其政刑，雖大國必畏之矣。非惡其聲而然也，惡被不救人之名。

《書》：『恐人倚乃身，遷乃心。』《盤》。『台恐德不類。』

《詩》：『昔育恐育鞫，及爾顛覆。』

《論》：『子路有聞，未之能行，惟恐有聞。子曰：「學如不及，猶恐失之。」』記皇恐灘頭，文山詩：『皇恐灘頭說皇恐。』

《僖公廿六年》：『齊師伐我北鄙，齊人曰：「魯人恐乎？」對曰：「小人恐矣，君子則否。」齊侯曰：「野無青草，何恃而不恐？」對曰：「恃先王之命，恃此以不恐。」』

愛

愛，惠也，憐也，慕也，恩也，寵也。

遺愛，割愛。宋璟曰：『叔向無遺直，子産有遺愛。』谷：『濁酒未割愛。』

烏愛，犢愛。杜：『丈人屋上烏，人好烏亦好。』愛其人者，愛屋上之烏。陳禾：『萬事屋上烏。』楊彪曰：『悔無日磾先見之明，猶懷老牛舐犢之愛。』《孟》：『食而不愛，豕交之也；愛而不敬，獸畜之也。』

仁者無不愛急親賢之務，仁者以其愛及其所不愛。孟子曰：『不仁哉，梁惠王也。』仁者以其所愛及其所不愛，不仁者以其所不愛及其所愛。梁惠王以土地之故，糜爛其民而戰之，大敗，將復之，恐不能勝，故驅其所愛子弟以殉之，是之謂以其所不愛及其所愛也。仁者無不愛也，急親賢之爲務，堯舜之仁不遍愛人，急親賢也。

君子愛人，君子愛物。子游對曰：『昔者偃也聞諸夫子，君子學道則愛人。』《孟》：『君子之於物也，愛之而不仁。』

墨子兼愛，君子兼愛。墨子兼愛，摩頂放踵，利天下爲之。君子之於人也，兼所愛，兼所愛則兼所養也。

季孫之愛我，彌子之愛我。《襄公廿三》：『臧孫曰：「季孫之愛我，疾疹也，志順從身之害。」』『子瑕見愛於衛君。衛国之法，竊駕君車者罪至刖。既而彌子之母病，人聞，夜往告之，彌子矯駕君車而出。君聞而賢之曰：「孝哉，爲母故而犯刖罪焉！」君遊果園，彌子食桃而甘，不盡而奉君。君曰：「愛我哉，忘其口而念我！」及彌子色衰而愛弛，得罪於君，君曰：「是嘗矯駕吾車，又嘗食我以餘桃。」故彌子之行未變於初也，前見愛而後獲罪者，愛憎之至變也。』《戰國策》韩非《説難》。

小德而寵，積愛成福。『天下有三危，小德而寵一危也。』《淮南子》。積愛成福。上。

我愛其羊，我愛其禮。『子曰：「賜也，爾愛其羊，我愛其禮。」』《論》。可愛非君，我愛其禮。『帝曰：「來君，可愛非君。」』《書》。《詩》：『愛而不見。心乎愛矣。』

子曰：『立愛自親始，教民睦也。』立愛惟親，愛之勿勞。《伊訓》：『今王立愛惟親。』孔子曰：『愛之，能勿勞乎？』蘇氏曰：『愛而勿勞，禽犢之愛也。』

我非愛其財而易之以羊也，宜乎百姓之爲我愛也。』《書》：『迪小子，惟土物愛。』以王爲愛，惟土物愛。《孟》：『百姓皆以王爲愛也，齊国雖褊小，吾何愛一牛。

身爲天下(子)，弟爲匹夫，可謂親愛乎。父母之不我愛，於我何哉！舜。彼以愛兄之道來，故誠信而喜之。愛之，欲其富也。父母之不我愛，愛兄之道來。父母愛之，喜而不忘。

『陰陽爕理群生愛仕。他年聖主加殊愛相。清風一榻真堪愛。有詩得句無人愛。』隱士。

《曲禮》：『賢者，愛而知其惡。』

《大學》：『人之其所親愛而辟焉。』

寵，尊君也，愛也，恩也。

天寵易承天寵也。席寵書席寵惟舊。貴臣常病傷於寵。清廉德政思劉寵。半生未得君王寵。累世功勳叨貴寵。善緣玉貌君王寵。金鑾對奏承恩寵。

惡

惡，耻也，憎也。

《禮運》：『孔子曰：「死亡貧苦，人之大惡存焉。故惡者，心之大端也。人藏其心，不可測度也，美惡皆在其心不見其色也，欲一以窮之，舍禮何以哉？」』

《大學》：『民之所惡惡之，此之謂民之父母。』所惡於上，毋以使下；所惡於下，毋以事上；所惡於前，毋以先後；所惡於後，毋以從前；所惡於右，毋以交於左；所惡於左，毋以交於右，此之謂挈矩之道。好人之所惡，是謂拂人之性；惡人之所好，灾必逮夫身。』

子曰：『惟仁者能惡人。』『人而不仁，疾之已甚，亂也。』『是故惡夫佞者。』『惡紫之奪朱也，惡鄭聲之亂雅樂也，惡利口之覆邦家者。』

子貢曰：『君子亦有惡乎？』子曰：『有惡。惡稱人之惡者，惡居下流而訕上者，惡勇而無禮者，惡果敢而窒者。』曰：『賜也，亦有惡乎？惡徼以爲智者，惡不孫以爲勇者，惡訐以爲直者。』

子貢問曰：『鄉人皆惡之，何如？』子曰：『未可也，不如其不善者惡之。』『年四十而見惡焉，其終也已。』

《孟》：『鄉原刺之無刺也。孔子曰：「惡似而非者，惡莠，恐其亂苗也；惡佞，恐其亂義也；惡利口，恐其亂信也；惡鄭聲，恐其亂樂也；惡紫，恐其亂朱也；惡鄉原恐其亂德也。」孟子曰：「所惡執一者，爲其賊道也，舉一而廢百也。」「今惡辱而居不仁，是猶惡隰而居下也。」「推惡惡之心，思與鄉人立，其冠不正，望望然去之。」伯夷。』

禹惡旨酒。父母惡之，勞而不怨。所惡於智者，爲其其鑿也。今惡死亡而樂不仁，是猶惡醉而强酒。死亦我所惡，所惡有甚於死者，故患有所不避也。使人之所惡，莫甚於死者，則凡可以避患者何不爲也？得其心有道，所惡勿施爾也。『《詩》曰「在彼無惡」，君子未有不如此，而蚤有譽於天下者也。』《中》。孟孫之惡。臧孫。陳常之憎。宰予。

《襄公廿三》：『孟孫惡臧孫，季孫愛之。孟孫卒，臧孫入，哭甚哀。其御曰：「孟孫之惡子也，而哀如是，季孫若死，其若之何？」臧孫曰：「季孫之愛我，疾疢也。志順從身之害。孟孫之惡我，藥石也。志違戾猶藥石。美疢不如惡石。石猶生我，疢之美，其毒滋多。孟孫死，吾亡無日矣。」』林堯叟曰：『此乃武仲廢鉏立紇作不順於先，及見公鉏廢秩立羯知禍及己，蓋有所感而傷之也。』淮南子、陳成子常復於簡公曰：『宰予二子者，甚常憎也。臣恐其構難而危國也，君不如去一人。』簡公不聽，居無幾何，陳常果殺宰予於庭中，而弑簡公於朝。

憎

《曲禮》：『賢者，憎而知其善。』《詩》：『噂沓背憎，職競由人。』《左》：『伯宗妻曰：「盜憎主人，民惡其上。子好直言，必及於難。」伯宗不從，故及。』

生憎，赤憎。《本紀》：『漢祖平生所憎者，雍齒先封。』杜甫詩曰：『生憎柳絮白於綿。』謂此。杜詩：『舟前荷花，赤憎輕薄遮人懷。』

韓《送窮文》：『面目可憎，語言無味者，皆子之智也。』

耳目無所憎。難免生愛憎。玉環飛燕誰敢憎。睡聞啼鳥亦可憎。

欲

欲，貪欲也。

《禮運》：『孔子曰：「飲食男女，人之大欲存焉。故欲者，心之大端也。人藏其心，不可測度也；美惡皆在其心，不見其色也。欲一以窮之，舍禮何以哉。」』

《書》：『罔咈百姓以從己之欲。』《益》。帝曰：『俾予從欲以治。民不犯法而上不用刑者，舜之所欲也。汝能使我如所願，欲以治。』皐陶曰：『無教逸欲有邦。』帝曰：『臣作朕股肱耳目。予欲左右有民，汝翼。予欲宣力四方，汝爲。予欲觀古人之象，日、月、星辰、山、龍、華蟲、作繪；宗彝、藻、火、粉米、黼、黻，絺繡，以五采彰施于五色，作服，汝明。予欲聞六律五聲八音，在治忽以出納五言，汝聽。』仲虺乃作誥曰：『嗚呼！惟天生民有欲，無主乃亂。』《太甲》：『王曰：「予小子欲敗度。」』

《孟》：『浩生不害問曰：「何謂善？」孟子曰：「可欲之謂善。」朱子曰：「天下之理。其善者必可欲，其惡者必可惡，其爲人也，可欲而不可惡，則可謂善人矣。」「魚我所欲也，熊掌亦我所欲也，二者不可得兼，舍魚而取熊掌者也；生亦我所欲也，義亦我所欲也，二者不可得兼，舍生而取義者也。生亦我所欲，所欲有甚於生者，故不爲苟得也。如使人之所欲莫甚於生，則凡可以得生者，何不用也？」「廣土衆民，君子欲之，所樂不存焉。」王曰：「否，將以求吾所大欲也。」曰：「王之所大欲，可得聞與？」曰：「然則王之所大欲可知已，欲闢土地，朝秦楚，莅中國，而撫四夷也。以若所爲求若所欲，猶緣木而求魚也。今王發政施仁，使天下仕者皆欲立於王之朝，耕者皆欲耕於王之野，商賈皆欲藏於王之市，行旅皆欲出於王之途，天下之欲疾其君者皆欲赴愬於王。』

《月令》：『耆欲將至。』《左傳》：『與民同欲。』《左傳》：『晏子曰：「慶氏之邑足欲故亡，吾邑不足欲也。」』《語》：『己所不欲，勿施於人。』《曲禮》：『欲不可縱。』應氏曰：『情之動爲欲。』《淮南子》：『欲不過節，則養性知足。』李林甫：『善養君欲。』

欲，情所好也。

《孟》：『養心莫善於寡欲。其爲人也寡欲，雖有不存者，寡矣，其爲人也多欲，雖有存者，寡矣。』

《易・損・象》：『君子以懲忿窒欲。』

『汲黯曰：「内多欲。」』《漢武紀》。

子曰：『棖也欲，焉得剛？』

性

人之陽氣，性善者也，從心生聲。《通論》：『人因五方之風、山川之氣以生。故曰：「性者，生也。」既生有禀，曰性。』故於文心生爲性。

《易》：『成之者性也。成性存存。成，言其具也。性，謂物之所受。成性，本成之性也。存存，謂存而又存，不已之意也。』

《書》：『惟皇上帝，降衷于下民。若有恒性，克綏厥猶惟后。』《湯誥》。真德秀曰：『天能與人以至善之性，而不能使之全其性。能使人全其性者，君師之任也。漢儒以衷爲善，臣謂衷即中也。舜之徽五典，周之教六德、六行，皆其事也。』

『天生蒸民，有物有則，民之秉彝，好是懿德。』《詩・蒸民》。真德秀曰：『《易》曰：「形而上者謂之道，形而下者謂之器。」道者理也，器者物也，人亦物也，事亦物也，有此物則具此理，是所謂則也。』

以人言之，目之視、耳之聽，物也。視之明、聽之聰，則也。君臣、父子、夫婦、長幼，物也；君之仁、臣之敬、子之孝、父之慈、夫婦之别、長幼之序，則也。

『民受天地之中以生，所謂命也。』劉康公。真德秀曰：『劉子之所謂中，即成湯之所謂衷。蓋天地自然之理，而人得之以生者，所謂天命之謂性也。』

一陰一陽之謂道，繼之者善也，成之者性也。程頤曰：『陰陽氣也，所以陰陽者道也。』朱子曰：『陰陽迭運者，氣也，而其理則所謂道。蓋陰陽二氣，流行於天地之間，來往循環，終古不息，是孰使之然哉？理也。理之與氣未嘗相離，繼之而出莫非至善，成之在人，則曰「性焉」。』

元者，善之長也；亨者，嘉之會也；利者，義之和也；貞者，事之幹也。君子體仁足以長人，嘉會足以合禮，利物足以和義，貞固足以幹事，君子行此四德者，故曰：『乾元亨利貞。』在天則元亨利貞，在人則仁義禮智。元亨利貞，理也；生長收藏，氣也。有是理則有是氣。仁、義、禮、智，性也；惻隱、羞惡、辭讓、是非，情也。有是性則有是情。天人之道，吻合如此。然天無心，而人有欲。天惟其無心也，故元而亨，亨而利，利而貞，貞而又元。人惟其有欲也，故惻隱之發而殘忍奪之，羞惡之發而苟且間之，辭讓之發而貪冒雜之，是非之發而昏妄賊之。學者當知，天有此德，吾亦有此德。屏諸私欲，保養正性，人之與天，其果二乎哉？而況人君，有天之德，居天之位，一日之頃，一念之微，四者無乎不在。夫惟自强不息與天同運，人欲不得以間之，然後終始萬物與天同功。

天命之謂性，率性之謂道，修道之謂教。朱子曰：『命，猶令也。性，即理也。天以陰陽五行化生萬物，氣以成形，而理亦賦焉，猶命令也。於是人物之生，因各得其所賦之理，以爲健順五常之德，所謂性也。』

率，循也。道，猶路也。人物各循其性之自然，則其日用事物之間，莫不各有當行之路，是則所謂道也。性道雖同，而氣稟或異，故聖人因人物之所當行者而品節之，以爲法於天下則謂之教，若禮、樂、刑、政是也。臣按：陽之性健，木火屬焉，在人則爲仁禮；陰之性順，金水屬焉，在人則爲義智。而土則二氣之冲和，信亦兼乎健順，故周敦頤曰：『五行一陰陽也。』子思言天命之性，即湯之所謂『降衷』；言率性之道、修道之教，即湯之所謂『克綏厥猶』。

滕文公見孟子，孟子道性善，言必稱堯舜，夫道一而已矣。朱子曰：『性者，人所稟於天以生之理也，渾然至善，未嘗有惡。人與堯舜，初無小異，但衆人汩於私欲而失之，堯舜則無私欲之蔽，而能充其性爾。』

《中》：『自誠明，謂之性；自明誠，謂之教。』

《孟》：『人皆有不忍人之心。惻隱之心，仁之端也；羞惡之心，義之端也；辭讓之心，禮之端也；是非之心，智之端也。』告子曰：『性，猶杞柳也；義，猶杯棬也。以人性爲仁義，猶以杞柳爲杯棬。』孟子曰：『子能順杞柳之性而以爲杯棬乎？將戕賊杞柳而後以爲杯棬也？如將戕賊杞柳而以爲杯棬，則亦將戕賊人以爲仁義與？率天下之人而禍仁義者，必子之言夫。』告子言人性本無仁義，必待矯揉而後成，如荀子性惡之説也。荀子《性惡篇》：『人之性惡，其善者僞也。』告子曰：『性猶湍水也，决諸東方則東流，决諸西方則西流，人性之無分於善不善也，猶水之無分於東西也。』孟子曰：『水信無分於東西，無分於上下乎？人性之善也，猶水之就下也。人無有不善，水無有不下。今夫水，搏而躍之，可使過顙；激而行之，可使在山。是豈水之性哉？其勢則然也。人之可使爲不善，其性亦猶是也。』告子因前説而小變之，近於揚子善惡混之説。《揚子·修身篇》：『人之性也，善惡混。修其善則爲善人，修其惡則爲惡人。』告子曰：『生之謂性。』孟子曰：『生之謂性也，猶白之謂白與？曰：「然。」白羽之白也，猶白雪之白；白雪之白猶白玉之白與？曰：「然。」然則犬之性猶牛之性，牛之性猶人之性與？』告子論性，與近世佛氏所謂作用是性者略相似。禪家説：『如何是佛？曰見性成佛。如何是性？曰作用是性。蓋謂目之視、耳之聽、手之執捉、足之運奔，皆性也。』告子曰：『食色性也。仁，内也，非外也。義，外也，非内也。』曰：『白馬之白也，無以異於白人之白也。不識長馬之長也，無以異於長人之長與？且謂長者義乎？長之者義乎？』曰：『嗜秦人之炙，無以異於嗜吾炙，夫物則亦有然者也，然則嗜炙亦有外與？』公都子曰：『告子曰：「性無善無不善也。」或曰：「性可以爲善，可以爲不善。」或曰：「有性善，有性不善。」今曰：「性善然則彼皆非與。」』孟子曰：『乃若其情則可以爲善矣，乃所謂善也，若夫爲不善，非才之罪也。惻隱之心，仁也；羞惡之心，義也；恭敬之心，禮也；是非之心，智也。』慶源輔氏曰：『仁、義、禮、智，性也。惻隱至是非，性之動而爲情也。』

子貢曰：『夫子之言性與天道，不可得而聞也。』朱子曰：『性者，人所受之天理。天道者，天理自然之本體，其實一理也。』

子曰：『性相近也，習相遠也。』程子曰：『此言氣質之性，非言性之本也。若言其本，則性即是理，理無不善，孟子之言「性善」是也，何相近之有哉？』

孟子曰：『盡其心者，知其性也，知其性則知天矣。』程子曰：『心也、性也、天也，一理也。自理而言謂之天，自禀受而言謂之性，自存諸人而言謂之心。』

張子曰：『由太虛有天之名，由氣化有道之名。合虛與氣，有性之名；合性與知覺，有心之名。』蔡九峰曰：『横渠四語只是理氣二字而細分，「由太虛有天之名」即無極，而太極之謂，以理言也；「由氣化有道之名」即一陰，一陰之謂，道之謂，以氣言也。「合虛與氣，有性之名」，即繼之者善、成之者性之謂，以人物禀受而言也。「合性與知覺，有心之名」，即人心、道心之謂，以心之體而言也。』

堯、舜，性之也；湯、武，身之也。朱子曰：『堯、舜天命渾全，不假修習；湯、武修身體道，以復其性。』尹氏曰：『性之者，與道一也。身之者，履之也，及其成功則一也。』

堯舜，性者也；湯武，反之也。朱子曰：『性者，得全於天，無所污壞，不假修爲，聖之至也。反之者，修爲以復其性，而至於聖人也。』

形色，天性也。口之於味也，目之於色也，耳之於聲也，鼻之於臭也，四肢之於安佚也，性也，有命焉，君子不謂性也。仁之於父子也，義之於君臣也，禮之於賓主也，智之於賢者也，聖人之於天道也，命也，有性焉，君子不謂命也。愚聞之師曰：『此二條者皆性之所有，而命於天者也。然世之人以前五者爲性，以後五者爲命，雖有不得而必欲求之，一有不至則不復致力，故孟子各就其重處言之，以伸此而抑彼也。』張子所謂『養則付命於天，道則責成於己』，其言約而尽矣。

東坡論性：『無善，無不善。自堯舜以來至孔子，不得已而曰中、曰一，未嘗分善惡言也。自孟子道性善，而一與中支矣。』胡文定公論性：『性不可以善言，纔説善時便與惡對，非本然之性矣。孟子道性善，只是贊嘆之辭，説好個性如佛言善哉、善哉。』五峰論性：『凡人之性，粹然天地之心。道義全具，無適無莫；不可以善惡辨，不可以是非分。』韓子《原性》：『有性善，有性不善。性也者，與生俱生也。性之品有三，而其所以爲性者五。性之品有上中下三。上焉者，善焉而已矣；中焉者，可導而上下也；下焉者，惡焉而已矣。其所以爲性者五。曰仁、曰禮、曰信、曰義、曰智。曰：「然則性之上下者，其終不可移乎？」曰：「上之性，就學而愈明；下之性，畏威而寡罪。是故上者可教，而下者可制也。其品則孔子謂不移也。」曰：「今之言性者異於此，何也？」曰：「今之言者，雜佛老而言也。雜佛老而言也者，奚言而不異！」』張子曰載：『形而後有氣質之性，善反，則天地之性存焉。反之之道，奈何？』曰：『由治己而言則有學，由治人而言則有教。閑邪存誠，克己復禮，治己之學也。道德齊禮，明倫正俗，治人之學也。』

《書》：『伊尹曰：「茲乃不義，習與性成。」』

《左傳·襄公廿六》：『子産曰：「夫小人之性，釁動於勇，嗇貪於禍，以足其性而求名焉者。」』《昭公八年》：『師曠曰：「莫保其性，性，命也。石言不亦可乎。」』《昭公十九》：『沈尹戌曰：「民樂其性，而無仇讎。」』

揚子或問：『鳥有鳳，獸有麟，鳥獸皆可鳳麟乎？』曰：『群鳥之於鳳也，群獸之於麟也，形性。形殊，性别。豈群人之於聖乎？肖天地之貌，懷五常之性，豈有異乎？』『道行不加，窮處不病，此之謂性。』山谷。

《孟》：『中天下而立，定四海之民，君子樂之，所性不存焉。君子所性，雖大行不加焉，雖窮居不損焉，分定故也。分者所得於天之全體，故不以窮達而有異。君子所性，仁、義、禮、智根於心，其生色也，睟然見於面、盎於背、施於四體，四體不言而喻。』

《家語》：『子曰：「分於道謂之命，形於一謂之性。」天以此理分命於人，理賦於人有一無二，化於陰陽象形而發謂之生，化窮數盡謂之死。故命者，性之始也，死者，生之終也。』

宋主誠義恭曰：『西門、安于矯性齊美，關羽、張飛任偏同弊。西門豹性急，故佩韋以自緩；董安于性緩，故佩弦以自急，矯性而齊美。關羽善待士伍而驕於士大夫，張飛愛禮君子而不恤軍人，任性偏頗，皆不善終。』

乾道變化，各正性命。《易・乾・彖傳》：『乾道，生育萬物，洪纖高下，各以其類，各正性命也。』

『所以動心忍性，增益其所不能。』《孟子》。

性柔和而便辟，善爲媚以自固。漢哀帝時董賢。

李適之性疏率。

『學者，所以修性也。視、聽、言、貌、思，性所有也。學則正，否則邪。』《揚子》。

《王制》：『中國戎夷，五方之民，皆有性也，不可推移。』《韓詩外傳》：『治氣養性，身復彭祖。』『蠒之性爲絲，不得女工燔以沸湯，抽其統理，則不成爲絲。卵之性爲雛，不得良鷄覆伏孚育，積日累久，則不成爲雛。夫人性善，非得明王聖主扶攜，内之以道，則不成君子。』《韓外》。

杜詩：『徧性合幽棲。』『盤渦鷺沿底心性。』子美心性亦鷺浴安閑比。坡：『聊爲山水行，遂此麋鹿性。』孟：『野客雲爲心，高僧月爲性。』

桂性，五性。君子芳桂性。上元夫人謂帝曰：『捨汝五性，返諸柔善。』《漢武内傳》謂：『暴、淫、奢、酷、賊。』

宜改常性，不可改性。『高獲與光武有舊，謂曰：「朕欲用子爲史，宜改常性。」獲曰：「臣受性於父母，不可改也，便辭而去。」』《史》。

『自悦魚鳥性。』谷。『山光悦鳥性。』唐。

幾生通佛性。白雲留野性。

性學 林駉

荀子曰：『人之性惡也。』揚子曰：『人之性也，善惡混。』荀子之言性，杞柳之論；揚子之言性，湍水之論。

善乎，孟子之言曰：『人無有不善，水無有不下。』伊洛之學，孟子之學也。程子曰：『善固謂性，惡亦不可不謂之性。』曰：『孟子舉本然之性，程子舉所稟之性。』

蓋本然之性，天命之正理，不以聖智而有餘，不以愚不肖而不足。所稟之性，剛柔之異質，遲速之異齊。故伊川謂夫子之言『性相近』者，指所稟之性；謂孟子之言『性善』者，指本然之性。彼荀、揚之論，執所稟之性，以論本然之性，此所以失聖賢之本旨也與。

横渠曰：『氣質之性，君子有不性者焉。』龜山曰：『氣質之性，君子不謂之性。』蓋欲因其所稟而反之本，然則人皆可爲堯、舜，此孟子所以有異於荀、揚，此程氏所以有合於孟子也。

程子曰：『論性而不論氣，不備；論氣而不論性，不明。』蓋論性而不及氣，則昧夫人物之分，而太極之用不行矣。論氣而不及性，則迷夫大本之一，而太極之體不立矣。用之不行，體之不立，焉得謂之知性乎？異端之所以賊仁、害義皆自此也。噫！合則爲太極之一本，散則爲人物之異稟，固也。然在人有修道之教，可以化其氣質之偏而復夫。盡己之性，盡人之性，盡物之性，及其極與天地參，此人之所以爲人之道而異夫庶物也。

《中》：『惟天下至誠，爲能盡其性。能盡其性則能盡人之性，能盡人之性則能盡物之性，能盡物之性則可以贊天地之化育，可以贊天地之化育則可以與天地參矣。』

道

《廣韵》：『理也，衆妙皆道也。』

朱子曰：『道則人倫日用之間，所當行者是也。』

道者，事物當然之理。

《易》：『道義之門，形而上者謂之道。道不虚行，財成天地之道，一陰一陽之謂道，論志於道。』

子貢曰：『夫子之言性與天道，不可得而聞也。』

朱子曰：『天道者，天理自然之本體。』

『朝聞道，夕死可矣。』『士志於道，而耻惡衣惡食者，未足與議也。』『子曰：「參乎，吾道一以貫之。」曾子曰：「唯。」子出，門人問曰：「何謂也？」曾子曰：「夫子之道，忠恕而已矣。」』『子曰：「賜也，汝以予爲多學而識之與？」對曰：「然，非與？」曰：『非也，予一以貫之。』」』『誰能出不由户，何莫由斯道也？』『知之者不如好之者，好之者不如樂之者。』

顔淵喟然嘆曰：『仰之彌高，鑽之彌堅，瞻之在前，忽焉在後。』胡氏曰：『高、堅、前、後語道體也，仰、鑽、瞻、忽未領其要也。』

子在川上曰：『逝者如斯夫。』程子曰：『此道體也。天運而不已，日往則月來，寒往則暑來，水流而不息，物生而不窮，皆與道爲體，運乎晝夜，未嘗已也。是以君子法之，自强不息，及其至也，純亦不已焉。』

可與共學，未可與適道；可與適道，未可與立；可與立，未可與權。子曰：『回也其庶乎，屢空。』近道也。『君子道者三，我無能焉，仁者不憂，智者不惑，勇者不懼。』『人能弘道，非道弘人。』朱子曰：『弘廓而大之也，人外無道，道外無人，然人心有覺而道體無爲，故人能大其道，道不能大其人也。』

『君子謀道不謀食，君子憂道不憂貧。』『道不同不相爲謀。』子張曰：『信道不篤，焉能爲有，焉能爲無。』子夏曰：『雖小道，必有可觀者焉，致遠恐泥，是以君子不爲也。』小道，如農圃醫卜之屬。子夏曰：『百工居肆以成其事，君子學以致其道。』

《中庸》：『子思曰：「率性之謂道，修道之謂教。」』朱子曰：『率循也，道猶路也。』『道也者，不可須臾離也，可離非道也。』『子曰：「道之不行也，我知之矣。智者過之，愚者不及也。道之不明也，我知之矣。賢者過之，不肖者不及也。」』『子曰：「道其不行矣夫。」』『君子之道，費而隱。君子之道，造端乎夫婦。』『子曰：「道不遠人，人之爲道而遠人，不可以爲道。」』『忠恕，爲道不遠。』『君子之道四，丘未能一焉：所求乎子以事父，未能也；所求乎臣以事君，未能也；所求乎弟以事兄，未能也；所求乎朋友先施之，未能也。』『君子之道，譬如行遠，必自邇，譬如登高，必自卑。』『子曰：「修身以道，修道以仁。」天下之達道五，曰：君臣也，父子也，夫婦也，昆弟也，朋友之交也。五者天下之達道也。」』朱子曰：『達道者，天下古今所共由之路，即書所謂五典，孟子所謂「父子有親，君臣有義，夫婦有別，長幼有序，朋友有信」是也。』『子思曰：大哉聖人之道！洋洋乎！發育萬物，峻極于天。優優大哉！禮儀三百，威儀三千。待其人而後行。故曰苟不至德，至道不凝焉。故君子尊德性而道問學，致廣大而盡精微，極高明而道中庸。温故而知新，殷厚以崇禮。』尊德性，所以存心而極乎道體之大也；道問學，所以致知而盡乎道體之細也。不以一毫私意自蔽，廣大不以一毫私欲自累，高明。涵泳乎其所已知，温故敦篤乎其所已能，敦厚。此皆存心之屬也。析理則不使有毫釐之差，精微。處事則不使有過不及之累，中庸。理義則日知其所未知，知新。節文則日謹其所未謹，崇禮。此皆致知之屬也。『子思曰：「君子之道，本諸身，徵諸庶民；考諸三王而不謬，建諸天地而不悖，質諸鬼神而無疑，百世以俟聖人而不惑。」』

《孟》：『世子疑吾言乎？夫道一而已矣。』『陳良，楚産也，悦周公仲尼之道。』『行天下之道，此之謂大丈夫。』『堯、舜既没，聖人之道衰。』『世衰道微，邪説暴行又作。』『楊墨之道不息，孔子之道不著。』『吾爲此懼，閑先聖之道。』『上無道揆也，朝不信道。』孔子曰：『道二，仁與不仁而已矣。』

孟子曰：『君子深造之以道，欲其自得之也。自得之則居之安，居之安則資之深，資之深則取之，左右逢其原，故君子欲其自得之也。』慶源輔氏曰：『自得如子貢悟性，天之不可聞，曾子唯「吾道一貫」之語。』

文王望道，如未之見。朱子曰：『不顯亦臨，無射亦保，是文王望道，如未見之事。』

堯、舜之道，孝弟而已矣。曰：『夫道若大路然，豈難知哉？人病不求耳，子歸而求之有餘師。』朱子曰：『言道不難知，若歸而求之事親敬長之間，則性分之内，萬理皆備，隨處發見，無不可師，不必留此而受業也。』

公孫丑曰：『道則高矣，美矣，宜若登天然，似不可及也。』孟子曰：『君子引而不發，躍如也。中道而立，能者從之。』

天下有道，以道殉身；天下無道，以身殉道。范華陽曰：『以道殉身，伊尹、周公是也，以身殉道，孔子、孟子是也。』

身不行道，不行於妻子；使人不以道，不能行於妻子。張南軒曰：『古人謂進德者，必考之於妻子。』

仁也者，人也，合而言之道也。朱子曰：『仁者，人之爲，人之理也。然仁理也，人物也，以仁之理合於人之身而言之，乃所謂道者也。』程子曰：『《中庸》所謂「率性之謂道」是也。』

由堯舜至於湯，五百有餘歲，若禹、皐陶，則見而知之；若湯，則聞而知之。尹氏曰：『知，謂知其道也。由湯至於文王，五百有餘歲，若伊尹、萊朱，則見而知之；若文王，則聞而知之。由文王至於孔子，五百有餘歲，若太公望、散宜生，則見而知之；若孔子，則聞而知之。由孔子而來至於今，百有餘歲，去聖人之世若此其未遠也，近聖人之居若此其甚也，然而無有乎爾，則亦無有乎爾。』

韓文《原道》曰：『斯道也，何道也？曰：斯吾所謂道也，非向所謂老與佛之道也。堯以是傳之舜，舜以是傳之禹，禹以是傳之湯，湯以是傳之文、武、周公，文、武、周公傳之孔子，孔子傳之孟軻，軻之死，不得其傳焉。荀與楊也，擇焉而不精，語焉而不詳，由周公而上，上而爲君，故其事行，由周公而下，下而爲臣，故其説長。』

王介甫詩：『紛紛易盡百年身，舉世何人識道真。力去塵言誇末俗，可怜無補費精神。』

韓：『由是而之焉之謂道。』『道有君子，有小人。』

道學 林駉

道學之説，帝王以前，無有也。立我烝民，莫非爾極。不識不知，順帝之則。斯時也，吾道隱然於危微授受之間，而道學之説不立，遵王之義，無偏無陂，遵王之路，無反無側；斯時也，吾道渾然於彝倫攸叙之際，而道學之説不聞。故在上者惟知有道統之傳，在下者惟知有道化之盛。人極以之立，元化以之運。

周轍不西，皇極之王不作，吾道之脉已微。天生素王幼幼興起，繼以亞聖相爲扶持。惧亂賊以簡嚴一字之春秋，塞楊墨以明白七篇之仁義。奈一壞於秦人之刑名而道之正學湮微，再壞於漢人之黄老而道之正學分裂，大壞於梁陳隋唐寂滅之教而道之正學幾無，餘澤可嘆也。韓昌黎謂軻之死不得其傳信夫，此伊川亦以爲至論也歟。

文不喪天，道未墜地，百世而下，必有我師。濂溪其源，關洛其流，横渠其瀾。揖堯、舜於夢寐之間，援孔、孟於講論之頃。景星鳳凰天下快睹，太山北斗學者依歸。故性理言其二氣五行，動静言其四時萬物。

誠論其元亨利貞，道論其中正仁義，則發於通書之數語。無極而太極，太極而兩儀，兩儀而五氣，五氣而四時，則見於太極之一圖。玉淵金井，志慮高潔，光風霽月，胸次洒落，此濂溪之學，本乎易之太極然也。論性別其所稟本然之殊，論心辨其曰虚曰實曰異，排異端必正其枯槁恣肆之弊。伊川曰：『性相近，非言性之本，性之本則無不善。』伊川謂心有所主則虚，明道謂心有所主則實。明道謂異端之教，淵涸者入於枯槁，疏通者歸於恣肆。『自致知至於知止，誠意至於平天下，灑掃應對至於窮理盡性。』《伊川道明行狀》。『以誠敬爲入門，踐履爲實地，暗室屋漏爲謹獨之所。』《河南語録》。託興吟風，充然有得。瞑目立雪，望之凛然。此伊洛之學，本乎中庸之誠然也。訂頑砭愚，有亞聖性善養氣之論；正蒙理窟，發前聖所未言之藴。伊川改訂頑曰『西銘』，砭愚曰『東銘』。

正容謹節，窮理盡性，凛若神明，瑩如冰雪，此横渠之學，又自禮法而入也。然嘗觀劉立之之言曰『程氏從周茂叔問學，窮性命之理』，則知程氏之學出於濂溪也。又觀游定夫酢之言曰『張子厚少好言，过聞程氏論議，乃盡棄其所學，從事於道』，則知張氏之學得於伊洛也。

愚竊論之，道學猶元氣也。周流今古，罔有間斷，風雨有晦冥，日月有薄蝕，而此道不泯也。世變有污隆，治道有興衰，而此道終存也。且涪陵之謫，學禁甚嚴，黨人至有五鬼之號，吾道嘗一蝕矣。而至高宗中興，召用門第，翕然如靈光之獨立，士夫不能無歆羡之嘆，而正學幾晦而復彰，夫奚病夫奚害。濠梁之役，趙公求去，或者有高視闊步之譏，吾道嘗再蝕矣。而趙公再相，及用善類蕭然於搢紳之間，而正學幾微而復盛。秦黨秦檜不便於趙，而劉大中之徒復相繼而去，吾道又嘗再蝕矣。而慶元初年，大儒設教，夫奚損，摳衣雲集，屈致講帷，吾教有光焉，而正學幾墜而復振。噫！以道傳學，在士大夫，固爲有功；以道名學，在士大夫，不能無過。元城了翁曰：『願士大夫立此名節，不願士大夫立此門户。』愚亦曰：『願士大夫傳道學之實，不願士大夫唱道學之名。』《傳》曰：『君子之聞道，入之於耳，藏之於心，察之以仁，守之以信，行之以義，出之以遜，故人無不虚心而聽也。』

『小人之聞道，入之於耳，出之於口，苟焉而已，譬如飽食而嘔之，其不惟肌膚無益，而於志亦戾矣。』《韓外》。

『通於道者，如車軸不運於己，而與轂致千里，轉無窮之原也。』《淮南子·齊俗訓》。

居知所爲，行知所之，事知所秉，動知所由，謂之道。道者，置之前而不摯，錯之後而不軒，内之尋常而不塞，布之天下而不窕。

《揚子》：『或問「進」。進道。曰：「水」。或曰：「爲不捨晝夜與？」曰：「有是哉！滿而復漸者，其水乎？」或曰：「耕不穫，獵不饗，耕獵乎？」曰：「耕道而得道，獵德而得德，是穫饗也。」或問「道」。曰：「道也者，通也，無不通與？」或曰：「可以適他與？」邪也，曲也。曰：「適堯、舜、文王者爲正道，非堯、舜、文王者爲他道。君子正而不他。」或問「道」曰：「道若塗、若川，車航混混，不捨晝夜。」或曰：「焉得直道而由諸？」曰：「塗雖曲而通諸夏則由諸，川雖曲而通諸海則由諸。楊墨歸儒，受之而已。」』

杜詩：『虚心味道玄。於道未爲尊。道爲詩書屈。道屈善無鄰。』李白：『玄風變太古，道喪無時還。擾擾季葉人，鷄鳴趨四關。大儒揮金椎，琢之詩禮間。蒼蒼三株樹，冥目焉能攀。』三株樹，喻大道。荀子：『道雖迩，不行不至，事雖小，不爲不成。』

德

道德也，又恩也。荀子：『積土成山，風雨興焉；積水成淵，蛟龍生焉；積善成德，而神明自得。』

可久則賢人之德，日新之謂盛德。

德言盛，天地之大德曰『生』。天地以生物爲德。窮神知化，德之盛也。

『履德之基也，謙德之柄也，復德之本也，恒德之固也，損德之修也，益德之裕也，困德之辨也，井德之地也，巽德之制也。』《易》。

《記》：『立容德。』《學記》：『大德不官。』不拘一職之任。《易》：『見龍在田，德施普也。』君子行此四德者，龍德而隱者也，龍德而正中者也，德博而化君德也。

子曰：『忠信所以進德也。』子曰：『君子進德修業，欲及時也。』

飛龍在天，乃位乎天德。利見大人君德也。夫大人者，與天地合其德。地勢坤，君子以厚德載物。至靜而德方敬，義立而德不孤。山下出泉蒙，君子以果行育德。食舊德從上吉也。風行天上小畜，君子以懿文德。上九。既雨既處，尚德載。《象》：『既雨既處，德積載也。』《大畜·象》：『日新其德。』『天在山中大畜，君子以多識前言往行，以畜其德。』『水洊至習，坎。君子以常德行。』《恒》：『不恒其德，或承之羞。不恒其德，無所容也。』『明出地上，晋。君子以自昭明德。』『山上有水蹇，君子以反身修德。』《益》：『有孚惠我德，惠我德，大得志也。』『地中生木，升；君子以順德。』『山上有木，漸；君子以居賢德善俗。澤上有水，節；君子以議德行。』

《書·堯典》：『克明俊德。』《舜典》：『玄德升聞。』『舜讓于德，不嗣。』《大禹謨》：『黎民敏德。益曰：「都，帝德廣運。」禹曰：「朕德罔克。皋陶邁種德，德乃降。」皋陶曰：「帝德罔愆。」帝曰：「來，禹，予懋乃德。蠢兹有苗，反道敗德。」益贊于禹曰：「惟德動天。」』皋陶曰：『允迪厥德。』皋陶曰：『都！亦行有九德。亦言，其人有德，乃言曰，載采采。日宣三德，夙夜浚明有家，日嚴祗敬六德，亮采有邦，翕受敷施。九德咸事。』『天命有德，五服五章哉。』夔曰：『群后德讓。』『大康尸位，以逸豫滅厥德。』『惟時羲和，顛覆厥德。天吏逸德，烈于猛火。』『佑賢輔德，邦乃其昌。德日新，萬邦惟懷。』『王懋昭大德。』『夏王滅德作威。』『古有夏先后，方懋厥德。今王嗣厥德。爾惟不德罔大。』『天監厥德，用集大命。王克終允德。皇天，俾嗣王克終厥德。』王曰：『予小子不明于德，尚賴匡救之德，允德協于下。王懋乃德，聽德惟聰。德惟治，否德亂。』『先王惟時，懋敬厥德。』『伊尹乃陳戒于德，常厥德，保厥位。厥德靡常，九有以亡。夏王弗克庸，皇天眷未（求）一德，惟尹躬暨湯，咸有一德。惟天佑于一德，惟民歸于一德。德惟一，動罔不吉；德二三，動罔不凶。惟天降灾祥在德。今嗣王惟新厥德，臣爲上爲德，德無常師，立善爲師。七世之廟，可以觀德。』『非予自荒兹德，惟汝含德，施實德于民，汝有積德。予亦不敢動用非德，用德彰厥善。』『故有爽德，用降我凶德，肆上帝將復我高祖之德，式敷民德。臺恐德不類，以輔臺德。爵罔及惡德，允協于先王成德，厥德修罔覺，咸仰朕德。民有不若德，天既孚命正厥德，同力度德，同德度義。受有億兆夷人，離心離德。予有亂臣十人，同心同德，嗚呼！乃一德一心，樹德懋滋，崇德報功，乂用三德，曰：『予攸好德。』四曰：『攸好德。』曰：『嗚呼！明王慎德。』王乃昭德之致于異姓之邦，人不易物，惟德其物，德盛不狎侮，玩人喪德，不矜細行，終累大德。

崇德象賢微，世世享德。『文王克明德。』《康》。紹聞衣德言，若德裕乃身，朕心朕德。惟乃知。乃非德用乂，時其惟殷先哲王德用康乂民作求，告汝德之說于罰之行，曰：『嗚呼！封敬哉，顧乃德。』越小大德，小子惟一，兹亦惟天若元德，惟助成王德顯，弗惟德馨香祀。王其疾敬德曰：『其稽我古人之德。』王敬作所，不可不敬德，惟不敬厥德，乃早墜厥命，肆惟王其疾敬德。王其德之用祈天永命，其惟王位在德元，保受王威命明德。公稱不顯德，惟公德明光于上下，乃單文祖德，萬年猒于乃德，其永觀朕子懷德。

自成湯至于帝乙，罔不明德。惟天不畀不明厥德，予一人惟聽用德。無若殷王受之迷亂，酗于酒德哉，則皇自敬德。惟寧王德延，百姓王人，罔不秉德明恤，惟兹惟德稱，用乂厥辟，在昔上帝割申勸寧王之德，文王蔑德，降于國人。亦惟純祐，秉德迪知天威，惟兹四人，丕單稱德，其汝克敬德，惟乃知民德。惟爾率德改行，惟德是輔。蔡。惟惟周王，克堪用德，秉德不康寧，爾尚不忌于凶德。迪知忱恂于九德之行，用丕訓德。桀德，是惟暴德。成湯，用丕式見德。嗚呼！其在受德暋，惟羞刑暴德之人，同于厥邦。乃惟庶習逸德之人，同于厥政。文王以克俊有德，武王不敢替厥義德，從容德。我則末惟成德之彥，以乂我受民。今予小子，祗勤于德。民懷其德，明德惟馨。惟我后之德，有容德乃大，爾克敬在德，時乃罔不變。王義嗣德康，惟公懋德畢。世祿之家，以蕩陵德，惟德惟義，厥德允修。王若曰：『伯冏，惟予不克于德。后德惟臣，不克于德，苗民罔有馨香德。』德威惟畏，德明惟明。皇帝。以教祗德，罔不惟德之勤。惟克天德，以成三德。有德惟刑，非德于民之中，丕顯文武，克慎明德。

《詩》：『德音莫違。二三其德。』『莫我肯德，德音不瑕。』《周公》。『德音孔昭。』《鹿鳴》。『編爲爾德。』《天保》。『德音不已，德音是茂。』《南山有臺》。『其德不爽，令德壽豈。』《蓼蕭》。『莫不令德。』《蓼湛露》。『欲報之德。』《蓼蓼莪》。『其德不回。』《邪》。『其德不猶。』《鼓鐘》。『德音未括，令德來教。雖無德與汝。』《車舝》。『德音孔膠。』《隰桑》。『無念爾祖，聿修厥德。』《文王》。『乃及王季，惟德之行，厥德不回，以受方國。』《大明》。『帝謂文王，予懷明德。』《皇矣》。『既飽以德。』《既醉》。『以近有德。』《民勞》。『假樂君子，顯顯令德。』《假樂》。『懷德維寧。』《板》。『天降慆德。』《蕩》。『歛怨以爲德，不明爾德，爾德不明。維德之隅，顛覆厥德。有覺德行，四國順之。溫溫恭人，維德之基。其維哲人，順德之行。』《抑》。『民之秉彛，好是懿德。仲山甫之德，柔嘉維則。德輶如毛，民鮮克舉之。於乎不顯，文王之德之純。不顯維德，百辟其刑之。』《烈文》。我求懿德，肆于時夏。穆穆魯侯，敬明其德。明明魯侯，克明其德。濟濟多士，克廣德心。

《論》：『子曰：「爲政以德，譬如北辰，居其所而衆星共之。」』朱子曰：『政之爲言正也，所以正人之不正也。德之爲言得也，行道而有得於心也。北辰，北極，天之樞也。居其所，不動也。共，向也，言衆星四面旋繞而歸向之也。爲政以德，則無爲而天下歸之，其象如此。』子曰：『君子懷德。德不孤，必有鄰。《中庸》之爲德也，其至矣乎，民鮮久矣。德之不修，是吾憂也。』子曰：『據於德。』德則行道而有得於心者也。『泰伯，其可謂至德也已矣！三以天下讓，民無得而稱焉。』『吾未見好德如好色者也。』『君子之德風，小人之德草。』子張問：『崇德辨惑。』子曰：『主忠信。徙義崇德也。』樊遲問崇德，子曰：『先事後得，非崇德與？』子曰：『有德者必有言，有言者不必有德。』南宫适出，子曰：『尚德哉若人？』子曰：『由，知德者鮮矣。』子曰：『巧言亂德。』孔子曰：『遠人不服則修文德以來之。』

齊景公有馬千駟，死之日，民無德以稱焉。子曰：『鄉原，德之賊也。』子曰：『道聽而道説，德之棄也。』楚狂接輿，歌而過，孔子曰：『鳳兮鳳兮，何德之衰。』子張曰：『執德不弘。焉能爲有，焉能爲無。』子夏曰：『大德不踰閑，小德出入可也。』

《中》：『鬼神之爲德，其至矣乎。爲德，猶言性情功效。子曰：「德爲聖人，故大德必得其位，必得其禄，必得其名，必得其壽，故大德者必受命。」武王末受命，周公成文武之德。智、仁、勇三者，天下之達德也。所以行之者一也。』朱子曰：『謂之達德者，天下古今所同得之理也。一則誠而已矣。』

成己仁也，成物智也，性之德也。《詩》云：『於乎不顯，文王之德之純。』故曰：『苟不至德，至道不凝焉。故君子尊德性而道問學。』朱子曰：『德性者，吾所受於天之正理。』『雖有其位，苟無其德，不敢作禮樂焉；雖有其德，苟無其位，亦不敢作禮樂焉。』『小德川流，大德敦化。』小德者全體之分，大德者萬殊之本。苟不固聰明聖智達天德者，其孰能知之？

《詩》云：『予懷明德，不大聲以色。』子曰：『聲色之於以化民，末也。』《詩》云：『德輶如毛，毛輶有倫，上天之載，無聲無臭至矣。』『大學之道，在明明德。』《康誥》曰：『克明德。』《帝典》曰：『克明俊德。』『富潤屋，德潤身。』德者，本也；財者，末也。』

《孟》：『天下有道，小德役大德。』尊德樂義，則可以囂囂矣。人之有德慧術智者，恒存乎疢疾。孟子曰：「有成德者，成德如孔子之於冉閔。」周于德者，邪世不能亂。萬章問曰：「孔子曰鄉原，德之賊也，孔子以爲德之賊，何哉？」曰：「自以爲是，而不可與入堯舜之道者，故曰德之賊也。」孔子曰：「惡鄉原，恐其亂德也。」』『公孫丑且以文王之德，百年而後崩。孔子曰：「德之流行，速於置郵而傳命。」饒氏曰：「德之流行，即是應前面文王之德底德字。」冉牛、閔子、顏淵善言德行。子貢曰：「聞其樂而知其德。」孟子曰：「以德行仁者王，王不待大。以德服人者，中心悦而誠服也。」莫如貴德而尊士，又從而振德之。天下有達尊三，爵一齒一德一，輔世長民莫如德。今天下地醜德齊。』

《左傳》：『子太叔曰：「無謀非德。」』《淮南子》：『五帝貴德。』《學記》：『大德不官。』大德指聖人而言。不官不拘，一職之任也。

『德也者，包天地之美，配日月之明，立乎四時之周，覽乎陰陽之交。寒暑不能動也，四時不能化也；斂乎太陰而不濕，散乎太陽而不枯。廉潔清明而備，嚴威務疾而神。至精而妙乎天地之間者，德也。微聖人其孰能與於此矣？』《韓外》。

揚子：『吾未見好斧藻其德，若斧藻其粢者也。』斧德刻桷，丹楹之飾。或問：『大古德懷不禮懷，道家尚德薄禮，嬰兒慕，駒犢從，焉以禮。』曰：『嬰犢乎，嬰犢母懷不父懷，母懷愛也，父懷敬也。』君子絶德，或問絶德，曰：『舜以孝，禹以功，皋陶以謨，非絶德與？』曰：『獵德而得德，是獲也。《老子》之言道德，吾有取焉，及搥提仁義，絶滅禮學，吾不取焉耳。』

杜：『君臣專修德。餘波德照鄰。』

德智力

胡氏曰：『德養人者也，力勝人者也，智欺人者也。我以智力加人，有時而窮，則人亦得以加諸我矣，故用智未有不困者也。我養人其養既久，則人亦不忍離我矣，故修德未有不安者也。三代以上純德之世也，三代以下皆力也。假德以文之，觀其智力之裕句，則斷其成就之廣狹；觀其假德之深淺，則决其所享之延邇。後唐之事，亦足以觀矣。』

忍

忍，强也。

必有忍，其乃有濟。少不忍則亂大謀。《左》：『安忍無親。』谷：『百戰百勝，不如一忍。』

孔子謂季氏：『八佾舞於庭，是可忍也，孰不可忍也。』

孟子曰：『人皆有不忍人之心。先王有不忍人之心，斯有不忍人之政矣。以不忍人之心，行不忍人之政。所以動心忍性，增益其所不能。人皆有所不忍，達之於其所忍，仁也。齊宣王曰：『不忍其觳觫，若無罪而就死地，是以以羊易之也。』

《詩》：『維其忍之，胡寧忍予。』

《左》：『昭元叔孫歸。曾夭曰：「魯以相忍爲國也，忍其外，不忍其内，焉用之。」』

《昭十三》：『觀從曰：「不殺棄疾，猶受禍也。」子干曰：「予不忍也。」子玉曰：「人將忍子，吾不忍俟也。」乃行。』

昭州子家，子曰：『一慚之不忍，而終身慚之乎。』

晋朱伺曰：『兩敵相對，惟當忍之。彼不能忍，我能忍，是以勝耳。』

麟德二至泰山，張公藝九世同居，上幸其宅，問所以能之故。公藝書忍字百餘以進，上賜縑帛。胡氏曰：『高宗非不能忍之患，乃過於忍之失，公藝又以不忍勸之，其樸茂有餘，而智術短矣。爲公藝者宜曰：「臣家所以同居之故，由家長專治權在男子，婦人不與外事也，如此萬一其有警焉耳矣。」』

『未學處仲忍。』坡。『丈夫窮可忍。』士。

悔

悔，恨也，程子曰：『悔，理自内出者也。』

《易》：『不遠復，無祇悔。元吉。不遠之復，以修身也。』《詩》：『其後也悔，其德靡悔，悔予送兮。』《論》：『子張學干禄，子曰：「多見闕殆，慎行其餘，則寡悔。行寡悔，禄在其中矣。」』

莊公之悔，惠子之悔。隱公元，鄭莊公遂置姜氏于城潁而誓之曰：『不及黄泉，無相見也。』既而悔之，母子如初。《襄十九》：『甯惠子疾，召悼子甯喜。曰：「吾得罪於君，悔而無及也。」惠子卒，衛侯歸。』馬周曰：『人主當修之於可修之時，不可悔之於既失之後。』魏高道穆曰：『養虺成蛇，悔無及矣。』

李訢之悔，太宗之悔。魏李訢信用范檦，訢弟瑛曰：『檦，聽其言也甘，察其行也賊，不早絶之，後悔無及。』檦告訢謀反，訢嘆曰：『吾不用瑛言，悔之何及？』《貞觀十九年》：『帝攻安市城不下，詔班師嘆曰：「魏徵若在，不使我有是行也。」祀以小牢。』書法：書美悔過也。是故樊豐敗而後祠楊震，漢安。宦官敗而後祭陳實，漢靈。遼東敗而後祀魏徵，漁陽敗而後祭九齡，肅。皆事後之思也。

秦繆之悔。漢光之悔。

思曰叡

睿，聖也，聪睿。蔡沈曰：『睿者，通乎微也。』

《易·繫辭》：『神以知來，智以藏往。其孰能與於此哉？古之聰明叡智神武而不殺者夫。』

《中》：『唯天下至聖爲能。聰明叡智，足以有臨也。』朱子曰：『聰明叡智，生知之質。』

朱子曰：『顔子明睿所照，即始而見終。』

《論語》：『回也，聞一以知十注。』

《家語》：『子曰：「黄帝、虞舜，哲睿齊莊，睿明智通。」』

山谷：『由思入睿，由睿入覺，此之謂學。』

杜詩：『睿想丹墀近。智謀垂睿想。』

卷之十九

睿作聖

睿作聖。

『宗原应變，曲得其宜，如是然後聖人也。』《荀子》。

『或問「聖人」，曰：「神。」觀乎天地，則見聖人。或問五百歲而聖人出有諸，曰：「堯、舜、禹，君臣也而並，文、武、周公，父子也而處，湯、孔子數百歲而生。因往以推來，雖千一不可知也。」千歲一，一歲千。聖人有以擬天地參諸身乎？首擬天，腹擬地，四肢合四時，五臟合五行。或問：「仲尼大聖則天曷不祚。」爲神明主。曰：「無土，然則舜、禹有土乎？」曰：「舜以堯作土，禹以舜作土。」或問：「聖人表裏。」曰：「威儀文辭表也，德行忠信裏也。」』《揚子》。

『聖者，聲也，通也。言其聞聲通於天地，知清調暢萬物。』《風俗通》。

《書》：『乃聖乃神。』《大禹謨》。『布昭聖武。』《伊訓》。『良臣惟聖。』《説命》。『克齊聖廣淵。』《微子之命》。『惟聖罔念作狂，惟狂罔念作聖。』《多方》。『凡人未見聖若不克見，既見聖，亦不克由聖。』《君陳》。『聿求元聖。』《湯誥》。『厥后自聖。』《冏命》。

《詩》：『具曰予聖。』《正月》。『皇父孔聖。』《十月》。『或聖或否。』《少旻》。『人之齊聖。』《小宛》。『聖人莫定之。』《巧言》。『維此聖人。』《桑柔》。『湯降不遲，聖敬日躋。』《長發》。

《論》：『何事於仁？子曰：「必也聖乎！」』『聖人，吾不得而見之矣。若聖與仁，則吾豈敢。』

《孟》：公孫丑曰：『然則夫子既聖矣乎？』『子貢問於孔子曰：「夫子聖矣乎？」孔子曰：「聖則吾不能，我學不厭而教不倦也。」』子夏、子游、子張皆有聖人之一體，伯夷、伊尹、孔子皆古聖人也，宰我、子貢、有若，智足以知聖人。有若曰：『聖人之於民，亦類也。』陳賈曰：『周公何人也？』曰：『古聖人也。然則聖人且有過與？』孟子曰：『規矩，方圓之至也；聖人，人倫之至也。』先聖後聖，其揆一也。舜文。聖人之行不同也：伯夷，聖之清者也；伊尹，聖之任者也；柳下惠，聖之和者也；孔子，聖之時者也。智譬則巧也，聖譬則力也。聖人百世之師也，伯夷柳下惠是也。奮乎百世之上，百世之下聞者莫不興起也。非聖人而若是乎？聖人之於天道，命也，有性焉，君子不謂命也。大而化之之謂聖，聖而不可知之謂神。子曰：『舜其大孝也與。德爲聖人。』大哉聖人之道！君子之道，百世以俟聖人而不惑。唯天下至聖，爲能聰明睿智，足以有臨也，寬裕温柔，足以有容也，發强剛毅，足以有執也，齊莊中正，足以有敬也，文理密察，足以有别也。苟不固聰明聖智達天德者，其孰能知之？

《易》：『聖人有以見天下之賾而擬諸其形容，聖人有以見天下之動而觀其會通。立成器以爲天下利，莫大乎聖人。天生神物，聖人則之；天地變化，聖人效之。天垂象，見吉凶，聖人象之；河出圖，洛出書，聖人則之。太宰問曰：「夫子聖者與？何其多能也？」子貢曰：「固天縱之將聖，又多能也。」』

《孟》：『他日，子夏、子張、子游以有若似聖人，欲以所事孔子事之。堯舜既没，聖人之道衰。聖王不作，諸侯放恣。吾爲此懼，閑先聖之道。我亦欲正人心，以承三聖者也。能言距楊墨者，聖人之徒也。』

《揚子》：或問：『孔子之時，諸侯有知其聖者與？』曰：『知之。』曰：『知之則曷爲不用？』曰：『不能。』曰：『知聖而不能用也，可得聞乎？』曰：『用之則宜從之，從之則棄其所習，逆其所順，强其所劣，捐其所能，衝衝如也，心常逆閉。非天下之至德，孰能用之？』

虞世南獻『聖德論』，比太宗於堯舜。太宗賜詔曰：『卿論朕太高，朕何敢當？』韓愈曰：『聖人不世出，千百歲之間儻有焉。不幸而有出於胥商之族者，先生之説傳，吾不忍赤子之不得乳於其母也。』劉友益曰：『聖賢之出，如鳳鳥之見。』抱朴子：『擬玄黄之覆載，揚明並以表微，文彪昺而備體，澄獨見以入神者，聖人也。』『五百載，聖紀符。』《考靈曜》。『哀公曰：「何謂聖人？」孔子曰：「所謂聖者，德合於天地，變通無方，窮萬事之終始，協庶品之自然，敷其大道而遂成情性；明並日月，化行若神，下民不知其德，睹者不識其鄰，此謂聖人也。」』《家語》。

『孔子對哀公曰：「所謂聖人者，智通乎大道，應變而不窮，能測萬物之情性者也。故其事大，配乎天地，參乎日月，雜於雲雷，總要萬物，穆穆純純，其莫之能循，若天之司，莫之能職，百姓淡然，不知其善。若此則可謂聖人矣。」』《大戴禮》。

『修百王之法，若辨白黑；應當時之變，若數一二，則可謂聖人矣。聖人也者，道之管也。天下之道管是矣，百王之道一是矣。』《荀子》。

『聖人者，道之極也。聖人之生，必資於陰陽，陰陽之理即聖人所盡，但盡陰陽之理，則玄照之本自見，此謂不求于自知而理盡自然知者也。』《五經鉤沉》。

『聖人者，民之父母也。』《書大傳》。

『聖人内修其本而不外飾其末，保其精神，偃其智見，故漠然無爲而無不爲也，澹然無治而無不治也。』《淮南子》。　聖人内修其道術，而不外飾其仁義，不知耳目之宣，而游乎精神之和。　若然者，横廓六合，兼貫萬物，此聖人之游也。上。　聖人將養其神，和柔其氣，平夷其形，而與道沉浮俯仰，恬然則縱之，迫則用之。　其縱之也若委衣，其用之也若發機。　如是則萬物之化無不偶，百事之變無不應。上。　聖人若鏡，不將不迎，應而不藏。上。

『聖人者不能生時，時至而不失者也。』《覽宜》。　『事或不可前規，物或不可慮卒，然不戒而至，故聖人畜道以待時。』《説山》。　『聖人隨時而舉事，因資而立功。　守清道，抱雌節。　因循而應變，常後而不先。』《文子》。　『聖人不爲名尸，不爲謀府，不爲事任，不爲智主。　藏無形，行無迹，遊無朕。　不爲福先，不爲禍始，保于虚無，動於不得已。』《淮南子》。

聖人不爲可非之行，不求人之譽己也；修足譽之德，不憎人之非己也。　不能使禍不至，信己之不迎也；不能使福必來，信己之不攘也。上。　聖人之道，猶中衢而致尊耶，過者斟酌，多少不同，各得其所宜。上。　『聖人同死生，愚人亦死生。　聖人之同死生通于分理，愚人之同死生不知利害所在。』《説山》。　『聖人懷天氣，抱天心，執中含和，不下廟堂而衍四海，變習易俗，民化而遷善，若性諸己，能以神化。』《泰族》。　聖人見禍福於重閉之内，而慮患於九拂者也。上。　『聖人之於百姓，其猶赤子乎，餒者食之，寒者衣之，將之養之，育之長之。』《説苑》。

虐政虐世，然後知聖人之爲郛郭也。揚子。聖人之言，似於水火。水，測之而益深，窮之而益遠，火，用之而彌明，宿之而彌壯。上。『張子侯曰：「揚子雲，西道孔子也，乃貧如此。」吾應曰：「子雲亦東道孔子也。昔仲尼豈獨是魯孔子，亦齊楚聖人也。」』桓譚《新論》。『儒者論聖人，以爲前知千歲，後知萬歲，有獨見之明，獨聽之聰，事來則名，不學自知，不問自曉，故稱聖則神矣。』《論衡》。上天之心在聖人之胸，其譴告在聖人之口，世無聖人，不能知矣。上。

『聖人受乾坤之醞靈，禀造化之和氣，該百行之高善，備九德之淑懿，極鴻源之深閎，窮品物之情類，曠蕩出於無外，沉微淪於無内。』《孔融論》。

聖人所禀於四時也，高不可極；所禀於元氣也，深不可測。『窮神知化，獨見先識，仁若春陽，信若影響，此所以禀於天也。』姚信《士緯》。

神州何以專生聖人，聖人專不産於絶域乎。推此論之，明神州者，處乾坤之正，鍾日月之精，地形塏爽，源流清暢。其生民也，長短應數，儀狀端正，聲音得節，性理調良。上。

『聖人之道如天地，諸子之異如四時，四時相反，天地合而通焉。』《傅子》。

『體道者聖，體道然後寄意形骸之外；游神者哲，游神然後窮理變化之端。寂然不動而萬物爲我用，塊然玄默而衆機爲我運。』桓譚《新論》。

『天者爲萬物之根本，冥然而不言。百姓生而不有其功，萬物成而不疲其勞。聖者承天之照，用天之業，聖宣其道者也。』殷仲堪《天聖論》。

『大道以至虚順通，聖人以忘懷兼應。』祖臺之論。

『聖人明君者，非盡能其萬物也，知萬物之要也。故其治國也，察要而已矣。』《商子》。

『聖人見本然之性，知必然之理。故其制民也，如以高下制水，如以燥濕制火。』《畫策》。

『西南大荒中人，身長十尺，服圍九丈。踐龜蛇，戴米鳥。左手憑青龍，右手憑白虎。知河海斗斛，識山石多少，知天下鳥獸言語，識土上人所道，知百穀可食，識草木鹹苦。名曰聖，俗聖人。一曰哲，俗睿哲。一曰先，俗知先。一曰通，俗通達。一曰無不達。凡人見拜，令神人智，此人天下神聖也。』《神異經》。

『孔子抱聖人之心，彷徨乎道德之域，逍遥乎無形之鄉。倚天理，觀人情，明終始，知得失。』《韓外》。

齊景公謂子貢曰：『先生何師？』對曰：『魯仲尼。』曰：『仲尼賢乎？』曰：『聖人也。豈直賢哉？』景公嘻然而笑曰：『其聖何如？』子貢曰：『不知也。』景公悖然作色曰：『始言聖人，今言不知，何也？』子貢曰：『臣終身戴天，不知天之高也，終身踐地，不知地之厚也。若臣之事仲尼，譬猶渴操壺杓，就江海而飲之，腹滿而去，又安知江海之深乎？』景公曰：『先生之譽，得無太甚乎？』子貢曰：『臣譽仲尼，譬猶兩手捧土而封泰山，無益亦明矣；使臣不譽仲尼，譬猶兩手把泰山，無損亦明矣。』

聖人者，天下之利器也。聖人之生也天行，其死也物化。靜而與陰同德，動而與陽同波。不爲福先，不爲禍始，感而後應，迫而後動。

『聖人不謀惡用知，不斫惡用膠，無喪惡用德，不貨惡用商，四者，天鬻也。天鬻也者，天食也。既受食於天又惡用人！有人之形，無人之情。』《莊子》。

王勃《益州夫子廟碑序》：『以周靈王二十一年庚戌十一月庚子之辰甲申時生，周敬王四十一年壬戌四月己丑卒。』

述夫帝車南指，遁七曜於中階；華蓋西臨，藏五雲於太甲。雖復星辰蕩越，三元之軌躅可尋；雷雨沸騰，六氣之經綸有序。然則撫銅渾而觀變化，則萬象之動不足多也；握瑶鏡而臨事業，則萬機之湊不足大也。故知功有所服，黿龍不能謝鱗介之尊；器有所歸，江漢不能竊朝宗之柄。是以朱陽騰而九有照，紫泉清而萬物睹。

粤若皇靈草昧，風驪受河洛之圖；帝象權輿，雲鳳錫乾坤之瑞。高辛堯舜氏没，大夏殷周氏作。達其變，遂成天下之文；極其數，遂定天下之象。衣冠度律，隨鼎器而重光；玉帛謳歌，及宗禋而大備。

洎乎三川失御，九服蒙塵，俎豆喪而王澤竭，鐘鼓衰而頌聲寢。召陵高會，諸侯輕漢水之威；踐土同盟，天子窘河陽之召。三微制度，乘戰道而横流；千載英華，與王風而掃地。大業不可以終喪，彝倫不可以遂絶。由是山河兆朕，素王開受命之符；天地氤氲，玄聖舉乘時之策。興九圍之廢典，振六合之頽綱。有道存焉，斯文備矣。

夫子姓孔氏，諱丘，字仲尼，魯國鄹人也。帝天乙之靈苗，宋微子之洪緒。自玄禽翦夏，俘寶玉於南巢；白馬朝周，載旌旗於北面。五遷神器，琮璜高列帝之榮；三命雄圖，鐘鼎冠承家之禮。商丘誕睿，下屬於防山；泗水載靈，遥馳於汶上。禮樂由其委輸，仁義由其來蘇，排禍亂而構乾元，掃荒屯而樹真宰，聖人之大業也。

若乃承百王之丕運，總千聖之殊姿。人靈昭有作之期，嶽瀆降非常之表。珠衡玉斗，微象緯於天經；贙據龍蹲，集風雲於地紀。亦猶三階瞰月，恒星知太紫之宫；八柱衝霄，群嶺辨中黄之宅，聖人之至象也。

若乃順時而動，用晦而明，紆聖哲於常師，混波流於下問。卅。太陽亭午，收爝火於丹衡；滄海浮天，控涓涔於翠渚。西周奉袂，仙公留紫氣之書；東海摳衣，郯子叙青雲之秩。接輿非聖，詢去就於狂歌；童子何知，屈炎凉於詭問，聖人之降迹也。

若乃參神撰訓，録道和倪。辱太白於中都，絆乘黄於下邑。湛無爲之迹，而重務同並，馳不言之化，而群方取則。雖復霓旌羽旆，齊人張夾谷之威；八佾三雍，桓氏逼公宮之制。洎乎歷階而進，宣武備而斬俳優；推義而行，肅刑書而誅正卯。

用能使四方知罪，爭歸舊好之田；三家變色，願執陪臣之禮，聖人之成務也。

若乃乘機動用，歷聘栖遑。卌。神經幽顯，志大宇宙。東西南北，推心於暴亂之朝；恭儉溫良，授手於危亡之國。道之將行也命，道之將廢也命。歸齊去魯，發浩嘆於衰周；厄宋危陳，奏悲歌於下蔡，聖人之救時也。

若乃筐篚六藝，筌蹄五典。折旋洙泗之間，探賾唐、虞之際。三千弟子，攀睿化而升堂；七十門人，奉洪規而入室。從周定《禮》，憲章知損益之源；反魯裁《詩》，雅頌得絃誦之旨。備物而存道，下學而上達。援神叙教，降赤製於南宮；運斗陳經，降玄符於北洛，聖人之立教也。

若乃五十。觀象設教，法三百八十四爻四十有九；窮神知化，應萬一千五百策五十有五。成變化而行鬼神，觀陰陽而倚天地。以鼓天下之動，以定天下之疑。索衆妙於重玄，纂群微於太素，聖人之讀《易》也。

若乃靈襟不測，睿視無涯。石砮昭集隼之庭，土缶驗羵羊之井。稽山南望，識皓骨於封禺；蠡澤東浮，考丹萍於夢渚。麟圖鑑遠，金編題佐漢之符；鳳德鈎深，玉策筮亡秦之兆，聖人之觀化也。時義遠矣，能事畢矣。然後拂衣方外，脱屣人間，六十。奠楹興夕夢之灾，負杖起晨歌之迹。撓虹梁於大厦，物莫能宗；摧日觀於魯丘，吾將安仰。明均兩曜，不能遷代謝之期；序合四時，不能革盈虛之數。適來夫子時也，適去夫子命也。爲而不有，用九五而長驅；成而勿居，撫雲霓而高視，聖人之應化也。

自：四教遠而微言絶，十哲喪而大義乖。九師争《大易》之門，五傳裂《春秋》之輻；六體分於楚晋，四始派於齊韓。淹中之妙鍵不追，稷下之高風代起。百家騰躍，攀户牖而同歸；萬匠驅馳，仰陶匀而共貫。猶使七十。絲簧金石，長懸闕里之堂；荆棘蓬蒿，不入昌平之墓，聖人之遺風也。

道揚十聖，光被六虛，乘素夜而保安貞，垂衣裳而獲元吉。故能貴而無位，履端於太極之初；高而無名，布政於皇王之首。千秋所不能易，百代所不能移。萬乘資以興衰，四海由其輕重。雖復質文交映，瞻禴祠而長存；金火遞遷，奉琴書而罔絶。蓋《易》曰：『觀乎人文，以化成天下。』又曰：『聖人觀神道設教，而萬物伏焉。』豈古之聰明睿智神武而不殺者夫？

國家襲宇宙之淳精，據明靈之寶位。高祖武皇帝以黄旗問罪，杖金策而勞華夷；太宗文皇帝以朱翟承天，穆玉衡而正區宇。宣祖宗之累洽，奉文武之重光，八十。稽曆數而坐明堂，陳禮容而謁太廟。八神齊饗，停旒太史之宫；六辨同和，駐蹕華胥之野。文物隱地，聲明動天，樂繁九俗，禮成三古。冠帶混並之所，書軌八紘；閶闔兼匝之鄉，烟火四極。渴〔一〕河追日，夸父力盡於楹間；越海陵山，竪亥塗窮於廡下。薰腴廣被，景貺潛周。乾象著而常文清，坤靈滋而衆寶用。溢金膏於紫洞，雨露均華；栖玉燭於玄都，風雷順軌。丹蓂翠菌，藻繪軒庭；鳳彩龍姿，激揚池籞。九十。殊徽肹蠁，不召而自至，茂祉昭彰，無幽而不洽。雖復帝臣南面，降衢室而無爲；岱畎東臨，陟名山而有事。靈命不可以辭也，大典不可以推也。由是六戎宵警，横紫殿而摐金；五校晨驅，蹴玄雲而噴玉。星羅海運，岳鎮川渟。登碧墠而會神祇，御玄壇而禮天地。金箱玉册，益睿算於無疆；玳檢銀繩，著靈機於不竭。

功既成矣，道既貞矣。歷先王之舊國，懷列聖之遺塵。翔赤驥而下雲亭，吟翠虬而望鄒魯。百。泗濱休駕，杳疑汾水之陽；尼岫凝鑾，暫似峒山之典。乃下詔曰：『可追贈太師。』託鹽梅於異代，鼎路生光；寄舟楫於同時，泉塗改照。咸亨元年，又下詔曰：『宣尼有縱自天，體膺上哲，合兩儀之簡易，爲億載之師表。顧惟寢廟，義在欽崇。如聞諸州縣孔子

〔一〕今按：『渴』，中華書局《全唐文》卷一八三王勃《益州夫子廟碑》作『竭』。

廟堂及學館有破壞，並向來未造；生徒無肄業之所，久致飄零；先師闕奠祭之儀，深非敬本。宜令諸州縣官司，速加營葺。

九隴縣學廟堂者，大唐龍朔三年鄉人之所建也。爾其州分化鳥，境殉蹲鴟。縈錦室於中區，託銅梁於古地。玉輪斜界，神龍蟠沮澤之雲；石鏡遥臨，寶與碟禺山之影。十。天帝會昌之國，上照乾維；英靈秀出之鄉，傍清地絡。庠序由其糾合，纓弁所以會同。文翁之景化不渝，智士之風猶自遠。於是雙川舊老，攀帝奬而翹心；三蜀名儒，想成均而變色。探周規於舊宅，詢漢制於新都。開基於四會之躔，授矩於三農之隙。土階無級，就擊壤於新歡；茅茨不剪，易橧巢於故事。莊壇文杏，即架椽欒；夾谷幽蘭，爰疏户牖。儀形宛爾，似聞沂水之歌；列侍誾如，若奉農山之對。緇帷曉闢，横紺帶於西河；絳帳宵懸，聚青衿於北海。廿。雖秋禮冬詩之化，以洽於齊人；而宣風觀俗之規，實歸於上宰。

銀青光禄大夫譙國公崇義，大武皇帝之支孫，河間大王之長子。高秋九月，振玉贊於唐丘；寶算千齡，躍潛虬於太渚。我國家靈命，東朝抗衮冕之尊；宗子維城，南面襲軒裳之重。析玄元之胤緒，擁朱虛之禄位。拜玉節於秦京，輝金章於蜀郡。玄機應物，潛消水怪之灾；丹筆伸冤，俯絶山精之訟。魏文侯之擁篲，道在而禍存；董相國之垂帷，風行而俗易。

司馬宇文公[諱][一]純，河南洛陽人也。皇根帝緒，列五鼎於三朝；青瑣丹梯，跨千尋於十紀。仲舉澄清之轡，未極夷塗；士元卿相之材，先登上佐。卅。冰壺精鑑，遥清玉壘之郊；霜鏡懸明，下映金城之域。

縣令柳公[諱][二]明，字太易，河東人也。梁岳之英，長河之靈。沐雲漢之精粹，荷天衢之元亨。旌旗赫奕於中古，珪組陸離於下葉。鳳巢抽律，擢層秀於龍門；驪穴騰姿，吐榮光於貝闕。自朱絲就列，光膺令宰之榮；黑綬馳芬，高踐郎官之右。仙舄旦舉，影入銅章；乳翟朝飛，聲含玉軫。臨邛客位，自高文雅之庭；彭澤賓門，猶主壺觴之境。曠懷足以御物，長策足以服人。重泉之惠訓大行，單父之謳謡遂遠。猶爲卌。夏絃春誦，俗化之樞機。西序東膠，政刑之根本。上祇朝憲，下奉藩維。爰搜複廟之儀，載闡重欄之制。三門四表，焕矣維新；上哲宗師，肅焉如在。將使圓冠方領，再行鄒魯之風；鋭氣英聲，一變竇渝之俗。於是侍郎幽思，摛鳳藻於瑰林；承相高材，排龍姿於璧沼。遺榮處士，開簾詮孝弟之誠；頌德賢臣，持節聽中和之樂。其爲政也可久，其爲志也可大。方當變化台極，

[一] 今按：『諱』，據中華書局《全唐文》卷一八三王勃《益州夫子廟碑》補。
[二] 同上。

儀刑萬宇，豈徒偃仰廳事，風教一同而已哉？

勃幼乏逸才，少有奇志。五十。虛舟獨泛，乘學海之波瀾；直轡高驅，踐詞場之閫閾。觀質文之否泰衆矣，考聖賢之事業多矣，自生民以來，未有如夫子者也。嗟乎！今古代絶，江海路遠。恨不得親承妙旨，攝齊於游夏之間；躬奉德音，攘袂於天人之際。撫身命而永悼，瞻棟宇而長懷。嗚呼哀哉！敢爲之銘曰：

五帝既没，三王不歸。天地震動，陰陽亂飛。山崩海竭，月缺星圍。禮樂無主，宗禋遂微。大哉神聖，與時回薄。應雲而生，繼天而作。龍躍浩蕩，鵬飛寥廓。奄有人宗，遂荒天爵。尼山降彩，泗濱騰氣。志匡六合，神經萬類。夾谷登庸，中都歷試。睿情貫一，玄猷絶四。栖遑教迹，寂寞河圖。違齊出宋，歷楚辭吴。風衰俗毁，禮去朝蕪。麟書已卷，鳳德終孤。杳杳靈命，茫茫天秩。吾道難行，斯文易失。式宣六藝，裁成四術。虛往實歸，外堂内室。邈矣能仁，悠哉化主。力制群辟，權傾終古。陸離彩燦，蟬聯茅土。涉海輕河，登山小魯。皇家載造，神風四極。檢玉題祥，繩金署德。聿懷聖迹，同享天則。乃眷台庭，爰升衮職。玉津同派，金堤茂坂。智士風高，文翁澤遠。甿淳壤沃，聲和俗愿。載啓仁祠，遂光儒苑。沉沉閫奥，肅肅扃除。靈儀若在，列侍如初。槐新市密，杏古壇疏。楹儀置奠，壁似藏書。泛泛寰中，悠悠天下。殉名則衆，知音蓋寡。碶石參瓊，迷風亂雅。仲尼既没，夫何爲者。

兖國復聖公顔氏，名回，字子淵，父路。子孫在魯世授五經博士。

沂國述聖公孔氏，名伋，字子思，伯魚之子，孔子之孫，作《中庸》。

郕國宗聖公曾氏，名參，字子輿。父點。鄒國亞聖公孟氏，名軻，字子輿，父擊公宜，母仇氏。子孫在鄒世授五經博士。

杜詩：『唐堯真自聖，野老復何知。聖朝光御極。聖圖天廣大。』

附狂

陳大猶曰：『肅之反爲狂。』蔡沈曰：『狂，妄也。』韓子曰：『心不能審得失之地，則謂之狂也。』心病也。

《書·多方》：『惟聖罔念作狂。惟聖克念作聖。』《微子》：『我其發出狂。』《洪範》曰：『狂恒雨若。』

《詩》：『山有扶蘇，乃見狂且。』《褰裳》：『狂童之狂也且。』《載馳》：『衆稚且狂。』『俾民卒狂，覆狂以喜。』《桑柔》。

子在陳曰：『吾黨之小子狂簡。』『狂而不直，吾不信之矣。』『不得中行而與之，必也狂狷乎，狂者進取，狷者有所不爲也。』『好剛不好學，其蔽也狂。』『古之狂也肆，今之狂也蕩。』『箕子爲之奴。』『楚狂接輿歌而過孔子。』

《揚子》：『昔者，箕子之漆其身也，狂接輿之披其髮也，欲去而恐罹害者也。箕子之洪範，接輿之歌鳳也與。』

《孟》：萬章問曰：『孔子在陳曰：「盍歸乎來！吾黨之士狂簡，進取不忘其初。」孔子在陳，何思魯之狂士？』孟子曰：『孔子「不得中行而與之，必也狂狷乎，狂者進取，狷者有所不爲也」。孔子豈不欲中道哉？不可必得，故思其次也。』『敢問何如，斯可謂狂矣？』曰：『如琴張、曾晳、牧皮者，孔子之所謂狂矣。』『何以謂之狂也？』曰：『其志嘐嘐然，曰「古之人，古之人」。夷考其行，而不掩者也。』『狂者又不可得，欲得不屑不潔之士而與之，是獧也，是又其次也。』

元康四年，以韋玄成爲河南太守。扶陽節侯韋玄菕，長子弘有罪繫獄。家人矯玄令以次子玄成爲後，玄成深知其非玄雅意，即陽狂不應詔。丞相、御史遂以玄成實不病，有詔勿劾，引拜，玄成不得已受爵。帝高其節，以爲河南太守。

漢盍寬饒賀許伯入弟曰：『無多酌我，我則酒狂。』丞相魏侯笑曰：『次公醒而狂，何必酒也?』

韓:『悔狂仍作齒。』杜詩:『狂欲上天。』『山狂谷狠相吐吞。回狂瀾於既倒。』韓。杜:『昔年有狂客,號爾謫仙人。』杜:『自笑狂夫老更狂。謾卷詩書喜欲狂。相逢那似接輿狂。久别相逢喜欲狂。酒後誰知老更狂。他年鵬賦謫仙狂。』杜:『過逢類楚狂。胡羯漫猖狂。狂童何者欲專地。猶憶酒顛狂。憶作狂催走。佯狂真可哀。狂遺白接䍦。』

賢

善也,能也。《周禮·地官》:『大司徒之職,十有一曰以賢制爵,則民慎德。』一賢,七賢。《裴度傳》:『一賢,制千里之外。』竹林七賢:嵇康、阮籍、山濤、向秀、劉伶、阮咸、王戎。

草賢,遺賢。《説文》:『崔瑗善草,時謂草賢。』《書》:『野無遺賢。』

世賢,前賢。銜杯樂聖稱世賢。坡:『敢將衰朽較前賢。』

大賢,渴賢。杜:『悔覺昇元輔,榮期列大賢。』高:『才子方爲客,將軍正渴賢。』

子孫賢,酒聖賢。人皆愛珠玉,我愛子孫賢。酒清者爲聖人,濁者爲賢人。

天地大生賢，展書對聖賢，東閣大迎賢，立志願齊賢。

《易・繫辭》：『可久則賢人之德，可大則賢人之業，賢人在下位而無輔。』

《書》：『帝曰：來，禹！洚水警予，成允成功，惟汝賢。克勤于邦，克儉于家，不自滿假，惟汝賢。蠢兹有苗，侮慢自賢。任官惟賢才，爵罔及惡德，惟其賢。』

『惟后非賢不乂，惟賢非后不食，推賢讓能，庶官乃和。』《周官》。

子夏曰：『賢賢易色。』

子曰：『見賢思齊焉，見不賢而内自省也。』

子貢曰：『伯夷、叔齊，何人也？』曰：『古之賢人也。』

子貢問：『師也、商也，孰賢？』子曰：『師也過，商也不及。』

仲弓問政，子曰：『舉賢才。』曰：『焉知賢才而舉之？』曰：『舉爾所知，爾所不知，人其舍諸。』人其舍诸子路。

『子曰：「賢者避世。」』《憲問》。

『子張曰：「君子尊賢而容衆。我之大賢與，於人何所不容？我之不賢與，人將拒我，如之何其拒人也？」』《子張》。

《孟》：國君進賢，如不得已，左右皆曰：『賢』，未可也；諸大夫皆曰：『賢』，未可也；

國人皆曰：『賢』，然後察之，見賢焉，然後用之。』公曰：『將見孟子。』曰：『何哉！以爲賢乎？禮義由賢者出，而孟子之後喪逾前喪；君無見焉。』言聖賢之進退，關時運之盛衰。乃天命之所爲，非人力之可及。或問乎曾西曰：『吾子與子路孰賢？』曾西蹵然曰：『吾先子之所畏也。』曰：『然則吾子與管仲孰賢？』曾西艴然不悦曰：『爾何曾比予於管仲！由湯至於武丁，賢聖之君六七作。又有微子、微仲、王子比干、箕子、膠鬲，皆賢人也。』賢者在位，國家閒暇。賢，有德者，使之在位，則足以正君而善俗。尊賢使能，俊傑在位，則天下之士皆悦，而願立於其朝矣。柳下惠進不隱賢，必以其道。陳相曰：『滕君，則誠賢君也；未聞道也。賢者與民並耕而食，饔飧而治。今也，滕有倉廩府庫，則是厲民以自養也，惡得賢！』『中也養不中，才也養不才，故人樂有賢父兄也。如中也棄不中，才也棄不才，則賢不肖之相去，其間不能以寸。』『且君之欲見之也，何爲也哉？曰：「爲其賢也。爲其賢也，則吾未聞欲見賢而召之也。」』孟子曰：『居下位不以賢，事不肖者伯夷也。』曰：『淳于髠、魯繆公之時，公儀子爲政，子柳、子思爲臣，魯之削也滋甚，若是乎賢者之無益於國也！』曰：『虞不用百里奚而亡，秦繆公用之而霸，不用賢則亡，削何可得與？』曰：『是故無賢者也，有則髠必識之。』孟子曰：『古之賢王好善而妄勢，古之賢士何獨不然？』公孫丑曰：『伊尹曰：「予不狎于丕順。」放太甲于桐，民大悦。太甲賢，又反之，民大悦。賢者之爲人臣也，其若不賢，則固可放與？』孟子曰：『有伊尹之志則可，無伊尹之志則簒也。』仁者無不愛也，急親賢之爲務。堯、舜之仁，不徧愛人，急親賢也。不信仁賢，則國空虚。賢者以其昭昭，使人昭昭。

《中》：『賢者過之。序事，所以辨賢也。義者宜也，尊賢爲大。曰：「尊賢也。」尊賢則不惑。去讒遠色，賤貨而貴德，所以勸賢也。』

韓曰：『先生之所謂賢者，大賢歟？抑賢於人之賢與？賢者不時出，千百歲之間儻有焉。』

《書・武成》：『建官惟賢。』

子貢曰：『文武之道，未墜於地在人。賢者識其大者，不賢者識其小者。夫子焉不學？而亦何常師之有？』叔孫武叔曰：『子貢賢於仲尼。』子貢曰：『他人之賢者，丘陵也。』陳子禽曰：『仲尼豈賢於子乎？』

『人君莫不求賢以自輔，然而國以亂亡者，所謂賢者不賢也。或使賢者爲之，與不肖者議之，使智者圖之，與愚者謀之，不肖嫉賢，愚者嫉智，是賢者之所以阻隔也，所以千載不合者也。然其要在於己不明而聽讒口，譖愬不行，斯爲明也。』《新序》。

『哀公曰：「何謂賢人？」孔子曰：「所謂賢人者，德不逾閑，行中規繩，言足以法於天下而不傷於身，道足以化於百姓而不傷於本。富則天下無宛財，施則天下不病貧，此則賢者也。」』《家語》。

『凡治國有三常，一曰君以舉賢爲常，二曰官以任賢爲常，三曰士以敬賢爲常。』《周書陰符》。

『國之所以不治者三，不知用賢，此其一也；求賢不能得，此其二也；雖得不能盡，此其三也。』《文子》。

『賢人君子者，通乎盛衰之時，明乎成敗之端，察乎治亂之紀，審乎人情，知所去就，故雖窮不處亡國之勢，雖貧不受污君之禄。』《説苑》。

『古之賢人，賤爲布衣，貧爲匹夫，然而非禮不進，非義不受。』《孫卿子》。

『賢人者至德以爲己心，行道以爲己任，處則不求私名。仕則不求私寵，不爲其身，不阿其君，積禮義於朝，播仁風於民。』《任子》。

『傷賢者殃及三世，蔽賢者身當其害，達賢者福流子孫，嫉賢者其名不令。』《黄石》。

『聖人居高處上，則以仁義爲巢；乘危履傾，則以聖賢爲杖。』陸賈《新語》。

『朝無賢人，猶鴻鵠之無羽翼。是故絶江海者託於船，致遠道者託於乘，欲霸王者託於賢。』《説苑》。

『夫賢者，國家之器用也。君人者勤於求賢，逸於得人。』《王褒頌》。

『在金石曰堅，在草木曰緊，在人曰賢，千里一賢，謂之比肩。故語曰：「黄金累千，不如一賢。」』《物理論》。

『身定、國安、天下治，必賢人。得賢人，國無不安，名無不榮；失賢人，國無不危，名無不辱。先王之索賢人，無不以也。』《吕覽》。

『氣之精者爲神，人之清者爲賢。治身者以積精爲寶，治國者以積賢爲道。欲致精者必虚静其形，欲致賢者必卑謙其身。形静志虚者，氣精之所起也；謙尊自卑者，仁賢之所事也。能致精則合明而壽，能致賢則德洽而國太平。』《春秋繁露》。

『山有猛獸，林木爲之不斬；野有螌蟲，葵藿爲之不採；國人賢人，折衝千里。』《文子》。

『以賢代賢謂之順，以不肖代不肖謂之亂。』桓譚《新論》。

『文王曰：「君務舉賢，不獲其功，何也？」太公曰：「舉不容易。」文王曰：「舉賢若何？」太公曰：「案賢察名，選才考能，則得之也。」』《六韜》。

周公曰：『吾不如者，吾不與處，累我者也。與我齊者，吾不與處，無益我者也。惟賢者，必與賢於己者處，賢者之可得與處也，禮之也。』《吕》。

『召公，賢者也，苦身、苦體，然後乃與聖人齊。』《樂動多儀》。

『百里奚飯牛於秦，公孫枝對秦繆公曰：「信賢而任之，君之明也；讓賢而下之，臣之忠也。」』《吕》。

伯玉之賢，趙武之賢。『衛靈公與夫人夜坐，聞車聲轔轔，至闕而止，過闕復有聲。夫人曰：「此必蘧伯玉也。禮下公門式路馬，所以廣敬也。夫忠臣與孝子，不爲昭昭伸節，不爲冥冥墮行。今伯玉，衛國賢大夫也。必不以暗昧變禮，是以知之。」公使人視之，果伯玉也。反，戲之曰：「非也。」夫人進觴再拜賀之，曰：「始妾謂衛獨有伯玉耳，今衛復有與之齊者，是君有二賢臣也。國多賢者，則國之福也。」公驚曰：「善哉！」遂語夫人其實焉。』《列女傳》。『晋平公問叔向曰：「吾孰臣孰賢？」對曰：「趙武賢。立如不勝衣，言如不出口，所舉士者數十人，况生不利其家，死不託其孤，臣敢以爲賢。」』《韓子》。

史默之睹，簡子之嘆。趙簡子將襲衛，使史默睹之曰：『蘧伯玉爲相，史鰌佐焉，孔子爲客，子貢使令。』《易》曰：『涣其群，元吉。』涣者，賢也。群者，衆也。元者，吉之始也。『涣其群，元吉』者，其任多賢也。『簡子按兵而不動。』《吕》。『趙簡子獵於晋山之陽而嘆曰：「吾有食穀之馬，多力之士以獵獸也，吾恐鄰國養賢以獵吾也。」』《主孫子》。〔一〕

〔一〕今按：《太平御覽》引此書作《王孫子》。

賢於不齊，以革爲賢。『孔子謂子賤曰：「子治單父，衆悦子，何施而得之也？」對曰：「民有賢於不齊者，不齊事之稟度焉。」孔子嘆曰：「堯舜聽天下，務求賢以自輔。夫賢人，百福之宗，神明之主也。惜乎不齊之所治小也。」』《家語》。思革子、成文子三人相與爲友，聞楚成王好士，相與俱往。卒遇飄風暴雨，俱伏空柳之下。度不俱活，二子以革爲賢，推衣與之。

夫君子也者，賢宜君國而潛夫，德宜子民也。『賢有五品：謹敕家事，順悌論黨，鄉里之士也；作健曉惠，文史無害，縣庭之士也；慎誠㧞行，廉平公理，州郡之士也；經術名行，達於從政，公輔之士也；才高卓絶，多籌大略，天下之士也。』桓譚《新論》。

『行中規繩而不傷於本，言法天下而不傷於身，富有天下而無怨財，布施天下而不病貧，如此則可謂賢人矣。』《荀子》。

善

善，良也，吉也。朱子曰：『善人，質美而未學者也。』

《易・乾・文言》曰：『元者，善之長也。』

子曰：『善世而不伐。』

《坤·文言》曰：『積善之家，必有餘慶。積不善之家，必有餘殃。』

子曰：『君子居其室，出其言善，則千里之外應之；居其室，出其言不善，則千里之外違之。』

《書》：『禹曰：「於！帝念哉！德惟善政。」天道福善禍淫。德無常師，主善爲師；善無常主，協于克一。慮善以動，動惟厥時。有其善，喪厥善。吉人爲善，惟日不足；凶人爲不善，亦惟日不足。」』

《論》：『子曰：「善人吾不得而見之矣，得見有恒者斯可矣。」子張問善人之道，子曰：「不踐迹，亦不入於室。」善人教民七年，亦可以即戎矣。見善如不及，見不善如探湯，吾見其人矣，吾聞其語矣。子貢曰：「紂之不善，不如是之甚也。周有大賚，善人是富。」』

《孟》：「禹聞善言，則拜。大舜有大焉：善與人同。舍己從人，樂取於人以爲善。取諸人以爲善，是與人爲善者也。故君子莫大乎與人爲善。王猶足用爲善。」孟子道性善。子謂薛居州，善士也。在王所者，長幼卑尊，皆薛居州也，王誰與爲不善？在王所者，長幼卑尊皆非薛居州也，王誰與爲善？孟子曰：『以善服人者，未有能服人者也；以善養人，然後能服天下。』一鄉之善士斯友一鄉之善士，一國之善士斯友一國之善士，天下之善士斯友天下之善士。

公都子曰：『告子曰：「性無善，無不善也。」或曰：「性可以爲善，可以爲不善，是故文武興則民好善，幽厲興則民好暴。」或曰：「有性善，有性不善。今曰性善，然則彼皆非與。」』孟子曰：『乃若其情則可以爲善矣，乃所謂善也。若夫爲不善，非才之罪也。』

魯欲使樂正子爲政。孟子曰：『吾聞之，喜而不寐。』曰：『其爲人也好善。好善足乎？』曰：『好善優於天下，而況魯國乎？』夫苟好善，則四海之内皆將輕千里而來告之以善；夫苟不好善，則人將曰：『訑訑，予既知之矣。』古之賢王好善而忘勢。古之人窮則獨善其身。浩生不害問曰：『樂正子何人也？』孟子曰：『善人也。』志仁無惡之謂善。『何謂善？』曰：『可欲之謂善。』孟子曰：『言人之不善，當如後患何？』

《左傳・襄公三年》：『君子謂祁奚能舉善矣，建一官而三物成，能舉善也夫。』《昭公五年》：『晏子對曰：「能用善人，民之主也。」』《襄公卅年》：『申無宇曰：「善人，國之主也。」』《昭公十三》子皮卒，子産哭曰：『吾已無爲善矣，唯夫子知我。』《宣公十六》：『士會將中軍，晋國之盗，逃奔于秦。羊舌職曰：「吾聞禹稱善人，不善人遠，此之謂也。夫善人在上，則國無幸民。」諺曰：「民之多幸，國之不幸也，無善人之謂也。」』《昭公十三年》：『叔向曰：「齊桓從善如流，求善不厭。」』

『爲善之樂，奬善之喜。東平王蒼，爲善最樂。李栖筠喜奬善，樂人攻己知。』《新唐》。

《祭義》：『天子有善，讓德於天；諸侯有善，歸諸天子；卿大夫有善，薦於諸侯；士庶人有善，本諸父母，存諸長老。』

善則稱人，過則稱己。《坊記》：『子云：「善則稱人，過則稱己，則民不争；善則稱人，過則稱己，則怨益亡。善則稱人，過則稱己，則民讓善。」子云：「善則稱君，過則稱己，則民作忠；善則稱親，過則稱己，則民作孝。」』

孟子説齊宣王而不説，淳于髡曰：『夫子亦誠無善耳。』瓠巴鼓瑟而潛魚出聽，伯牙鼓琴而六馬仰秣，魚馬猶知善之爲善，而况君人者也。韓。

能

能，才也。能有才者，能上善也。《周禮·地官》：『大司徒職，以世事教能，則民不失職。』

八能，十能。《禮儀志》：『天子以二至會八能之士，陳八音，聽樂均節。《中》：『人十能之，己千之。』

才能，廉能。《選》：『天府會才能。』《天官》小宰，二曰廉能。

全能，勸能。《列子》：『聖人無全能。』《左傳》襄公廿二：『猶將十世宥之，以勸能者。』

奏能，相能。《詩》：『各奏爾能。』《襄公廿一》：『范宣子與欒盈不相能。』

有能，願能。《左》：『人各有能，有不能。』谷：『柱到天壇願力能。』

詞華哲匠能，當代惜才能。風流儒士有才能，清詩還有士龍能。山中樗散嘆無能。指揮能事回天地。能事聞重譯。

《書》：『汝惟不矜，天下莫與汝争能。官不及私昵，惟其能。矜其能，喪厥功。位事惟能。推賢讓能。舉能其官，惟爾之能。』

《詩》：『能不我知。能不我甲。不能藝稷黍。不能藝黍稷。哀哉不能言。哿矣能言。』

《論》：『「汝不能救與？」對曰：「不能。」』『夏禮吾能言之，杞不足徵也，殷禮吾能言之，宋不足徵也。』『惟仁者能好人，能惡人。』『能以禮讓爲國乎，何有？不能以禮讓爲國，如禮何？』『子路有聞，未之能行，惟恐有聞。』『曾子曰：「以能問於不能。」』『太宰問於子貢曰：「夫子聖者與？何其多能也？」子貢曰：「固天縱之將聖，又多能也。」子聞之曰：「太宰知我乎！吾少也賤，故多能鄙事，君子多乎哉？不多也。」』『顔淵曰：「欲罷不能，既竭吾才。」』『法語之言，能無從乎？巽與之言，能無説乎？』『孔子於鄉黨，恂恂如也，以不能言者。』『子曰：「未能事人，焉能事鬼。」』『子張曰：「執德不弘，信道不篤，焉能爲有，焉能爲無？」』『子張曰：「君子嘉善而矜不能。」』『子游曰：「吾友張也，爲難能也，然而未仁。」』『曾子曰：「孟莊子之孝也，其他可能也，其不改父之臣與父之政，爲難能也。」』

《孟》：『「孰能一之？」對曰：「不嗜殺人者能一之。」「孰能與之？」對曰：「天下莫不與也。」』『曰：「不爲者與不能者之形何以異？」曰：「挾泰山以超北海，語人曰『我不能』，是誠不能也。爲長者折枝，語人曰『我不能』，是不爲也，非不能也。」』『惟仁者爲能以大事小，惟智者爲能以小事大。』『孔子曰：「我於辭命，則不能也。」』『孔子曰：「聖則吾不能。」』

《孟》：『能者在職，國家閒暇。』朱子曰：『能有才者，使之在職，則足以修政而立事。』『尊賢使能，俊傑在位，則天下之士皆悦，而願立於其朝矣。』『富貴不能淫，貧賤不能移，威武不能屈，此之謂大丈夫。』『不以規矩，不能成方圓；不以六律，不能正五音；不以仁政，不能平治天下。』『吾君不能謂之賊。』『不失其身而能事其親者，吾聞之矣；失其身而能事其親者，吾未之聞也。』『人之所不學而能者，其良能也。』

子：『中庸其至矣乎，民鮮能久矣。人莫不飲食也，鮮能知味也。』《中庸》：『不可能也，吾不能已矣，唯聖者能之。可以能行焉，亦有所不能焉。語大，天下莫能載焉；語小，天下莫能破焉。』『君子之道四，丘未能一焉：所求乎子以事父，未能也；所求乎臣以事君，未能也；所求乎弟以事兄，未能也；所求乎朋友先施之，未能也。』『人一能之，己百之；人十能之，己千之。果能此道矣。』『惟天下至誠，爲能盡其性；能盡其性，則能盡人之性；能盡人之性，則能盡物之性。其孰能之。』

《左傳》定公五年：『楚由于對曰：「人各有能有不能。」祖而示之曰：「此余所能也。脾泄之事，余亦不能也。」子太叔曰：「無驕能。」』

附常德 恒德

常，經也。常，久也。

奉常，妄常。秦掌宗廟禮法，更名奉常。《記・儒行》：『衆人之命儒也妄常。』

太常，司常。王者旌旗，畫日月，于常名太常。《禮》：『司常掌五旗之名物。』

官常，家常。天官太常，四曰官常。范堯夫教子，家常飯好喫。

反常，尋常。《周卓傳》：『權者，反常者也。』《國語》：『八尺爲常，倍尋爲常。』

五氏五常，徐公有常。馬常，字季常，兄弟五人。諺曰：『五氏五常，白眉最良。』世人無常，徐公有常。

貧乃士之常。 功業更非常。 陰晴天不常。 此夜豈尋常。 浮萍蹤迹亦無常，此樂平生不可常。

《易》：『水洊至，習坎； 君子以常德行。』

《書》：『皋陶曰：「彰厥有常吉哉。」』『《立政》：『庶常吉士。』劉延曰：『常之爲義大矣。曰常人，曰吉士，其揆一也。《皋陶謨》曰：「彰厥有常吉哉。」《立政》曰：「庶常吉士。」則知吉士未始不有常德，而常德所以爲吉士也。』

《需》初九：『利用恒，無咎。』《象》曰：『未失常也。』《恒・序卦》：『夫婦之道，不可以不久也，故受之以恒。』

《左》：『旁從立心，右旁從一日，謂立心如一日。』

《恒》：『亨無咎利貞，利有攸往。』《彖》曰：『恒，久也。剛上而柔下。雷風相與，巽而動，剛柔皆應，恒。恒亨、無咎、利貞，久於其道也。天地之道，恒久而不已也。利有攸往，終則有始也。日月得天而能久照，四時變化而能久成，聖人久於其道而天下化成。觀其所恒，而天地萬物之情可見矣。《象》曰：『雷風恒，君子以立不易方。』初六：『浚恒，貞凶，無攸利。』《象》：『浚恒之凶，始求深也。』或問劉蕢，程子曰：『浚恒之凶，始求深也。』九二：

『悔亡，象能久中也。』九三：『不恒其德，或承之羞。』《象》曰：『不恒其德，無所容也。』九四：『田無禽。』《象》曰：『久非其位，安得禽也。』九五：『恒其德貞，婦人吉，夫子凶。』《象》：『婦人貞吉，從一而終也。夫子制義，從婦凶也。』上六：『振恒。』《象》：『振恒在上，大無功也。』振者，動之速也。風自火出家人，君子以行有恒。《益》上六：『立心勿恒，凶。』恒德之固也，恒雜而不厭，恒以一德。

《書・畢命》：『政貴有恒，不惟好異。』蔡沈曰：『對暫之謂恒，對常之謂異。』

子曰：『善人，吾不得而見之矣，得見有恒者，斯可矣。』朱子曰：『恒者，常久之意。』張子曰：『有恒者，不二其心，亡而爲有，虚而爲盈，約而爲泰，難乎有恒矣。』子曰：『南人有言曰：「人而無恒，不可以作巫醫。」善夫。』

《禮記・緇衣》：『南人有言曰：「人而無恒，不可以爲卜筮。」古之遺言與？龜筮猶不能知也，而况於人乎？』吕氏曰：『德歸於一則有恒，二三則無恒。人之趨向，不知其所安，雖鬼神、龜筮之靈猶不能測，况人其能測之乎？』

信

信《揚子》：『信，符也。』《左·文公》：『信，德之固也。』《學記》：『大信不約。』『大信』指聖人而言，『不約』指期納之末。叔向曰：『昔先王守之以信。』

子展之言信，文公之言信。《襄公九》：『鄭子展曰：「信者，言之瑞也，善之主也。」』瑞符也。《僖公廿五》：『晉文公曰：「信，國之寶也，民之所庇也，得原失信，何以庇之？所亡滋多，退一舍而原降。」』

子展之言信，郤至之言信。《襄八》：『鄭子展曰：「小所以事大，信也。小國無信，兵亂日至，亡無日矣。舍之聞之，杖莫如信。子展名。杖信以待晉，不亦可乎？」』

爲本以信，民保於信。《昭元》：『趙文子曰：「信以爲本，循而行之。譬如農夫，是穮是蔉，穮，耘。蔉，壅苗。雖有饑饉，必有豐年。」喻守信者，有屈必有伸。且吾聞之：「能信不爲人下。」吾未能也。』《定公十四》：衛戲陽速曰：『諺曰：「民保於信。」吾以信義也。』

忠信禮之器，信誠誓與要。《昭二》：『叔向曰：「忠信禮之器也。」』《哀十四》：『小邾射以句繹來奔，曰：「使季路要我，吾無盟矣。」子路信誠，故欲得與相要誓而不須盟。使子路，子路辭。季康子使冉有謂之曰：「千乘之國，不信其盟，而信子之言，子何辱焉？」』子父不奸之謂禮，守命共時之謂信。管仲曰：『子父不奸之謂禮，守命共時之謂信，違此二者，奸莫大焉。』

謹而信，交而信。子曰：『弟子謹而信。』謹者，行之有常也；信者，言之有實也。曾子曰：『吾日三省吾身，與朋友交而不信乎？』程叔子曰：『以實之謂信。』言有信，主忠信。子曰：『主忠信。』子夏曰：『與朋友交，言而有信。』朋友信之，斯近信矣。子路曰：『願聞子之志。』子曰：『朋友信之。』曾子曰：『君子正顔色，斯近信矣。』

必有忠信文行忠信。子曰：『十室之邑，必有忠信如丘者焉，不如丘之好學也。』子以世教，文、行、忠、信。

篤信好學，民信兵食。子曰：『篤信好學，守死善道。』朱子曰：『守死者，篤信之效；善道者，好學之功。』子貢問政。子曰：『足食足兵，民信之矣。』曰：『必不得已而去，於斯二者何先？』曰：『去兵。』曰：『必不得已而去，於斯二者何先？』曰：『去食。』自古皆有信，民無信不立。

主忠信，崇德也。成以信，君子哉。子張問崇德。子曰：『主忠信，崇德也。』子曰：『信以成之，君子哉。』

立則見參，輿則見倚。信而後勞，信而後諫。子張問行，子曰：『言忠信，雖蠻貊之邦行矣；言不忠信，雖州里行乎哉？立則見其參於前也，在輿則見其倚於衡也，夫然後行。』子夏曰：『君子信而後勞其民，未信則以爲厲己也；信而後諫，未信則以爲謗己也。』

君子不言而信，文王交至於信。《中》：『《詩》云：「相在爾室，尚不愧于屋漏。」故君子不言而信。』《大學》：『《詩》云：「穆穆文王，於緝熙敬止。」與朋友交，止於信。』

信以守禮，信不可去。曹伯之豎曰：『信以守禮。』周于謹曰：『去食、去兵，信不可去，願陛下守信勿失。』胡氏曰：『何以聚人？曰：「財。」故省費節用，恐窮竭而召禍也。民無信不立，故明約慎令，恐欺詐而人携也。徐卒唐。所以叛者，爲崔彦曾失信而已；彦曾所以失信者，爲軍帑空虚而已。然則儉與信，豈非爲國之急務乎？』

四端之信，五行之土。朱子曰：『四端之信，猶五行之土。無定位，無成名，無專器。而水、火、金、木，無不待是以生者。故土於四行無不在，於四時則寄王焉，其理亦猶是也。』潛室陳氏曰：『五行無土位，信在四象之中；五常無信位，信在四端之中。』

忠信以得之，忠信者行也。《大學》：『故君子忠信以得之。』程伯子曰：『殉物無違爲信。』《新序》：『楚莊王曰：「忠信者，士之行也。」』

有諸己之謂信，不食言之謂信。浩生不害問曰：『樂正子何人也？』孟子曰：『信人也。』『何謂信？』曰：『有諸己之謂。』朱子曰：『凡所謂善，皆實有之。如惡惡臭，如好好色。是則可謂信人矣。』張子曰：『誠善於身之謂信。』或問信，曰：『不食其言。』請人曰：『晉荀息，趙程嬰、公孫杵臼，秦大夫鑿穆公之側。』三良《揚子》。

爲上易事也，爲下易知也。上好信則民用情也。《禮記·緇衣》：『子言之曰：「爲上易事也，爲下易知也則刑不煩矣。」上好信，則民莫敢不用情。易事者以好信故也，易知者以用情故也。上以機心待民，則民以機心待上，欲刑不煩，不可得矣。』

壯者暇日，修其忠信，可使制梃，以撻利兵。《孟》。

孚

《比》：『有孚盈缶，來有他，吉。』誠信實於内，若物滿於缶中。《象》：『比之初六，有他吉也。始能有孚，終致他吉。』《泰》：『勿恤其孚，于食有福。』《傳》曰：『不失所期爲孚。』

大有之孚，小畜之孚。大有六五，厥孚交如，厥孚交如，信以發志也。小畜九五，有孚攣如。《象》：『有孚攣如，不獨富也。』

有孚惕出，上合志也。《畜》。

不戒以孚，中心願也。《泰》。

需有孚而利涉大川，訟有孚而利見大人。

孚于嘉吉，位正中也。中誠，隨善。《隨》。

有孚發若，信以發志也。《豐》。

《觀》：『盥而不薦，有孚顒若。』敬如初盥，不使誠散。《象》：『有孚顒若，下觀而化。』

習坎，有孚。《象》曰：『行險而不失其信。』

革已日乃孚。《象》曰：『革而信之。』

改命之吉，信志也。《四象》。

大人虎變，未占有孚。《五爻》。不待占決，天下必信。

《兑》：『孚兑之吉，信志也。』

孚于剥，位正當也。信小人之假善爲實善。

《夬》：『孚號有厲。』《象》：『其位乃光也。』盡誠信以命衆，乃無虞而光大。

《益》：『有孚惠心，有孚惠我德。』《象》：『有孚惠心，勿問之矣。惠我德，大得志也。』

《萃》：『孚乃利用禴。』

《匪》：『孚元永貞悔亡。』有不信而未歸，宜自反而修德。

中孚。《序卦》：『節而信之，故受之以孚。』朱子曰：『孚字，從爪、從子，好鳥抱子之象。』鄭東卿：『外實中虛，有卵之象。』《中孚》：『豚魚吉，利涉大川，利貞。』《彖》：『説而巽，孚，乃化邦也。豚魚吉，信及豚魚也。利涉大川，乘木舟虛也。中孚以利貞，乃應乎天也。』《象》：『澤上有風，中孚；君子以議獄緩死。』好生洽民，舜之中孚也；不犯有司，天下之中孚也。初九虞吉，志未變也。審其所信，有他不定。

鳴鶴在陰，其子和之。《象》：『其子和之，中心願也。』

有孚攣如，位正當也。九五。

翰音登天，何可長也。忠篤内喪，華美外颺。夫子曰：『好信不好學，其蔽也賊。』

《未濟》：『有孚于飲酒，濡其首，有孚失是。飲酒自樂也，有孚自信于中也。』

《書》：『上天孚祐下民，兆民允殖。孚、允，皆信也。嗚呼！尚克時忱，乃亦有終。《湯誥》。』《湯誓》：『爾無不信。』《武成》：『惇信明義。』惟王彰信兆民。《仲虺之誥》。

儀刑文王，萬邦作孚。《詩》。

小信

《左傳》莊十：『曹劌曰：「小信未孚，神不福也。」』

《論語》：『有子曰：「信近於義，言可復也。」』子貢問曰：『何如斯可謂之士矣？』曰：『言必信，行必果，硜硜然小人哉！抑亦可以爲次矣。』

孟子曰：『大人者，言不必信，行不必果，惟義所在。』尹氏曰：『主於義，則信果在其中矣，主於信，果則未必合義。』

子貢曰：『管仲非仁者與？』子曰：『豈若匹夫匹婦之爲諒也，自經於溝瀆而人莫之知也。』

子曰：『君子貞而不諒。』朱子曰：『諒，則不擇是非而必於信。』

《哀四》：『楚葉公諸梁曰：「爲一昔之期。一昔，一夜。」』

《淮南子》：『若直躬證父，期而溺死，雖直與信，孰能貴之？』

信反

晋文公曰：『得原失信，何以庇之？』見上。小國無信，亡無日矣。鄭子展。見上。

襄年平仲之言，襄年君子之言。《襄廿二年》：『晏平仲言於齊侯曰：「小所以事大，信也。失信不立，君其圖之。」退告陳仲子曰：「君人執信，臣人執恭，忠信篤敬，上下同之，天之道也。君自棄也，不能久矣。」廿五年，齊弑君光。』《襄卅》：『君子曰：「澶淵之會，卿不書，不信也夫！諸侯之上卿，會而不信，寵名皆棄，不信之不可也如是！族與名皆不書。」』

昭公晏子之言信，隱三君子之言信。《昭六》：『齊侯伐北燕，將納簡公。三年奔齊。晏子不入，曰：「作大事不以信，未嘗可也。」』《隱三》：『君子曰：「信不由中，質無益也。」』《夬》：『聞言不信，聰不明也。』《困》：『有言不信，人所不信，當困而言，人所不信。』

翰音登天，何可長也？忠篤内喪，華美外颺。夫子曰：『好信不好學，其蔽也賊。』《詩》：『大無信也，不知命也。』無信人之言，人實誑汝。無信人之言，人實不信。弗躬弗親，庶民不信。《節南山》。如何昊天，辟言不信。《雨無正》。君子信讒，君子信盗。《巧言》。愷悌君子，無信讒言。《青蠅》。

《論》：『子曰：「人而無信，不知其可也。大車無輗，小車無軏，其何以行之哉？」子曰：「悾悾而不信，吾不知之矣。」』

孟子曰：『君子不亮，亮，信也。惡乎執。』

《中》：『上焉者雖善無徵，無徵不信，不信民不從；下焉者雖善不尊，不尊不信，不信民不從。』

周幽舉僞烽，奈舉烽而不至。楚厲擊戲鼓，縱擊鼓而莫來。

附隱　致仕

《詩》：『考盤在澗，碩人之寬；考盤在阿，碩人之薖；考盤在陸，碩人之軸。衡門之下，可以棲遲，泌之洋洋，可以樂飢。』

《易》：乾之《文言》，坤之《文言》。乾之《文言》曰：『遁世無悶，不見是而無悶。』坤之《文言》曰：『天地閉，賢人隱。』

遁亨，遁思。《遁》：『亨，小利貞。』《象》曰：『遁亨，遁而亨也。剛當位而應，與時行也。孔孟之所屑爲也，王允、謝安之於漢晋是也。小利貞，浸而長也。遁之時義大矣哉！』《象》：『天山遁，君子以遠小人，不惡而嚴。』

初六：『遁尾厲，勿用有攸往。』《象》：『遁尾之厲，不往何灾也。』九三《象》：『繫遁之厲，有疾憊也。』九四《象》：『君子好遁，小人否也。』九五《象》：『嘉遁貞吉，以正志也。』上九《象》：『肥遁元無不利，無所疑也。』

《詩》：『皎皎白駒，食我場苗。縶之維之，以永今朝。所謂伊人，於焉逍遥？皎皎白駒，食我場藿。縶之維之，以永今夕。所謂伊人，於焉嘉客？皎皎白駒，賁然來思。爾公爾侯，逸豫無期？慎爾優游，勉爾遁思。皎皎白駒，在彼空谷。生芻一束，其人如玉。無金玉爾音，而有遐心。』

無道則隱，賢者避世。《論》：『子曰：「天下無道則隱。」子曰：「賢者避世，其次避地，其次避色，其次避言。」』

作者，逸民。子曰：『作者七人矣。』舉逸民，天下歸心焉。逸民：伯夷、叔齊、虞仲、夷逸、朱張、柳下惠、少連。子曰：『不降其志，不辱其身，伯夷、叔齊與？謂柳下惠、少連，降志辱身矣，言中倫，行中慮，其斯而已矣。謂虞仲、夷，逸隱居放言，身中清，廢中權。』

隱居以求其志。窮則獨善其身。埋光鏟采。《賓威》。魚釣於一壑，則萬物不干其志；栖遲於一丘，則天下不易其樂。《班嗣》。

接輿歌而過，沮溺耦而耕。楚狂接輿歌而過孔子曰：『鳳兮鳳兮！何德之衰？往者不可諫，來者猶可追。已而已而！今之從政者殆而。』孔子下車與之言，趨而避之，不得與之言。長沮、桀溺耦而耕。孔子過之，使子路問津焉。長沮曰：『夫執轡者爲誰？』子路曰：『爲孔丘。』曰：『是知津矣。』問於桀溺，曰：『滔滔者天下皆是也，而誰以易之？且而與其從避人之士也，豈若從避世之士哉？』耰而不輟。子路從而後，遇丈人，以杖荷篠。子路問曰：『子見夫子乎？』丈人曰：『四體不勤，五穀不分，孰爲夫子？』植其杖而芸。子路拱而立。止子路宿，殺鷄爲黍而食之，見其二子焉。明日，子路行以告。子曰：『隱者也。』使子路反見之。至，則行矣，子路曰：『不仕無義。長幼之節，不可廢焉；君臣之義，如之何其廢之？欲潔其身，而亂大倫。君子之仕也，行其義也。道之不行，已知之矣。』

荷篠，見上。荷蕢。子擊磬於衛，有荷蕢而過孔氏之門者，曰：『有心哉，擊磬乎！』既而曰：『鄙哉，硜硜乎！莫己知也，斯已而已矣。深則厲，淺則揭。』子曰：『果哉！末之難矣。』

巢父，壤父。巢父，堯時人，以樹爲巢而寢上，故號巢父。壤父，擊壤，日出而作，日入而息，鑿井而飲，耕田而食。

許由，支伯。堯讓許由，由洗其耳。巢父擊其膺而下之，樊仲父牽牛飲之，見洗耳，驅牛而還，耻令牛飲其流。許由隱箕山，以手捧水飲之。人遺一瓢取飲，飲訖掛樹上，風吹歷歷作聲，以爲煩，去之。揚子或問：『堯讓天下於許由，由耻，有諸？』曰：『好大者爲之也。』

卷卷，干木。《淮南子》：『許由善隱，非不能務天下而寧四海以德民也，然而羞以物滑和，故不受也。』孟子曰：『段干木逾垣而避，泄柳閉門而不納，是皆已甚。迫，斯可以見矣。』段干木隱而西河美。《左思賦》：『閑居隘巷，室邇心遐，富仁寵義，職競不羅。千乘爲之式廬，諸侯爲之止戈。則干木之德若蘭芬也。』魏人曰：『吾君好忠，段干木之隆；吾君好敬，段干木之敬。』

范蠡五湖，四皓商山。吳越春秋，范蠡乘舟出三江之口。揚州婁江，東江松江。杜牧詩：『范蠡扁舟今寂寞，好風唯屬往來商。』又：『㤿悵無因見范蠡，參差烟樹五湖東。』四皓隱藍田山，歌曰：『漠漠高山，深谷逶迤，曄曄紫芝，可以療飢。唐吳世遠，吾將安歸？駟馬高蓋，其憂甚大。富貴之畏人，不如貧賤而肆志。』杜牧詩：『四皓有芝輕漢祖，四老安劉是滅劉。』富春山，嚴陵瀨。嚴子陵，小字狂奴，帝曰：『狂奴故態也。』《羅隱》：『岩岩而歸者，嚴子陵之釣臺也。寥寥而不歸者，光武之故人也。』范希文《祠堂記》：『雲山蒼蒼，江水泱泱，先生之風，山高水長。』杜牧詩：『嚴光釣瀨喧。』

以被韜面，遁世賣卜。姜肱威帝，嘗徵不至，使工圖形卧於幽暗，以被韜面，言感眩疾，不欲出風，工竟不見，私告閹竪曰：『政在閹竪，夫何爲哉？』遁海賣卜，乘桴浮海，時人以爲非死。

遠志，短褐。謝安就桓温司馬，人有餉桓公藥草，中有遠志。公取而問謝：『此藥又名小草，何一物而有二稱？』郝隆曰：『處則爲遠志，出則爲小草。』謝甚有愧色。晋劉驎之，字子驥，桓冲到家，驎之條桑，乃造其父。驎之短褐與冲言，父使驎之自持濁酒、蔬菜供賓，請驎之爲長史。《異辭》。

二牛，白驢。陶弘景畫二牛，一牛放水草之間，一牛着金籠頭，有人執鞭以杖驅之。帝笑曰：『欲效曳尾之龜。』高祖曰：『何所有？』弘景曰：『多白雲，但可自怡悦，不堪持贈君。』陳摶，字圖，南唐長興中進士，隱武當山乘白驢，聞藝祖登極，大笑墜驢，遂入華山。藝祖召不至，太宗召以羽服，見於延英殿，送中書問玄默修養之道，曰：『君臣同德致理，勤心修煉，無出於此。』《聞見録》。

箕山，竹溪。唐田游岩隱箕山，高宗至門，野服出拜，曰：『泉石膏肓，烟霞錮疾。』竹溪六逸：李白、孔巢父、韓准、裴政、張叔明、陶沔。巢父掉頭不肯住，東將入海隨烟霧。蓬萊織女回雲車，指點虚無引歸路。自是君身有仙骨，世人那得知其故。

回軒巷，大夫橋。張志和垂釣不設餌，志不在魚也。觀察使魏少游，號玄真，坊以門隘，買地，大門號回軒巷。門阻流水，少游構之號大夫橋。

四明客，東皋子。賀知章，號四明狂客，八十六賜鑑湖剡川，祖別長樂坡上，御詩送行云：『遺榮期入道，辭老競抽簪。豈不惜賢達，其如高尚心。寰中得秘要，方外散幽襟。獨有青門餞，群英悵別深。』王績，東皋子，周易、老子、莊置牀頭。

拜官而卒，閉門自保。陸龜蒙、李蔚當國，拜拾遺、拜官而卒。馮衍，字敬通，閉門自保，不敢與親故通。《江淹賦》。敬通見抵，罷歸田里，閉關却掃，塞門不仕。

無心圖富貴，乞骸避賢路。楊素對周武帝曰：『但恐富貴來逼臣，臣無心圖富貴。』石慶爲丞相，乞骸骨歸，避賢者路。

貴得適志，退而閑居。張翰曰：『人生貴得適志，何能羈宦數千里。』李白詩：『張翰江東去，政值秋風時。』潘岳《閑居賦》：『退而閑居于洛之涘。』

任真推分，文籍自娱。王導：『任真推分，泊如也。』謝安以山中文籍自娱。

休休亭，緑野堂。司空圖，名亭休休。量才一宜休，揣分二宜休，老而聵三宜休。閹竪擅威，搢紳道喪。裴度，治宅東都集賢里，有風亭水榭，燠館凉臺，號緑野堂，與白樂天、劉禹錫爲文章。開成三年，拜中書令，卧家未克，謝賜詩曰：『注相待老成，識君恨不早，我家柱石衰，憂來學丘禱。』使者入門而度薨。裴度晚節頗浮沉，爲自安計。

五不可，二宜去。李泌：『五不可仕，臣遇太早，陛下用臣太重，恩太深，功太高，迹太奇。』孔戣，負二宜去。

五柳先生，松菊主人。《五柳先生傳》：『閑靖小言，不慕榮利，單瓢屢空，晏如也。』陶元亮。唐韋表微爲御史曰：『將爲松菊主人，不愧陶淵明。』

醉吟先生，香山居士。白居易：『崇山僧如滿空門友，平泉客韋楚山水友，彭城劉夢得詩友，安定皇甫朗之酒友。抱琴榮啓樂，縱酒劉伶達。放眼看青山，任頭生白髮。不知天地内，更得幾年活。從此到終身，盡爲閑日月。』樂天以刑部尚書致仕，居履道里，與僧如滿結香山社，自稱香山居士。

《易》：『儉德避難。《否》。已事遄往。《損》。君子于行，三日不食，有攸往，主人有言。《明夷》。見幾而作，不俟終日。《繫辭》。』

《書》：『伊尹既復政厥辟，將告歸。《咸有一德》。臣罔以寵利，居成功。《太甲》。』

居寵思危，罔不惟畏。《周官》。

《淮南子》：『狂譎不受禄而誅，段干木辭賞而顯，所行同也，而利害異者，時使然也。』狂譎，東海之士人也，耕田而食，讓不受禄，太公以爲飾虚亂民而誅。七不堪，二不可。嵇康。

北風其凉，十畝之間。北風其凉，雨雪其雱。惠而好我，携手同行。其虚其徐，既亟只且。十畝之間兮，桑者閑閑兮，行與子旋兮。十畝之外兮，桑者泄泄兮，行與子逝兮。

致仕，致政。致所掌之事於君，而告老也。唐滕向致仕詔宜假公乘。宋璟致仕，仍賜全禄。

給禄旌潔吏，加料待老臣。王丘，蕭昕，德宗。

請老。《左》。得謝。《記》。

乘車，懸車。禮乘安車，自稱曰老夫。韋孟詩：『懸車之義，以洎小臣。』

老不釋卷，身老才壯。朱傳隆：『李百藥，身老才壯，齒宿意新。』

比漢蘇廣，追迹彦德。李義琰。何尚之子彦德，致仕方山，著《退居賦》。

羅含蘭菊，鄭薰七松。階庭蘭菊生，以爲德行之感。號七松處士，再知禮部，舉引寒俊。

就問大議。董仲舒。參謀大議。趙充國。

言朝廷之得失。張浚。俾朝望之朝謁。杜佑。

特給公驛。孔述睿。歲時朝臣。石奮。

憫勞官職，慇煩大夫。漢昭賜韓福等五人帛，遣歸曰：『憫勞以官職之事，書遣歸何譏也。』龔勝、邴漢俱乞骸骨，詔曰：『慇以官職之事煩大夫。』

景武之間，宣元之間。漢景武之間，石奮、周仁、張歐歸老，或賜大夫禄，或賜二千石禄。宣元之間，韋賢丞相致仕，二疏師傅繼之，于定國、史高、薛廣德三公請老，或賜金、賜車馬、賜第。

七十致仕，七十有德。《曲禮》：『大夫七十而致仕，若不得謝則賜之几杖。』《曲禮》：『疏七十有德，君不許致仕。』

名遂身退，不事王侯。老子功成，名遂身退，天之道也。《蠱》上九：『不事王侯，高尚其事。』《象》：『不事王侯，志可則也。』

脱簪公府，歸杖私門。狄梁公。

貞觀致仕者，宜在本品之上。宋朝引年者，每示優恩。

祈奚請老，石碏乃老。

張良從赤松，巨源繼二疏。張良願棄人間事，從赤松子遊耳。韓《送楊巨源序》：『繼二疏蹤迹否，不落莫否。』

二疏歸老，萬石歸老。疏廣、疏受，萬石君。

仲舒致仕，廣德乞骸。老病致仕，朝廷大議，遣張湯問得失，動以經對。見上。薛廣德乞骸骨，賜安車駟馬歸沛，懸安車以爲榮，傳之子孫。見上。

掛冠東都門，掛冠神武門。王莽居攝，子宇諫死，殺何武、鮑宣等數百人。北海逄萌謂友曰：『三綱絶矣，不去禍將及。』掛冠東都城門，將家屬浮海客遼東。陶弘景書：『昔仕官期，四十左右作尚書郎，投簪高邁。今三十六，方奉朝請，頭顱可知。』掛冠神武門，上表辭禄。

角巾歸第，陳情歸第。羊祜曰：『既定邊事，當角巾歸第。』沈約，陳情歸第。

鄭均乞骸，田豫稱疾。鄭均爲尚書，以病乞骸骨，拜議郎以歸。帝巡過任城，乃幸均舍，敕賜尚書禄，以終身號白衣尚書。田豫曰：『年過七十而以位居，譬猶鐘鳴漏盡而夜行不休，罪人也。』稱疾。

乘敝車，買小駟。太尉李晟、元卓以老乞骸骨，悉還所賜物，乘敝牛車，使子男御。杜祐致仕，買小駟，飽食訖跨之，粗布襴衫入市。

李靖就第，蕭高就養。李靖足疾，乞骸骨，乃授檢校，特進就第。蕭高拜太子太師，請老，子華爲侍郎，衡位三品就養。年逾八十，士艷其榮。

耄忘致仕，父子謝事。大中十三年元會柳公權，稍耄忘先群臣致賀，御史劾之，咸通初致仕。李東之子孝基同謝事，年五十，士大夫美之，以比二疏。

致仕敷對，致仕著書。至道元年燈夕，太宗御樓，時李昉以司空致仕，以安輿召至，敷對明爽，精力康勁。上親酌御尊飲之，選肴核之精者賜焉，曰：『昉可謂善人君子也，兩入中書，未嘗有傷人害物之事，因賜詩焉。』參政趙概致仕，居睢陽十五年，集古今諫諍爲諫林一百廿卷奏之。

告老天陛，退居園第。元豐七年春，文太師告老親辭，天陛真宗即日賜宴留系一月，對上者五，錫宴者三，賜詩者再，顧問不名。范景仁退居，有園第在京師，讀書賦詩。范蜀公起家，固辭表，六十三而致仕，固不待年。七十九而後來，豈云中禮。

抗章致仕，換官又辭。歐陽公屢抗章，乞致仕曰：『平生名節爲後生輩描畫尽，惟有早退以全晚節。起胡先生於建安，以司直廷尉辭，又換以中秘書官，又辭。拜八品京官，予祠禄歸。館閣諸公送胡正字序。洪邁。

梅福之去，趙岐之歸。梅福知莽篡漢，一朝棄妻子去，人以爲仙。其後人有見福於會稽者，變姓名爲吴市門卒。左琯兄爲河東太守，唐衡兄玹爲京兆尹。皮氏長京兆趙岐耻之，棄官西歸。收岐家屬盡殺之，岐匿姓名賣餅海北市，孫嵩異之，載與俱歸，藏於複壁中，諸唐死，遇赦，出。

栗里徵士，山中宰相。宋元嘉四年，晉徵士陶潛卒，義熙前明書晉氏年號，永初後惟云甲子而已。尹起，莘曰：『揚雄失身於莽賊，故書曰：「莽大夫揚雄死。」陶潛保全名節，故書曰：「晉徵士陶潛卒。」』餘見上。陶弘景博學好養生，仕齊爲奉朝請，棄官隱茅山。梁主早與之游，及即位，恩禮甚篤，每得其書，焚香虔受。屢以手板詔之，不出。每有大議，必先咨之，時謂之『山中宰相』。臨後爲詩曰：『夷甫任放誕，平叔坐談空。豈悟昭陽殿，化作單于宫。』

沈慶之之笑，趙充國之問。宋鎮北大將軍沈慶之請老，表數上詔就第，頃之，宋主復欲用，使何尚之往起之，慶之笑曰：『沈公不效何公，往而復返，尚之慚而止。』漢趙充國，以老乞骸骨，賜安車駟馬、黄金就第，每有四夷大議，常與參兵謀、問籌策。餘見上。

武攸緒之棄官，武攸緒之除。官嗣聖十一周安平王武攸緒，棄官隱嵩山。少有志行，恬淡寡欲，棄官隱於嵩山之陽。太后疑其詐，以觀其所爲，攸緒冬居茅椒，夏居石室，太后所賜服器，皆置不用。買田使奴，耕種與民無異。神龍元中宗復辟以安車，徵武攸緒，既至除太子賓客，固請還山，許之。

徵攸緒於嵩山，徵李泌於衡山。景龙二徵武攸緒入朝。敕禮官於兩儀殿設位，行問道之禮。令以山服見，不名不拜，屢加寵錫，皆辭不受。親舊謁候，寒暄之外，不發一言。書法：書『攸緒、何録，賢也。』發明：『東漢鄧后臨朝，鄧康免冠就國，綱目猶書而與之，况棄官歸隱者乎？武攸緒於是高人一等矣。』大曆三年徵李泌於嵩山，復賜金紫爲之作書院，於蓬萊殿側。上時過之，軍國大事皆與之議，欲以爲相泌，固辭。書法：『泌之初至急，義也。於是而不至，則君臣、朋友之義缺矣。』故書泌至貴之。

司徒杜祐之致仕，太尉劉實之請老。元和元，司徒杜祐之致，以老疾致仕，詔令每月一再入朝，因至中奉，議大政。發明：『杜祐，謬人也。方群小用事之際，甘與爲伍。至憲宗初，政清明，乃請致仕，使其移此請於前日，豈不美哉！』晋太尉劉實，連年請老，朝廷不許。劉坦言古之養老，以不事爲優，不以吏之爲重，宜聽所守，詔實以侯就第。

司空圖之詣闕，王宗弁之杜門。昭宣帝天祐元，徵禮部員外郎，司空圖詣闕尋放還山。初棄官居虞鄉王官谷，昭宗屢徵不起，柳璨以詔徵之，圖惧入見，陽爲衰野，墜笏失儀。璨復下詔曰：『養高釣名，匪夷匪惠，難居公正之朝，可放還山。』書法：書前官何？美圖也。圖自僖宗時棄官歸隱，蓋智士也。於是詣闕則陽爲衰野，失儀以去，可謂潔身亂世者矣，故特書之。餘見上。梁開成三，蜀州刺史王宗弁罷，稱疾罷歸，杜門不出。蜀主疑其怨望，加檢校太保，不受。曰：『廉者足而不憂，貪者憂而不足。』蜀主嘉其志而許之。書法：『美知止也。』

梁震之追，魏舒之遜。後唐潞王清泰二，荊南梁震，退居土洲，固請退去。節度高從誨不能留，乃爲之築室於土洲，震披鶴氅，自稱荆臺隱士。書法：書退居何？未臣也。晋武太康七，司馬、魏舒稱疾遜位，舒所爲必先行而後言，遜位之際，莫有知者。衛瓘與書曰：『每與足下共論此事，日下未果。』可謂『瞻之在前，忽焉在後矣』。

達人知止足，遺榮忽如無。抽簪解朝衣，散髮歸海隅。清風激萬代，名與天壤俱。張景陽。

我公厭富貴，常苦勳業尋。

東坡：『潞公超然臺。』

脱却朝衣便歸去，青雲不似白雲高。趙嘏。

即將舊斬樓蘭去，買取黄牛教子孫。題關右寺壁，不知何人作。

炮筍烹魚飧飽後，擁袍枕臂醉眠時。樂天。

棄官縱未歸東海，罷郡惟堪作水衡。以龔遂年老，不任公卿，拜水衡都尉。

殺馬毁車從此逝，子來何處問行藏。坡。馮良二十爲都尉，耻在厮役，後遁至犍，爲從姜撫學。妻子見敗車死馬，以爲虎狼盗賊所害，十許年還鄉。

碧山不負吾，焚章長嘯而去。張褒天監中，不供學士職。杜贈碧山學士：『碧山學士焚銀魚，白馬却走深岩居。』

午橋今得晉公廬，水草烟花興有餘。張齊賢致仕，歸洛得午橋莊，榜於門曰：『老夫已裂冠冕，即公紱垂訪，不敢迎見。』

人生七十鬼爲鄰，已覺風光屬別人。莫待朝廷善致仕，早謀泉石養閑身。孫冕題蘇州壁。

赭案當年並命時，蒹葭衰颯倚瓊枝。皇恩乞與桑榆老，鴻入高冥鳳在池。張退傅致仕，寄文惠。

欲知盛席繼荀陳，請看當筵主與賓。金馬玉堂三學士，清風明月兩閑人。永叔居潁，趙叔平居睢陽，吕晦叔居潁。

老鳳池邊蹲不去，飢烏臺上噤無聲。李復圭譏曾魯公，遂致仕。

七十引年遵禮經，君家何事最爲榮。清朝叔侄同辭禄，歸去田園盡列卿。杜祁公贈張鑄顯，叔侄並以光禄。

不學鄉人跨駟馬，未饒吾祖泛扁舟。范鎮還鄉散財。

紅旗走馬非吾事，黄紙除書無我名。樂天。

移家尚恐青山淺，隱几惟知白日長。謝景山。

好去上天辭富貴，却來平地作神仙。魏野贈萊公，公得詩不悦，一年貶通州。

千重浪裏隨流去，百尺竿頭試險回。《宋公序》。

上疏乞骸骨，黃冠歸故鄉。

顧慚恩私被，詔許歸蓬蓽。拜辭詣闕下，怵惕久未出。雖乏諫諍姿，恐君有遺失。杜。

惠子白駒瘦，歸溪唯病身，皇天無老眼，空谷滯斯人，崖蜜松花熟，山杯竹葉春，柴門了生事，黃綺未稱臣。聞惠子過東溪。

思欲委符節，引竿自刺船。將家就魚麥，歸去江湖邊。元結，道州。

白頭厭伴漁人宿，黃帽青鞋歸去來。黃帽青鞋，隱者之服。

我戀岷下芋，君思千里蒪。《贈賀蘭銛》

邵平先入漢，張翰復歸吴。

阮籍行多興，龐公隱不還。

黃綺終辭漢，巢由不見堯。

先生早賦《歸去來》，石田茅屋荒蒼苔。鄭虔。

扁舟不獨如張翰，皂帽還應似管寧，寂寞江天雲霧裏，何人道有少微星。

方山之退，壺山之隱。宋尚書何尚之致仕，尋復起之。袁淑録自古隱士，有迹無名者，爲《真隱傳》以蚩之。書法：『書起之何？譏尚之也。』漢順帝永建二年，聘處士樊英以爲五官中郎將。南陽樊英，少有學行，隱於壺山之陽，安帝徵，不赴。是歲，帝以策書、玄纁，備禮徵之，辭疾不聽，到京稱疾，强輿入殿，猶不能屈，帝設壇，賜几、杖，待以師傅之禮，拜五官中郎將，數月稱疾，詔爲光禄大夫，賜告歸，令在所送穀，以歲時致牛酒。初被詔命，衆皆以爲必不降志，南郡王逸勸使就聘，及應對無奇謀深策。張楷曰：『不聞匡救之術，進退無所據矣。』司馬公曰：『若孝昭之待韓福，光武之遇周黨，以勵廉耻，美風俗，斯亦可矣，不當如范升之詆毁，又不可如張楷之責望也。』

蘇循致仕，孫奭致仕。天祐四年，梁禮部尚書，蘇循等致仕，循及子楷，自謂有功於梁，朝夕望爲相，梁主薄其爲人，詔循等十五人並勒致仕。書法：『勒致仕也，其書之何？』所以爲賣國求利者之戒也。孫奭致仕，一日，置燕御詩廳，仁宗賜詩，刻石於所居之廳壁，語客曰：『白傳：「多少朱門鎖空宅，主人到了不曾歸」，今老夫歸矣。』

國老，庶老。《禮》：『秦國老於學』，國老，卿、大夫致仕，庶老，士致仕。

洛中耆英，文潞公耆英堂。六一居士。歐陽公。

自號退叟，朱昂。比漢二疏。弟協。

賜燕都亭，賜茶延和殿。杜衍致仕，以禮敦遣，仍令於都亭，錫慶燕。李柬致仕，神宗特召延和殿賜茶，偕講讀官，餞於資善堂。李受繼去，用柬之故事。

臨水觀魚，里門婆娑。湖安國築室㮣山之旁。黄端明。

憂國愛君。趙概。未嘗忘君。黄端明。

四十八致仕，纔五十謝事。韓見素。李孝基與父東之同謝事。

給全俸，得午橋。故事宰相致仕，給全俸。張齊賢得裴度午橋莊。見上。

吾作白頭老[监]枕書而眠，何必學賀老。張齊子宗誨。

採羅含致仕之蘭，餌胡廣延年之菊。《狄仁傑表》。

楊侯之去，少尹不絶其禄，又爲歌詩以勸之。韓。

皇恩加印綬，歸爲田里榮。韋巢甫。

六十懸車自古稀，我公年少獨忘機。許渾。

一旦高辭將相權，身名從此慶雙全。《朱子寄陳福公》。

暫阻蓬萊閣，終爲江海人。揮金應物理，拖玉豈吾身。羹煮秋蒓滑，杯迎露菊新。賦詩分氣象，佳句莫頻頻。杜《題鄭監湖上亭》。

義動脩蛇蟄，官應老病休。

仙籙滿床閑不厭，陰符在篋老羞看。

北夢瑣言法籙别有二十法，蘇秦受太公陰符於鬼谷子。

隱吏逢梅福，遊山憶謝公。

《輞川積雨》王維：『積雨空林烟火遲，蒸藜炊黍向東灾。漠漠水田飛白鷺，陰陰夏木囀黃鸝。山中習静觀朝槿，松下清齋折露葵。野老與人争席罷，海鷗何事更相疑。』《列子》：『往見壺丘子，舍者避席，及見壺子歸，則舍者争席。』

賢非夢傅野，隱類鑿顔坯。

耕岩非谷口，結草即河濱。

蘇明允，薛處士。蘇明允著《權書衡論》，伊川曰：『豈有山林逸民，立言垂教，乃汲汲於用兵。』杜牧之《送薛處士序》：『國有大智之人，不能大用，是國病也。』

錙銖九有，亢極一夫，躬戴清規，首出萬古。《許由墓碣》楊植。

梅福碑，李愿序。余讀先生書，未嘗不爲漢朝公卿恨，今南遊復過先生里，吁何爲道之多也。《梅先生碑》羅隱。

韓愈《送李愿歸盤谷序》：『盤之中，惟子之宫；盤之土，惟子之稼；盤之泉，可濯可沿；盤之阻，誰争子所。窈而深，廓而有容；繚而曲，如往而復。嗟盤之樂，樂且無央，鬼神守護，呵禁不祥。飲且食兮壽而康，無不足兮奚所望，膏吾車兮秣吾馬，從子于盤兮，終吾生以徜徉。』

輕條象雲構，密葉成翠幄。陸機《招隱》。

小隱隱陵藪，大隱隱朝市，伯夷竄首陽，老聃伏柱史。王康琚《反招隱》。

達人輕禄位，居處傍林泉。魏野。旨趣陶山相。鄭谷。詩篇沈隱侯。鄭谷。《贈蔡處士》：三畝稻田還謂業，兩間茅舍亦言歸。薛逢。

《偶題》陳圖南：『十年蹤迹走紅塵，回首青山入夢頻。紫陌縱榮争及睡，朱門雖貴不如貧。愁聞劍戟扶危主，憫見笙歌聒醉人。携取舊書歸舊隱，野花啼鳥一般春。』

九重仙詔，休教丹鳳銜來；一片野心，剩被白雲留住。

《謝富公》堯夫：『相招多謝不相遺，將爲胸中有所施。若進豈能禁吏責，既閑安用更名爲。願同巢許稱臣日，甘老唐虞比屋時。滿眼清賢在朝列，病夫無以繫安危。』

寺裏掇齊飢老鼠，林間咳嗽老獮猴。豪民送物鵝伸頸，好客臨門鼈縮頭。林逋傲許洞，洞作詩嘲之。

魯連之高，周黨之伏。齊王欲爵之，仲連逃之海上，曰：『吾與富貴而詘於人，寧貧賤而輕世肆志焉。』魏王問天下之高士於子順，子順曰：『世無其人也，抑可以爲次，其魯仲連乎。』李白詩：『齊有倜儻士，魯連特高妙，明月出海底，一朝開光曜，却秦振英聲，後世仰末照，意輕千金贈，顧向平原笑。』光武徵處士周黨、王良，黨、光不屈，以良爲諫議，黨伏而不謁，博士范升奏黨：『文不能演義，武不能死君，釣采華名，庶幾三公之位。』王良過其友人，友人拒不肯見，曰：『不有忠言奇謀而取大位，何其往來屑屑不憚煩也。』發明：嚴光之節，奮乎百世之上，百世之下聞者，莫不興起。觀范升之毀黨，友人之誚良，則二人非光之比明矣，宜光之愈不屈也。以年尊德邵之人，帝不能待以賓師之禮，乃欲臣而用之，宜乎光之不應也。後之論者但知光之不屈爲高，而不知光之所以不屈者，其意固自有在。特其識量素高，此意渾然，不露圭角，是以天下後世莫得以識測爾。

徵李業而不起，聘譙玄而不詣。公孫述，徵爲博士，稱疾不起，賜以毒酒，飲毒而死。述耻有殺賢之名，遣使吊祠賻贈百匹，業子翬逃，辭不受。又聘譙玄，不詣，以毒藥劫之，玄子瑛碩奉家錢千萬以贖父死，許之。

王嘉伏劍而死，費貽漆身而避。徵王皓、王嘉，恐其不至，先繫妻子，皓自刎，誅皓家屬，嘉伏劍死。費貽漆身爲癩，佯狂以避。

祠以中牢，貽以太牢。任永、馮信皆託青盲以辭徵命，帝平蜀，玄已卒，祠以中牢，永、信病卒。

徐稚答茅容之問，李膺與郭泰而歸。黃瓊教授於家，徐稚從之，及瓊貴，稚絶不復交，瓊卒，稚往吊哀哭而去，諸名士曰：『必徐孺子也。』選茅容，沽酒市肉稚爲飲食。問國事不答，問稼穡乃答，郭泰曰：『所以不答國事，是其愚不可及也。』李膺與泰友歸鄉里，同舟共濟，望之若神仙。

茅容、郭泰之寓宿，申屠、庾乘之門士。茅容避雨樹下，容獨危坐，泰因寓宿殺鷄，食毋，餘半庋置，自以草蔬與客同飯，泰曰：『卿遠〔一〕哉遠矣！』勸令從學。申屠蟠爲漆工，庾乘爲門士，泰奇之，後皆爲名士。

孟敏墮甑，仇香至行。孟敏墮甑，不顧而去，泰以爲有介決，亦勸令學。仇香至行純默，爲蒲亭長，陳元之母告之不孝，到家，陳人倫，譬以禍福，卒爲孝子。王奂以一月俸資香，使入太學，常自守，郭泰起拜，牀下曰：『君泰之師，非泰之友也。』

范滂之言，徐稚之戒。范滂曰：『郭林宗，隱不違親，介子推之類也。貞不絶俗，柳下惠之類也。天子不得臣，諸侯不得友。』泰曰：『夜觀天象，晝察人事，天之所變，不可支也，然猶周旋京師，誨誘不息。』徐稚以書戒曰：『大木將顛，非一繩所維，何爲栖栖不遑寧處？』

管寧、華歆之友，王烈、邴原之行。管寧少時與華歆爲友，嘗共鋤菜，見地有金，寧揮鋤不顧，歆提而擲之。邴原遊學八九年而歸，師友以原不飲酒，會米肉送之，原曰：『本能飲

〔一〕今按：『遠』，中華書局《資治通鑒》卷五五《漢紀四十七》孝桓皇帝中延熹七年作『賢』。

酒，但以荒思廢業，故斷之耳。』於是共飲，終日不醉。公孫度虛館以迎之，寧既見度，廬於山谷，原性剛直，心不安之，寧曰：『潛龍以不見成德，言非其時，皆招禍之道也。』王烈器業過人，有盜牛者，主得之，盜請罪曰：『刑戮是甘。』乞不使王彥方知也，烈遺布一端，或問其故，烈曰：『盜懼吾聞其過，是有耻惡之心，既知耻惡，則善心將生，故與布以勸善也。』後有老父遺劍於路，一人見而守之，至暮，老父還，尋得劍，乃先盜牛者也。

聘周燮而不至，徵法真而不至。安帝延光二年，聘處士周燮、馮良，不至。燮修德，宗族勸之曰：『立行所以爲國，君獨何爲守東岡之陂乎？』燮曰：『夫修道者，度時而動，動而不時，焉得亨乎？』順帝永和二年，徵處士法真，不至，博通内外學，隱居不仕，四徵不屈，友人郭正稱之曰：『真名可得聞，身難得見，逃名而名我隨，避名而名我追，可謂百世之師者矣。』

徵戴逵而不至，徵列子而不至。晋孝武太元十二，匿于吴，謝玄疏曰：『匡自求其志，今王命未回，將罹風霜之患，陛下既已愛而器之，宜使其身名並存，請絶召命。』帝許之。貞觀之徵隋秘書監劉子翼，不至，晋陵人，辭以母老不至。書法：書不至何？美子翼也。發明：特書隋官，蓋美之也。

張彖之隱，盧鴻不受。楊國忠爲右相，或勸陜郡進士張彖，謁之，彖曰：『君輩倚楊右相如泰山，吾以爲冰山耳，若皎日既出，君輩得無失所恃乎？』遂隱居嵩山。開元六年，徵嵩山處士盧鴻爲諫議大夫，不受。書法：書予之也。

殺韋祖思，殺韋月將。夏真興元，勃勃殺隱士韋祖思，京兆韋祖思既至，勃勃曰：『汝昔不拜姚興，今何獨拜我？』書法：交譏之也，殺隱士者何譏耳？祖思何譏焉？無道而見祖思之失也，愧龔勝矣，隱士書殺終綱目二而已，夏韋祖思，唐韋月將，皆兩譏之。月將上書告武三思潛通宫掖，必爲逆亂，上大怒，命斬之，宋璟曰：『必欲斬月將，請先斬臣。』上杖而流之嶺南，過秋分一日平曉，廣州都督周仁軌斬之，書法：隱士書殺韋祖思；免之矣，於是再見殺至處士，而中宗之爲君可知矣。

承禎之還，高鬱之隱。睿宗景元二，召天台道士司馬承禎，問以陰陽數術，對曰：『道者，損之又損，以至於無爲，安肯勞心以學數術乎？』上曰：『理身無爲則高矣，如理國何？』對曰：『國猶身也，順物自然而心無所私，則天下理矣。』上嘆曰：『廣成之言無以過也。』承禎固請還山，許之。書法：承禎，道士也。不書何承禎有道者，非冠卷師比也。五代楚高鬱曰：『亟營西山，吾將歸老，猘子漸大，能咋人矣。』猘，狂犬，咋音責噬也。以喻馬希聲，希聲殺之。

周世宗之召陳摶，周文帝之賜韋瓊。周顯德三召華山隱士陳摶，詣闕尋遣還山，問以飛升黄白之術，對曰：『陛下爲天子，當以治天下爲務，安用此爲？』書法：美摶也。發明：搏非僞隱沽譽，爲仕宦捷徑，故特以華山書之。又見上。周文帝武成元，賜韋敻號逍遥公。志尚夷簡，魏周之際，十徵不屈，太祖不奪其志，周王禮敬尤厚，號曰逍遥公，晋公護延之至第，訪以政事，敻曰：『酣酒嗜音，峻宇彫墻，有一于此，未或不亡。』護不悦。書法：書周王何？予周王也。處士賜號，韋敻一人而已矣。

自投於河，槁死於洛。申徒狄非其世，將自投於河，崔嘉止之曰：『吾聞之，聖人仁士之於天地之間，民之父母也，今爲濡足之故，不救溺人，可乎？』申徒狄曰：『桀殺龍逢，紂殺比干，而亡天下。吴殺子胥，陳殺薛泄冶，而滅其國。故亡國殘家，非無聖智也，不用故也。』遂負石沉於河，君子曰：『廉矣乎，如仁與智，吾未見也。』鮑焦，衣敝膚見，挈畚捋蔬，子貢曰：『吾子何以至此也？』焦曰：『世不己知而行之不已者，是爽行也。上不己知而干之不止者，是毁廉也。行爽廉毁然且不捨，惑於利者也。』子貢曰：『非其世者不生其利，污其君者不履其土。今子污其君而履其土，非其世而捋其蔬，此誰之有哉？』焦曰：『賢者重進而輕退，廉者易醜而輕死。』乃棄其蔬而枯死於洛水之上，君子曰：『廉夫剛哉。夫山鋭則不高，水狹則不深。行特者其德不厚；志與天地疑者其爲人也不祥。鮑子可謂不祥矣，其節度淺深，適至而止矣。』

范蠡策種，李元不夷。《揚子》：『至蠡策種而遁，肥矣哉。或問：「子蜀人也，請人？」

曰：「有李仲元者，人也，不屈其義，不累其身。」曰：「是夷、惠之徒與？」曰：「不夷不惠，可否之間也。」「如是，則奚名之不彰也？」曰：「無仲尼，則西山之餓夫與東海之絀臣惡乎聞？」「夷、惠、仲元，世之師也。見其貌者，肅如也；聞其言者，愀如也；觀其行者，穆如也。仲元，畏人也。」』

言不純師，行不純表。世稱東方生之盛也，言不純師，行不純表，其流風，遺書，蔑如也。或曰：『隱者也。』曰：『昔之隱者。吾聞其語矣，又聞其行矣。』或曰：『隱道多端。』曰：『固也。聖言聖行，不逢其時，聖人隱也；賢言賢行，不逢其時，賢者隱也；談言談行，不逢其時，談者隱也。昔者箕子之漆其身也，狂接輿之披其髮也，欲去而恐罹害者也，箕子之《洪範》，接輿之歌鳳也哉！』或問：『東方生名過實者，何也？』曰：『應諧，不窮，正諫，穢德。應言諧戲。應諧似優，不窮似哲。變詐鋒出，莫能窮者。正諫似直，諫上休斥董偃，焚甲乙帳。穢德似隱。懷肉污衣歲更娶婦。』請問名，曰：『詼達惡比。』朔之名也，怪也，達也，何爲倫比。曰：『非夷、齊，而是柳下惠，戒其子以尚容。尚取容。首陽爲拙，柱下爲工。飽食安坐，以仕易農。依隱玩世，詭時不逢。依託隱者，玩侮世人。詭譎欺時。其滑稽之雄乎？』或問：『柳下惠，非朝隱者與？』曰：『君子謂之不恭。古者高餓顯，下祿隱。發高下之談，蓋有厲乎素餐，亦所以短朔也。安譽仁之賊也，安毁義之賊也，賊仁近鄉愿，賊義近鄉訕。』

王康琚《反招隱詩》:『大隱隱朝市。』樂天:『大隱隱朝市,小隱入丘樊。丘樊太冷落,朝市且囂喧,不如作中隱,隱作留司官。』

鄭欽吏隱於蟻陂之陽。《先賢傳》孫綽謂山濤吏非吏、隱非隱。本。杜甫詩曰:『肯信吾兼吏隱名』,謂此。

坐隱,招隱。王中郎以圍棋爲坐隱。《世説》。左思有《招隱》數篇。《類説》。

支遁林之買山,盧藏用之捷徑。支遁林就深公買印山,深公曰:『山未聞巢、許買山而隱。』《世説》。藏用指終南山曰:『此中大有佳處。』司馬承禎曰:『此乃仕宦之疾徑耳。』見下。

玄豹霧隱,潯陽三隱。玄豹霧隱七日,欲成其文章,故藏以避害。劉續之入廬山事遠公,劉遺民遁迹匡山,陶淵明不应詔命,爲潯陽三隱。

杜甫《張氏隱居》:『不貪夜識金銀氣,遠害朝看麋鹿遊。』管寧紗帽净,釣瀨客星懸,隱豹深愁雨,潛龍故起雲。《張山人彪》:『静者心多妙,先生藝絶倫。存想青龍秘,騎行白鹿馴。』道家青龍之術,羨門子乘白鹿而行。耕岩非谷口,鄭子真。結草即河濱。河上公。肘後符應驗,囊中藥未陳。葛洪。

山林託疲薾。

青山萬重静散地。既歡懷禄情，復協滄洲趣。謝玄暉。《曲江》：『吏情更覺滄洲趣，老大徒悲未拂衣。』杜。龐公隱時盡室去，武陵春樹他人迷。謝靈運《祖德詩》：『高揖七州外，拂衣五湖裏。』謝安。鵷鷺至魯門，不識鐘鼓響。孔翠望赤霄，愁思雕籠養。滎陽冠衆儒，早聞名公賞。鄭虔在疾，蘇頲哀問。

商容之隱，接輿之笑。商容嘗執羽籥，覃於馬徒，欲以伐紂而不能，伏於太行，武王克殷，欲以爲三公，商容辭曰：『欲以伐紂而不能，愚也；不争而隱，無勇也。』遂固辭，不受命。《韓外》楚狂接輿躬耕以食，其妻之市，未返，楚王使使者賫金百鎰，造門曰：『大王使臣奉金百鎰，願請先生治河南。』接輿笑而不應，妻曰：『君使不從，非忠也；從之，是遺義也。』乃夫負釜甑，妻戴經器，變易姓字，莫知所之。上。

中徒狄之赴河，屠羊説之反肆。君子行不貴苟難，夫負石赴河，行之難爲者也，中徒狄能之。君子不貴者，非禮義之中也。上。吴人伐楚，昭王失國，國有屠羊説從行，昭王反國，賞從者及説，説不受命，入于澗中，昭王曰：『請爲三公。』説曰：『三旌之貴，我知其貴於屠羊之肆矣。萬鍾之禄，我知其富於屠羊之利矣。今見爵禄之利，而忘辭受之禮，非所聞也。』遂辭三公之位，而反屠羊之肆。上。

隱逸。林駉。古者逸民之行有三：上焉者出處進退，關係天下；其次高舉遠遁，不累利禄；其下託隱自媒，詭禄求顯。西山薇蕨照映千古，相江一絲，扶漢九鼎。莘郊之耒方釋，而雲霓之望已蘇；渭水之釣方投，而塗炭之苦已拯。所謂『出處進退』、『關係天下』者此也。適意江湖，草莽功名，陶情畎畝，浮雲富貴，咏詩於霸陵之鄉，採藥於武安之山。東漢梁鴻與妻孟光共入霸陵山中，以耕織爲業，咏詩書彈琴以自娱。臺佟隱武安山，採藥自給，建初中，州辟不就。

擲栖而嘆，耻投亭長。逢萌。解綬而歸，羞爲折腰。陶潛。四明狂客，雖貴官而不顧。賀老。少室山人，至三詔而不起。李渤。所謂高舉遠遁，不累利禄者，此也。以遁迹爲假途，以逃名爲媒身。足岩壑而志城闕，迹泉石而心軒冕。玄纁方聘坐索高價，蒲輪既至浸渝初心。故隱居終南者，有捷徑之言；盧藏用。號曰處士者，有盜名之陋。東漢。此《軻》書所謂鄉原，《唐史》所謂假隱。故曰『託隱自媒』、『詭禄求顯』者此也。

國朝：清風凜凜，萬世可敬。王昭素，若行怪之人也，愛民一語，銘書御屏。開寶三年，召處士王昭素，問治世養身，對曰：『莫若愛民寡欲。』上書之屏幾。陳希夷，若幻惑之流也，致治數言，有裨君政。雍熙元年，召華山隱士陳摶，宋琪問修養之道，摶曰：『君臣協心同德，興化致治，勤行修煉，無出於此。』魏野逸行，見於烹茶鶴避烟之詩；林逋高節，寓於曾無封禪書之句。西湖廿年，未嘗入城，臨終賦詩，有

『茂陵他日求遺稿，自喜他日求遺稿』之句。

關於國體，則种放之時議有奏，宋堂之建儲有諷。祥符二年，放歸，上作詩賜放，杜鎬誦北山移文譏之，時有朝之者曰：『不把一書裨萬乘，只叉雙手揖三公。』嘉祐元年，宋堂諷上建儲事。益於經學，則孫復之《春秋發微》，代淵之《周易旨要》。慶曆二年，以孫復爲國子直講，復居泰山，著《春秋發微》。嘉祐四年，以代淵爲祠部員外郎，淵舉進士，著《周易旨要》。

南山三友，縉紳力薦；白衣御史，學校起敬。高澤、張堯、許邵勃、何群爲學長。益州逸士，力舉故事之當行，河南布衣，屢有僞命而不應。康定中，張俞《上宰相呂夷簡書》，『閤下宜舉太祖、太宗之故事』。靖康初，劉預僭位，河南布衣尹焞逃入蜀。

嗚呼！康節先生，當世重望也。皇極經世，繼續彝倫，先天易圖，啓鑰奧藴。伊川先生：天民先覺也。講筵之諭，君德日進，經學之傳，後進世守。

《休亭賦》，山谷。蕭公餉濟父：『衆人休乎得所欲，士休乎成名，君子休乎命，聖人休乎物，莫之嬰，吾友濟父，居今而好古，將强學以見聖人，而休乎萬物之祖。』

《别魯頌》：李。『誰道泰山高，下却魯連節。誰云秦軍衆，摧却魯連舌。獨立天地間，清風洒蘭雪。夫子還倜儻，攻文繼前烈。』

杜：『故人昔隱東蒙峰，已佩含景蒼精龍。故人今居子午谷，獨在陰崖結茅屋。屋前太古玄都壇，青石漠漠常風寒。子規夜啼山竹裂，王母晝下雲旗翻。知君此計成長往，芝草琅玕日應長。鐵鎖高垂不可攀，致身福地何蕭爽。』

林下。堯夫。老來肢體索温存，安樂窩中別有春。萬事去心閑偃仰，四肢由我任舒伸。

庭花盛處凉鋪簟，檐雪飛時軟布茵。誰道山翁拙於用，也能康濟自家身。

省心，物理人情自可明，何嘗戚戚向平生。卷舒在我有成算，用舍隨時無定名。滿目

雲山俱是樂，一毫榮辱不須驚。侯門見説深如海，三十年來掉臂行。一龍閑卧洛波清，此

日都門獨餞行。願得賢人均出處，始知深意在蒼生。

呂公著、司馬光、程伯淳。

王事紛紛無暇日，浮生冉冉只如雲。已爲平子歸休計，五老岩前必共聞。韋丹與僧靈澈。

年老身閑無外事，麻衣草坐亦安身。相逢盡道休官去，林下何曾見一人。靈澈譏之也。

早晚相酬心事了，水邊歸去一閑人。趙嘏。

青山得去且歸去，官職有來還自來。王易簡。

謀生待足何時足，未老得閑方是閑。《題驛舍壁》。

功成不受爵，長揖歸田廬。左思。

事了拂衣去，深藏身與名。李。

惟教推甲子，不信守庚申。張籍《閑居》。

秋光都似宦情薄，山色不如歸意濃。『張乖崖』。

眼前無俗事，心下自清凉。静處乾坤大，閑中日月長。堯夫《安分》。

大都心足身還足，衹恐身閑心未閑。李宗易《静居》。

白日林泉，浮雲軒冕。司馬公之流水青山，姑從獨樂，杖藜歸去之田園；歐陽子之茅檐凉簟，尚想玉堂，咳唾倘來之軒冕。惟其己重而物輕，是以身退而名進。士如群蟻之慕膻，皇皇人爵，公若飛鴻之避弋，落落權門。直言無隱，帝知汲黯之忠；大道不容，朝惜陸君之去；中年勇退，有君實、晦叔之風；晚節後凋，負元城、了翁之望。要是進退出處之得其宜，不以富貴爵禄而易其素。獨行之操，詎肯枉尺而直尋；難進之風，足以廉貪而立懦。三諫不聽，漠無干澤之私；萬鍾何加，惟有養恬之樂。急流勇退，而天子不能挽之留，高飛遠去，而國人莫弗惜其去。

知足

知足。老子：『知足，常足。』

老子曰：『名與身孰親？身與貨孰多？得與亡孰病？是故甚愛必大費，多藏必厚亡。

知足不辱，知止不殆，可以長久。大成若缺，其用不敝；大盈若沖，其用不窮。大直若詘，大巧若拙，大辯若訥，其用不屈。』

鷦鷯巢林不過一枝，偃鼠飲河不過滿腹。蟪蛄不羨大椿而欣然自得，斥鷃不貴天地而榮望以足。《莊子》。

顔子三足，啓期三樂。《莊子》、孔子謂顔淵曰：『胡不仕乎？』對曰：『有郭外之田五十畝，足以給饘粥；郭内之田十畝，足以爲絲麻；鼓琴足以自娱；所學於夫子者，足以自樂也。』回不願仕。榮啓期行乎郕之野，鹿裘帶索，鼓琴而歌：『天生萬物，吾得爲人，一樂也；男女之别，吾得爲男，二樂也；人生有不免襁褓者，吾行年九十五矣，三樂也。貧者士之常，死者人之終，吾何憂哉？』

北宫，顔蠋。《列子》北宫子衣其短褐，有貂狐之温；進其茙菽，有稻粱之味。庇其蓬室若廣厦之蔭，乘其篳輅若文軒之適。《戰國策》：『顔蠋，安步以當車，蔬食以當肉。』

范蠡鴟夷子皮，曼容六百石官。顔師古注：『若盛酒之鴟夷，多所容受而可卷懷，與時弛張也。』後漢邴漢兄曼容，養志自修，爲官不過六百石，輒自免去。

妻諭知足，士取僅足。王章爲京兆，欲上封事，妻止之曰：『人當知足，獨不念牛衣中，涕泣時耶？』馬援兄子少游曰：『士生一世，但取衣食僅足，致求贏餘，但自苦耳。』

所望已過，志願畢矣。都護諸葛瞻初統朝事，廖化欲與宗預共詣，瞻謂預曰：『年逾七十，所望已過，但少一死。』遂不往。嵇康曰：『但願守陋巷，教子孫，濁酒一杯，彈琴一曲，志願畢矣。』

山資已足，守冲知止。宋王秀之爲晋平太守，期年求還，曰：『人所昧者財，財生則禍逐，智者不昧財，亦不逐禍，吾山資已足，豈可久留。』杜祐：『守冲知止。』

止足之志，田宅無用。韋世康吏部十年，有止足之志，曰：『禄豈須多，防滿則退，年不待暮，有疾便辭。』《隋高記》。張嘉貞曰：『吾貴爲將相，何憂飢寒？若其獲罪，雖有田宅，亦無所用。』

可適飢飽，不過郎令。《元結傳》元延祖調春陵丞，棄官去，曰：『人生衣食，可適飢飽，不宜後有所須，灌園掇薪，以爲有生之役，過此吾不思也。』岑文本曰：『南方一布衣，徒步入關，望不過秘郎縣令耳，無汗馬之勞，致位中書，今亦極矣。』

王宗弁之知止，石若思之置水。梁王宗弁曰：『廉者足而不憂，貪者憂而不足，吾小人致，仕至此足矣，豈可求進不已乎？』書法：美知止也。唐石若思，置止水於坐右，示止足之意。

賢人知足止，中歲便歸休。《鄭公送曹郎中》。

達人知止足，遺榮忽如無。張景陽。

介甫《送王大卿》：『南闕便還新印綬，東舟衹載舊書詩。漢庭餞客無佳句，越水歸裝有富貲。』已上印書辭北闕，稍留冠蓋餞東門。馮唐老有爲郎戀，疏廣終無任子恩。

謀生待足何時足，未老得閑方是閑。見上。大都心足身還足，衹恐身閑心未閑。見上。

一請甘飢寒，再請甘養蒙。

倏然遠引，屢辭加璧之招，浩乎莫留，還遂拂衣之志。尋橘中之四皓，見林下之一人。巋然下國，獨餘一老之存；賢哉大夫，可繼二臣之去。朝無耆舊，誰能乞孔戣之留；身是散人，或可爲老聃之役。

太傅廣之請老，丞相賢之致仕。書法：書賜金遣歸，榮之也。書法：書致仕何予，知止也。

充隱

華歆之降，尚之之起。孫策殉豫章，太守華歆降。孫盛曰：『歆既無夷皓韜邈之風，又失王臣匪躬之節，撓心交臂，位奪節墮。』宋尚書令何尚之致仕，尋復起之。以老致仕，退居方山，議者咸謂尚之不能固志，既而詔書敦諭數四，果起視事。袁淑録自古隱士，有迹無名者，爲《真僞傳》以嗤之。書法：書起之何？譏尚之也。

李渤不至，樊英無奇。元和元年，徵小室山人李渤爲左拾遺，渤拜不至，然朝政有得失，輒附奏諫諭。書法：於是渤徵不至，不書不至何？譏渤也。以帝爲可與言與不當不至，不至矣，是不可言也，而朝政得失輒奏論之，然則雖不至，猶至也。綱目不書不至，書爲拾遺，其意微矣。南郡王逸，勸使就聘，及應對，無奇謀深策。張楷曰：『不聞匡救之術，進退無所據矣。』

黄瓊之至，楊厚之至。以處士楊厚、黄瓊爲議郎。厚至，陳漢有三百五十年之厄爲戒。瓊至，李固郃子以書遺之曰：『伯夷隘，柳下惠不恭，不夷不惠，可否之間。』語曰：『嶢嶢者易缺，太堅。皦皦者易污。太白。俗論皆言「處士純盜虚名」，願先生弘此遠謨，令衆人嘆服，一雪此言耳。』瓊至，拜議郎，數上疏言事，遷尚書僕射。韓詩：『水北山人得名聲，去年去作幕下士。水南山人今又往，鞍馬僕從塞閭里。少室山人索價高，兩以諫官徵不起。彼皆刺口論世事，有力未免遭驅使。』李渤、石洪、温造、盜名。

處則爲遠志，謝安。出則爲小草。見上。

蘇循致仕，藏用疾徑。天祐四年，禮部尚書蘇循等致仕。循及子楷自謂有功於梁，朝夕望爲相，梁主薄其爲人，詔循等十五人並勒致仕，書法：『勒致仕也。其書之何？』所以爲賣國求利者之戒也。盧藏用，始隱山中，有意當世，目爲隨駕隱士，晚殉權利，司馬承禎固請還山，藏用指終南山曰：『此中大有佳處，何必天台。』承禎曰：『以愚觀之，此乃仕宦之疾徑耳。』藏用嘗隱終南，則天時徵爲左拾遺，故承禎言之。

杜詩：『薄劣慚真隱。』注：師古曰：『隱有真有假，如杜淹之隱嵩山，徵求利禄，此所謂仕宦之捷徑耳。』

笑殺潁陰常處士，十年騎馬聽朝鷄。常夷甫。歐改之曰：『却笑汝陰歐少保，新來處士聽朝鷄。』

寺裏掇齋飢老鼠，林間咳嗽老獮猴。豪民送物鵝伸頸，好客臨門鼈縮頭。林逋傲許洞，洞嘲之。

《覃山人隱居》：『南極老人自有星，北山移文誰勒銘。徵君已去獨松菊，哀壑無光留户庭。予見亂離不得已，子知出處必須經。我之不仕以亂山人欲經歷，出處之道而仕出蓋譏之。高車駟馬帶傾覆，悵望秋天虛翠屏。悵望秋天之間，此人不在。』

苦被微官縛，低頭愧野人。

彎弧射天狼，方愧遁尾之厲；殊錫爲司馬，濫被晉角之灾。謝安謝拜征西司馬。